日本比較法研究所翻訳叢書
69

多元主義における憲法裁判
P. ヘーベルレの憲法裁判論

ペーター・ヘーベルレ 著

畑尻 剛・土屋 武 編訳

Verfassungsgerichtsbarkeit im Pluralismus
– P. Häberle und seine Theorie über die
Verfassungsgerichtsbarkeit –

von
Peter Häberle

中央大学出版部

装幀　道吉　剛

著者まえがき

I

　ここに「多元主義における憲法裁判」に関する私の諸論稿をまとめ論文集として公刊されたのは畑尻剛教授の勧めによるものである．まずこの点に感謝したい．教授はこの仕事をこの上ない形で準備してくれた．1990 年代に彼は 1 年間私の公法，法哲学および教会法講座（バイロイト大学）において客員教授として活動し，また私の比較法・法哲学ゼミナールにも参加した．当時彼はドイツ憲法研究に広くかつ深く傾注し，大きな成果を収めた．その彼の博識を示すのが，たとえば，„Eine Studie über die Verfassungslehre von P. Häberle und ihre Rezeption in Japan", in: Verfassung im Diskurs der Welt, Liber Amicorum für P. Häberle, hrsg. von A. Blankenagel, I. Pernice und H. Schulze-Fielitz, 2004, S. 517 ff. である．また，彼は，井上典之教授（神戸大学）とともに，1999 年の日本における私の講演を，『文化科学の観点からみた立憲国家』（尚学社．2002）という一冊の本にまとめた．私は 1999 年にドイツ憲法判例研究会の招きで素晴らしい魅力にあふれた国日本を訪問し，各地の大学で講演を行った．忘れがたい思い出である．

　私の師である *K. Hesse* 教授（1919-2005）によってフライブルクから 1970 年代に日本とドイツとの間に架けられた橋には，その後多くの新しい橋脚が立てられた．2002 年 5 月に私のヨーロッパ憲法バイロイト研究所で行われた日独コロキウムもそこに加わった．その成果は，1983 年以来私が編集の任にあたっている Jahrbuch des öffentlichen Rechts（Band 52 (2004)）に掲載されているが，そこには，このテーマに関する畑尻剛教授の卓越した論稿 „Die Verfassungsgerichtsbarkeit als gemeinsames Werk von Gericht, Regierung und Parlament in Japan"（ebd. S. 103 ff.）も含まれている．なお，あわせて，栗城壽夫教授（フライブルク大学名誉法学博士，大阪市立大学・上智大学名誉教授）のドイ

ツ憲法判例研究会に関する論稿（H. Kuriki, Über die Tätigkeit der Japanischen Forschungsgesellschaft für deutsches Verfassungsrecht, JöR 50 (2002), S. 599 ff.）もぜひご参照いただきたい．

　その後も私との信頼関係を継続した畑尻教授には非常に感謝している．彼は，私の業績一覧を編集して，「P. ヘーベルレ著作一覧及びヘーベルレ関連文献」（城西大学研究年報16号（1992）29頁以下，〔改訂版〕22・23号（1999）55頁以下）として公刊した．またその他の多くの私の研究が日本語に翻訳されている．たとえば，"Wahrheitsprobleme im Verfassungsstaat", 1995 が，私の信頼する井上教授によって全訳されている（「立憲国家における真実の問題（一）（二・完）」神戸法学雑誌47巻4号763頁以下，48巻1号（1998）125頁以下）．レーゲンスブルクにおけるドイツ国法学者大会報告 „Grundrechte im Leistungsstaat" (1972) も同様である（井上典之ほか訳「給付国家における基本権」ペーター・ヘーベルレ（井上典之編訳）『基本権論』（信山社，1993）1頁以下）．日本の国法学が私の独自の試論に対してこのように関心をもっていただいていることは非常にありがたいことである．

II

　本書は37年もの間に私が発表した「多元主義における憲法裁判」をテーマとする諸論稿についてのすぐれた概観を与えるものである．私はこの年数をかけて憲法裁判を世界的規模での法比較において考察することをだんだんと明確にしてきた．とりわけ憲法裁判は首尾一貫して「多元主義の憲法」の構成的な部分として構想された．憲法裁判とそのアクターを社会契約（今日ではまた「世代間契約」）という古典的な理論へと統合しようとする試みは，1970年代末にはすぐれて大胆なことであった．憲法訴訟を具体化された憲法としてとらえること（1976年），そして「憲法訴訟法の独自性」というテーゼ（1973年）も同様である．このような試みはとりわけラテンアメリカ諸国において非常に注目された．たとえば，ブラジルの最高裁判所は公的聴聞に関するその実務において，また「アミカス・キュリイ」に関するその理論において明確に私の理論に

依拠している（これについては，G. Mendes, Die 60 Jahre Bonner Grundgesetzes und sein Einfluss auf die brasilianische Verfassung von 1988, JöR 58 (2010), S. 95 (111 ff.) および K. Krukowski, Supremo Corte Tribunal und Verfassungsprozessrecht in Brasilien 2011, S. 121）．「『憲法解釈者』の開かれた社会」は，まさにブラジルにおいて特に正面から受け止められた（R. Caiado Amaral, „P. Häberle e a Hermenêutica Constitucional", 2004 参照）．憲法訴訟法を「憲法解釈者の開かれた社会」のすべての市民およびグループにとっての参加法として理解することは，今日まで私の大きな関心事である．

さらには，憲法裁判のほとんど世界的な規模での評価の高まりがある．憲法裁判は今日，「普遍的憲法論」の基本的エレメントであり礎石であって，私はごく最近，新著 „Der kooperative Verfassungsstaat – aus Kultur und als Kultur, Vorstudien zu einer universalen Verfassungslehre" (2013) においてこれを模索した．加えて，たとえば，ハーグの国際司法裁判所，国連の戦争犯罪法廷あるいはハーグの国際刑事裁判所のような，国際法の部分憲法（普遍的な人権諸条約と法治国家原理）のための国際裁判所が考えられる．国際法上の部分憲法としては，その権力制限的なそして価値に指導された諸機能によってたとえば国連の諸憲章があり，国内の部分憲法としては，とりわけヨーロッパ憲法と層をなすドイツの基本法がある．

憲法裁判は世界規模でその重要性が増しており，国内レベルでも，たとえばアラブの春において，2013 年以来特にエジプトにおいて示されている．加えて，地域レベルの憲法裁判所も考えられる．たとえば，ストラスブールのヨーロッパ人権裁判所，ルクセンブルクのヨーロッパ司法裁判所そしてコスタリカの米州人権裁判所である．国内のすべての憲法裁判所とまた国際裁判所にとって，理念と利害の多様性という意味での多元主義が正面から受け止められなければならない．このことは，憲法裁判所の少数意見制の意味を理解することにまであらわれる．少数意見制はたとえば，アメリカ合衆国，スペイン，ドイツ，ストラスブール，ラトビアそしてタイにおいて実施され，そして「法的対話」を非常に豊かなものにしている．憲法史が示すように，今日の「先見の明

のある」多くの少数意見は明日の多数意見となる（なりうる）．とりわけ，憲法裁判所は，たとえば，ドイツにおける性同一性障害者を考えればわかるように，実効的な「少数派の保護」に役立つ．憲法が公共的プロセスとして理解され（1969年），そして立憲国家の固有のダイナミズムが認識されるにもかかわらず，結局は，賢明な憲法裁判があらゆる生きた憲法に相対的には安定性を与えることが想起されなければならない．「司法積極主義」と「司法消極主義」のプロセスはもちろん最終的には学によってあとづけることしかできない．このプロセスは学によってその根源を究明することはできない．このことに対しては慎重さが要求される．

「多元主義の憲法という理念」（1980年）は，とりわけスペインとラテンアメリカ諸国において受け入れられた（P. Häberle, Pluralismo y Constitución, 1. Aufl. 2002, 2. Aufl. 2013 参照）．この理念は，多くの新しい憲法，たとえばアフリカやラテンアメリカ諸国の明文の多元主義条項によって確証されている．

III

私はあらためて，編者であり解説者である畑尻剛教授と土屋武准教授に対して本書の出版に費やしたその多くの労力に感謝する．本書が日本の読者に温かく受け入れられることを願うばかりである．このような形で，本書がカールスルーエの連邦憲法裁判所の偉大な裁判官の一人である，偉大なるわが師 K. Hesse によって数十年前に架けられたドイツと日本の学術交流の橋の新たな橋脚となることを祈念して．

2013年10月 バイロイトにて

P. ヘーベルレ

目　次

著者まえがき……………………………………………… i

凡　例 ……………………………………………………vii

第 1 章　憲法裁判の基本問題
　　　　Grundprobleme der Verfassungsgerichtbarkeit ……………… 1

第 2 章　政治的力としての憲法裁判
　　　　Verfassungsgerichtsbarkeit als politische Kraft ……………47

第 3 章　連邦憲法裁判所の判例に照らした具体化された
　　　　憲法としての憲法訴訟法
　　　　Verfassungsprozeßrecht als konkretisiertes Verfassungsrecht im
　　　　Spiegel der Judikatur des BVerfG ………………………79

第 4 章　憲法訴訟法の独自性
　　　　Die Eigenständigkeit des Verfassungsprozeßrechts………… 113

第 5 章　独立の憲法裁判の手本としての連邦憲法裁判所
　　　　Das Bundesverfassungsgericht als Muster einer selbständigen
　　　　Verfassungsgerichtsbarkeit ……………………………141

第 6 章　ドイツの憲法裁判システムにおける憲法異議
　　　　Die Verfassungsbeschwerde im System der bundesdeutschen
　　　　Verfassungsgerichtsbarkeit ……………………………169

第 7 章　立憲国家の今日の発展段階における憲法裁判
　　　　 Die Verfassungsgerichtsbarkeit auf der heutigen
　　　　 Entwicklungsstufe des Verfassungsstaates ……………… 233

第 8 章　開かれた社会における憲法裁判
　　　　 Verfassungsgerichtsbarkeit in der offenen Gesellschaft ……… 261

第 9 章　試験台に立たされる連邦憲法裁判所裁判官の候補者？
　　　　「公的聴聞」の必要性の肯定論
　　　　 Bundesverfassungsrichter - Kandidaten auf dem Prüfstand？
　　　　 Ein Ja zum Erfordernis „öffentlicher Anhörung" ……………… 277

第10章　憲法裁判をめぐって
　　　　 Über die Verfassungsgerichtsbarkeit ……………………… 283

　解説　「ペーター・ヘーベルレの憲法裁判論」畑尻剛 …………… 309
　訳者あとがき ……………………………………………… 333

　参照文献一覧 ……………………………………………… 343
　P. ヘーベルレ憲法裁判関係業績・参照業績一覧 ……………… 381

　索　　引
　　事項索引 ……………………………………………… 392
　　判例索引 ……………………………………………… 399
　　人名索引 ……………………………………………… 409
　　各国憲法・国際条約等索引 …………………………… 411
　　基本法・連邦憲法裁判所法条文索引 ………………… 413

凡　　例

1　ドイツの法文の翻訳

　本文では，ドイツ連邦共和国基本法は「基本法」とし，その翻訳は，原則として，高田敏＝初宿正典編訳『ドイツ憲法集〔第 6 版〕』(信山社，2010) による．

　連邦憲法裁判所法および連邦憲法裁判所規則の翻訳は，それぞれ「法」「規則」とし，その翻訳は，原則として畑尻剛・工藤達朗編『ドイツの憲法裁判──連邦憲法裁判所の組織・手続・権限──〔第 2 版〕』(中央大学出版部，2013) による．その他は，編訳者が訳出した．

2　連邦憲法裁判所の判例

　翻訳および解説中の連邦憲法裁判所の判例については，連邦憲法裁判所判例集の巻数 (89 巻) と頁 (28 頁) を E 89, 28 という形で示す．あわせて，巻末に索引を付した．

3　省略（記号）

AöR	Archiv des öffentlichen Rechts
BayVBl	Bayerische Verwaltungsblätter
BVerfGK	Kammerentscheidungen des Bundesverfassungsgerichts
DÖV	Die öffentliche Verwaltung
DVBl	Deutsches Verwaltungsblatt
EGMR	Europäischer Gerichtshof für Menschenrecht
EJIL	European Journal of International Law
EuGRZ	Europäische Grundrechte-Zeitschrift
FAZ	Frankfurter Allgemeine Zeitung

FG	Festgabe
FR	Frankfurter Rundschau
FS	Festschrift
HdbDStR	Handbuch des Deutschen Staatsrechts
HdbVerfR	Handbuch des Verfassungsrechts der Bundesrepublik Deutschland
JöR	Jahrbuch des öffentlichen Rechts der Gegenwart
JR	Juristische Rundschau
JURA	Juristische Ausbildung
JuS	Juristische Schulung
JZ	Juristenzeitung
KritV	Kritische Vierteljahresschrift für Gesetzgebung und Rechtswissenschaft
NJW	Neue Juristische Wochenschrift
NStZ	Neue Zeitschrift für Strafrecht
NVwZ	Neue Zeitschrift für Verwaltungsrecht
SV	Sondervotum
VVDStRL	Veröffentlichungen der Vereinigung der Deutschen Staatsrechtslehrer
ZaöRV	Zeitschrift für ausländisches öffentliches Recht und Völkerrecht
ZHR	Zeitschrift für das gesamte Handels- und Wirtschaftsrecht
ZRP	Zeitschrift für Rechtspolitik

4 その他

　訳注および解説における，畑尻剛・工藤達朗編『ドイツの憲法裁判―連邦憲法裁判所の組織・手続・権限―〔第2版〕』（中央大学出版部，2013）の引用は，［ドイツの憲法裁判］と略す．

　本文中で訳者が訳語を補充した場合には，〔……〕を付した．

第 1 章

憲法裁判の基本問題

Grundprobleme der Verfassungsgerichtsbarkeit

目　　次

　　序

I　法と政治

II　憲法と憲法裁判の関係

III　憲法裁判と権力分立あるいは権力分立としての憲法裁判

IV　憲法裁判の二重機能

V　憲法裁判による憲法解釈

VI　憲法と憲法訴訟法
　1　憲法訴訟法における憲法的原理
　2　憲法解釈の方法の憲法訴訟論上の対応
　3　連邦憲法裁判所の判例

序

　ドイツにおける憲法裁判についての議論は，今日に至るまできわめて複雑で，論争のたびにさまざまの方向に拡散している．にもかかわらず，どのような問題に関心が向けられているかに従って考察すれば，いくつかの異なる問題設定を見いだすことができる．そしてそれは，公然とであれ暗黙のうちであれ結局はいつもそこに立ち戻らざるを得ず，したがって逆にいえば具体的問題に対してもその影を落としているものである．すなわち，法と政治の関係，憲法と憲法裁判の体系的位置づけ，権力分立と（個人の権利保護か憲法保障のための客観的手続かという）憲法裁判の目的，そして最後に，「憲法裁判による憲法解釈」および実体憲法と憲法訴訟法との関連性が，それである．

　議論はいまだ決着がついておらず，ワイマール憲法時代以降の発展も著しいが，しかし実際のところ，これらの基本問題を克服したわけではない．たしかに力点の置かれる場所は変化し，同様に，問題を論じる方法も変化した．つまり，これらの基本問題は，前提理解，とりわけ憲法理解に応じて互いに結びつけられたり，切り離されたりしている．にもかかわらず，そのようなことを問題として受け止めるという伝統は，実質的にはいまだに維持されている．

I　法と政治

　「法か政治か」，「法と政治」というのは，永遠の問題である．憲法裁判というものの役割と機能をめぐる議論も，この問題に組み入れられるものであり，さらにこの問題は，連邦憲法裁判所の近時の諸判決によって，最も新しいところでは基本条約判決と堕胎判決において[1]，再び活発な論議をよんだ．この問

---

1)　大学判決について，*Kimminich* 1973a: 193 f.; *Oppermann* 1973a: 433 ff.; *Schefold/Leske* 1973: 1297 ff. *Zwirner* 1973: 313 ff. を，基本条約については，*Kimminich* 1973b: 657 ff.; *Oppermann* 1973b: 594 ff.; *Tomuschat* 1973: 801 ff.;

題がもっとも先鋭的にあらわれるのは，憲法裁判の範囲と限界，そして，「政治的なものの領域」から憲法裁判を排除することについて考察する場合である．すなわち問題とされるのは，政治的決定がとりわけ民主的立法者の手から憲法裁判に移されるということである．

いまだ変わらぬ激しさをもって行われている，「政治的法」としての実定憲法の性格をめぐる論争を考えてみよう．すでに *Triepel*[2]と *Kelsen*[3] C. *Schmitt*[4] E. *Kaufmann*[5]を経て，*Leibholz*[6]と *Massing*[7]に至るまで，さらに最近の論稿に

Wilke/Koch 1975 : 233 ff.; *Friesenhahn* 1932 : 188 ff.; *Häberle* III : 451 ff.; *Schumann*: 484 ff. また概観を与えるものとして，*Ciesler/Hampel/Zeitler* 1973 の資料を，堕胎判決については，*Kriele* 1975, *Rüpke* 1975 : 222 ff. を参照.

2) *Triepel* によれば，憲法は，「まさに政治的なものに関する法」であり，「「政治的」法」である (*Triepel* 1929 : 8).

3) *Kelsen* 1929 : 56. *Triepel* と *Kelsen* の違いは，憲法裁判の機能の評価にある．*Kelsen* に対して，*Triepel* は限界内にとどまる限りにおいてのみ憲法裁判を望ましいとしている (*Triepel* の次の言葉を参照．「憲法争議 (Verfassungsstreitigkeit) は常に政治的争議である．この事実のうちに制度全体の関連性が宿っている」(*Triepel* 1929 : 28, LS2).

4) 法と政治をめぐる論争の古典的表現は，しばしば引用される C. *Schmitt* の――*Guizot* に関連して定式化された――次のような命題においてみられる．「司法の無制限の拡大は，おそらく国家を裁判権にではなく，その反対に裁判所を政治的機関に変ずるであろう．これはおそらく政治の司法化ではなく，司法の政治化である．この場合，憲法司法とは，一つの自己矛盾であろう」(*Schmitt* 1973 : 98). また，*Schmitt* 1931 : 35. また，*Forsthoff* 1971 : 127 を見よ．これに対する批判は，*Häberle* IV②: 430 f.

5) *Kaufmann* によれば，憲法裁判から，「一切の政治問題が排除される」.「それを決定するためのいかなる法規範も存在しない問題」が，政治的である (*Kaufmann* 1952 : 4).

6) *Leibholz* によれば，法の本質と政治的なものの本質との間には，解決のできない「内的矛盾」が存在する．「この矛盾は次のことに帰する．すなわち，政治的なものは，その本質上常に，絶えず変化する生活諸関係に適応することを企図する動態的――非合理的なものであるのに対して，法はその基本的な本質構造上常に，活力ある政治的諸力を抑制することを企図する静態的――合理的なものである」(*Leibholz* 1957 : 121 f.). *Leibholz* との関連で F. *Klein* 1966 : 30. しかし，このような「本質」

おいても，法と政治の「電界」が，憲法裁判をめぐって研究されている．

　法と政治の（誤った）二元論とその基礎にある峻別思考は，憲法解釈による「正しい」政治を追求することこそが真に問題であるという視点を不明確にしてきたのである．あらゆる法解釈が政治的観点を含んでいるように，憲法裁判もまた，そしてまさに憲法裁判こそ，全体システムにおける政治プロセスを構成するその部分手続として一つの政治的機能そのものなのである．憲法も憲法裁判も，一個の政治的実存を指導する．憲法裁判をたんなる非政治的な（国家）機能とみなすことができないように，憲法裁判を政治的機能にすぎないものとすることはできない．法か政治かという二者択一は，（ここでも他の場所と同様に）適切ではない．非政治的憲法裁判というドグマは，非政治的（憲）法という言い方と同様に，自己欺瞞を含んでいる．むしろ重要なのは，憲法「から」憲法裁判官によって展開される憲法解釈という政治はいかなるものかという問題，すなわち，憲法裁判のもたらす憲法解釈による政治である[8][9]．論争は，

　　論は，それ以上のものでもそれ以下のものでもない．
  7)　*Massing* が繰り返し提起しているのは，連邦憲法裁判所の裁判活動にとって重要なのは，「逆説的に聞こえるかもしれないが，たしかに基本法の枠内で働いてはいるがしかし結果的にはおそらくはそこからはみ出るような形で決断される政治的な形成意思——司法の形式による手続をただの口実として用いる政治的な形成意思——を明瞭に表現すること」ではないかという問題である（*Massing* 1969：211）．
  8)　これについては，*Billing, Dolzer, Schuppert, Zeitler* の研究を見よ．*Billing* は，憲法を「政治的なものに関する特殊な法」とみなしている（*Billing* 1969：51）．ここから，彼は憲法裁判について「一つの政治的性格」（S. 61）を論結するか，この政治的性格は，「それにもかかわらず連邦憲法裁判所の真正の裁判機関たる性格を損なうものではない」（S. 70）．憲法裁判は，「政治的な力の磁気場——電界に」組み込まれているのである（S. 71）．——法と政治の論争に関する *Schuppert* の見解および，政治的表象の規範化としての法は「常に政治的な法」であるとの彼の結論（*Schuppert* 1973：122）をも参照．*Schuppert* のみるところでは，憲法の特質は，憲法の対象がまさに国家全体に向けられた活動としての政治であるということに根拠づけられる（S：128）．国家権力の発動すべてを憲法と結びつけることによって，とりわけ *Leibholz* によって主張されている政治的争議（法をめぐる紛争）と政治的争訟（法による紛争）との区別も不要となる．——通説の出発点は，*Zeitler* も批判している（*Zeitler* 1974：153 ff.（insbes. 162 f.））．彼によれば，法と政治は，その効

(国家) 機能の機能法的な相互作用の有無に関するものではなく，その態様に関するものである．この点において今日問題なのは，連邦憲法裁判所が政治プロセスの中でいかに作用すべきかということである．

　法か政治かという論争の影響は，いたるところにあらわれる．たとえば，連邦憲法裁判所の「自己抑制」の要請[10]において，また憲法裁判官の選出方法(「政治との結びつき」) において，そして判決のもつ政治的影響力を考慮に入れるべきかどうかという問題の場合[11]や，同様に憲法裁判所の判決の拘束力を考察する場合[12]の解釈方法においてである．この論争は，違憲警告判決[13]や準政治的な指針決定 (E 20, 56)[14]を認めるか否かという議論に影響を及ぼしている．そして，この法か政治かという論争は，憲法訴訟法の取扱い[15]，連邦憲法裁判所法上の参加手段の利用[16]および連邦憲法裁判所が独自にどこまで事実認定をするかなどの議論に際してあらわれる憲法裁判官の戦術と戦略において顕著と

　　　果 (維持-形成) によって区別されるのではなく，共通の任務を解決するその方法においてのみ区別されるのである (S. 178) ——議論の全体像については，*Hesse* 1975: 227 f. および *Dolzer* 1972: 51 ff. もみよ．
9) *Häberle* II ⑧: 299 m. Anm. 35.
10) 連邦憲法裁判所は——「確立された判例において」(E 35, 257 (262)) ——自らに課している司法の自己抑制の原理を，「「政治を行うこと」の放棄，すなわち，憲法によって創設されかつ限定された自由な政治的形成の領域に介入することの放棄」であると解釈している (E36, 1 (14))．——しかしここで重要なことは，法的問題と政治的問題を区別することの結果ではない．裁判所の抑制はむしろ機能法的考察から基礎づけられる．——司法の自己抑制に批判的なのは，*Heydte* 1974: 909 ff.. なお，*Zeitler* 1974: 176 f および *Zuck* 1974: 361a. 参照．
11) この問題領域については，現在では特に，*Schuppert* 1973: 131 ff m.w. N. および，*Häberle* V ③: 660 ff..
12) これについて，*Brox* 1974: 809; *Hoffmann-Riem* 1974: 335 ff.; *Zuck* 1975b: 907 ff.; *Maassen* 1975: 1343 ff..
13) *Rupp-v; Brünneck*: 355 f.
14) *Häberle* II ②: 64 ff., これについて，*Laufer* 1968: 524 ff. を見よ．
15) *Häberle* II ⑫: 383における議論．現在では，「租税改革被害者」憲法異議について，*Haberle* (1976年9月3日付FR)
16) これについて，*Häberle* II ⑧: 299.

なる.

　連邦議会の選挙人委員会（法6条4項）および連邦参議院（法7条）における3分の2の特別多数を要求する連邦憲法裁判官の選出に関する諸規定——これは実体憲法である——，そして（たとえば，申立権に関する規定において）政治的反対派の一つの制度化を含む憲法訴訟法は，それ自体政治的法であり，かつその時々に「利用」されることにより政治的法になるのである．

II　憲法と憲法裁判の関係

　憲法裁判にとって不可避の背景問題として，ここでは次の二つを挙げる．つまり，憲法裁判の特有の任務を憲法の全体の枠組みの中にどのように組み入れ，そして整序するかという問題と，憲法裁判に与えられる重要性がいかに憲法理解に左右されるかという問題である[17]．

　1．「憲法裁判」については論じられることはあっても，「国事裁判」についてはもはや（ワイマール憲法時代においてしばしばなされたようには）論じられることはないのには，もっともな理由がある．なぜなら第一に，憲法裁判は国家ばかりでなく社会にもかかわるからであり，しかも社会とのかかわりがますます増大しているからである．つまり，社会的権力の濫用が阻止されるべきなのである（このことは，たとえば，とりわけ私法の領域において基本権の「第三者効力」を認めることによって，また，連邦憲法裁判所の最近の判例の傾向によれば，基本法の基本的価値決定を通常の法における一般的解釈原理とすることによって行われる[18]．第二

---

17)　「［*Jean Anthelme Brillat-Savarin* の］周知の言葉をもじって次のように言うことができる．『憲法裁判に関する立場を言ってごらんなさい．そうすればあなたがどんな憲法概念をもっているかを言ってみせましょう』．もちろん，逆もまた真である」（Kägi 1945 : 147 Anm. 65）．

18)　これについて連邦憲法裁判所の判例を素材にした，*Geiger* 1974 : 299 ほか参照．一般的な解釈原理を承認すれば，結果的には *Geiger* が指摘するように，これによって連邦憲法裁判所は今までよりはるかに広い範囲で通常の連邦法またはラント法の

の理由は，憲法裁判が一つの国家機能である以上に，「一つの公共的な機能（公共の福祉機能）」だからである[19]．

(1) 今日の通説によれば，「憲法裁判とは，憲法の遵守を直接に保障する一切の裁判的手続」[20]である．このような定義においては，憲法裁判が保障しようとする目的とその統制機能が強調される．しかし，この定義においては，この保障目的から基本法の下での憲法裁判の具体的任務についていかなる結論が引き出されるかが明らかとはならない．つまり，レス・プブリカにおける国家的作用および社会的作用を秩序づける枠として憲法を守りかつそれを開かれたものとするという憲法裁判の具体的任務が明らかとならない．この定義が前提としていることは，憲法裁判にあっては（基本法上もまたそうであるように）「裁判」なのであって，*Massing*[21]が定義したように政治的形成意思による決断が（もっぱら）問題になるわけではないということである．ここにおいて，法－政治論争との交錯が明らかとなる．

(2) いかなる基準によって基本法の憲法裁判を裁判として位置づけるかという問題は，依然として未解決のままである．問題となるのは，裁判という概念がもっぱら実質的に（その機能から）規定されるべきなのか，それとも形式的基準と実質的基準を何らかの形で結びつけることによって規定されるべきなのかということである[22]．*Friesenhahn*[23]は，もっぱら実質的に，裁判とは「紛争解決のための法適用である」と定義した．同様に *H. J. Wolff* も，実質的メルク

　　　適用を審査することができる．
19)　*Häberle* V ④: 151; *Häberle* II ③: 87 f.
20)　憲法裁判に関するハイデルベルク・コロキウムの基礎となった定義（*Mosler*: XII）．これに関連して，*Billing* 1969: 40 f. m.w. N., *Kutscher* 1970: 162. また，「憲法裁判はもっぱら憲法の維持に奉仕するのである」（*Hesse* 1975: 226）参照．
21)　*Massing* 1970: 211.
22)　論争の概観については，*Billing* 1969: 26 f. を見よ．
23)　*Friesenhahn* 1949: 26.

マールのみを正当なものとした．彼によれば，実質的意味における裁判とは，公平な（国家）機関が事実関係に対し有効な客観法を適用して下す法的判断であり．そしてこれは，特別に規律された手続において法的拘束力をもつ決定となる法的判断である[24]．これに対して，*Thoma*[25]は，かなり早い段階において，実質的要素と形式的（組織的）要素を結びつけていた．彼は裁判を，「有効な法を個別事件において具体的事実に適用して，何が法であるかを，国家的権威をもって自立的に宣言すること」であると考えた．

最近では，裁判の概念は，*Thoma* の定義から出発しながらも，組織的要素に対して手続的要素をさらに強調することによって，特別な手続的形態が本質的メルクマールであるという点に重点を置いて規定されている．*Hesse*[26]によれば，裁判とは，「その基本類型において，法に関する争いがあり，または法が侵害されている場合に，特別な手続において有権的に，かつ拘束的で自立的に決定するという任務によって特徴づけられる」[27]．

これらの定義に従えば，連邦憲法裁判所の裁判官の活動も，その対象として憲法にかかわるものではあるが，実質的意味の裁判[28]なのである．このような見解は，基本法における連邦憲法裁判所の地位（92条，93条参照）ないしは，連邦憲法裁判所法における（「自律かつ独立の裁判所」（法１条）という）表現によって実定法的に補強されている[29]．このことは，抽象的規範統制（93条１項２号）の手続にすらあてはまる[30]．すなわち，抽象的規範統制においては，裁

---

24) *Wolff/Bachof* 1974：84.
25) *Thoma* 1932：129.
26) *Scheuner*（*Scheuner* 1952：278）に関連して，*Hesse* 1975：221. また，*Forstlloff* 1971：132.
27) また，*Starck* 1976：65 f. も見よ．
28) これについて，*Krüger* 1966：704 f. 参照．
29) これについて，連邦憲法裁判所の *Zeidler* 決定（E 40, 356）．
30) *Starck* は連邦憲法裁判所が規範統制手続において機能的に立法手続に参画していると考えている（*Starck* 1976：67, 74 ff.）．これに対して *Scheuner* は消極的である（*Scheuner* 1976a：99）．

所は訴えに基づき，法律を無効（法78条）または——無効宣言の遡及効がもたらす結果を回避するために——違憲[31]と宣言することができるのであるが，この手続では，違憲の法律による具体的な権利侵害の有無は要件とされていない。このような権限においては，裁判所は立法部の権限に介入し，法律を無効とすることは法律の公布と同じ一般的効果をもつにしても[32]それでもなお連邦憲法裁判所は立法者の機能を営むものではない[33]。連邦憲法裁判所は，「実定憲法に関する争いがあり，または実定憲法が侵害されている場合に」[34]，訴えに基づいてのみ，その規範統制権限の枠内で裁判する——そして，このことによって連邦憲法裁判所の活動は立法者の活動から区別される。したがって，その決定はなお，実質的な意味の裁判活動である。

　この問題の試金石[34a]となるのは，「憲法上の争訟」という基本法上の概念が，形式的基準を基礎として規定されるべきか，それとも実質的基準を基礎として規定されるべきかという問題である。行政裁判所法40条1項の意味における「非憲法的性格の公法上の争訟」[34b]の場合と同様に，憲法裁判を実質的

---

31) E 33, 303 (347); 34, 9 (431) この問題について。*Maurer*: 345 ff.; *Söhn* 1974.

32) すでに *Kelsen* がそのように指摘している（*Kelsen* 1929: 54）。

33) しかし——*Forsthoff*（*Forsthoff* 1971: 145）の見解によれば，「論駁の余地がないほどにその正しさが証明された」——*Schmitt* の〔司法の政治化に関する〕見解（*Schmitt* 1931: 31 ff.）。今日再び，*Massig*: 225。これと異なる見解として，*Billing* 1969: 31 f.; *Brinckmann* 1970: 142 ff. を見よ。

34) 憲法裁判の概念を規定する際にこのようなメルクマールに注目する *Hesse*（*Hesse* 1973: 226）の憲法裁判の定義を参照。

34a) いかなる範囲で連邦憲法裁判所が特定の機能において（同時にその手続によっても）基本法79条3項の保障に参与するかという問題も，試金石となろう。憲法異議については，*Stock* に問題の指摘がある（*Stock* 1975: 451 ff.）。

34b) 行政裁判所法40条1項における実定憲法上の争議という概念について。形式説（*Wertenbuch* 1959: 507）が「たんに憲法裁判所に列挙的に割り当てられたもの」と考えるのに対して，通説の実質説は，両当事者を含めた実定憲法関係の実質的内容に注目して，したがって実体法的に論じる（BVerwG, JZ 1976, S. 239, BVerwGE 36, 218 (227, 228). *Eyermann/Fröhler* 1974: 40 Rdnr. 61; *Redeker/v.Oertzen* 1975: 40 Anm. 3; *Kopp* 1976: 40 Anm. 4; *Tschira/Schmitt Glaeser* 1975: 37 f.; *Ule* 1975: 39

に理解することによって，「憲法上の争訟」の実質的概念が導かれるであろう[34c]．

2．憲法裁判にそのときどきに割り当てられる役割は，憲法，憲法概念の（前提）理解によって決定的に規定される（その逆もありうる）[35]．憲法裁判が基本法の下で，とりわけその主導的な裁判実践を通じて獲得した影響力は[36]，実証主義的な見解を主張する傾向にある人々の間では賛同は得られていない．しかしその一方で，実証主義は *Kelsen* の功績によって憲法裁判に対して大いなる貢献をした．けれども *Kelsen* は，*Forsthoff* による連邦憲法裁判所に対する批判[37]にはおそらく部分的にしか同意しないであろう．同様の方法をとったと

---

　　f., jeweils m. N.)．要件となるのは，争われている法的関係が決定的に実定憲法によって形を与えられ，かつ争訟当事者が直接に憲法生活に参加していることである（いわゆる二重の憲法直接性．これについて，*Tschira/Schmitt Glaeser* 1975：38 参照）．
34c）問題となる法関係は実定憲法の内容でなければならない．*Lechner* 1973：Einleitung, Anm. 1, m.N., E 1, 208 (219, 221 ff)；13, 54 (72)；42, 103 参照．93 条 1 項 4 号の意味における憲法上の争訟については，E 27, 240 (246 f.)．
35）すでに *Schmitt* に次のような指摘がある．「『憲法争議』，『憲法裁判』，『憲法』という諸概念は，実質的には相互にきわめて密接に関連しており，それゆえ，たんに憲法の概念の変更が憲法争議の概念を変更させるということだけではなく，逆に憲法訴訟および憲法裁判の新しい運用の実際が憲法の本質を変遷させることもありうるのである」(*Schmitt* 1931：53)．*Schmitt* 1931：67 では，他の手続（民事および刑事訴訟）に対する国事裁判および憲法裁判の特殊性が強調されている．憲法裁判の問題の基礎としての憲法概念（*Kelsen* 1929：30, 73 ff., 78 ff., 117）および，「憲法裁判所という特別の形は，それぞれの憲法の特性に応じたものでなければならない」(S. 56) という *Kelsen* の指摘も見よ．憲法裁判の拡充によって憲法理論がその本質を変更させられることはない（*Ehmke* 1963：66）という異なった見解もある．
36）連邦憲法裁判所の地位は，政治的な力の平行四辺形の中で最も傷つきやすいものかもしれない．このような地位は，連邦憲法裁判所に与えられたものでもなければ，連邦憲法裁判所がこのような地位を奪い取ったものでもなく，努力して手に入れたものなのである．この地位は，連邦憲法裁判所の判決の質をあらわすものである．これとの関連で *Smend* の次の言葉を想起せよ．「今や実際には，基本法は，連邦憲法裁判所がそれを解釈した形において妥当している」(*Smend* 1971：16)．

しても，実質的に異なった結論を導く可能性があることは明らかである．

憲法の開かれた理解[38]（「公共的プロセスとしての憲法」）[39]を要請する者にとっては，「憲法裁判という実体と機能」に関する一つの見解がそのような要請から導かれる．この見解は，憲法化された政治的共同社会の発展のために憲法裁判に特別の地位を配分するものである．この見解に従えば，憲法は（たしかに独占的ではないが，しかし一定の場合には最終的な拘束力をもって）憲法裁判によって全社会プロセスに対して現実化され，また逆に，このプロセスが，憲法の理解に「先行的に影響を及ぼす」．憲法裁判の任務は，まさしく，国家行為の中に宣明されている社会発展の諸々のプロセスを憲法の枠内に（かつ開かれた形で）維持し，慎重に制御することなのである．社会に成立したさまざまな集団[40]による憲法の「事実上の」解釈に比して，憲法の規範性を発揮させるという憲法裁判の機能は，重要なものである．憲法は――開かれた――社会によって刻印されるばかりでなく，憲法はその基本的決定を通じて，開かれた社会を「日々刻々」形づくるのである．憲法を社会へと媒介することは，憲法裁判という「公共的な機能」の非常に重要な責務である．

憲法理解と憲法裁判との関連性は，連邦憲法裁判所の自己拘束の問題を契機として明らかになる．たとえば，連邦憲法裁判所がすでに何らかの規範統制手続においてある法律の規定を合憲であると宣言していた場合に，連邦憲法裁判所がそれと異なる判断を下すことがいかなる形であれば許されるのかが問題となる．この問題の答えは，手続の新しい訴訟対象がどのようなときに存在する

---

37) *Forsthoff* の批判は，連邦憲法裁判所のある判決〔E 6, 300〕に対して述べられた，「法治国家から司法国家への移行」という厳しい言葉において頂点に達した（*Forsthoff*: 1976; 50）．さらに，*Forsthoff*; 1961, *Forsthoff* 1971: 134 ff. も見よ．―― *Forsthoff* の立場に対する批判については，*Häberle* IV②: 425 ff. また，*Zeitler*: 155 f. も参照．

38) *Smend* から *Hesse*, *Ehmke* へと至るベースライン．*Häberle* I①: 215; *Häberle* I②: 709 f.; *Häberle* II⑥: 115 f. も見よ．

39) *Häberle* IV①: 273 ff.

40) *Häberle* II⑧: 297 ff.

第1章　憲法裁判の基本問題　13

とみなされうるのか，そしてこの新しい訴訟対象は生活関係や一般的な法的見解が変化した場合でも存在するものなのかどうかという点にかかっているのである[41]．

III　憲法裁判と権力分立あるいは権力分立としての憲法裁判

憲法裁判を権力分立の問題とみなすことは正当であるが，民主的立法者との境界を画定する場合には悪影響を及ぼす[42][43]．しかし，問題はこれにとどまらない．憲法裁判に委ねられたさまざまな機能のために，憲法裁判は，基本法が自ら定めた権力分立をまさしく明白に破壊するものであるといわれてきた[44]．このような見解は，古典的な権力分立理解を表現しているが[45]，基本法の下で今日的な権力分立（配分）の「抑制と均衡」の幾重にも編まれた網に連邦憲法裁判所が組み込まれていることを十分には理解していない．連邦憲法裁判所はそれ自体，権力分立の一端であり，しかも，その手続と裁判活動を通じて権力分立を守っているのである．憲法裁判は，国家権力を（そして社会的な力も！）制約する．憲法裁判は，これによって自ら，権力（また政治権力）の本質的構

---

41) この問題について，前掲注（12）の文献および E 20, 56 (87)；33, 199 (204 f.)；39, 169 (181 ff.) およびこれに対する *Zuck* の評釈（*Zuck* 1975 ②：922）．連邦憲法裁判所はここで，審査される法律の解釈が変更された場合にも事実に変化が生じたものとみなされるべきであるということから出発している．

42) これについて，*Seuffert* 1969：1369 f. また，*Frowein/Meyer/Schneider* 1973：10 ff. における議論も参照．連邦憲法裁判所自身は立法者の広範な形成裁量を前提としている．たとえば，E 33, 171 (189 f.)；33, 303 (333 f.)；36, 321 (330 ff.)．境界画定の難しさは，第一次堕胎判決における *Rupp-v. Brünneck* 裁判官および *Simon* 裁判官の少数意見において明らかである（E 39, 68 (72 f.)）．

43) このことは，すでに規範統制手続の取扱いの場合に明らかとなっている．上記注（30）から（34）を見よ．*Lerche* は正当にも，「立法部と法創造的な司法部との境界はいかに流動的であるか」と述べている（*Lerche* 1970：172）．

44) *Forsthoff* 1971：134．

45) 権力分立については，*Rausch* (Hrsg.) 1968 を見よ．

成部分になる．とりわけ，憲法裁判の「機能法的に画定される限界」[46]という論法の背後には，権力分立問題が存在する．同様に，法律の合憲解釈に関する連邦憲法裁判所の権限を（および限界をも！）定める場合にも，この問題があらわれる[47]．

権力分立は国家の領域に限定されるべきではなく，より広い意味で理解されなければならない．すなわち，第一には，（議会の）反対派が権力分立システムに組み込まれなければならない（「反対派の問題における憲法裁判」）[48]．同様に，連邦憲法裁判官の選出手続（3分の2の特別多数の要件）によって，多数派の権力を抑制する反対派の地位が強化される[49]．しかもこの議会の反対派は国家機能ではないのである[50]．さらにまた，連邦参議院を連邦憲法裁判所の裁判官選出手続に組み入れること（94条1項2段，法5条1項，7条）によって，連邦制的な権力分立および権力均衡の一端[51]が実現される．連邦憲法裁判所はその憲法解釈を通じて，社会的-公共的領域における多元的権力分立の一端を保障し[52]，また基本権の私的側面の保護を通じて，私的なものを国家および公共圏ないしは社会から守るのである．

権力分立の諸相は，個別手続の中にも多様な形であらわれている．たとえ

46) *Ehmke* 1963：73 f.；*Hesse* 1975：228，*Häberle* II ⑧：297 ff.
47) 最近では E 36, 126 (135 f.)．これについてはまた *Bogs* 1966：62 ff., *Zeitler* 1974：155 f..
48) *Ridder* の論文のタイトルがこれである（*Ridder* 1969）．
49) 選出手続は，*Billing* によっても少数者保護と解されている（*Billng* 1969：98）．*Friesenhahn* 1962：133 も参照．
50) なお，憲法訴訟法における議会反対派の参加権に対する要求に関する私見は，*Häberle* II ⑧：304 Anm. 84 を見よ．
51) このような意味での連邦参議院の評価について，E 37, 363 (379 f., 383 f) および *v. Schlabvendorf* 裁判官，*Geiger* 裁判官および *Rinck* 裁判官の少数意見（E 37, 402 f.）．
52) その必要性については，*Schelsky* の研究（*Schelsky* 1973）についての私の書評（*Häberle* V ⑥：648 f.）参照．このような意味において，また，兼職禁止判決（E 38, 326 ff., *Seuffert* 裁判官の少数意見 E 38, 341 ff.）および議員歳費課税免除違憲判決（E 40, 296 (320 f.)）も参照．──これについて，*Häberle* II ⑪：541 f.

ば，機関争訟の手続における連邦議会の会派の申立権（93条1項1号，法13条5号，63条），さらに，抽象的規範統制の手続におけるラント政府の申立権（93条1項2号，法13条6号，76条）がそれである．

憲法裁判は，その活動を通じて，さまざまな国家機能の権力抑制的な並存関係を維持することに応分の寄与をなす[53]だけではない．憲法裁判は，それ自体実践された権力分立であり，かつそのようなものとして憲法裁判は，権力分立システム全体の均衡のために，批判にもさらされなくてはならない[54]．

IV 憲法裁判の二重機能

憲法裁判の手続類型はすべて[55]，客観的な実定憲法の保護に役立つ[56]．憲法異議においては[57]，個人の権利（基本権）の保護というもう一つの側面が前面に出てくる[58]．しかし，客観的な憲法の保護と個人の権利保護は対立するものではない[59]．両者は，無関係に並存しているのではなく，むしろ相互に結びついているのである．

個人の利益の保護を通じて，憲法が守られる[60]．憲法異議のこのような「客

---

53) また，*Hesse* 1975：226．
54) たとえば，*Zuck* 1976：285．
55) たとえば，連邦国家的争訟については，*Spanner* 1964：417；*Arndt* 1962：208および E 2, 79 (86)．基本法93条1項2号による規範統制については，*Friesenhahn* 1962：92, 108 および E 1, 396 (407)；2, 307 (311) 参照．
56) 上記注（34）の憲法裁判の定義を見よ．
57) 基本法93条1項4a号および法90条以下．
58) この点に関する異説としては，*Spanner* 1964：418．
59) 何人でも法律または命令による基本権侵害を主張できるバイエルンの民衆訴訟（バイエルン憲法98条4文〔およびバイエルン憲法裁判所法55条〕）の場合，客観的な憲法の保護は市民に委ねられている．これについて，*Meder*：Art. 98, Rdnr. 7 参照．また，E 13, 132 (141) における「客観的憲法秩序の見張り役」としての市民という指摘も見よ．
60) これについては，*Frowein/Meyer/Schneider* 1973における議論，特に*Scheuner*の発言（*Frowein/Meyer/Schneider* 1973：34 f.）．さらに，*Zuck* 1965：840；*E. Klein*

観化」[61]は，（少なくとも）基本権理解の変遷を介して（もまた）行われる．基本権の主観的（防御権的）側面に，客観的[62]あるいは制度的側面[63]が付け加わり，二つの側面は相互に強化し合うのである[64]．憲法異議における個人の権利保護という側面が，憲法裁判のすべての手続を支配している客観的な実定憲法の保護と並ぶ同格の機能[65]としてそこに加えられる[66]．ここからいえることは，適法かつ理由ある憲法異議といえども，法93a条4項の要件の下では，必ずしも連邦憲法裁判所によって裁判のために受理されなければならないわけではないということである[67]．連邦憲法裁判所の判決によれば，一定の手続類型がもっぱら客観法の保護機能のみを有しているということから，手続法に対する，たとえば関係人という概念の確定に対する具体的な帰結が生じる[68]．

V 憲法裁判による憲法解釈

1．憲法裁判の存在は，憲法解釈に質的な影響を及ぼす．憲法裁判所は，実際上，「憲法解釈という問題」において，指導的地位とでもいうべきものを獲得はするが，決してそれを独占するわけではない．このことは，全体配慮責任

1963：90 を見よ．
61) E 33, 247 (258 ff.)：憲法異議の「二重機能」．
62) *Hesse* 1975：124 f.
63) *Häberle* I ①：70 ff. 最近の理論状況について，*Rupp* 1976：172 ff..
64) これについて私の共同報告（*Häberle* II ④：75 f.）．
65) この点に関する異説．*Maunz* によれば，個人の権利保護が憲法異議の第一次的機能である（*Maunz*：90, Rdnr. 183, Anm. 2）．
66) *Lerche* は，客観法の内容と主観的権利の内容を区別することに批判的である（*Lerche* 1965a：10）．
67) これについては，E 36, 89 (91 f.)．この判決には，「サーシオレーライ手続」への傾斜が隠されているようにみえる．
68) 法77条については，E 2, 307 (312)，法83条2項については，E 15, 25 (30) を見よ．――保護機能の重点を客観法に置くか主観的権利に置くかに応じて，たとえば，申立ての取下げ，参加の形式のような個々の手続問題は異なった形をとる．

を含意する.「正しい」憲法解釈をめぐる学問上および政治上の争いは,憲法裁判所(および憲法裁判官の相対的には最善の選出とそのための手続)に集中する.憲法解釈の〔憲法〕裁判官に固有の側面,その原理および方法が議論を支配するものであるが,他の国家機関,特に立法,執行とりわけ政府および「通常の」裁判も,憲法解釈を行い(行うべきであり),かつ相応の責任を負う.さらに,これらの者のほか,憲法生活に参加するすべての者が,「広義の」憲法解釈者なのである[69].

憲法の継続的形成は,拡大された憲法裁判を有する共同社会においては,主として憲法裁判官と,その解釈方法を通じて行われる[70].このことは,方法理解に影響を及ぼし,裁判全体の地位を強化する.形式的に見れば,憲法裁判官が最終的な決定権をもっているが,実質的に見れば,すべての者が発言権をもっており,そして連邦憲法裁判所も立法者等もだれも「それだけでは」最終的決定権をもってはいない.ドイツの連邦憲法裁判所は,一方では,自己の従前の法的見解への拘束を――正当にも――拒否する点において[71]自らを相対化し,他方では,他の国家機能に対してその判決主文および主文を支える理由中判断への拘束を要求すること(法31条1項)によって[72],その指導的地位を――場合によっては過度に――強化している.

分業――権力分立としての――は,「憲法解釈という問題」にも存在しなく

---

69) これについて,*Häberle* II ⑧: 297 ff. また,*Zachler* 1976: 284 参照.
70) 憲法裁判は憲法の絶えざる変遷プロセスの中に組み込まれている(*Leibholz* 1963: 118 f.)参照.
71) E 4, 31 (38); 20, 56 (87).
72) E 4, 14 (37) から E 19, 377 (392 CI; 20, 56 (87)) を経て基本条約判決に至る連邦憲法裁判所の判例の展開を見よ.基本条約判決では,理由への拘束の範囲が判決主文において明示的に確定されている(E 36, 1 (3)).これについて批判的なものとしては,*Willke/Koch* 1975: 233 ff. 拘束力については,*Zeitler* 1974: 237 f. ――拘束力の問題についての別の例は,あるラントの立法者に対して下された判決(たとえば,ニーダーザクセン臨時大学法‐大学判決〔E 35, 79〕)がいかなる範囲で他のラントの立法者を拘束するかという *Hoffmann-Riem* によって提起された問題にもあらわれている(*Hoffmann-Riem*: 335 f.).

てはならない．すなわち，憲法解釈の方法は，まさに憲法裁判官の解釈の方法であるばかりではなく，他の国家機能および非国家的機能の解釈の方法でもある．それゆえ，憲法解釈の理論は，他の国家機能（および非国家的機能あるいは，集団，個人）による解釈の可能性と限界を含んでいなければならないが[73]，このことは，憲法の優位と，自由な憲法はわれわれすべてに対する重大な「提案」であるというテーゼの当然の帰結なのである．したがって，憲法裁判官による憲法解釈が過度に「拡大」するという傾向は阻止されなければならない．このことはたんに憲法裁判所の「自己制限」という論じ方において考えられるばかりではなく，憲法解釈に対する他の国家機能の「積極的任務と権限」という論じ方においても考えられる．憲法裁判官の自己制限は，まさにこのような他の機能ないしは解釈者による他律的制限の一端でもあるのである！ 憲法と憲法解釈を活力あるものとするのは，憲法裁判のみではないのである．

　2．連邦憲法裁判所は，その指導的地位に基づいて特別の全体配慮責任を負うことになる．この全体配慮責任は，「結果に配慮した」[74]，（現実にそった）[75]，公共の福祉に配慮した憲法解釈という論じ方において表明されていることである．「公共圏の現実化および公共の福祉の具体化」[76]は，民主的共同社会において憲法裁判に課せられている全体配慮責任を示唆する．連邦憲法裁判所を念頭において作られた「憲法機関」という概念[77]は，形式的にはともかく，実質的にはほとんど異論がないものであるが，この概念も同様に，基本法に対して憲法裁判官がもつ全体配慮責任（単独責任ではない！）を表現しているといえる．この全体配慮責任は，連邦憲法裁判所が実際に行っている解釈の前提理解とその方法の選択に反映されている．しかしながら，他の国家機能，特に立法も同様

---

73) *Häberle* II ⑧：303 f. における評価．
74) これについては，*Bachof* 1963：43；*Dürig* 1963：115.
75) *Häberle* V ③：660 ff., *Häberle* V ④：151 f.
76) これについては，*Häberle* II ③：85 ff., 260 f.
77) これについて批判的なのは，*Hesse* 1975：264.

に全体配慮責任を負っている．これらの国家機能は，その場その場で取り扱うべき問題群にのみ目を奪われてはならず，内容的にも時間的にも常に憲法秩序の全体への影響を考慮しなくてはならない．科学理論から，ポパーは意図的な人間行動がもたらす意図せざる社会的反作用の重要性を強調したが，全体配慮責任およびその個別的表現である結果配慮責任は，その一つの応用例なのである[78]．

　憲法裁判所の「全体配慮責任」は，（たとえば，客観化傾向を通じて）権限の拡大――多くは解釈という手段で実現されている――をもたらすこともあれば，権限の限定をもたらすこともある．それゆえに，全体配慮責任はアンビバレントなのである．したがって，全体配慮責任を以上のように理解すれば，連邦憲法裁判所は場合によっては，立法者に分業という意味において優先権を与えなくてはならない．このような分業のあり方は，変化しうるものである．たとえば，少数者保護という形で（エホバの証人事件―E 23, 191），連邦憲法裁判所は議会プロセスにおいては果たせなかった任務を引き受けたし，同様のことは，議員歳費判決（E 40, 296）にもあてはまる．

　3．連邦憲法裁判所は，連邦憲法裁判所の全体配慮責任の諸相をきわめて多様な方法で憲法訴訟法を適用する際にも解釈によってすでに考慮に入れており，将来的にはより意識的に配慮するようになるだろう．このような連邦憲法裁判所の全体配慮責任の諸相は，すでに概説した憲法裁判に関する法的思考と政治的思考という重要な論点においても，憲法訴訟法においても見いだされる．また現在では，これらの間にいくつかの関連性が生み出されている．個別的に見れば，次のようなものがある．

a）　憲法裁判所の――解訳者としての――全体配慮責任は，多かれ少なかれ明確に，しかも有効に法と政治をめぐる論争の中で表明されている．政治的影響に配慮せよという要請は，憲法訴訟法においても，たとえば次のような問

---

[78] これについては，*Häberle* II ⑦：460 の指摘．また，*Suhr* 1975：235 および *Häberle* IV ④を見よ．

いの形で明確に推し進められている．当初無効宣言[79]という形式から，将来無効を経て，法律のたんなる違憲宣言に至るまで[80]のきめ細やかな判決形式において初めて，結果に配慮した憲法解釈は法律の無効を宣言することができるのか．あるいは判決の執行の態様を定める（法35条）場合[81]にも可能なのか．

憲法裁判官の忌避（回避）を抑制的に取り扱う必要があることは，連邦憲法裁判所法が一貫して実現している全体配慮責任のあらわれである．なぜなら，連邦憲法裁判所の二つの部は，全体機関として政治的共同社会のあらゆるスペクトルを可能な限り反映すべきであり[82]，かつ憲法裁判官の選出は，このような理念にそって行われるべきだからである[83]．しかし，たとえば外交政策の問題において[84]，連邦憲法裁判所が分業的に他の国家機能，たとえば民主的立法者に責任を「委ねる」という事態もまた，憲法裁判所の全体配慮責任の中に含まれうる．全体配慮責任は憲法裁判官の自己制限との対立を意味するものではない！

結局のところ，連邦憲法裁判所は次のような形で全体配慮責任を行使しなければならない．すなわち，連邦憲法裁判所は，憲法訴訟法を裁量規定として取り扱い，連邦憲法裁判所法および1975年の連邦憲法裁判所規則の情報および

---

79) この問題について，*C. Böckenförde* 1966．この研究についての私の書評（*Häberle* V ③：660 f.）．

80) 私見によれば意識的に主張される全体配慮責任から説明できる連邦憲法裁判所の判例の展開およびこれが時を追って洗練されてきていることについて，上記注（31）および，*Pestalozza* 1971：27 ff. *Maurer*：345 ff.．ここで公共の福祉条項があらわれていることは偶然ではない（*Pestalozza* 1971；30, 32, 58）．

81) これについては，*H. H. Klein* 1968；34および私の書評（*Häberle* V ④：150 f.）．

82) これについては，*Rottmann* 決定（E 35, 171）を契機に書かれた *Häberle* III：455．

83) 最近では，1975年秋の連邦憲法裁判所裁判官の選出について，連立与党（SPD・FDP）と野党（CDU/CSU）はそれぞれ独立した「政治的に中立な学者」を指名したとされ，そのような傾向を連邦内務大臣 *Maihofer* も支持した（FR 1975年9月3日．FAZ 1975年9月6日付第二面は与党と野党からの「等距離」という言葉を用いている）．

84) E 40, 141 (178 f.) 参照．

参加手段を最も適切な形で利用すべき場合には，それにふさわしい形で憲法訴訟法を取り扱うべきである[85]．つまり，連邦憲法裁判所は，直接・間接に，公共圏を具現化する形で，広義および狭義の関係人ができるだけ多く発言できるようにすべきであり，かつ集団間の対立においてはほとんど明確化され（得）ない多元的な公共の利益を解釈上考慮すべきなのである．ここでは代表されない利益あるいは代表不可能な，ないしは代表の著しく困難な利益が想定される（マージナル・グループ，消費者の利益等）．

これこそ，憲法訴訟法という媒介を通じた全体配慮責任から生じる憲法解釈なのである！ マージナル・グループの利益を考慮することは，最も政治的な事柄である．つまり，「憲法解釈による政治」なのである！

b）公共的な全体配慮責任を自覚した憲法裁判による憲法解釈は，開かれた憲法理解を内に含んでいる．公共的プロセスとしての憲法は，憲法裁判官の憲法解釈にとって次のような意味をもつ．たとえば，連邦憲法裁判所による他の機関の拘束は，節度あるものでなければならない．なぜなら，そうでなければ，連邦憲法裁判所が他の機関にとって（および間接的には自らにとっても）あまりに大きな障害となるからである．法30条2項における少数意見の制度は，公共的な憲法理解とそれに即した解釈のための実定法に存する憲法訴訟上の手がかりである．それゆえに，開かれた憲法理解は——再び——憲法訴訟法に作用する（そしてその逆もある）．このような憲法理解に基づいて活動している裁判所の実体法上の成果は，たとえば，「自由で民主的な基本秩序」という文言の解釈について，歴史的解釈方法の意義を相対化し，主導的な法の継続的形成の委託を強く要請するという形にあらわれている．この開かれた憲法理解というものによって，連邦憲法裁判所は，社会が常に聞かれているために必要なあらゆる行為をなすことが求められるであろう．すなわち，いわゆる「第三者効力」，基本的価値決定および配分参加的側面を通じて基本権を「社会において」

[85) 参加法としての憲法訴訟法について，*Häberle* ⑩：304．

実現し，かつ基本権を全体として「現実主義的に」解釈することが要請されるであろう．しかし，開かれた憲法理解は，憲法裁判官の責任と活動能力の限界から来る憲法裁判の限界をも念頭においている．結局，開かれた社会こそが開かれた社会の憲法裁判を（政治的に）「支え」なくてはならない．

　c）　全体配慮責任における憲法裁判は，解釈の過程において，権力分配の問題を強く意識させるように思われる．このことは一見したところ矛盾したことのようにみえるかもしれない．

　「権力分立」に関する（前提）理解，すなわち，憲法裁判官が――多元的な――公共圏の中で他の国家機能との限界を画定したり，それらとの分業的な共働を行ったりする中で自らの「権力」ないしは機能に対して行う自己理解は，その時々の憲法解釈およびその方法のうちに，たとえば，民主的立法者との関係では「形成自由」という論法に反映されている．権力分立に関する憲法裁判官の理解は，その効果が憲法解釈の問題の内部にあらわれる．その場合，憲法裁判の限界も問題となるが，しかし，それだけにとどまらない．

　憲法裁判官の判決の拘束力の内容や範囲をめぐる争いは，同時に，権力分立「システム」における憲法裁判所の位置をめぐる争いでもある．このことは，「司法の自己抑制」に関する論争の場合に明確に示される[86]．また機能法的アプローチも想起される[87]．このアプローチは権力分立，そしてその中で憲法裁判に与えられた位置についての一定の見方の表現である．合憲解釈にあっては，権力分立の問題との関連が明白である．合憲解釈は，憲法裁判に対して意識的に新たな権限領域を，憲法解釈を通じて開拓するものであり，それは――憲法

---

86)　一方において，*Schuppert* によれば，民主的統制の原理は必然的に裁判官の自己制限に至る．裁判官の自己制限は，憲法裁判と国家指導を機能的に整序するための手段である（*Schuppert* 1973：219 f.）．――同旨のものとして，自己抑制を規範的に確保することを要請する *Zuck* の見解がある（*Zuck* 1974：368）．これと異なり，*Zeitler* は自己抑制，それは憲法の発見の決断的裁量を行使する際の態度の問題であって，憲法上の命令ではないとする（*Zeitler*：178）．

87)　これについては，*Hesse* 1975：29, 32 f., 228 f., *Ehmke* 1963：74 f..

異議における客観化傾向の場合と同様に——憲法解釈という手段によって憲法裁判が「拡大」されるのである．しかし，憲法裁判は，とりわけ政治・法論争，開かれた憲法理解（民主的立法者の任務！）から生ずる限界をも明確に認識しなければならない．

権力分立の側面は，連邦の上級裁判所の裁判権限との限界を画定する場合[88]や連邦憲法裁判所が他の裁判所による通常法律の解釈における憲法固有の領域（基本権）の侵害の存在をいつ肯定するかという問題[89]にあらわれる．

d) 憲法裁判による憲法解釈は訴訟法に強く依拠しているように思われる．「法と政治」，（開かれた）憲法理解，客観的・主観的な保護機能，および「権力分立」という問題は，まさに憲法訴訟法という道具を用いて解決され，場合によっては修正される（具体化された憲法としての憲法訴訟法）[90]．憲法訴訟法の運用は[91]，一個の不可欠な憲法解釈（の前進）となる．憲法裁判所の全体配慮責任は，憲法訴訟法の運用において，「ここがロードス島だ，ここで跳べ」を意味する．憲法裁判所は——政治的にも——その真価が問われる．たとえば，開かれた憲法理解は結果として，それに対応した憲法訴訟法の（多元的および参加的）運用をもたらす．そのときどきの憲法訴訟法（その可能性と限界）の憲法解釈へのフィードバック，とりわけ連邦憲法裁判所が憲法訴訟法から「作り出し」うるもののフィードバックは，憲法解釈がそれ自体，憲法裁判の一定の基本的問題や，その「形式的法」と対峙していることを物語るといってよいであろう．たとえば，「民主主義」や「共和国」もまた，憲法解釈の方法に対してさまざまな帰結をもたらし[92]．そして立法ならびに執行はこのようなあるいは他の基

---

88) これについては，*Häberle* II ⑧：303.
89) これについての論証は，*Häberle* II ⑫：380.
90) これについては，*Häberle* IV ③：128 Anm. 43 ならびに本章 VI.
91) たとえば，議会法との関係においても．これについては，*Häberle* II ⑧：304 mit Anm. 84.
92) これについては，*Häberle* II ⑥：118 f.

本的問題と実存的に結びついているのである．学問が繰り返し問うべきは，憲法裁判がこのような基本的問題に対してどのように対処し，また対処することができるか，そのような問題を解釈によって解決する際の限界がもしあるとすればどこにあるのかである．これについては，本書所収の学問的業績を参照されたい．

VI　憲法と憲法訴訟法

「具体化された憲法」としての憲法訴訟法というテーゼは，次のことを意味する．

1．憲法訴訟法は他の訴訟法以上に実体的に[93]，——政治的な——憲法によって，その（前提）理解，その原理（たとえば公共性が挙げられる．その具体的なあらわれとして積極的には少数意見の公表があり，消極的には連邦憲法裁判所の手続における公開性の欠如がある．さらには，少数者保護，多元主義が挙げられる．具体的には，関係人の範囲の拡大や多様な参加形式，そして裁判官の選出における反対派保護としての3分の2の特別多数が要請される．）によって，そして憲法の解釈方法（たとえば，現実を考慮に入れ結果に配慮した開かれた方法）によって解明されなければならない．憲法の諸原理は，それに対応するものを憲法訴訟法の諸原理に見いだすことができる．このことが方法論にフィードバックされ，憲法訴訟法は「訴訟的憲法解釈」の意味での参加法として，そして「多元主義法律」として理解されることになる．

2．ここでいう憲法訴訟法は，全体として解釈されなければならない．

93）　好例として，E 9, 124 (133)．これによれば，「とりわけ社会裁判の手続は，それが奉仕する生存配慮という実体法との関連において捉えられなければならない」．連邦憲法裁判所はさらに，社会裁判所法の手続の個々の規定が社会的な「保護思想」のあらわれであることを明らかにしている（S. 134 ff.）．

それにあたるものとしては，申立権，関係人となりうる資格に関する規定（「入口規定」），裁判官忌避および判決の執行ならびに再審[94]に関する規定といった狭義の訴訟法上の規範，すなわち，具体的な憲法訴訟の開始から終了に至るまでの規定ばかりでなく，「審理が開始される前」の訴訟上の規範も挙げられる．すなわち，憲法裁判官の選出に関する規範，兼職禁止規定，憲法裁判官の資格，在職期間，員数および憲法裁判官以外の職業活動に関する規範，あるいは少数者保護という形で訴訟法への影響をもつ議会法の規範などである．これらは，たとえば裁判官の選出に関するもののように，具体的な憲法訴訟法に先立つ規範である（「広義の憲法訴訟法」）．そしてそれは実体憲法との全体的関連において解釈されなければならない．憲法訴訟法には，それだけを取り出して扱いうるようなたんなる「技術的」な個別的問題などは，ほとんど存在しないのである[95]．

3．憲法訴訟法は，他の訴訟法と比べて憲法に固有のものとして，それゆえに独自なものとして捉えなければならない．それが，上記1と2の要請からの帰結である．これは，次のような論法で表現される．すなわち，いわゆる訴訟の一般原則の「憲法化」，連邦憲法裁判所の裁判所規則，手続の自律性，現実の手続がもつ規範を生み出す力，社会の（多元的）現状と代表を最適な形で確保するために裁判官排除規定を（他の訴訟法と比べて）制限的に解釈すること．憲法訴訟法の独自性は，それが奉仕する「憲法問題」の特性に由来する．すなわち，紛争の調停，利害の調整，多元的権力分立[96]がそれである．

---

94) 法40条が場合によっては，43条以下〔政党禁止手続〕にも類推適用される問題も見よ．憲法裁判官の再選の——新たな——禁止からも実体的側面が看取できる（法4条2項）．

95) たとえば，憲法裁判官が兼ねることを許される唯一の職業活動（大学の教員職），あるいは「公的生活を経験した」人物という改正前の資格要件（法旧3条2項参照）から実体的な帰結が生じる．

96) 憲法訴訟法に関するこれらの相互に関連する三つのアプローチは，憲法訴訟法が民主的な憲法理論および解釈理論にとって非常に重要であることをあらわしてい

憲法を国家と社会に対する開かれた秩序とみなす規範的‐手続的憲法理解によれば，憲法訴訟法は紛争用の「輸送手段」に関する，そしてコンセンサスの獲得に関する政治的法となる．このような政治的理解[97]から，憲法訴訟法について立法上および解釈上の帰結が得られ，逆に，憲法訴訟法の個々の規範からは，このような政治的理解のための示唆が得られるのである．

憲法訴訟法は，憲法を現実化するための訴訟上の媒体（そして限界はもつにしても制御装置）であって，手続の具体的形成に関する規範から，憲法裁判官の解釈を経て，判決の執行の規律と拘束力ならびに再審の決定に至るものである．ある憲法規範の実体的内容は，訴訟においてはじめて完全に憲法裁判官に開示される[98]．訴訟において，法が準備されまた解明される．そして憲法訴訟法は，（憲法裁判官的デュープロセスとしての）これらの任務にかなうものでなければならない．なぜなら，憲法訴訟法は，実際上，憲法解釈の方向性を定めるからである．同時に，連邦憲法裁判所は自らの全体配慮責任に応じなければならない．

以上のようなつながりは，次のような形で明らかにされる．

① 憲法訴訟法における憲法原理の具体化と憲法訴訟法と憲法原理との相互の対応関係
② 憲法解釈の方法の訴訟上の対応
③ 連邦憲法裁判所の判決からの例示

る．
97) このような政治的理解についていくつかのアプローチが存在する．*Triepel* によれば，いくつかのラントの憲法がラント議会に対し，大臣訴追の提起については 3 分の 2 の多数を要求しながら，当該訴追の撤回は過半数をもって認めているが，このことは完全に政治的に理解される（*Triepel* 1929: 19）．また，政治的性格の認識は権限規定の解釈ならびに手続の処理にとって重要であるという指摘 (S. 23) も見よ．*Leibholz* は，憲法訴訟とその対象である政治的なものの特性から，あまりに厳格すぎる制限は課されないとする．たとえば，職権主義．法 33 条 2 項（*Leibholz* 1971: 37 f.）．同様に，*E Klein* 1966: 33．また，*Massing* 1969: 228 を見よ．
98) 現在盛んな裁判官社会学は，「手続社会学」（しかし決して手続イデオロギーではない）によって補完されなければならないであろう．

1　憲法訴訟法における憲法的原理

　多元主義，少数者保護，権力分立そして公共性といった憲法原理は，憲法訴訟法とその諸原則にあらわれている．憲法原理を憲法訴訟法の中に最適の形で「移しかえ」そして「具体化する」[99]ことは，立法者と憲法裁判官の任務である．たとえば，憲法裁判官選出のための3分の2の特別多数の要件は[100]，反対派を保護し，そして多数者と少数者の妥協を必然とするという視点から見ると，実体的な憲法である．逆に，憲法訴訟法の諸原理が実体的な憲法としての性格をもつことになるともいえよう（憲法的手続原理）．

　1．基本法の多元主義原理は基本権と民主主義理論によって根拠づけられ，憲法裁判とその実践の法に反映されている．多元的に構成された公共圏がもつ規範を生み出す力は，憲法裁判官に裁量の余地を与えることになり[101]，憲法裁判の手続に作用する．この点において，憲法訴訟法に関して，多元主義による「真実」が存在する！　新たな，また従来の型にあてはまらない形式（たとえば，団体のような非国家的なものへの聴取，鑑定人の意見聴取の改善，「関係人」（一概念）の拡大，たんなる意見陳述の機会から正式の訴訟参加に至るまでの段階的な参加の形式[102]）にまで認識手段を拡大することにより，憲法訴訟法は，多元主義にいっそう則したものとなりうる[103]．つまり，憲法訴訟法は広義の憲法解

---

99)　このような文脈において，*Kelsen* は「憲法裁判所という特別の形は，それぞれの憲法の特性に応じたものでなければならない」と考えている（*Kelsen* 1929：56）．
100)　〔基本権の喪失，政党の違憲性，連邦大統領の訴追，裁判官の訴追手続において，被告に不利益な判決を下す場合に〕法15条2項2段〔現15条4項1文〕の要求する特別多数も実体的な背景をもつ．
101)　*Häberle* II ③：287 ff. の論証を見よ．
102)　重要なのは，すでに従来からある法94条（第三者の意見聴聞）であり，その際憲法訴訟法における第三者とは「相対的な」概念である．*Heydt* 1972：278 f. を見よ．彼はすべての規範統制手続へのラント議会の参加に言及し，連邦憲法裁判所によって現在すでに広く解釈されている法77条をより拡大しようとしている．
103)　多元主義については，*Ehmke* 1953：108, 110；*Zacher* 1970：161；*Scheuner*

釈者にとって有用な多元主義法律なのである．これによって，連邦憲法裁判所はその全体配慮責任を確保することができる．連邦憲法裁判所法は，すべての手続について，だれが申立権者でありそしてその相手方たりうるか，だれが「関係人」となりうるかだけでなく，どのような形で「関係人」となりうるかを個別に定める．関係人たりうる範囲は，「国政上の利益の大きさに応じて，特に憲法争訟手続と規範統制手続において広く設定される」[104]．

このように多元主義を憲法訴訟法に取り込むことにより，またレス・プブリカの多元主義を肯定することにより，ワイマール憲法時代に，C. *Schmitt* が行った多元主義および（！）国事裁判に対する論難は無意味なものとなってしまう[105]．憲法は多元的共同社会においては一つの妥協であり，この憲法の妥協的性格を維持し，継続し，そして発展させていく機能をもつのが憲法裁判なのである．C. *Schmitt* は，法的争訟の解決と利害の調整，裁判と利害の調整を対置させたが[106]．このことは理論上も，実際上も，支持することはできない．連邦憲法裁判所の公共の福祉裁判を想起すべきである[107]．権利の背後には利益

1976b：33 ff.

104) *Federer* 1971：77.

105) *Schmitt* 1931：62a. 国事裁判所は，「国家の多元主義の道具」となることを避けているとする国事裁判所の運用の実際に対する Schmitt のテーゼ（S. 69 ff.）も古いものである．

106) *Schmitt* 1931：22, 32 Anm. 1 a.E. これに明確に反対して，*Triepel* は次のように述べている．「なぜなら，すべての法的争訟は当然に利害の争いであるからである」（*Triepel* 1923：19 Anm. 2）．*Kaiser* は，「関連する諸利益が裁判に影響を与えること」の例として労働裁判を挙げている（*Kaiser* 1953：295）．*Dolzer* は，利益の衡量．トピク的思考および政治的なものの概念が近似していると述べている（*Dolzer* 1972：21）．簡にして要を得た *Kirchheimer* の次のような指摘がある．憲法裁判は，「自己の責任の下で社会の利益のバランスをとる行為」を法創造的に行う制度である（*Kirchheimer* 1962：864）．——*Ehmke* は，連邦国家的争訟手続におけるアメリカの最高裁判所の仲裁裁判官的機能を考察して，「相対立する利益のバランシング」という任務がすべての憲法裁判の「要締」であると述べる（*Ehmke* 1961：119）．しかし，これに対して *Kaufmann* は，政治的なものの特殊性としての利益の衡量について言及している（*Kaufmann* 1952：9 f.）．

がある[108]ということは，多元的な憲法解釈をもたらし，憲法訴訟法の具体的形成に影響を与える．

憲法裁判官を多元的共同社会の社会的勢力と「強く結びつけること」は，憲法裁判官の基礎教育と「職業教育」の時期に限定されない．それは，裁判官の選出過程においても行われるばかりではなく，具体的な手続の問題でもあり，その手続における問題でもある[109]．

---

107) これについて，*Häberle* II ③: 86 ff., 260 ff.; *Häberle* II ⑦: 437（444 Anm. 38）．最近の判例としては，E 40, 196（218, 222, 227 f.）がある．
108) オーソドックスとはいえないが注目すべき見解がある．*Triepel*（Triepel 1923: 15）によれば「合目的性の問題と法問題の間にであれ，政治的問題と法問題の間にであれ，何か厳格な対立が存在するわけではない」（S. 96）．同時に政治的問題でもある法問題は数多く存在する（S. 17）．
109) ビスマルク憲法76条2項〔「憲法上，その争訟を裁判する官庁を定めていない邦での憲法争議は，当事者の一方の訴えに基づき，連邦参議院が平和的に調整しなければならず，これが成功しない場合は，帝国立法の方法によって処理しなければならない．」〕が，連邦国家における憲法争議に関する連邦参議院の「平和的調整」を定めており，これによって，妥協という格律が表現されている．そしてこれは今日でもまた憲法裁判にとって重要な実体的および訴訟的意義をもち，連邦憲法裁判所の多くの判決に影響を及ぼしている．これが成功しないとき（76条2項），争訟が連邦参議院の帝国立法の方法によって「処理されなければならない」ので，ここにはすでに，憲法裁判が立法の次元に展開することが示されているのである．ドイツにおいて憲法裁判は，政治機関がまず決定する手続から成立した．政治的争訟のこのような司法化は当然，これによって「政治」が排除されるという結果にはならなかった．

  ドイツ諸邦間のあらゆる政治的および私法的争訟に関するライヒ裁判所の権限を定める1849年フランクフルト憲法126条c号参照．――たとえば，憲法裁判所を「仲裁裁判官」ないしそれに類するものとして捉える見解には，たとえば以下のものがある．「仲裁機能」（*Peters* 1952: 117），連邦とラントの間の憲法上の争訟についての詳細な論証（*Billing* 1969: 60 f.）．政治的認識はもつが司法形式の手続によって包括的に規律された権限をもつ政治的な仲裁裁判官（*Massing* 1969: 242），（憲法機関相互の争訟における）「きわめて高度な調停」（*Leisner* 1972: 183, 190），憲法はワイマール憲法19条において「仲裁的-平和的調整」を導入しようとしている（*Triepel* 1923: 47）．*Triepel* において言及されている等族的な「妥協裁判所」（*Triepel* 1929: 10 f.）を見よ．

2．多元主義のあらわれである少数者保護は，民主主義ならびに基本権的自由の一つの指標であり，憲法裁判の本来的任務である[110]．このことは，連邦議会の選挙人委員会（法6条1．5項）[111]ならびに連邦参議院（法7条）による憲法裁判官の選出の際に3分の2の特別多数を要すること，また，抽象的規範統制がとりわけ連邦議会議員の3分の1により提起されうる（この3分の1という数の背後には実際に何らかの政党が存在する）ことに示される．重要なのは，憲法裁判の法における相互に関連する二つの[112]——民主主義と法治国家の——あらわれ（少数者保護，妥協の必然性）である．これによって憲法裁判官の判断に対してコンセンサスを得る機会が増すのである．

同様のことが，政党の役割についてもあてはまる．機関争訟においてであれ，事実上基本法93条1項2号〔抽象的規範統制〕を通じてであれ，政党は連邦憲法裁判所に訴訟を提起でき，そして，それ以前に政党は裁判官の選出に決定的な影響力をもっているが[113]，このことは実体憲法の当然の帰結なのであ

---

110) これについてはすでに，*Kelsen* 1929：75, 81.
111) *von Eichborn* は，法6条5項および7条が基本法94条1項2段のための実質的な憲法の補充としての高められた「内在的」現状保障であると論じている（*von Eichborn*：61 ff.）．裁判官任用の際の特別多数について，*Billing*（*Billing* 1969：97 f.）も，「任用手続の本質的要素が実定憲法に定められていること」を要請する（S. 109 f）．通説的見解は，法6条5項の特別多数を，連邦憲法裁判所が党利党略から一面的に構成されることに対する唯一の内容的保障とみなしている．これについては *Laufer* 1968：212 を参照．
112) *Billing* は，在職期間，兼職禁止等を考慮して，裁判官の任用手続を別個に独立して考察することに反対する（*Billing* 1969：20, 334）．
113) *Kelsen* は，裁判官選出の際に政党が適切な影響力をもつよう考慮することが望ましいとする．これによって政党が統制なきままに裁判所に影響を与えるということは排除される（*Kelsen* 1929：57）．*Drath* は，「政党を考慮した」憲法裁判所の構成を歓迎する．なぜなら，これによって憲法裁判所の形成任務を果たす際に協働するための「濾過された可能性」が作られるからである（*Drath* 1952：102）．*Drath* 1952：106 Anm. 25 も見よ．ブレーメン憲法139条3項2段〔ブレーメン憲法139条3項「選出された構成員は，市議会により，その最初の集会後遅滞なく，その立法期を期間として選出され，次の市議会が新たな選出を行うまで，職にとどまる」．〕参照．これについてブレーメン国事裁判所の判決がある（DöV 1976, S. 245）．

る．政党国家においては，憲法裁判所の裁判官の任用に政党を関与させることなくして，連邦憲法裁判所のいかなる「民主的正統化」も存在しない（20条と結びついた21条）[114]．それゆえ，政党への所属が法18条2項による除斥事由でないことも，その当然の帰結なのである[115]．したがって，裁判官の独立とは政治プロセスまたは政党に「関与しない」ことではない．むしろ重要なのは，政治プロセスまたは政党から自由であることである[116]．

3．権力分立は憲法訴訟法において多種多様な形であらわれている．このことは多元主義や少数者保護においてだけではなく，連邦憲法裁判所法の個々の規範においても示される[117]．

4．個々の手続の遂行についての実体的な公共的利益と，公共性[118]ないしは憲法の公共性の「形式的な」原理との間には緊密な関係が存在する．憲法裁判の公共性は個々の訴訟制度の中にまで影響を及ぼす．このことは一方では，法28条2項2段——〔証人・鑑定人の所属する上級機関が行う〕証人または鑑定人に対する陳述の承認の拒否を，〔連邦憲法裁判所が〕3分の2の多数により否定すること——において，他方では，法26条2項〔「個々の文書の提出の要請は，文書の使用が国家の安全と合致しない場合には，裁判所における3分の2の多数による決定に基づいて中止することができる」〕において明らかである[119]．たとえば，〔三人委員会による憲法異議の受理手続には口頭弁論を

---

114) これについては，*Häberle* II ②：66；*Häberle* III：452．
115) よくいわれる憲法裁判の「政治的要素」は，憲法解釈においてのみならず，訴訟法の手続においても示される．
116) Leibholz は憲法解釈の「政治的効果」と〔憲法裁判官の〕特別の選出方式には関連があると考えている（*Leibholz* 1971：42）．
117) これについては，下記注（141），（142），（145）および *Häberle* II ⑫：380．
118) これについては，*Kelsen* 1929：76 f．
119) このような状況について，*Häberle* I ②：121 f．公開性，憲法および憲法裁判の関係については，*Häberle* I ②：124 ff．

要せず，また不受理決定には不受理の理由となる主要な法的観点を伝えるだけでよいとする〕法 93a 条 5 項[120] の傾城でのような公開性の不足は，憲法にマイナスに作用する．

　少数意見制は連邦憲法裁判所の——公表された——判決と同様に，公共圏の規範を生み出す力を通じて法の継続的形成に資する．少数意見のもつ警告効果にはきわめて大きなものがありうる．手続原理としての公共性は，特に公共の福祉に関連した概念を解釈する際に実体法的な意味をもつことになる．「憲法の実現」とは，多種多様な手続に分離し独立した一つのプロセスである．この手続はさまざまな方法で定型化される．〔憲法を実現するについて〕最も規格化されにくい形態が，公共的な意見・意思の形成プロセス，すなわち一般的公共性である．しかしながら，これは憲法裁判の憲法解釈にとって，少なからぬ意義を有する．つまり，憲法裁判による憲法解釈は分業的な協働過程において，それ相応に公共的な意見・意思の形成プロセスに貢献している[121]．憲法裁判は，「憲法全体における部分機能」であり，そしてそのようなものとして政治的意思形成の全体プロセスの中に組み込まれている[122]．憲法裁判は「政治プロセス」に対置されるのではなく，たとえ特別の手続においてであれ，この全体プロセスの一部なのである．たとえば，憲法委託の現実化，合憲解釈，「刺激的な」傍論，明示的あるいは黙示的な「警告」を通じて，政治的意思形成に対してさまざまの刺激を与え，またその意思形成においてさまざまな刺激を与

---

120) したがって法 93a 条 5 項には問題がある．これについては，*Ridder* の批判がある (*Ridder* 1972 : 1689 ff.)．連邦憲法裁判所は法 25 条 1 項を厳格に適用すべきであろう．これに批判的なのは *Heydt* である (*Heydt* 1974 : 24)．——法政策上必要なのは連邦議会の選挙人委員会の会議の公開（基本法 42 条）と法 6 条 4 項の守秘義務の削除であろう．*von Eichborn* が引用する *Wittrock* の論拠は妥当なものである (*von Eichborn* 1969 : 28 f)．また，*Frowein/Meyer/Schneider* 1973 : 79 f. の討論での私の発言も見よ．

121) *Rüpp-v. Brünneck* 1970 : 365.

122) すでに，*Triepel* は，ドイツの連邦国家内部の政治的諸力の動きにおける新しい国事裁判所の役割について指摘している (*Triepel* 1923 : 116)．

える[123]．

 5．結局，憲法訴訟法の（個別的な意味内容ではなく！）基本原理は，実体的な憲法の地位を有する．このことは，93条2項〔抽象的規範統制〕において現実のものとなる．立法者が連邦憲法裁判所に配分することができるのは，任意の権限ではなく，実質的意味における憲法裁判に属する事件に限られる[124]．基本法における裁判官の審査権は，実体的実定憲法に属し，かつ訴訟法的な性質を有する制度である．「手続を促進する」ための個々の制度は，憲法解釈を促進するための制度と理解しうる（法94条5項2段参照）．これまで，憲法解釈の方法については数多くの言及がなされているのに反して，その訴訟上の前提条件，影響および帰結については，ほとんど言及されていない[125]．歴史的に見れば，時として憲法訴訟法は実定憲法（およびその理論）に先行することさえあった[126]．

 憲法訴訟法の――発展が可能で，発展させる必要のある――諸原理を「憲法

---

123) これについては，*Rüpp-v. Brünneck* 1970：365．
124) *Kutscher* 1970：162，――*Friesenhahn* は，憲法裁判（訴訟の形をとった政治的な性質をもつ争議）の諸問題は，調停，和解，確認判決および中間判決を得る努力を通じて考慮されるべきであると指摘しており，この点で彼は憲法裁判の特質から訴訟上の帰結を導きだしている（*Friesenhahn* 1932：544）．――E 2, 79 (87) によれば，憲法裁判の特質（「主観的な権利追求のためよりもむしろ実定憲法の客観的保護のため」）は，訴訟手続における判決が通常，確認判決として下されることにおいて明確にあらわれる．――ここにおいて訴訟法は憲法裁判の理解に関係づけられる．
125) その萌芽は，*Billing* にあっては（*Billing* 1969：108 ff.），連邦憲法裁判所の裁判官の任命手続を憲法上明文化することを要求するという点にあらわれている．*Schmitt Glaeser* は，法39条1項3段を法79条と同様に，事柄の性格からして実質的な実定憲法と考えている（*Schmitt Glaeser* 1968：166）．
126) たとえば，1927年12月17日の国事裁判所の判決（RGZ 118, 22．この判決についてはまた，E 20, 56 (108)）は，実定憲法もしくはワイマールの学説が政党の「当事者能力」をそれほど広範に認めていなかった時代に，すでにそれを積極的に認めていた（*Lauler* 1968：481 f. の論証）．このような実体的かつ形式的な観点については，*Kaufmann*（*Kaufmann* 1920：351 f.）を参照することができる．

レベルのものとして扱うこと」が重要なのである．

　連邦憲法裁判所は（1975年の連邦憲法裁判所規則の施行後も），法が十全の手続規定を欠いている場合には，憲法裁判所の手続を「発展させる」任務を負っている[127]．いかなる基準によるかといえば，それは，憲法，すなわちその実体的――訴訟的な理解により，そしてこのように理解された基本法に照らした，――調整された――他の裁判所の一般的な手続規定により，ということになる．すなわち，ここに憲法訴訟法の独自性がある[128]．

　連邦憲法裁判所および立法者は憲法裁判の法（および議会法！）を，絶えず実体憲法，その解釈の方法と憲法裁判との関連[129]，つまり実体法と訴訟法との関連に基づいて点検しなければならない．少数意見の公表についての連邦憲法裁判所法の追加条項（法30条2項）――憲法の公共性の表現――は，成功した一つの実例である．基本法の多元主義原理は，憲法解釈に参加するすべての者のよりよい情報提供や情報交換の可能性を作り出すという意味において，参加に適した憲法訴訟法を要請する．

2　憲法解釈の方法の憲法訴訟論上の対応

　（開かれた）憲法解釈の方法は，それに対応するものを憲法訴訟に見出す．解釈が現実を考慮に入れ結果に配慮すること[130]，ならびに解釈が多元的な公共性

---

127)　「なぜなら裁判所にある任務が与えられた場合，これに対する手続が存在しなければならず，また，このような手続が法律上整備されていない場合，裁判所は自ら合法的で秩序ある訴訟追行にとって必要な法原則を見いださなければならないからである」（E 4, 31 (37))．E 37. 271 (285) には，「連邦憲法裁判所の手続法の継続的形成……」という言葉も見られる．

128)　たとえば，E 1, 396 (414 f.)；8,183 (184)；25, 308 (309) および規範統制手続における公益の役割．

129)　「適切な」憲法訴訟法は立法手続にとって教育的効果を有する．連邦憲法裁判所自身が立法者に拘束されることなくこれまでどおり事実を調査する限り，立法手続はより合理的かつ経験的となり（*Philippi* 1971：193 参照），連邦議会は利用可能な専門委員をよりいっそう活用することになろう．

130)　たとえば，*Dürig* 1963：115；*Leibholz* 1971：42；*Drath* 1952：97．憲法裁判所で争

を実現することには，憲法訴訟法上の前提条件と帰結が存在する．たとえば列挙主義，憲法訴訟の入口の問題，つまり当事者の問題，法26条（そして〔提案された〕26a条を拒否したこと[i]）の意味，――連邦憲法裁判所固有の――事実調査の範囲と程度および広義の憲法解釈者を「多元的に」組み込むこと，手続の種類に応じて情報収集の方策をさまざまに制度化すること，そして，「拘束力」というものを適切に解釈することによって社会的変動を顧慮すること．端的にいえば，連邦憲法裁判所法を多元主義法律およびさまざまの段階での参加法律としての考えることが，それである．

憲法訴訟法が憲法解釈にフィードバックすることは明らかであり，このことは機能法的な観点からこれまで部分的に議論されている．たとえば，法79条は特定の憲法解釈を必要とする．多元主義的な解明作業は，憲法訴訟法の前提理解と方法の選択を前提とする．もちろん，憲法訴訟法の負荷能力には限界も存在する．

憲法訴訟法に接近する者は憲法解釈に接近することになる．このことは，申立人になりうる者についても，その他の「関係人」にもあてはまる．「結果に配慮した」裁判をするためには，関係人の範囲は，可能な限り広く画定されなければならない．憲法解釈はますます，情報収集の最適化の問題となる．

憲法裁判による憲法解釈にとって，二つの「フィルター」が存在する．列挙主義（確定的に列挙された手続）と憲法訴訟の入口の問題（申立権と関係人になりうる資格）が，それである．この二つのフィルターによって，「憲法裁判」という機能は基本法の均衡システムの中に組み込まれる．

憲法裁判が，その「手段」であるところの憲法解釈に関してどの程度自由であるか，憲法裁判がその手続の内部においてどれだけ多くの形成力を有しているかに応じて，個々の手続の種類が規定される．列挙主義は，過度な要求に対抗するための有効な武器である．憲法裁判は，部分的にのみ「システム」の負担を軽減することができるのであり，またそうすべきなのである[131]．もっとも，

われることの（当然の）全体的影響と間接的影響については，*Drath* 1952: 78.
131) たとえば，抽象的規範統制手続における申立権の制限は重大な帰結をもつ．

連邦憲法裁判所はとりわけ，主張される憲法違反のみでなく，手続の客観的性格を考慮して，それをより包括的に審査することによってその権限を拡大している[132]．

憲法裁判所の権限規定には，実体憲法全体にかかわる側面がある．これらの規定は，憲法にとって典型的なあるいは特に重大な法的紛争可能性に関するものである[133]．このように考えれば，憲法訴訟法は，「紛争法」である．つまり，憲法訴訟法は，憲法の下での紛争と憲法をめぐる紛争を処理するための要件を規定している．憲法訴訟法は，だれが「紛争の主体」であるかを規律する[134]．この場合，権力分立が問題となる．連邦憲法裁判所は，紛争〔処理〕機関である――このことは，連邦憲法裁判所が統合という任務をもつことと抵触しない．つまり，連邦憲法裁判所は，憲法の枠の中で作用しているさまざまな力，理念および利害の電界において活動している．

憲法裁判の入口に関する規定[135]は，憲法解釈を決定づけており，それらは，政治的法である[136]．その際に，区別して厳密に考えるべきことがある．それは，

---

132) これについては *Häberle* II ⑫：381 f. の論証．憲法裁判所の権限は列挙的であり，連邦憲法裁判所の活動は申立てに基づいて個別的に行われるとしても，連邦憲法裁判所の活動を全体的に概観すれば，連邦憲法裁判所が基本法の実現にいかに深くかかわってきたかが明らかになる．

133) これについて，*Drath* 1952：21, 24. 彼は全体として憲法裁判をもっぱら紛争という背景の下に考えている．最近の研究として *Massing* 1969：214, 243. *Massing* によれば，「憲法裁判は政治的争訟の決定と政治的紛争の解決を司法的に独占する領域である」．

134) *Drath* 1952：25 の表現．

135) その意義については，*Kelsen* 1929：73 f.

136) *Triepel* が憲法裁判の政治的性格の重要性を，たとえば，「当事者能力」の緩和の問題において指摘しているのを見よ（*Triepel* 1929：23 ff.）．*Triepel* は明らかに憲法訴訟法上の問題を実体的実定憲法上の考慮から具体化している．「憲法裁判の本質」は，「手続にとっても基準とならなければならない」（S. 25）．そして確認判決と「客観的手続」を擁護している（S. 26）．*Schlaich* によれば，裁判手続の政治的中立化は，積極的な役割を果たす可能性を限界づけ，手続へのアクセスをそれぞれの特殊の法的利益に基づいてのみ認めることによって達成される（*Schlaich* 1972：64

〔憲法裁判を提起する〕動機が，多くの憲法異議の申立権者の場合と比べて，機関争訟又は抽象的規範統制の申立人の場合には，より政治的であるということである．

（一見すると純粋に形式的な）憲法訴訟規範の実体法的意義は，政党禁止についての申立権の規定（基本法21条2項，法13条2号，43条以下）において明らかとなる[137]．

たしかに，連邦憲法裁判所は，申立てに基づいてまた一定の手続においてのみ活動するのであって，連邦憲法裁判所は，自己のイニシアティブで〔手続を〕開始するのではない．それだけに，いったん手続が開始された場合には，連邦憲法裁判所は訴訟の対象に応じて，「より活発に」，より創造的に——もちろん訴訟法上——なりうる．手続の関係人や「事件の関係人」，他の憲法機関そして公共圏に対する刺激と衝撃が存在する．つまり，訴訟の関係人と「事件の関係人」に対しては，申立てに関する解釈の変更の可能性を弾力的に扱うことにより[138]，公共圏に対しては傍論を戦術的に用いることによって——傍論は

Anm. 78)．*Schlaich* は，法77条，94条を考慮しても，憲法裁判は政治的権力闘争を中立化するという機能をもつという *Doehring*（*Doehring* 1964：213）の主張に疑問をもっている．したがってここでは逆に，訴訟法から連邦憲法裁判所の憲法上の機能へと導かれている！

137) 連邦憲法裁判所法は申立権を連邦議会，連邦参議院および連邦政府にのみ認めており（43条1項），これら申立権者はその合目的的考慮に従って政党禁止手続を開始しうる．もし連邦憲法裁判所法が申立権者の範囲を拡大するか，あるいは民衆訴訟を認めていたならば，「公職における過激派」の問題は実際上解決されたであろう．なぜなら，ドイツ国家民主党（NPD）またはドイツ共産党（DKP）に対する政党禁止手続ははるか以前に行われたであろうからである．——法43条について E 39, 334 (360)．*Rupp* は少数意見において，連邦政府が特定の政党に対して政党禁止の申立てをなさない場合には，連邦政府は行政の内部領域において個々の場合に当該政党の違憲性から出発してはならず，公務員の応募者に対して当該政党の違憲の法的効果を及ぼしてはならないと述べている（E 39, 334 (384)）．これによれば，憲法訴訟上の権限を行使しないことから帰納的な推論により実体的効果をもつ論拠が得られることが明らかとなる！（矛盾行為禁止）

138) *Häberle* II ⑫：382 の論証．

後においてもそのようなものとして解釈すべきであり，原則判決として解釈してはならない──[139]．そして憲法機関に対しては，「警告判決」によって刺激と衝撃が与えられる．このような「合図」，たとえば立法者に対する合図と並んで，世論に対する「警告判決」も存在する．連邦憲法裁判所の戦略と戦術はまた，何を世論においてまた世論に抗しても連邦憲法裁判所の側から貫徹させることができるのか．そして何を世論に期待できるのかをも考慮して展開される可能性がある[140]．

「(連邦憲法裁判所の) 最高国家指導への限定された関与」[141]に照らして，他の憲法機関が憲法訴訟へ関与することに関する憲法訴訟法上の制度は，技術的というよりも，むしろ実体的かつ機能的に理解されなければならない．つまり，法65条2項による〔手続開始の〕通知，82条4項，88条による〔連邦・ラントの最高裁判所に対する報告の〕要請，77条，82条1項，84条，88条，94条1項，2項による意見陳述の機会および82条2項，65条1項，83条2項，88条，94条5項による〔訴訟〕参加の形式がそれである．ここでは連邦憲法裁判所は他の憲法機関のパートナーであり，他の憲法機関を自らの「認識手続」の中に組み入れる．この認識手続は，たんに現状の認識だけではなく，将来の発展をも含むものである[142]．ここにおいて，憲法訴訟法における分業的権力分立が明らかとなる．憲法解釈が創造的契機を獲得するのに応じて，憲法裁判は，他の憲法機関をその法の継続的形成過程の中に組み込むためにあらゆる可能性を用いなければならない．それは，他の憲法機関からの意見聴取（法82条3項，4項ほか参照）によって行われるものではあるが，もちろん，このことは，憲法裁判の実践とその自己理解と関連させて行われる[143]．これは連邦議会

---

139) *Lipphardt* 1975 : 383 における実例．
140) 実体法的内容をもつ傍論は訴訟経済に資する一面をもち（*Rupp-v. Brünnek* : 367），それは，将来の手続を考慮すれば訴訟的側面を有しており．そして，一面では実験の性格も有している．
141) *Hesse* 1975 : 263．
142) *Schubert* のいう「構造-機能的」アプローチについて，*Dolzer* 1972 : 59 ff., 68 ff.．これによれば，憲法裁判は，独立した政治的決定の担い手である．

についてあてはまるが，政党にもあてはまる．というのは，憲法裁判は決して反議会的制度でも，反政党的制度でもないからである！

ここから，議会法と憲法訴訟法の分業的連動（「平行的運用」）[144]と憲法を実現する全体手続における両者の分業に新たな光があてられる[145]．

それゆえ，一方では連邦議会および連邦参議院による裁判官の選出とそれらが憲法訴訟に参加する可能性のあることと，他方ではこれらの機関に対する連邦憲法裁判所の統制権限，憲法裁判官の独立との間には，いかなる矛盾も存在しない．なぜなら，独立というものは，他の憲法機関の作用に対する理解と洞察を前提とするからである．広義の憲法訴訟法によって達成される連邦憲法裁判所とその他の「憲法機関」との多層的な結びつきは，最適な事実情報を基盤にした憲法裁判官の解釈が開かれたものであること，多面的であることおよびバランスのとれたものであることに役立ち，連邦憲法裁判所が機能法的に正しい解釈を行うことを可能にする．この多層的結びつきは，全体憲法に関して〔憲法の〕具体化を行わなければならないという憲法裁判所の任務を歪曲する「党派性」を意味するものではない．ただし，中立性という概念を非政治的なものと誤解して用いてはならない[146]．

---

143) 連邦憲法裁判所と他の憲法機関の結びつきは法31条においても見られる．その適用の際には，連邦憲法裁判所は分業の契機を従来よりも強く考慮すべきであり，そして自己修正の可能性も適切に留保すべきであろう．

144) これについては，*Häberle* II ⑧：304 Anm. 84，ならびに *Starck* 1976：75.

145) 憲法訴訟法を「通して」の自己抑制は次のような場合にあらわれている．たとえば連邦憲法裁判所が時期尚早の判断を拒否する場合（E 8, 222 (226 f.)；14, 192 (193)）．法95条3項1文による無効宣言を断念する場合（E 35, 79 (148)），憲法異議の補充性の原則（法90条2項1段）を適用する場合（E 33, 192 (194)；33, 247 (258)，またE 31, 364 (368)を見よ），基本法93条1項2号による申立権者の範囲を画定する場合（E 21, 52 (53 f)）．また，予防的規範統制の拒否（E 1, 396 (409 f.)），「なお」憲法に合致しているか否かの審査（E 18, 315 (325)，裁判所の判決を「限られた範囲においてのみ」再審査すること（E15, 219 (221)）．

146) 連邦憲法裁判所と他の「憲法機関」とが協働すること，しかしまた連邦憲法裁判所が独立していること，そして連邦憲法裁判所と他の「憲法機関」が対等であることは，基本法115g条においてあらわれている．つまり，本条においては，連邦憲

憲法解釈の方法は特定の憲法訴訟上の制度を要求する．憲法裁判による現実（および可能性）を考慮し結果に配慮した憲法解釈は，その他の憲法機関，多元的集団および公共圏を裁判所の意思形成および決定過程に組み込むための手続上の「技術」を利用しなければならない．憲法裁判官の判断がもたらす結果は，連邦憲法裁判所が責任を負うべきであるにせよ，連邦憲法裁判所だけで「引き受ける」ことができるものではない．参加法的理解の意味における手続への参加者の数が増大すればするほど，その判断が政治体制の中で獲得することが期待しうるコンセンサスの基盤がますます広がる．そこから，〔憲法裁判所の〕「自己理解」の高度の重要性が生じる．

現実および結果，可能性および必然性を考慮することは，最大限の情報を前提とする[147]．情報を獲得するためには，政治プロセスにおいてよりいっそう能動的な他の憲法機関が利用されるべきである．憲法裁判所が実体法的にそして機能法的により多くの活動をしなければならないのに応じて，他の憲法機関の間の共働および他の憲法機関との共働がより強く必要とされるのである．いわゆる「政治問題」論とこれをめぐる諸問題の拡大，限定，修正がこれを物語っている[148]．

このような背景の下で，法26条が考えられなければならない（「多元主義を通しての真実」という意味において）．つまり，「法律適用」と並んで，あるいは「法律適用」にとって非常に重要なのは，憲法裁判官による事実の解明である[149]．「事実」（法26条1項1段）は，法問題および事実問題と不可分の関係にある[150]．「要件事実の解明」に，憲法裁判官の一つの「政治的任務」があ

　　　法裁判所は合同委員会の法律に対して，連邦憲法裁判所固有の「機能性」を維持するための番人に任ぜられているのである．
147) E 40, 95 (98) において，バイエルン司法省は意見表明を拒否したが，情報は提供した．
148) これについては，*Haller* 1972 : 353 ff. および *Häberle* Ⅴ⑤ : 388 f.
149) これについては，*E. Kaufmann* への批判に関連して，*Peters* 1952 : 117.
150) *Ehmke* は，問題は「ある偶発的事実」に対する法の適用であるという考えを拒否する（*Ehmke* 1963 : 55）．

る[151]．連邦憲法裁判所は，事実審である．つまり，訴訟法の取扱いにおいて，「憲法裁判官による政治」の一端が存在する．

　憲法裁判官の活動の両「側面」は，緊密な関係にある．事実の解明は訴訟法という道具によって行われる．事実の解明は，もっぱら個々の手続様式の「中」だけで行わなければならない．たとえば，第六立法期の連邦議会において議論された法 26a 条のように[152]，自己の手続において情報を入手し広範な素材を獲得する自由を連邦憲法裁判所から奪うならば，連邦憲法裁判所から，その中心的機能の一つである自己が責任をもってする情報の獲得という機能を取り去ることになるであろう．それゆえ，連邦憲法裁判所は立法者の事実認定および立法者によって期待される将来の展開に拘束されてはならない．法 26 条 1 項は憲法の地位にあり，それゆえ 26a 条のような規定が作られるとすれば，それは無効とされよう．

　憲法裁判官の事実認定は——これには予測も含まれる[153]—憲法解釈の重要な構成要素である．現実は，たんに規範の「中」のみならず，憲法訴訟法を通しても連邦憲法裁判所の前にあらわれる——それゆえ，政治的結果や公共性を組み込むことは，情報の獲得における自己の自由を通じてのみ達成される．〔憲法裁判所が〕自ら事実を解明することなしに憲法を解釈することは，自己欺瞞であろう[154]．〔もし自ら事実解明を行うことがなければ，〕連邦憲法裁判所は無言のうちに廃止され，その統制および法の継続的形成機能を奪い取られ，そして「現実に即した解釈」を阻止されることになろう[155]．

---

151)　*Peters* 1952：117.

152)　これについては，*Philipi* 1971：V, 184 ff.

153)　*Philippi* 1971：56 f.

154)　*Bruns*（*Bruns* 1972：193）は，「訴訟物，生活事実および手続様式の間の機能的関連」について言及している．また，「訴訟の当該実体法への志向性」という表現も見受けられる（S. 202 f.）．実体法と訴訟法とのさまざまな結びつけは，*Helckel* の場合にも見られる（*Helckel* 1970：1, 409）（「訴訟法と実体法の相互関連」(S. 3)）．*Saladin* は，スイスにおける連邦の行政訴訟法の実体行政法への影響を論じている（*Saladin* 1975：307 ff.）．

方法論は憲法解釈を精緻化してきたが，そのことは憲法裁判官の活動の以下のような側面に拡大されなければならないであろう．つまり，データ収集およびデータ処理としての憲法解釈，このような活動のための道具としての憲法訴訟法がそれである．法26条は，憲法裁判所が「法律及び法」に拘束されること〔基本法20条3項〕と対をなすものであり，憲法の現実を知るための訴訟上の手段なのである．つまり法26条は，精緻にすることを必要とする一般条項である．情報の水準を高めることによって，論証の地平が拡大される．連邦憲法裁判所が，さまざまの憲法解釈の方法を「一括」したり，ある憲法解釈の方法に優位を与えたりする作業は，26条（30条1項1段）の意味における自由な真実探究の過程と無関係にはなされえないのである．

現に進行する訴訟の枠内で進む事実の解明[156]および「方法の選択」は，憲法訴訟法を通じてともに決定される．事実分析の深さ・広さと解釈の方法は，相関的に定まる．重要なのは，そこにおいて解釈がなされる手続である．——そしてその手続は，憲法適合的なものでなければならないし，また同時に[157]憲法を規定しもする．方法の選択と前提理解に対する憲法訴訟法の意義については，今後もなお研究される必要があろう[158]．

憲法解釈が「聞かれている」ということは，憲法裁判所が他の憲法機関との機能連関および多元的公共圏について深く理解し，それによって，憲法裁判所が機能法的および実体法的な相互作用において他の憲法機関と調和することができればできるほど，いっそう実現されうる．こうした目的から，また連邦憲

---

155) *Philippi* 1971: 188 f. 参照.
156) センセーショナルな訴訟は，政治的動きに早い時期から影響を及ぼす（基本条約をめぐる争い，1976年の連邦政府の広報活動）.
157) この問題は *Philippi* 1971: 188 の場合にみられる．したがって，訴訟法は憲法解釈の方法および憲法裁判所の統制基準へとフィードバックされるのである．
158) たとえば，対象という観点，たとえば外交政策の場合における裁判所の訴訟上の困難さは，実体的-機能的影響をもちうる．すなわち，外交政策の領域における情報収集可能性の限界は「政治問題」論に影響する．これについて，*Scharpf* 1965: 149 ff..

法裁判所を権力の均衡ないしは分業のシステムの中に組み込むことから，一定の憲法訴訟上の制度が求められる．

したがって，憲法訴訟上の制度および手段は，それらが基本法の実現のために十分に「有益」であるか否かについて，常に検証されなければならない．このことは，たとえば，憲法裁判の公開性の保障，裁判官の選任，少数意見制度等を通じて，憲法裁判が憲法の正当化の一形式となる場合にはなおさら重要である．

実体法的憲法規範が開かれていればいるほど，実定憲法を解釈する手続がより重要なものとなり，すなわち憲法訴訟法がより重要なものとなる．憲法訴訟法を参加法および多元主義法律として理解することが，以上のような法政策的作業の際の指導的基準となる．

3　連邦憲法裁判所の判例

連邦憲法裁判所の判例を分析するためには，次の観点が有益である．

① 連邦憲法裁判所法を実定憲法に固有の形で解釈すること，つまり実体的および訴訟的視点[159]において，基本法から連邦憲法裁判所法を解釈すること，そしてその際には，連邦憲法裁判所法を基本法と調和させることが問題となった．重要なのは，「一般的な憲法規範を特別の手続法の中に置き換える」[160]手がかりをつかむことである．さらに，たとえば，基本法93条1項1号の意味における実体的な実定憲法関係が決定されなければならなかった（E 2, 143（156））．

② （たとえば行政裁判所法や民事訴訟法のような）他の手続に対する自律した独自の解釈．ここでは，裁判所は憲法裁判所の手続の「特性」，規範統制の本質，連邦憲法裁判所法の「基本思想」[161]などのトポスを用いている．しかし

159）　リーディングケースとして，E 1, 87 (89)；9, 89 (93 f.)；19, 93 (100 f.)；27, 44 (51 f.)；28, 119 (134 f.) が挙げられる．
160）　E 13, 54 (72)．
161）　E 2, 79 (86)．

同時に裁判所は，「一般的な」手続原則もまた引合いに出すのである[162]．
③　連邦憲法裁判所法の個々の規範の全体的，統合的な解釈[163]．
④　(他の)憲法機関との共働における分業的な解釈．憲法訴訟法はここにおいて，司法の自己抑制と司法積極主義との間の電界にある[164]．
⑤　実際に行われるさまざまの解釈方法の局面．開かれた領域を満たすために，裁判所により法規範の間に「網」が編まれる．たとえば，類推形成[165]や，連邦憲法裁判所の「任務」，権威（E 11, 343 (349)；2, 79 (91)），「連邦憲法裁判の全体構造」（E I, 167 (173)），連邦憲法裁判所に対する尊敬（E 7, 367 (373)），連邦憲法裁判所の過重負担の軽減（E 37, 327 (333)），「訴訟経済および作業経済」（E 8, 252 (255)）のような積極的な（または消極的）に用いられているトポス，そして裁判所の機能性のような繰り返し用いられるトポス，さらには広義の憲法訴訟法における一般的な法思想の獲得が，それである．
⑥　客観化の技術の強化．たとえば，さまざま手続が一定程度接近するという形をとる[166]．
⑦　憲法問題の「解明」や手続の「促進」が期待されるという基本的な考えの下でのサーシオレーライ技術（受理または不受理）[167]の強化．この基本的な考えは法93a条4項2段，94条5項2段において表現されている．
⑧　連邦憲法裁判所法における情報手段[168]および段階的な参加手段[169]の強化

---

162)　E 32, 345 (346).
163)　リーディングケースとしては，E 35, 171 (172 ff.)；2, 295 (297 f.)；11, 244 が挙げられる．法90条2項2段を考慮すれば，憲法異議を〔主観的機能と客観的機能の〕「統一的な制度」と考えることができる．
164)　リーディングケースはE 1, 97 (100 f.) である．E 12, 36 (40) も参照．――立法者へのまさに隠された提案も存在する．たとえば，E 29, 277 (283)；40, 196 (232)；40, 237 (253).
165)　たとえば，E 10, 302 (330 f.)；28, 324 (363) 参照．反対の例としては E 4, 31 (37)；4, 144 (152)；9, 109 (I17 f.).
166)　Häberle II ⑫：S. 377 (380, 382 m. Anm. 81) における論証参照．
167)　これに関して，アメリカ合衆国の最高裁判所については，Haller 1972：106 ff., 345 f..

と明確化——また部分的には，アメリカのアミカス・キュリイ[170]の意味において——（法80条2項，82条4項，77条，82条，83条2項，84条，85条2項，88条，94条，現在では規則22条3項2段，22条4項，40条）[171]．情報という観点は，憲法異議の補充性の原則[172]および法80条2項1段に基づいて移送を行う裁判所に対する連邦憲法裁判所の諸要求[173]の背後にも，また，法旧91a条2項1段を解釈し[174]，そして憲法異議手続において特別の場合に権利保護の利益を承認する際[175]にも存在する．

こうした理論的および体系的諸局面の下で，連邦憲法裁判所の判決は，憲法裁判への最もアクチュアルな問題提起の一つとなっている[176]．連邦憲法裁判所

---

168) E 21, 160（団体への「〔アンケート〕調査」(167頁)，団体の意見表明 (166頁))．
169) たとえば，抽象的規範統制の場合には意見表明権のみが認められ (77条)，機関訴訟においては参加の可能性が認められる (61条)．
170) これについて，*Haller* 1972: 108 f., 342 f. たとえば，E 10, 59 (61): 連邦法務省の立場表明はあったが，参加はなかった．したがって，連邦憲法裁判所が，特定の意見表明権者が意見表明を見合わせた旨を明記するのはまた正当である．たとえば，E 10, 177 (181); 4, 370 (372); 7, 89 (91 f.); 8, 104 (110); 40, 11 (28 f.); 40, 42 (43). 典型的に相違しているのは，E 2, 213 (217) である．ここでは，「だれがこの規定（法25条1項）において関係人とみなされるのかは，それぞれの手続の種類によって決せられる」とされている．
171) 典型的なのは，E 21, 200 (203) である．連邦憲法裁判所は，原手続（選挙審査手続）における関係人自身に立場表明の機会を与えている．
172) E 9, 3 (7); 8, 222 (225, 227) 参照．
173) E 25, 213 (214); 22, 175 (177).
174) E 8, 256 (259) は，「事実」という論拠を用いている．
175) E 3, 58 (75).
176) 詳細は，*Häberle* II ⑫．——現在では，E 42, 64 を見よ．手続法の裁判官による適用は基本法3条に拘束されるという抽象的には正しい（具体的にはしかし，たとえば W. *Geiger* の少数意見の言うように，唯一関連する基本法103条1項を実効化することによって余分な）テーゼ．このような拘束は「具体化された実体憲法としての手続法」という定式の帰結であり，これはたんに連邦憲法裁判所法に対してのみならず，刑事訴訟法，民事訴訟法および社会裁判所法にとっても示唆に富むもので

は、「憲法の本質は、ある程度まで憲法裁判所という制度と矛盾する」という Triepel の命題[177]〔不協和音〕を「調和的に解消する」[178]ために多くの活動をしてきた.

〔訳　　注〕
i) 1970年, 連邦憲法裁判所法第四次改正法律の政府案に関する審議において, Dichgans 議員は, 26a 条として次のような改正条項を設けることを提案した.
  (1) 法律の有効性に関する裁判にあたり, 連邦憲法裁判所は, 法律の基礎にある立法者の事実認定及び予期される将来の展開に関する立法者の想定に拘束される. ただし, 立法者が明らかに正しくない事実認定に濫用的に依拠したと裁判所が認定した場合はこの限りでない.
  (2) 連邦憲法裁判所は, 裁量の濫用又は踰越を認定した場合に限り, 裁量による決定を破棄することができる.
  　Dichgans 議員は旧来より, 裁判官の事実認定・予測判断における立法者への拘束を主張しており, この主張の法制化を試みたものであった.
  　この提案は連邦議会の法務委員会で議論され, 連邦憲法裁判所裁判官, 専門家の聴聞も行われた. 裁判官としては, G. Müller 長官, Seuffert 副長官, Geiger, Haager, Leibholz 裁判官が意見表明を行い, また専門家としては, Friesenhahn 元裁判官, Frowein, H. H. Rupp が意見を述べた. それぞれの立場は多少異なるところもあるが, 立法者の事実認定・予測に裁判官を拘束することは裁判官の権限の基礎を切り崩すものであり, 憲法裁判制度を破壊するものであるとし, 法案に反対した. そして結局, Dichgans 議員は自らの改正提案を取り下げることとなった.
  　26a 条案をめぐる経緯については, W.K. Geck, Vorwort, in : K. J. Phillippi, Tatsachenfeststellungen des Bundesverfassungsgerichts, 1971, S. vii.; F. Ossenbühl, Die Kontrolle von Tatsachenfeststellngen und Prognoseentscheidungen durch das Bundesverfassungsgericht, in : C. Starck (Hrsg.), Bundesverfassungsgericht und Grundgesetz. Festgabe aus Anlaß des 25 jährigen Bestehens des Bundesverfassungsgerichts, 1976, S. 458 (462 f.) を参照.

ある. しかし, 恣意の禁止を過度に酷使するミュンヘン地方裁判所の中止決定 (NJW 1976, S. 1637) は不当である (Geiger の警告を見よ).
177)　Triepel 1929 : 8〔「憲法の本質はある程度まで憲法裁判の本質と矛盾する」〕.
178)　Triepel 1929 : 28.

第 2 章

政治的力としての憲法裁判

Verfassungsgerichtsbarkeit als politische Kraft

目　　次

　　序

I　現状分析
　1　連邦憲法裁判所の大きな権限——「重要な」判決
　2　連邦憲法裁判所の制度設計的業績の評価
　3　本連続講演の他の講演との関連性

II　憲法理論からの新たなアプローチ
　1　「憲法（の）裁判所」であり——固有の「社会（の）裁判所」としての連邦憲法裁判所
　2　社会契約の「中の」憲法裁判：社会契約としての憲法を保障し更新する継続的プロセスの調整者としての連邦憲法裁判所
　3　伝統と変遷，伝統と進歩の間の連邦憲法裁判所の判決
　4　連邦憲法裁判所の活動能力の可能性と限界——基本法の自由で民主的な基本秩序という政治文化の枠の中での連邦憲法裁判所

序

　連邦憲法裁判所が——ふたたび——話題となっている．よく知られているように，多くの者によって批判的な意見が出されている．すなわち，一つは，一方では，連邦憲法裁判所長官である *Benda* により（トゥッツィンにおいて）検閲的な発言をするべきではないとの批判を受けた連邦首相 H. *Schmidt*[1]——*Adenauer* もまた（1961年の第一次放送判決によって）すでに検閲的発言を行っている——から，他方では，連邦憲法裁判所が「他の国家機関とともに統治を行っている（Nebenregierung）」，「他の国家機関の上で統治を行っている（Überregierung）」，「他の国家機関と対立して統治を行っている（Gegenregierung）」と嘆いている[2]SPD若手議員団体（Jusos）に至るまで．もう一つは，旅行好きで話好きな憲法裁判官，たとえば1978年にこの市庁舎で講演した M. *Hirsch* から，退官した憲法裁判官，たとえば何度も第二部の議員歳費判決（E 40, 296）を解釈した W. *Geiger* に至るまでの批判である．あるニュース雑誌——それは時には「世間の流れ」を受けて，そして時には自ら世間の流れを作り出す——は，1978年秋に独自のシリーズを開始し[3]，そして新聞は賛否の言葉で満ちていた[4]．

　このような批判は，いかに連邦憲法裁判所が一般的な（民主主義的というよりむしろ法治国家的？）市民意識[5]の構成部分となっているかということを，い

---

1) FAZ v. 3. und 4. 10. 1978. 抑制的に，H. *Schmidt* (FAZ v. 5.12. 1978, S. 10).
2) FAZ v. 20. 9. 1978, S. 5.
3) Der Spiegel Nr. 44 v. 30. 10. 1978, S. 38 ff.; Nr. 45, v. 6. 11. 1978, S. 71 ff.; Nr. 46 v. 13. 11. 1978, S. 84 ff. und Nr. 47 v. 20. 11. 1978, S. 78 ff.
4) また以下を見よ．Der Spiegel Nr. 16 v. 17. 4.1978, S. 23: „Vom Hüter zum Herrn"（防衛義務法改正法に関する判決〔E 48, 127〕について）; H. J. *Vogelin* FR v. 1. 11. 1978, S. 10; *Schueler*, in: Die Zeit v. 6. 10. 1978, S. 1.
5) 調査機関 Infas の世論調査によれば，連邦憲法裁判所は信頼性においてトップにランクされている．これについて，Der Spiegel v. 30.11. 1978, S. 38 (46).

かに連邦憲法裁判所が——個別の事例においてどのような判決を下したのかには関係なく——政治過程において突出したファクターであるかを示している．「再び連邦憲法裁判所は政治を行った」[6]という紋切り型の批判はほとんど敗訴した側から行われるのが常である．しかしよく考えれば，連邦憲法裁判所の前では「敗訴者」も「勝訴者」もない[7]．というのは，連邦憲法裁判所がいかなる判決を下そうとも，連邦憲法裁判所は基本法の名において裁判しているのであり，連邦憲法裁判所は政治過程の一部であり，連邦憲法裁判所は政治過程を指導し，政治過程によって影響され政治過程に影響を与えるのである．なぜなら，連邦憲法裁判所の対象は，政治的共同社会の憲法であるからである．

このレス・プブリカはすべての問題の中心にある．法と政治とを，法的機能（裁判機能）と政治的機能を対立させること，すなわち，「非政治的法」という言葉を，これ以上用い続けることはできない[8]．われわれは他の基準によって，連邦憲法裁判所の業績——負の業績——を説明し，評価するようにしなければならない．

個々の判決に対して多様な反対論，賛成論があることは，全体としてよい兆候である．「憲法解釈者の開かれた社会」[9]は，連邦憲法裁判所を判断し，場合によって（「読者の手紙欄」などで）非難するという市民の権利を前提とする．第15回カッペンベルガー会議（1978年）において，連邦憲法裁判所の副長官 *W. Zeidler*——1975年に当時の連邦首相 *H. Schmidt* によって推薦されて連邦憲法裁判所入りを果たした——は正当にも次のように言っている．連邦憲法裁

---

6) たとえば，Der Spiegel Nr. 16 v. 17. 4. 1978, S. 23；また，以下を見よ．SPD議員団長代理は，連邦憲法裁判所に対して「自分のために判決の形式で政治的決定を下さないよう」と要請している（FAZ vom 2. 10.1978, S. 4）；さらに，連邦法務大臣 *H.J. Vogel,* 1978：665 ff..

7) これに関して，連邦憲法裁判所の元裁判官 *W. Geiger* の適切な表現がある．FAZ vom 9. 10. 1978, S. 5 参照．

8) これについて，*Häberle* II ⑬：2 ff.；*Stern* 1977：19は，法と政治の「さまざまな形での共生」について語っている．

9) このテーマに関して，*Häberle* II ⑧：297 ff..

判所は原理的にあらゆる批判を甘受する．しかし他の憲法機関の構成員，たとえば，連邦首相が自己の権限において発言する場合には，批判の権利は限界を見出す[10]．憲法機関の職務上の責任の履行における（許されない）批判と，政治家個人としての許される批判との間にどのように線を引くことができるにせよ，――*Zeidler* は政府の広報活動に関する判決に注目することを提案している[11]．――振り子が司法積極主義と司法消極主義との間で過去においていかに激しく揺れたか，すでにアメリカ合衆国の連邦最高裁判所においてそして将来的にはドイツにおいてもまた揺れざるを得ないか，多くの批判がいかに批判に値するか．われわれはまず一度はこのような議論の積極的な面を強調すべきである．連邦憲法裁判所は，ドイツ連邦の憲法現実とその政治文化の中心で，この共和国の（若い）歴史においてもまた現在においても，どれだけ限定的なものであれ――「その固有の」――地位を占めているのである．連邦憲法裁判所は将来においてもまた特別の世代問題に関してこの地位を占めることになろう．そしてだれも制度としての連邦憲法裁判所に「手をふれる」ことはできないであろうが，個々の権限の多くは再考できるであろう（たとえば抽象的規範統制）．これによってさらなる視野がひらけるのである．つまり技術革新と変遷の，伝統と歴史の観点である――そしてその観点が，*J. Becker* によってはじめられたこの学際的な連続講演の枠組みを決定する．

本講演は二部に分かれる．Ⅰは現状の検討が行われ，連邦憲法裁判所が「ドイツ連邦共和国の 30 年の伝統と変革」の緊張関係において従来，法的にそして政治的にどのような働きをしたのかが問われる．

Ⅱでは，憲法理論からの新しいアプローチを概観するが，その目的は，憲法裁判所を――自由を確保する――多元主義の三和音，すなわち基本権，権力分立および連邦主義の三和音によって検討し，そして，「社会契約」という像によって連邦憲法裁判所を古典的思考モデルの歴史的深みの中に置き，これによ

---

10) FAZ vom 30. 10. 1978, S. 4.
11) FAZ vom 30. 10. 1978, S. 4；この判決（E 44, 125）について，*Häberle* Ⅱ ⑭：361 ff..

って憲法裁判所に――世代間契約において――将来の世代との架橋の機会を作ることである．両者はここでは概略だけしか述べることができない．

アウグスブルク大学市庁舎におけるこのフォーラムでの連邦憲法裁判所に関する講演は，法律家だけではなく，市民にも向けられているが，このことに，固有の魅力とともに困難さもまた存在する．連邦憲法裁判所は最上の「市民（の）裁判所」である（憲法異議の方法で市民がアクセスする場だけではない）．このことは，連邦憲法裁判所自身がときおり，たとえばリュート判決（E 7, 198）において成功したように，専門用語を日常用語に近づけることを強く要求するのである．そしてそのことを，連邦憲法裁判所はとりわけ基本権判決[12]の際に成功させなければならず，われわれ全員が誠実に努力したときにだけ成功させることができるのである．

I 現状分析

1 連邦憲法裁判所の大きな権限――「重要な」判決

基本法の下で，連邦憲法裁判所の権限は世界に類がない形で作り上げられた．連邦憲法裁判所について，（批判的に）憲法の「番人」あるいは憲法の「主人」[13]とまでよばれ，また「第四権」あるいは「第一権」とすらよばれ，そしてまた「影主権者」などと言われている．総括的な評価の前に，連邦憲法裁判所の「大きな」権限と，基本法を1951年以来本質的にともに発展させてきた「重要な判決」を概観することが妥当である．

a) まず第一に，憲法異議（基本法93条1項4a号）である：これにより，連邦憲法裁判所は「市民（の）裁判所」となる．憲法異議により「無償で，かつ弁護士強制なく」だれでも連邦憲法裁判所へのアクセスが可能であること

---

12) *Häberle* I ④ : if.
13) これに対して *Leibholz*, FAZ vom 8. 11. 1978, S. 10 :「憲法の番人であって，憲法の主人ではない」．

(Rupp-v. Brünneck) によって，連邦憲法裁判所は市民の意識の中に定着し，公権力に対する市民としての自己意識が強化されたのである．純粋に数字だけ見れば勝訴率は比較的低いが（たとえば，36000 件のうち，勝訴したのは 400 件＝勝訴率 1.11 パーセントである），それだけにいっそう憲法異議の国家教育的市民民主主義的効果は大きい．だれでも——出訴の途を尽くした後に——公権力によって自己の基本権または基本権類似の権利を侵害されたと主張することによって，憲法異議を提起することができる．——非常に政治的な——憲法異議の方法で下され，実務上基本法のランクを有する指導的な判決の一つとして，著名なリュート判決（E 7, 198）があるが，その影響はレーバッハ判決（E 35, 202）にまで及んでいる．リュート判決は，利益衡量の方法によって，基本法 5 条をはるかに超えて影響力を有している[14]．さらに挙げられるべきは，薬局判決（E 7, 377），第一次大学定数制判決（E 33, 303），法的聴聞と公正な手続に関する判決（最近のものとして，E 47, 182 [187] ないし E 46, 325 [334 f.]），最後に特別権力関係の法化に関する判決（E 33, 1）である．

b) 抽象的規範統制および具体的規範統制は，それ自体高度の政治的・実践的意義を有している．たとえば，連邦政府または連邦議会の構成員の 3 分の 1（少数者保護！）の申立てに基づき，連邦法律について，基本法との適合性の審査を連邦憲法裁判所に提起することができる．この抽象的規範統制（基本法 93 条 1 項 2 号）の方法によって，第二次政党財政援助判決（E 20, 56）のような「制度設計的判決」が下された．いわゆる具体的規範統制（基本法 100 条）——「裁判官の訴え」ともよばれる——の場合，裁判所，たとえば区裁判所により連邦憲法裁判所への移送が行われる（たとえば，男女同権に関する判決（E 3, 225, E 45, 187）や終身刑の合憲性に関する判決，原子力法 7 条に関する判決（E 47, 146 および，E 49, 89 参照））．

---

14) これについてたとえば，*Häberle* VI ②: 64 f., 68 f..

c)　機関争訟（基本法 93 条 1 項 1 号）によって，たとえば，選挙広報判決（E 44, 125），予算判決（E 45, 1），また，演説時間判決（E 10, 4）が下されている．

d)　多くのその他の権限の中では，連邦国家的争訟についての決定（基本法 93 条 1 項 3 号）や自由で民主的な基本秩序の敵からの防御（「憲法擁護」）——キーワードでいえば，政党禁止（基本法 21 条 1 項）や基本権喪失（基本法 18 条）——に言及されるべきであろう．民主主義理論からいって基本的なものが，SRP 判決（E 2, 1（12 f.））および KDP 判決（E 5. 85（196 ff.））である．私見によれば，時として憲法異議の衣をまとった抽象的規範統制として非難される議員歳費判決（E 40, 296）もそうである．

2　連邦憲法裁判所の制度設計的業績の評価

連邦憲法裁判所の裁判がその下で今日まで「歴史」を作ってきたような上位の視点を得るべく検討すると，次のような視点を得ることができる．

①　基本権・法治国家判決（たとえば，「リュート」（E 7, 198），「ブリンクフューア」（E 25, 256））および手続的基本権——基本法 101-104 条，特に公正な手続のための権利——に関する判決（たとえば，E 46, 202（209 ff.）；46, 325（334 f.））．

②　連邦制・権力分立判決（たとえば，第一次放送判決：E 12, 205），両者は多元主義の二つの現象形態である．

③　反対派・少数者保護（間接民主制）判決：エホバの証人事件（E 23, 127, 191），また少数意見制の創設もこれにあたる．同じく寛容に関する判例（国家教会法については，E 41, 65（78, 83）；41, 88（108 f.），また E 47, 46（76 f.））もこれに該当する．

もっともここで，次のような問題が生じる．それは，連邦憲法裁判所は常に十分に控えめな形で「ウェイトの調和のとれた」全体の中に自らを位置づけてきたか（構造的・機能的権力均衡），というものである．

全体として，これらの判決はすべて，最終的には政治的多元主義に有益なものである：「多元主義の裁判」としての憲法裁判．連邦憲法裁判所は法的な力

としても政治的な力としても作用するのである．〔判決の〕収支は原則黒字であって，赤字になるのはごくわずかである（赤字にあたるのはせいぜい，メフィスト判決（E 30, 173）とたとえば E 44, 197 ぐらいのものである）[15]．

巨大な権限に基づく重要な判決の政治的作用史について一言触れておく．政治的にいえば，連邦憲法裁判所は第一次放送判決において，「宰相民主主義」に制限を課し，反対派を強化したが[16]，それだけでなく，連邦制や基本権上の自由をも強化したのである．K. A. Zinn の下でヘッセンが「ボンに対抗」することに成功した（たとえば，政党財政援助：E 20, 56 や盗聴判決：E 30, 1 など）ように，近時そして今日「バイエルンの主導権」がしばしば連邦主義の役に立ってきたし役に立っている[17]．言い換えれば，連邦に対するラントの対抗価値，多数派に対する少数者の対抗価値，集団や既成組織（教会！）[18]に対する個人の対抗価値は憲法裁判を通じて効果を発揮した．憲法裁判は多元主義保障になるのである[19]．

ここでは「政治的なもの」は広く理解される：それは，全レス・プブリカに潜在的ないし現実的に関係することを特徴とする．その際，これまでそれぞれに異なる政治的なものの概念により，個々の部分的要素が絶対化されてきた：たとえば，権力の要素，福祉ないし福利の要素，あるいは非合理的なものや動的なものの側面がこれにあたる．あらゆる国家作用は，以上のような意味において政治的作用である．国家作用は，それが共和国の分業の枠組みにおいて活動する種類と方法によって区別されるが，法に「対置」されるものなどではな

---

15) 三人委員会の問題性についてはここで扱うことはできない．
16) 「反対派判決 „Oppositionsrechtsprechung":」の概念について，*Schneider* 1974 : 225 ff. もちろん *Vogel* 1978 : 10 とともに以下のような疑問が提示される．すなわち，反対派それ自体は連邦憲法裁判所に召喚される可能性はないので，憲法裁判所と反対派は憲法裁判所と政府よりも相互に類似している印象を世論（公共圏）に与える．
17) たとえば，E 37, 363.
18) 以下の判例を参照．E 23, 127 ; 23, 191 ; 32, 98 ; 33, 23 ; 35, 366 ; 44, 37.
19) 基本条約判決（E 36, 1）とその全ドイツ的観点（希望，可能性，限界）については残念ながらここで正面から取り扱うことはできない．

いのである．民主的立法者もまた憲法を解釈するのであり，裁判官（たとえば連邦労働裁判所，争議権においてとりわけ顕著である）もまた一つの「政治権力」なのである．法と政治は民主的立憲国家において対立するものではない：両者は，全レス・ププリカの部分的側面であり，部分的作用なのである．

政治的なものにかんがみて連邦憲法裁判所の権限踰越を指摘する者は多いが[19a]，これまでそのいずれも法と政治の明確な区別を提示していない．このことは驚くにはあたらない：そのような区別など見いだすことができないからである．基本権の実効化に関する妥当な判決もまた政治なのである：すなわち「基本権政治」[20]である．ただ，量的相違，すなわち憲法裁判所が政治を営む方法が，立法者とは機能法的に異なることが問題であるにすぎないのである：質的相違はほとんど認めることができないものである．

3　本講演の他の連続講演との関連性

本講演の連続講演の個々のテーマとの内面的なつながりは明らかである．

T. Stammen のテーマ（ドイツ連邦共和国における政治文化の伝統と変遷）について．憲法裁判は，ドイツ連邦共和国の――複雑な――政治文化の鏡像以上のものである．憲法裁判は，たとえば国家機関，政党ないし市民それぞれ相互の行動に対する一つの形成的ファクターである．

「世俗化された社会における教会」(K. Forster) というテーマについて．連邦憲法裁判所は国家教会法に関して原則判決を下した[21]．その中で連邦憲法裁判所は基本法の中のワイマールの伝統を「保存した」のと同様（ワイマール憲法の受容に関しては基本法140条において正当化されている），国家教会法の中に革新

19a) 最近再び，Der Spiegel Nr. 47 v. 20. 11. 1978, S. 78 ff. (92)：„Der Streit um das Bundesverfassungsgericht (IV) Richter treiben Politik"〔連邦憲法裁判所をめぐる論争（Ⅳ）裁判官が政治を営む〕．

20) この概念について，Häberle Ⅱ ④ 105 ff..

21) これについて，Hollerbach 1967：99 ff. の報告．さらに以下の判決を参照．E 30, 415；41, 29；42, 312；44, 37. 全体については，Häberle Ⅱ ⑩.

（基本法 4 条の解釈について）をもたらした．それはたとえば，国家の「世界観的・宗派的中立性」という思想である（E 12, 1(4)）．教会はここでは多元的集団と「同じように」扱われている（しかしまた，E 42, 312（333）参照）．

「多元的民主主義におけるエリート支配」（P. Waldmann）について．連邦憲法裁判所が「多元主義的憲法解釈」を採用していることは証明可能であるが，この解釈は[22]，連邦共和国の「エリート支配」によって多元主義の赤字が作り出されまた減らされないことに対抗しようとする連邦憲法裁判所の試みである．もちろん，ここでは連邦憲法裁判所は政治過程に特に依拠している．

経済秩序（R. Blum）に関して，連邦憲法裁判所は政治的に今日まで議論のある判決——とりわけ投資助成判決（E 4, 7 (17 ff.)）——を下してきただけではなく，経済学的な討論そのものに衝撃を与えてきたといってよいであろう．連邦憲法裁判所は経済政策を行う立法者に非常に広い裁量を残した[23]．つまり，「社会的市場経済」はそれ自体としてはまさに憲法上保護されているものではないのである．これとは異なり，現在のスペインの新憲法（1978 年）33 条では憲法上保護しているのである[24]．

最後に H. Koopmann のテーマである「1945 年以降の政治に参加する文学」について言及する．文学の中で国家——ボン共和国——がとても否定的に登場する．言い換えれば，憲法裁判権に関する法律文献が，政治に参加する文学によって支持もされなければ共鳴もされないのである——これはわれわれの政治文化の嘆かわしい欠点の一つである．しかし法律家として自己批判的によく考えなければならないであろう．つまりここでは，メフィスト判決（E 30, 173）がむしろブレーキをかけたのである．ドイツ文学において，1977 年のスイス

---

22) これについて，*Häberle* II ③：124, 130, 136, 193 f..
23) たとえば，E 4, 7（13 ff., 17 f.）および確立した判例．
24) 文献から，たとえば，*Saladin/Papier* 1977：1 ff. ほか参照；*Badura* 1976：205 ff. 問題は，連邦憲法裁判所の「経済的自己抑制」（*Spanner* 72：217 ff.）が存在するか否か，そして存在するとしてどのような理由からかである．なぜなら，経済の形成力と民主的立法者の形成力に優位を与えるべきであるからである（なお，*Schmidt-Preuß* 1977：82 ff., 122, 144 ff.；*Scholz* 1977：520 ff. 参照）．

憲法草案に関する Muschg の前文と比肩できるほどの寄与を基本法に与えた作家はなかなか見出すことはできないであろう。もっとも，われわれ法律家がそのような作家を探し出そうとしているだろうか．

II 憲法理論からの新たなアプローチ

以上のような——大まかな——現状分析は，連邦憲法裁判所が1951年以降のわれわれの自由な共同社会の構築の際に何を果たしてきたかを示している．とりわけ K. Popper (「開かれた社会とその敵」) らによってマルクス主義に対抗して学問理論的に作り上げられた多元主義モデルが，高度な要求とそれにもかかわらず，部分的にのみ欠損している現実[25]の一つの評価枠組みを作り上げている．そして，その多元主義モデルは，憲法理論上，多元主義的な憲法論へと継授されるべきである[26]．

連邦憲法裁判所は，政治文化の枠内で何を果たすべきであり，何を果たすことができるのか．

以下の試論は，二つのキーワードの下でこの疑問について検討を加えようとするものである．そのキーワードは，「憲法裁判所」，すなわち国家と社会を包括する裁判所としての連邦憲法裁判所の性質(1)と，連邦憲法裁判所を基本法上の社会契約（特に，世代間契約としての社会契約）の保障や更新（実証）という連続したプロセスの中に置くという観点——これによって法的機能か政治的機能かという不毛な二者択一から脱却することができる——である(2)．伝統と変遷という対立する場における連邦憲法裁判所の判例についての考察(3)の後，最後にドイツの政治文化における憲法裁判所の活動能力の可能性と限界を考察する(4)．

---

25) たとえば，E 44, 197 における Geiger の少数意見 (S. 209 f.).
26) Häberle II ③ : 140 ff.

1 「憲法(の)裁判所」であり——固有の「社会(の)裁判所」としての連邦憲法裁判所

　連邦憲法裁判所は，形式的に見れば——裁判所自身の用語で言えば——「国家の」裁判所[27]のあらゆる属性を有している．すなわち，国家の法律に基づいており，国家は裁判官の任命を規律し，あるいはそれに影響を及ぼす．もっとも，連邦憲法裁判所はそれをはるかに越える存在である：連邦憲法裁判所は憲法裁判所である．すなわち列挙された実質的な憲法争訟[28]について権限を有するのである．この言明がきわめて重要であることは，憲法概念を解明することによって明らかになる．「憲法」とは，国家および社会の法的基本秩序である．憲法は，国家権力を制約するだけではなく（たとえば H. Ehmke），社会的権力をも制約する．そして憲法によって国家権力への授権が行われる．憲法は国家と社会を包含しており[29]，政治的な力としての憲法裁判はもとより国家と社会の区別のドグマの彼岸で作用するのである．

　連邦憲法裁判所が全レス・プブリカの「憲法裁判所」であるということは，細かい問題にまで具体的な影響を与えるものである．たとえば裁判官の忌避[30]の場合がこれにあたる．さらにそのこと〔そのような連邦憲法裁判所の性格〕から，次のような帰結が導かれる．それは，裁判所は一つの理論ないし「学派」に拘束されてはならず，さまざまな理論要素のプラグマティックな統合をすべく力を尽くさなければならない，というものである．

　このような憲法裁判の実体憲法との関連には，実体的，および手続的な含意がある：たとえば，憲法裁判の多元主義モデルへの拘束や多元的な情報・参加

---

27) これについて，E 18, 241 および私の判例評釈（Häberle II ①：369 ff.）．E 22, 42；26, 186；48, 300（315 ff.）も参照．
28) 詳細は，Häberle II ⑬：9, 34 ff.〔本書第 1 章〕．
29) 憲法概念について私の共同報告（Häberle II ④：56 f.）．Suhr 1978：384 f. もまた参照．
30) これについて，E 35, 171, 246 および私の判例評釈（Häberle III〔本書第 3 章〕）．

手段，つまりは開かれた社会にかんがみた憲法訴訟法の拡充の要求において，そのような含意が存在するのである[31]．

　連邦憲法裁判所の多元的な情報入手策[32]の増大は，この関連においてみられるべきである．憲法裁判官の選出も，それが諸政党のスペクトルから行われ，そして将来望むらくはさらに政党を超える形で行われる場合には[33]，多元主義を実効的に憲法手続の中へと関連づけるのである（そして多元主義へと影響を与えるのである）．これは，憲法裁判所と「その」法によって社会を制御するための前提条件なのである．ここで次のような相互作用に至る：連邦憲法裁判所が社会の制御プロセスへと影響を及ぼせばそれだけ，その社会が連邦憲法裁判所へと向かい，そして，社会は「カールスルーエにおいて」自らの意見を聞いてもらおうとするのである．このことがどれだけあてはまるかが示されたのは，共同決定に関する口頭弁論においてであった：1978年に法廷では，社会の公共圏のさまざまな力線が文字どおり感じ取られたのである．

　以上のようなアプローチを出発点として，次の「段階」へと進む：連邦憲法裁判所は全体社会との強い関連の中において考察されなければならない．連邦憲法裁判所は，固有にして広義の「社会（の）裁判所」なのである．連邦憲法裁判所は，裁判を通じて多様な理念や利益に開かれており——そのような多様性を受容する——，また逆に，連邦憲法裁判所は社会を制御するのである．裁判官の選出や憲法訴訟法の取扱い，実体的な解釈結果（たとえば，基本権の「第三者効力」によって社会のいくつかの部分的側面が構築されるということにおいて）にかんがみれば，連邦憲法裁判所は「国家の」裁判所というよりも，むしろ社会の裁判所なのである．このことは，より高次のレベルにおいてだけでなく，裁判所の日常的な業務についても影響を与えるのである．

　連邦憲法裁判所とその手続法は，唯一無二の社会関連性を獲得している．

　連邦憲法裁判所の——国家と社会を包括する——活動は，一般的な意味で

---

31)　詳細は，*Häberle* I (unter 7)．
32)　私の指摘（*Häberle* II ⑫：382 ff.）参照．
33)　よい兆しは，1975年の連邦憲法裁判所裁判官選出にみることができる．

は，次のことの帰結である．すなわち，連邦憲法裁判所は憲法のための裁判所であること——そして基本法は国家のみならず，その基本構造において社会をも規律し，社会を「憲法化された社会」にするということ，このことの帰結なのである[34]．さらにそのうえ，連邦憲法裁判所は非常に特別かつ目的的に，そして強力かつ広範に，固有の方法において「国家」と「私的」の間のレス・プブリカの領域へと影響を及ぼすのである．そのような領域を「社会」あるいは——多元的な——公共的なものの領域とよぶことができる[35]．このこと〔連邦憲法裁判所のレス・プブリカの領域への影響〕は，手続的側面からの基本権の実効化（これについては，E 46, 325 (333)；53, 30) においてのみならず[36]，ますます憲法訴訟法の情報・参加手段の利用を増大させているその手続実践においても示される．連邦憲法裁判所は，ドイツ労働組合総同盟 (DGB)，使用者団体や教会などといった多元的集団，組織に関して，さまざまな聴聞実践やいくつかの段階をもつ参加形態を通じて，情報を入手している[37]．かくして，連邦憲法裁判所は社会の領域へと「深く踏み込み」，社会の領域からさまざまな理念や利害を摂取し，その開かれた憲法解釈の方法でそれらに「耳を傾け」，消化するのである．この開かれた憲法解釈の方法によって，連邦憲法裁判所は学問から支援を受けることができるのである．憲法訴訟法は憲法解釈者の開かれた社会に開かれているのである；憲法訴訟法は，特に議会が機能しなかったところでは，憲法解釈者の開かれた社会の「媒体」になるのである．

議会制定法の方途が社会的なものの国家的なものへの「転換」の試みであったし，依然そうであるように，現在，——限定的ながらも——それとパラレルな現象が，憲法裁判所の手続の中にあらわれているのである．

別の言い方をすれば，連邦憲法裁判所は二とおりの方法で社会に接近する：

---

34) これについて，私のフライブルク講演（*Häberle* I ③：122 f.）．
35) これについて，*Häberle* I ②：708 ff. 憲法は公共的プロセスを構成するが，憲法はそこに吸収されるわけではない．
36) これについて，E 46, 325 (333).
37) *Häberle* における指摘．

〔第一に〕連邦憲法裁判所は，自らが下す判決（たとえば，基本権の「第三者効力」と客観化に関する判決）によって社会を一段と制御し，社会を構築し，自らのやり方で一つの「憲法化された社会」にするのである．〔第二に〕まさにそのような「社会関連性」のゆえに，連邦憲法裁判所は，その手続法において，社会を連邦憲法裁判所のフォーラムに参加させなければならないと考えるのである：このことは，とりわけ（大学定数制判決のような）「大訴訟」における多元的な情報入手や参加の実践において明らかであるが，より小さな訴訟においても同様のことがいえる．極端に言えば，連邦憲法裁判所は固有の「(全体) 社会 (の) 裁判所」[37a] の性格をわずかながらも獲得する．連邦憲法裁判所は，社会の憲法化のプロセスにおいて一つのファクターとなるに従い，伝統的な国家性を失うのである．連邦憲法裁判所は，国家と社会，国家の裁判所と「社会 (の) 裁判所」の分離の彼岸にある「憲法 (の) 裁判所」なのである．連邦憲法裁判所は，「憲法解釈者の開かれた社会」を真摯に扱う——それは，憲法解釈において，手続的，つまり憲法訴訟法的[38]にというにとどまらず，内容的に見てもそういえる．これは，政府声明のような連邦政府の意見表明，教会の自己理解（E 42, 312 (331)），「学問の自由」連盟のような結社や学術審議会のような制度の主張を取り上げる（参照，E 47, 327 (384)）ことによって行われる[39]．

2　社会契約の「中の」憲法裁判：社会契約としての憲法を保障し更新する継続的プロセスの調整者としての連邦憲法裁判所

(1)　テーゼ

次のようなテーゼを提示したい：連邦憲法裁判所は，社会契約としての憲法の保障と更新において特殊な合有的責任を有している；連邦憲法裁判所はその継続的なプロセスを〔他の機関と〕共同して制御する；その際には，多元主義

37a)　しかし，社会主義的な社会 (の) 裁判所という意味においてではない．これについて Eser 1970.

38)　これについて，私の論稿（Häberle I ③ : 297 ff.）．

39)　E 47, 327 (384 f.) 参照．

原理に拘束される．

　社会契約のモデル——それは全ヨーロッパの古典的な財産である——は，ここで用いられる意味において一つの思考モデルであり，個人の自由と公共的な正義の保障のための発見的原理である．それはたしかに，公共的プロセスとしての憲法の現実すべてを一括して扱うことができるような「枠組み」ではない．しかしながら，いくつかの政治上ないし憲法上の原則問題を——一面的な「固定観念」から離れて自由に——適切に処理するための助けを与えることはできるのである．この社会契約モデルを憲法裁判所にまで拡張するのは大胆なことのように思われる向きもあろう；そのようなことは，これまで——管見の限り——行われてこなかったことである．契約モデルが非常に古いものであるのに比して，（独立した）憲法裁判は相対的に見れば新しいものである．両者は（まさにそれゆえに）相互に関連づけられてこなかったのである．これは一つのチャンスたりうる．このチャンスは利用されるべきであろう．古典的な社会契約論は，歴史の展開において，きわめて異なるコンテクストの中で，説明モデル，そして正当化モデルとして用いられてきたのである（*Locke* から *Roussoau* まで，*Kant* から基本的なコンセンサスをめぐる現代の議論に至るまで）[40]．それが今日，われわれが抱える問題に対して，すなわち憲法裁判の問題や憲法の継続展開について説得力を発揮できないとされるいわれがどこにあるだろうか？

(2) 具 体 例

　憲法契約的な思考は，連邦憲法裁判所の多くの判決について，その批判のための契機にも同意のための契機にも用いられる．

　a)　第一に，批判のための契機が示される．

　多数の連邦憲法裁判所のとりわけ新しい判決，つまり刑法 218 条（堕胎罪）判決（E 39, 1），過激派判決（E 39, 334），兵役拒否事件（E 48, 127）をみれば，ドイツの若い世代がほぼ例外なく不利な立場の関係人となっていることがわか

---

40)　これについては，たとえば，*Scheuner* 1976：33 ff.；*Isensee* 1977：545 ff.；*Voigt* (Hrsg.) 1965.

る．われわれの共同社会の若い市民の大きな集団，それどころか彼らの大半は，自らが理解されていない，失望した，あるいは不利に扱われていると感じている．上記の判決は，共同社会の憲法もまたそれに依拠せざるを得ないもの，すなわち，若者に，一部はその実存にかかわるものに「関する」ものである．その若者たちを味方につけることが重要である．いずれの判決も結果的には若い世代の意思に真正面から反するかあるいは反するようにみえるものであり，そのような判決を下した憲法裁判所は社会契約の一つの現象形態としての世代間契約の問題を回避できない．連邦憲法裁判所の個々の判決それぞれに対して多くの者がいかに支持しようと，その総体においてこれらの判決は若い世代に耐えがたい（心理的，有形そして無形の）負担を課す傾向がある．それゆえ憲法裁判所によってもまた常に結びつけられなければならない年輩の世代と若い世代そして憲法の間のきずなが危険にさらされる．それがすり切れあるいは引き裂かれることも考えられる．少なくとも理解の困難とコミュニケーション不足の危険性がある．

　言葉を変えれば，「広義の社会（の）裁判所」である憲法裁判所は憲法を「契約として」次のように解釈しなければならない．すなわち，できるだけすべての市民が自ら理解されていると感じ，だれも加重に負担をかけられず，集団や世代の間にいかなる裂け目も割れ目もないように解釈されなければならない．このような場合にのみ憲法——われらの基本法——は，すべての者による，不可欠で不断に行われるいつも新しい「自己契約」のための枠となるのである．憲法契約はいかなる市民の集団あるいは個々の世代も失ってはならない．

　この任務を，憲法裁判所はたしかに一人で担っているのではない．憲法裁判所だけではなく，まさしく憲法裁判所も基本法上の社会契約を保障し発展させる義務を負っているのである．特にこれに関して，民主的立法者，連邦およびラントの政府，自治体，他の裁判所ならびにその多元的集団を伴った——多元的な——世論にも義務がある．これらのコンセンサスがここでいう「契約」である[41]．憲法は共存法の一部になるのである．アウグスブルクの歴史（1555年！）はこの観点と無縁のものではない．

このような背景の下で，連邦憲法裁判所の判決が全体的に，そして個別的に検証されなければならない．連邦憲法裁判所の判決は，若い世代にとっても「納得いく」ものでなければならない．過激派問題については国家と若い世代の間で不信ではなく信頼を前提とする手続実践が展開されるべきであり[42]，そうすれば，公職就任の際の適格要件および憲法忠誠要請が一貫して求められることが正当化される．はっきりいえば，機能に応じた区別は不可能である．学校ほど「安全に敏感な」領域はほとんどないのである．われわれがいかなる憲法理論を実践することができるのかは学校によるのである．

　b) 社会契約あるいは世代間契約モデルに基づいて憲法問題を事態にかなう形で処理しているポジティブな例を提供するのが負担調整である．これはまさに重要ですでに歴史と化した戦後の成果である．連邦の立法者と付随的規律を数多く行う執行部も，不利益を受ける（国民・企業）経済，さらには各市民も，この模範的な共同体の作品を成功させるために貢献した．連邦憲法裁判所は憲法への道を平準化した[43]．ここで，最善の意味で，すべての市民およびグループの「協演」，社会契約あるいは世代間契約[44]の確証の成功，万人の万人との結合を語ることができる．

　しかし今日，社会契約は年輩世代には特殊なアクチュアリティーがある．それは「年金契約」というキーワードで捉えることができる！「若年者」は過大な負担を課されてはならず，「老齢者」も「契約パートナー」としての若い世代への信頼を失ってはならない．若い世代は，父や母が1945年以降の共和国の再建時代に何を成し遂げてきたのかについてよく考えなければならない．重

---

41) ボンの国法学者大会における討論での私の手短な発言を参照（*Häberle* IV ①）．
42) *Denninger* の議論（*Denninger* 1979：30 ff.）について．
43) 投資助成判決（E 4, 7），負担調整問題に関する判決（E 4, 60；6, 290；9, 305；11, 50；11, 64；12, 251；12, 180；15, 126；15, 328；17, 67；18, 441；19, 166；19, 354；19, 370；20, 230；23, 153；23, 288；23, 327；32, 111 および *Rupp-v. Brünneck* 裁判官の少数意見（129 ff.）；32, 249）参照．
44) また，――「世代に公正な」――第二次原子力判決を見よ．決して学生運動から全グループを排除しているわけではない（E 43, 291 [317]，また S. 326 参照）．

要なのは世代間の給付と反対給付の公正である．

　少なからず論議をよんでいるのは，国家の負債あるいは原子力による若い世代の過剰負担の切迫を顧慮した社会契約モデルである．「経済の限界」からのみ負担可能性の限界が「検証」されてはならない．諸世代の人道的な未来は当然，計算不可能なリスクによって過剰な負担を負わされてはならない．社会契約のパートナーはしたがって現に生きている者だけにとどまらず，いまだ生まれていない者も含まれうるのである！　未出生の者の利益のために，信託統治がある．今日そのような信託統治はグローバルに見られることすらあるかもしれない．つまり，われらが「青い惑星」地球全土にまで広げられうるかもしれない．

　世界社会[45]は「世界契約」なるものに見ることができる；契約が事実として存在しない場合ですら，世界社会は全人類のために契約があるかのように振舞わなければならない．国連の人権に関する諸条約はこのような観点において将来を見通したものである．

(3) 個々の検討

　たしかに，憲法裁判を憲法の保障機能とその社会契約を前進させる継続的なプロセスの中に組み入れるという提案によってすべての問題が解決されるわけではない．しかし——「政治的機能」，法的機能などという紋切り型とはひと味違う——憲法裁判の根拠と限界についての議論が新たに開かれる．

　詳論すれば，次のとおりである．憲法裁判所は立憲的な社会契約とりわけ世代間契約について，共同責任をもつものであって単独責任を負うものではない．ここで連邦憲法裁判所は他の機関と並んで，とりわけ民主的立法者と並んで，機能法的に見て特殊憲法裁判所に与えられた位置を占める．連邦憲法裁判所は，たとえば古い世代と新しい世代が均衡を失した形で負担を負ったり負担軽減をするような年金規定を可決させたりしてはならない：「形式上は」，社会

45）　これについて，*Suhr* 1978：164．

国家原理，人間の尊厳，信頼保護そして労働力の価値が論じられるが，実質上は契約モデルに定位されるべきであろう．国家の負債の許容限度は世代間の社会契約を考慮して探求されなければならない．結局，社会契約は基本法111条2項〔特別の法律に基づく租税，公課その他の財源からの収入，又は事業経営資金積立金が，1項の支出を充足できないときに限り，連邦政府は，財政運営に必要な資金を，前年度予算の最終総額の4分の1を上限として，起債の方法によって調達することができる．〕のような実定法的規範（予算法について一般的にはE 45, 1）の背後にある．その他の例を示すことは困難ではない（たとえば，環境保護，教育制度，児童手当の改定）．

したがって，社会契約ないし憲法契約の参加者の範囲は開かれた社会を含まなければならず，閉じた社会を定着させるものであってはならない．マージナルグループ，障害者，組織を作ることができないまたは困難なグループ（たとえば老齢者）は，宗教的マイノリティと同じくこれに属する．参入はできる限り開かれたままであるべきであろうし，また反対に脱退として，国外移住の自由が人権として保障されなければならない．社会契約に対してこのように個人が「解約通知を行うこと」を禁止するのは，全体主義社会だけである．

連邦憲法裁判所はその「多元主義的判決」[46]において上記の集団に対して特別の責任をもっている．連邦憲法裁判所の堕胎罪判決（E 39, 1）も新たな姿を現す．憲法とその機関としての連邦憲法裁判所は，胎児，未出生子，子に対して特別の保護義務を負う．もしかしたらこのような評価は連邦憲法裁判所の堕胎判決をめぐる争いを緩和することに寄与するかもしれない．このような評価は若い世代に判決をなるほどと思わせることができるかもしれない．若い世代は，いかにそれ自体歴史の連続の中に（そしてそこにおいてのみ）存在するか，かけがえのない個人として，しかしまた過去の世代との連続性において将来の世代に対する責任において存在するかをより容易に理解する．ここにおいて一つの人類学的コンテクストが明らかになる．教育計画と教育政策——これは

---

46) これについての立証は私のフライブルク講演（*Häberle* I ③: 136, 194）．

T. Finkenstaedt のテーマである――が新しい側面を獲得する．

社会契約の維持と変更，全体としてはその確証に連邦憲法裁判所が（作用ファクターとして）関与するという動態的観点にあって，そしてこの「憲法契約」に対するすべての者の合有的責任を承認する際――最近の歴史は，憲法がどれだけ制定史において妥協であって，一面的な「設定」あるいは「放射」でないことを明らかにする[47]――，連邦憲法裁判所にとって（そして必要な変更を加えればラントの憲法裁判所にとって）次のようなことが生じる．

伝統と変遷，変容と維持の相互作用の中で，連邦憲法裁判所は，少数者保護（エホバの証人のケース）に見られるように相当に踏み込んだ態度をとることもあれば，たとえば経済領域においてより抑制的な態度をとることもある．連邦憲法裁判所は憲法の進展のプロセスから諸世代を完全に「ロックアウト」したりまたはそれを主としたりしてはならず，またみずから部（Senat）から「元老院」（Seniorat）へとなってはならない，言い換えれば社会契約のパートナーとして過去の世代と現在の世代のみを見てはならないのである．「司法積極主義」と「司法消極主義」の各時期は，連邦憲法裁判所の社会契約的理解に照らしてみれば相互に交代することができる――合衆国最高裁判所はここでよき考察資料を紹介する[48]．〔そこでは〕とりわけ第一権力としての民主的立法者の独自の領域が残されている．

にもかかわらず，たとえ「抑制的」であったとしても，連邦憲法裁判所は政治的な力であり，それ以外はすべて自己欺瞞である．裁判所が抑制的に行為する，たとえば，ある法律を違憲であると宣言しない場合であっても，裁判所は「政治的に」活動するのである．また，第一次放送判決（E 12, 205）のように基本法5条1項から「指針政治」の意味で放送とテレビの領域において多元主義に関する広範な指示を下した場合にも，裁判所は「法的に」活動したのである．法と政治の二者択一が見せかけの二者択一であることは明らかである．

憲法訴訟法の全体社会的観点と同じく，このような憲法契約的観点に接ぎあ

---

47) これについて，私のベルン講演（*Häberle* II ⑮: 1 ff.）．
48) これについて，*Haller* 1972: 68 ff., 私の判例評釈（*Häberle* V ⑤: 388 f.）参照．

わされるのが，多元的集団の──段階的な──手続的能動的地位[49]である．憲法裁判所を広い意味において，国家と社会の分離ドグマの彼岸にある固有の「社会（の）裁判所」と見ることは，もはやユートピア的なものとは思われない．憲法手続的能動的地位はまず第一に市民に与えられる：だれにでも──弁護士強制なく──憲法異議が利用可能であることは，手続面からの真正の基本権であり，憲法手続的能動的地位の一つの核心である．しかし，憲法訴訟法を憲法に特有の形で理解することにより，憲法訴訟法を多元的な情報法として，そして多元的集団の参加法として解釈することになる；ドイツ労働組合総同盟，使用者団体，その他の団体といった「組織」を多少なりとも「大きな」憲法訴訟において発言させる裁判所の実践の増加が挙げられよう．これは連邦憲法裁判所の憲法裁判所としての機能の社会関連的理解の表現である．つまり，国家と社会を包摂する裁判所，これによってこの全体性の実質的な諸性質をも包み込む裁判所として連邦憲法裁判所の機能を理解することのあらわれである．

3　伝統と変遷，伝統と進歩の間の連邦憲法裁判所の判決

連邦憲法裁判所の 27 年にわたる判決，それは必然的に次のような問いに至る，すなわち，そこには「伝統と変遷」が反映されているか，いかに反映されているか，そして「変遷」が「進歩」の一部となっているのではないかという問題である[50]．考察の中心には二つの問題がある．

---

49)　これについて私の立証（*Häberle* I ③ : 677 ff.）．
50)　創設の年，すなわち基本法制定の最初の年（1949）ないし，連邦憲法裁判所の活動の開始（1951 年）が問題となっているところで，「変遷」について語ることができるか否かについては疑問の余地もあろう．いずれにせよ，1933 年以前のワイマール憲法の状況が基準とされる．その他，憲法判例は再三再四（積極的および消極的に）ワイマールの議論を引き次いでいる．実質的・内容的観点において（基本権について，たとえば，E 7, 198 [209 f.]; 7, 377 [413] 参照），しかしまた，憲法訴訟法的観点において（*Häberle* II ⑫ : 377 Fn. 4 参照）もそうである．一般的には，*Scheuner* 1976c : 2 ff.. 同論文は，19 世紀と 20 世紀のドイツの国事裁判の伝承につ

① 憲法裁判官法による進歩は存在するか，連邦憲法裁判所は特別の進歩機能を有しているか，進歩が場合によっては連邦憲法裁判所に反しても，連邦憲法裁判所にもかかわらず，連邦憲法裁判所なしに行われることがあるか．
② 連邦憲法裁判所が「未来の同時代人」となるような，連邦憲法裁判所による変遷ないし進歩のための道具にはどのようなものがあるか（原則判決，警告判決，判例変更の予告としての傍論，少数意見）．

(1) 学際的前提問題

本題に入る前に，そもそも法律学，特に憲法理論において進歩に関する基準が存在するのか，あるいはそれをどのように手に入れることができるのかという問題がある．この前提問題は，まさに学際的なテーマである．

この進歩問題には二つの側面がある．一つは学問，特に法律学による進歩は存在するかという問題，そしてもう一つは学問，特に法律学において進歩はあるかという問題である．

はじめに，進歩の概念の概略を述べなければならない．このことは特定の座標系からのみ可能である．座標系の中には，人間の尊厳，自由と平等（およびこれと結びついた民主主義の公準），正義と公共の福祉がある．

たしかに，進歩の概念を法において非常に慎重に用い，厳しい不信の念を保持することには理由がある．1977年のテュービンゲン祝賀論文集『法における伝統と進歩』[51]はこのことを想起させ，アンビバレンスを気づかせる．しかし，西側の標準の類型の「よい」憲法に定位して行われる比較憲法の光に照らせば，連邦憲法裁判所の判決から非常に謙虚に見積もっても進歩と評価されうるものは少なくない．

たしかに，進歩は長期について，たとえば，古代と中世，中世と近世を比較して主張することはできない．しかし，次のように言うことはできる．すなわ

いて論じている．その自己理解はワイマールへの架橋となった．それだけに基本法下の憲法裁判の創設は新しいものであり，基本法下の憲法裁判は真正のものである．
51) これについて私の論評（Häberle Ⅴ ⑨：581 f.）．

ち，19世紀の初頭以来，立憲国家の全ヨーロッパ的展開の過程において，ドイツでもまた法律学によって進歩がなされたと．法律学は社会の舵取りとしての力を発揮し，たんに社会をまねたり社会をあとづけたりするものではない．法律学はその固有の「発見」と「発明」を行った．法律学はレス・プブリカに対して固有の貢献を行ったのである．たしかに，他の学問なしで行うものではなく，それと手をたずさえて行うものではあるが[52]，場合によってはこれに反対して行うこともあるのであって，少なくとも，法律学は法律学の流儀で貢献するのであり，そしてたんに他の学問の「使者」や「履行補助者」として貢献するものではない．基本法の法的な法治国家概念や人間の尊厳といった概念は，ドイツ観念論の哲学 (*Kant*) に負うところが少なくない．しかし，(*Dürig* の) 客体定式[53]はまさに法学の固有の業績である．

　法律学（その中にはとりわけ基本法の下での憲法裁判を加えることができるが）における進歩の問題は，より容易に解答することができる．限定された期間（たとえば，基本法の成立以来のあるいは立法国家の生誕と成長以来の）内では，法律学の進歩はこれを否定することは困難である．法律学における進歩は，ここでまた凝縮した形で，学問による全体システムの進歩の一端ともなるのである．

　たとえば，基本権機能の明確化，社会国家原理の発見，多元主義思想の強化，いまだ未完成の文化憲法の構築があり，そして忘れてはならないのが，憲法裁判とその訴訟法の拡充，そして最後に連邦主義のさらなる発展である．たしかに，発展には個別にそして一般的にいっても後退を伴い，または高い代償を払わなければならないこともあった．たとえば，社会国家の拡大は個人の自由にとっての新たな危険となり，国家の計画は，自治体の自治を脅かした．「進歩」は決して直線的な過程ではない．進歩は「障害物競走」にたとえられる．しかし全体としてみれば，進歩は漸次的技術 (*Popper*) の手続および目的として無視できないのである．

---

52)　E 47, 46（性教育）参照．消極的具体例として，学界の支配的見解に反した „Solange 決定" (E 37, 271)．

53)　*Dürig*: Rdnr. 34 ff.. しかしまた，E 30, 1 参照．

本論にそくして法律学と他の学問との関係について一言いえば，今日，すべての学問は隣接学問である．ここにおいて，受容したり，誤解したり，協力したり，しかしまた距離を置いたり，忘却したり無視したりする関係と期間がある[54]．問題発見やその定式化において，しばしば，社会科学は法律学に対してリードしている．たとえば，「公共性」の原理や，また参加の問題をめぐる議論においてそうである[55]．しかしながらこのようにリードしているからといって，社会科学に対して，純粋に法律学的な問題設定をあらかじめそのようなものとして考え，承認するよう要求することが妨げられるべきではないだろう．これによってはじめて学際的会話における対等な立場をつくることができるのである．

(2) 憲法裁判官法による進歩

憲法裁判官法によって生じうる進歩の問題，すなわち，連邦憲法裁判所の特別な進歩の機能の問題について一言述べたい．そのテーゼを先取りしていえば，「伝統と変遷」という連続講演の統一テーマは，少なくとも連邦憲法裁判所（およびバイエルン憲法裁判所）については，「伝統と進歩」という言葉に置き換えることができる．このような連邦憲法裁判所の業績に対する積極的な評価は，すでに，多くの個々の判決から明らかである．それは技術革新にとってのただの「動力伝達装置（トランスミッション）」以上である．憲法裁判官法による進歩という問題でいえば，連邦憲法裁判所に反対して，または連邦憲法裁判所にもかかわらず，そして場合によっては連邦憲法裁判所なしで進歩が可能で

---

54) 行政学の領域における *Luhmann* の受容は行政学に貢献したかもかもしれない．その *Luhmann* が憲法学の発展段階について誤解していること，それどころか知識がないこと，そしてそのことが後世に伝わることは憲法学を害することになる（すでに私の批判（*Häberle* V ②：454 f.）．行政法に関する *Luhmann* に対する批判は，*W. Schmidt* 1971：327 ff. *W. Schmidt* 1976：96 ff.．法理論に関しては，*Esser* 1972：205 ff..

55) これに関して一方では，*Habermas*（*Häberle* IV ①：297 ff. もまた参照），他方では *Schmitt Glaeser* 1973：79 ff..

あり進歩が必然的である領域や[56]，（たとえば，「改革立法」を違憲無効とするように）進歩が連邦憲法裁判所によって妨げられる領域も存在するのである．

　法律学一般と同様に[57]，憲法裁判は「発明」に成功したり，うまく「発見」したりすることができる．その意味では，憲法裁判が学問上の発明や発見を受容する形しかとらない場合も同様である．これに関する例は，高度に政治的で新たな制度の承認である．それは，放送判決における *Smend* 学派[58]の連邦忠誠や，基本法 5 条の構造化である．ここでは，「時間を法的思考にはめ込み」，憲法全体の対立する利益のバランスをとり，そのような利益をうまく基礎づけそして満足させたのであった——今日，放送判決のさらなる展開は，新たなメディア技術の観点において重要なものであろう[59]．

　憲法裁判は，法律学同様，政治的現実に対するただの「後追い人」ではない．つまり憲法裁判は，制御のための，そしてこの現実の（制限された）「改善」のための権限と力をもっている．顕著な例として，婚外子と婚内子の同権に関する判決がある（基本法 6 条 5 項に関して，E 25, 167；44, 1 [17 ff.]）．——それは，「市民のモラル」という社会的現実の修正である．放送判決は連邦国家のモラルの一部であり，政治的行動の理論に関する端緒である．つまり，よき政治倫理の一部としての連邦とラントの公正な手続であり，最近のいわゆる「欠陥報告」[60]における連邦政府の疑わしい手続に際して顕在化した．レーバッハ判決（E 35, 202）にも触れておく．この判決は，受刑者の社会復帰のために ZDF に番組の放送を禁じたのであった．これらの例において，とりわけ，連邦憲法裁判所の文化的業績が存在するが，そこでは「文化」や「業績」という概念はなお解明されなければならないであろう．

---

56)　とりわけ，議会制民主主義の領域とその政治的プロセスにおいて．
57)　これについて，*Larenz* 1965；*Dolle* 1959：B I ff..
58)　E 12, 205 (254) 参照．
59)　すでに，E 31, 314 (326), Geiger/Rinck/Wand 裁判官の少数意見，S. 337 (338) 参照．
60)　これについて，*Kloepfer* 1978：121 ff..

憲法訴訟法の領域からは，法的聴聞の原則（基本法103条1項）[61]と結びついた基本法19条4項の手続的な出訴の途の保障をきめ細やかにすることによる大きな発展が言及されるべきである．また，多元的な参加法としての憲法訴訟法を実践し，隠れた事実上の団体訴訟の可能性を作り出す実務の進歩も同様である．

たしかに憲法裁判所は，自らの権威を危険にさらすことなく，自由な共同社会の大きな変遷に長期的にはうまく抗うことなどできない．そのことは，アメリカの歴史が証明している[62]．反対に憲法裁判所もまた，共同社会の奥深くに根ざした観念的なそして実体的な発展の基盤なしには先駆者でありえない．ともかくも，憲法裁判所は多くのものを促進することができるし，遅らせることもできる．憲法裁判所の進路決定は，伝統と変遷にとって，伝統と進歩にとって形成的な効力をもっている．

連邦憲法裁判所の進歩機能には限界がある．その限界は，他の国家作用とのバランスの中に存在する．連邦憲法裁判所は他の国家作用と競合することがある．とりわけ民主的な立法者や，（構造化された）公共的プロセスとしての憲法ないしその力の平行四辺形という他の機能と競合する．これらは近時とりわけ立法予測（プログノーゼ）の際にみられる．

(3) 連邦憲法裁判所による変遷と進歩のための道具

連邦憲法裁判所による変遷ないし進歩のための道具にはどのようなものがあるだろうか．第一が原則判決である．それは必ずしも「準備され」なければならないものではない[63]．さらに傍論，あるいは判例変更の告知[64]が挙げられる．

---

61) 最近のものとして，E 46, 166 (177 ff.) ないし 46, 185, 202；47, 182.
62) 「最高裁判所は選挙に従う」という有名な言葉を参照．これについて，*Häberle* II ⑥，*Häberle* I ③：74.
63) たとえばE 8, 51 (63) との関係における第一次政党助成判決（E 20, 56），E 20, 56 との関係における E 24, 300，また部分的には，E 12, 45 との関係における防衛義務判決（E 48, 127）参照．
64) この問題について，*Häberle* II ⑭：367 f..

さらに詳しくみると，連邦憲法裁判所は，違憲な法律にどのような効力を付与するかに関する段階的な手段によって，変遷の「組織化」のためのさまざまな「てこ」を作り出してきた[65]（「改革裁判」）．

少数意見（法30条2項）は，時間軸でみると，変遷を告知したり達成したりするための，または伝統を固守するためのすぐれた道具だとみなされている．というのも少数意見制は，議論を隠すことではなく，論拠をたたかわせることへとつながるものだからである．そのことは，アメリカ合衆国の最高裁判所の歴史と現在が証明している[66]．連邦憲法裁判所はその点では，統一的なものとしてみなされるのではなく，少なくともその意味で伝統と変遷が同じ部において（または両方の部において）「分配」されうると考えられるべきである．開放性を妨げるものに関する消極的な例としては，合憲解釈に関する連邦憲法裁判所の実務の行き過ぎが挙げられる（たとえばE 47, 327）．合憲解釈は根底においては，一つの極端な予防的不作為の訴えや予防的規範統制という結果になるものである．裁判所の「判決の拘束力に関するイデオロギー」も批判に値する（E 36, 1 [2 f.]）．

4 連邦憲法裁判所の活動能力の可能性と限界——基本法の自由で民主的な基本秩序という政治文化の枠の中での連邦憲法裁判所

基本法の自由で民主的な基本秩序という政治文化の枠の中での連邦憲法裁判所の可能性と限界の問題は，出発点〔連邦憲法裁判所の創設〕にまでさかのぼる．連邦憲法裁判所が比較的短期間に，法律家にとって，そして法律家を通じて法的に行ってきたことは，高く評価されてしかるべきである；〔もっとも，〕連邦憲法裁判所がそれによって政治プロセスに対して——端緒として，あるいは「刺激を与える形で」（「指針政治的に」）——もたらしたものは，これ〔法的な成果〕に劣るものではない．問題となるのは，連邦憲法裁判所は長期的に見

---

65) 最近の *Moench* 1976. これについての私の論評（*Häberle* V ⑤ : 653），*Pestalozza* 1976 : 519 ff. 参照．

66) *Haller* 1972 : 66 f., 341, これについての私の論評（*Häberle* V ⑤ : 388 f.）参照．

た場合，自らそして全体システムに対して過大な要求をしているのではないか，そうだとすればそれはどの程度か，そして，創設後の最初の数十年での，とりわけ民主的立法者に対する基本権および連邦国家に関する政治的な制度設計的活動を経て，現在では，民主的政治文化を法治国家的な司法的側面によって過度に締めつけすぎずあるいは「甘やか」さないために，よりいっそう抑制的であるべきか——そしてまたそうでありうるか——ということ，ただそれだけである．

　結局のところ，憲法裁判は法的にも政治的にも生命保険ではないのである[67]！　憲法裁判は高度に多元主義的かつ政治的なものとして理解されているが，このような理解は，ドイツ連邦共和国の全文化の中に組み込まれている．このことは，憲法裁判に積極的機能を与えるが，いくつかの限界とも結びつくものである[68]．この点について少しばかり考察する．

　発展した憲法裁判は，（連邦主義と同様に）とりわけアメリカ合衆国，また現在ではドイツにおいてその政治文化の一部である．「政治文化」[69]とは，ここでは複合的な（経験的‐規範的）概念と解されるのであって，価値自由な図式ではない．そのような概念は，世論調査によってはきわめて部分的にしか解明することができない．「政治文化」はたしかに，そのシステムの制度に関する市民の主観的な観念や経験，期待（その限りで国民の「内なる憲法」）を含むものである；しかし政治文化には，客観化された市民の行動も含まれる．また，政治的責任を有する者の行為，議会の活動や裁判所の作用も含まれるのであり，個人の自由や生きた多元主義の実現の程度もそこに含まれるのである．さらに，新聞等への投書から市民のイニシアティブまで，労働組合への加入から教会の一

---

67)　*Ehmke* 1963：72 の言葉を変えて．

68)　憲法裁判の一つの限界は，それが申立てに基づき活動すること，つまり職権で活動を開始するものではないことからも導かれる．憲法裁判が始まるには，市民あるいは政治的な諸勢力が「ボールを蹴ってキックオフ」しなければならない．

69)　政治文化の概念について，*Berg-Schlosser* 1972. 基本的なものとして，*Pye/Verba* 1965；*Almond/Verba* 1963；*Rosenbaum* 1975；*Dias* 1961：409 ff.；*Beyme* 1971：352 ff. 参照．

員であることまで，書籍の購入や読書から学生の活動までのテーマと対象化が，生きた憲法文化の要素として含まれるのである．連邦憲法裁判所は，「憲法政策上」また「連邦主義的に」憲法機関相互の行動に関する自身の準則（キーワード：「連邦忠誠」，憲法機関の相互的配慮—，E 12, 205（254 ff.）; 35, 193（199）; 36, 1（15）; 45, 1（38 f.）参照；近時では E 81, 310（337））において，すぐれて「政治的教育・育成作業」を果たした（「憲法教育学」，教育目標「としての」憲法原則）．政治文化は（「文化国家性」と同じく）一朝一夕に「植えつけられる」ものではないからこそ，このような長期的な成長プロセス——それは憲法そのものである——において憲法裁判に中心的役割が認められるのである．

　ただ，憲法裁判，特に憲法異議が強く市民倫理や市民公共性に根ざしており，それが市民と憲法の関係を規定する作用をもち，政治文化を共同して形づくっていることは，負の側面も画している：基本法の下での憲法裁判はまた，民主制に対する非政治的な不信と裁判への不釣合いなほど大きな信頼を証示している．ドイツが示す憲法裁判への確信は，民主制への不信へと転換してはならない．言い換えれば，今日の憲法裁判所に対する積極的な関係は絶対化されてはならない；それは，その裏返しとして利益多元主義，——必然的に——限定された衝突状況，開かれた民主的‐政治的プロセスの固有の作用と消極的な関係となってはならず，あるいは「すぐれた文献」ではまれでないように，無関係へと強化されてはならないのである．このような考察は，数多くの任務を支持する．政治家や公務員，教育者や共和主義の作家，市民，われわれすべてに対して，われわれの自由な秩序に関してそのような任務が残されている——憲法裁判の輝きは何も奪われない．憲法裁判のみならず，われわれすべてが——政治的な——「憲法の番人」なのである！

〔訳者補遺〕
　本書第6章の原論文では，以上の考察に次の追記を行っている．

　以上に述べた考察を，筆者は1979年に展開した．*I. Ebsen* はこれを1985年

に (I. Ebsen 1985 : 192), あるテーゼへとさらに展開させた. それは, 憲法裁判の作用規定[70]と正統性は, 政治プロセスの外部にはアルキメデスの点があり, そこから政治プロセスに対して安全性が獲得されうるという観念から離れなければならない, というものである. 連邦憲法裁判所は相対的に自律的な監督審級として把握しなければならないであろう. そしてA. v. Brünneck は (v. Brünneck 1992 : 146), 憲法裁判はコンセンサスを見いだすのではなく, 多数決原理の包括的な妥当性を通じて社会国家において絶えず問われる憲法コンセンサスを繰り返し新たに生み出すことに寄与すると考えるが, これは以上の議論と親和的である.

　要約すれば, 次のように言うことができよう:憲法裁判の機能は, 国家権力および社会的権力の制限, 合理化, そしてコントロールであり, 基本的なコンセンサスへの内容的な (共同) 作業である. そして憲法裁判の機能は, 少数者や弱者の不断の新たなる保護, 人間の尊厳への新たな危険への柔軟かつ時宜にかなった反応, 政治的でないとはいえない制御と応答の性格に存するのである[71].

---

70)　文献からまた, *D. Grimm* 1977 : 83 ff..
71)　すでに *Häberle* 1981 : 202 があるので, これを参照. 学説から一般的に, *G. Roellecke* 1987 : 665 ff. ; *K. Korinek/J. P. Müller/K. Schlaich* 1981 : 7 ff..

第3章

連邦憲法裁判所の判例に照らした具体化された憲法としての憲法訴訟法

Verfassungsprozeßrecht
als konkretisiertes Verfassungsrecht
im Spiegel der Judikatur des BVerfG

目　　次

I　序——問題状況

II　七つの憲法理論上の問題に照らした連邦憲法裁判所の判例
  1　憲法訴訟規範の特殊憲法的な解釈——「基本法からの」連邦憲法裁判所法の解釈
  2　憲法訴訟法の独自性
  3　憲法訴訟・規範の全体的——統合的——解釈
  4　司法的自己抑制と司法積極主義の間の緊張の下にある憲法訴訟法——分業と権力分立
  5　憲法訴訟法における解釈方法とトポイ
  6　客観化技術の拡充
  7　情報・参加手段の強化と洗練

III　全体評価，展望——憲法訴訟法の憲法理論

追　　記

I 序──問題状況

連邦憲法裁判所創設から 25 年経つにもかかわらず,憲法訴訟法,そして連邦憲法裁判所がそれをどのように解釈し,実際に適用しているかについては,研究されることがあまりに少ない.憲法理論上ほとんど評価されていない原則判決も多い:たとえば,さまざまな参加形式を示した判決 (E 31, 87 (90 ff.)),郷土同盟判決において,機関争訟において政党のために「手続法上の政党概念の拡張」がなされたこと[1],法 32 条 1 項の枠内において「事件の関係人」概念を提唱したもの (E 23, 33 (40 f.)),基本法 100 条 2 項そして基本法 25 条および法 83 条 2 項による基本法 100 条 2 項の解釈を示した判決 (E 23, 288 (316 ff.)),法律上の規律を欠く場合に,「法および規則にかなった訴訟追行に不可欠な法原則を自ら発見する」連邦憲法裁判所の権限を明らかにしたもの (E 4, 31 (37)),憲法紛争において一般的な手続原則が妥当するとの判示 (E 33, 247 (261)),「憲法争訟」という基本法上の概念 (E 27, 240 (245 ff.)),裁判官排除規定の解釈 (E 35, 171, 172 ff.)[2],さまざまな手続類型の結合 (E 12, 205 (222 f.) 参照),連邦憲法裁判所自身のために存在するのではない拘束力に関する判示 (E 4, 31 (38))[3],などがそれである.

いっそう重要なのは,連邦憲法裁判所法に関する実務の体系化である.これは年月日とともに次第に深められ[4],これにより洗練された判決伝統が生じた.

---

1) E 13, 54 (81 ff.);また E 27, 10 (17) および(よく議論されている)E 4, 27 (30 f.) も見よ.E 13, 54 (94) では,「手続の主人」としての連邦憲法裁判所による自信に満ちた言葉がみられる.

2) これについては,一方で *Häberle* III: 451 ff.〔本書第 4 章〕,他方で *Schumann* 1973: 484 ff.;また,*Zwirner* 1968: 81 (133 ff.) も見よ.

3) これについては,*Hoffmann-Riem* 1974: 335 ff.;*Häberle* II ⑥: 111 (120 Anm. 69).

4) 時には,ワイマール期に結びつけられることもある:とりわけ,連邦憲法裁判所の初期の判例集からは:E 4, 250 (268);3, 267 (279);2, 143 (155);1, 115 (116);1, 208 (221, 229 f.);1, 351 (371).憲法訴訟法の発展は「創設期」には,外部からも明

この伝統の豊饒さと深さは，振り返ってみてみることによって初めて十全にとらえられるものである[5]．学説では，この伝統は個別の観点の下で検討されてきた．たとえば「事実認定」に関するものが挙げられる[6]．憲法訴訟法に関する司法の処理は，「手本」をもたない基本法に基づく憲法裁判の範囲に関しては，「立法者の想像力」ではこの領域であらゆる可能性を見通すことができない（E 2, 79 (84)）だけに，いっそう重要である．したがって，手続に関する基本法と連邦憲法裁判所法のルールは「必然的に欠缺がある」ものとならざるを得ないが，連邦憲法裁判所は自己の手続に関する法原則を基本法と連邦憲法裁判所法において下書きされた基本線から展開するのに適任である[7]．それに対応して，連邦憲法裁判所は，連邦憲法裁判所法の目的論的，「意味に即した」そして「類推的」な解釈をしばしばとっている．

連邦憲法裁判所の「草創期」からは，憲法裁判所の任務と機能に関する原則的な，一般的にすぎることもある言明が生まれたが，このような言明を連邦憲法裁判所[8]が繰り返すことはきわめて少なかった．そのような言明は心理学的に説明できる．つまり，連邦憲法裁判所はまずはその自己理解を得ようとしなければならず，公共圏においてその（自画）像を時にフレスコ画法で描かなけ

らかに，*W. Geiger* の連邦憲法裁判所法コンメンタール（1952 年）から強い影響を受けていた．たとえば E 2, 79 (84), 2, 143 (147), 2, 295 (298), 2, 307 (312)；3, 19 (34)；11, 263 (269)；13, 54 (95) 参照．連邦憲法裁判所が *Geiger* に従っていないところでも同様である（E 2, 300 (306) 参照）．

5) たとえば E 10, 185 と結びついた E 12, 205 (223) を見よ．

6) *Philippi* 1971. 憲法訴訟を主とする評釈論文は比較的少ない．もっとも，*Sarstedt* 1966：314 ff.；*Friesenhahn* 1966：704 ff.；*Friesenhahn* 1973：188 ff.；個別の問題に関する近時の論文として：*Maassen* 1975：1343 ff.；*Zuck* 1974：361 ff., *Zuck* 1975：907 ff., *Zuck* 1976：285 参照．——政党の憲法訴訟上の扱いについては：*Lipphardt*：1975：474 ff.．その他の単行本として：*Zeitler* 1974；*Schuppert* 1973：87 ff.；*Zembsch* 1971：bes. 110 ff.．

7) E 1, 109；1, 415；E 1, 208 を参照して E 2, 79 (84)．——手続法の裁判官による法創造については：*Heusinger* 1975：92.

8) E 2, 79 (84 ff.)；2, 143 (150 ff.) 参照．

第 3 章　連邦憲法裁判所の判例に照らした具体化された憲法としての憲法訴訟法　83

ればならなかったからである[9]．このような初期には，裁判所は，連邦憲法裁判所法を基本法の憲法訴訟規範と調和するように強いられることが幾度となくあったのである．

連邦憲法裁判所の実務は立法者に影響を与えてきたが，それは立法者が1956 年，1963 年，1970 年の改正法において個々の連邦憲法裁判所法の制度を，連邦憲法裁判所に端を発する「発展」を肯定的に「受け止める」[10]という意味で改革する点において，そうである．研究の不存在は驚くべきことである．というのも，基本法の解釈および継続的発展に果たす連邦憲法裁判所の役割は争いのないものであって，「生ける法」として基本法を軌道に乗せる憲法訴訟法を，連邦憲法裁判所の判例に照らして構築することが勧められるからである．

以下で検討されるのは，基本法および連邦憲法裁判所法の憲法訴訟に関する規範と明示的にかかわる判決だけにとどまらない；明示的な解釈なく裁判所の実践が明らかにするようなものも含められる．たとえば法 25 条 1 項，94 条 5

---

9)　たとえば「憲法の番人」についての発言として次のものを参照：E 1, 184 (196 f.)，これは E 40, 88 (93) において繰り返されている；また E 1, 351 (359) も見よ：「事案が有している現実の重大性の大小にかかわらず，憲法を判決を通じて展開し，将来のために法的平和を確保することは，憲法裁判の特別な機能と合致する」．

10)　たとえば，少数意見（法 30 条 2 項）の場合，実務上は法 15 条 2 項 4 文に関する判決（たとえば E 20, 162）と評決関係の記載がこの方向へと指示していた；さらに学問的見解の表明を忌避理由として主張することを拒絶する場合には，E 1, 66 (68 f.)；2, 295 (298) ないし法 18 条 3 項 2 号（1970 年 12 月 21 日第四次改正法律，BGBl. I, S. 1765）参照．法 93 条 1 項（1956 年 7 月 21 日第一次改正法律，BGBl. I, S. 662) については，E 9, 109 (112) 参照：連邦憲法裁判所の判例に「依拠して」，また S. 117 も見よ．法 31 条 2 項 2 文（1963 年 8 月 3 日第三次改正法律，BGBl. I, S. 589），13 条 8a 号（1970 年第四次改正法律）：E 3, 19 (34)．さらに E 2, 124 (132 f.) はワイマール期の法律案を参照している．――第四次改正法律による法 79 条 1 項の修正（基本法と「一致しないと宣言された規範」）も，判例を背景にして考察することができる．法 80 条（4 項）また法 82 条 4 項ならびに 94 条 3 項の情報・参加手段の改正については，連邦憲法裁判所法第二次，第三次改正法律あるいは E 31, 87 (92) を見よ．1975 年 7 月 3 日連邦憲法裁判所規則（BGBl. I, S. 2515）がどの程度「正式の」実践であるのかについては，ここでは問題提起するにとどめる．

項2文に基づいて口頭弁論を最小限度に抑えることが挙げられる[11].

II 七つの憲法理論上の問題に照らした連邦憲法裁判所の判例

1 憲法訴訟規範の特殊憲法的な解釈——「基本法からの」連邦憲法裁判所法の解釈

憲法訴訟法は二重の観点において基本法の具体化である.すなわち,憲法訴訟法はそれ自体,具体化された憲法であり,また連邦憲法裁判所が基本法を具体化するのに資するものである.連邦憲法裁判所の高度の「具体化能力」は現在,憲法訴訟法の憲法理論上の基礎づけを要求している.

裁判所は,一般的な基本法規範を連邦憲法裁判所の特別な手続規範へと「転

---

11) E 25, 158 (163) 参照:「口頭弁論は必要ない」(理由はない!);また E 24, 112 (116) も見よ.さらに E 18, 288 (296);19, 76 (82) を見よ:「口頭弁論は要請されていなかった」;E 19,166 (171) では,手続をそれ以上促進することは期待できないと述べられているだけである(同様に E 40, 141 (156)).典型的なのは E 11, 77 (83):「手続に誰も加わらなかったために,口頭弁論を経ずとも決定することができた」;また E 8, 28 (32);9, 20 (26);10, 1 (2);10, 55 (58);10, 234 (238);10, 332 (335);11, 89 (93);11, 126 (129);11, 245 (249);11, 283 (286);11, 310 (316) も見よ.——たとえば E 8, 71 (75) は次のように判示している.「申立人は口頭弁論を放棄したために,決定によって判断を下すことができる(E 2, 307 (312) 参照)」.これには理由が付されていない.法25条1項は裁量規定である.関係人の口頭弁論の放棄と決定による裁判の間には必然的連関はない.E 2, 213 (218) によれば,次のような「連邦憲法裁判所法25条1項の意味に即した解釈」が帰結する.「誰も参加しない手続においては,口頭弁論に基づいて判決を下そうとするかどうかは連邦憲法裁判所の裁量の下にある」.連邦憲法裁判所はまた,「法問題のさらなる明確化」という重要な観点を挙げる.もっとも,私見では,それは関係人なき手続でも可能である.裁判所の公開保障の意味は,関係人たらざる者に手続を「開放する」ことにある.通例は,連邦憲法裁判所(!)での(公開の)口頭弁論はそれ自体「手続の促進」である.——しかし E 2, 213 (217 f.) はリーディング・ケースとなった:たとえば E, 2, 266 (272);6, 55 (62);7, 29 (36);7, 45 (49);7, 89 (92);7, 183 (185);8, 28 (32);8, 155 (163);8, 210 (213);8, 274 (289 f.);8, 332 (338) 参照.

換」するという問題を十分に意識している[12]；特に初めの数年は，連邦憲法裁判所法の各規定を基本法の条文を顧慮して憲法適合的に解釈し，適応と調和を図るという課題を扱っていた．その際，基本法の規定の文言に連邦憲法裁判所法を一方的に「従属」させることにとどまらなかった．連邦憲法裁判所はより慎重に行っている．憲法訴訟法を基本法の条文へとフィードバックさせ，基本法と連邦憲法裁判所法の相互作用ないし整合的解釈が行われることになる．それは一般的には，一方では法律の憲法適合的解釈によって，他方では憲法の法律適合的解釈によって観察された[13]．そしてそれは憲法訴訟法の実体的解釈の要請というテーゼを確証する[14]．憲法訴訟法が特定の形で具体的に形成されることにより，意識的にあるいは無意識裡に，ひそかにあるいは明らかに，裁判所が特定の解釈方法をとることになった判決の例として，法旧79条2項の解釈がある：そこで連邦憲法裁判所は法律の無効宣言を躊躇し，それに応じた解釈をした[15]．憲法訴訟法の憲法解釈へのこのようなフィードバックは，これまで挙げられてきた事例と対をなす[16]．

　実体的な基本法規定の憲法訴訟法への解釈ないし「転換」と訴訟的な基本法規定の憲法訴訟法への解釈ないし「転換」は区別することができる．実体的なものの例としては次のものがある：基本権の形をとった基本法の連邦憲法裁判所法への「照射効果」[17]，政党（基本法21条）[18]，議員（基本法38条）[19]，会派[20]；

---

12)　E 13, 54 (72) 参照．

13)　これについては，*Hesse* 1975 : 31 ff., 34 ; *Häberle* I ①: 210 ff. ; *Häberle* V ①: 117 (120 ff.).

14)　これについては，*Häberle* III : 451 ff.（本書第2章）．

15)　たとえば E 16, 130（選挙区割り），これについては，*C. Böckenförde* 1966 : 81 f., *Häberle* V ③: 660 ff. ; E 21, 12 bes. 39 ff.（売上税判決）：*C. Böckenförde* 1967 : 157 ff. ; *Häberle* II ③: 260 (277 f.).

16)　実体法上の議論の「手続被制約性」は，一部の領域について現在 *H. -R. Lipphard* が詳細に（批判的に）検討している．*Lipphardt* 1975 : 169, 227 f., 465, 503.

17)　E 1, 87 (89) によれば，「憲法異議の申立能力は，個々の基本権の形成から影響を受けうる」．また E 19, 93 (100 f.) ; 28, 243 (254) も見よ．後者は「原手続において争われた法関係と基本権の関係」を指摘している．「基本権類似」（法90条）の概

その他の一連の判決においてもそのような例は見出される[21]．

基本法の（形式的な）訴訟法規定から憲法訴訟法の解釈を行う例としては，実体法的に理解される基本法上の「憲法争訟」概念[22]，基本法 100 条 2 項[23]，100 条 1 項[24]，基本法 93 条 1 項 2 号に基づく申立権者の範囲の拡張の拒否（E

念については，E 6, 445 (448)；8, 1 (11)．基本法 19 条 3 項については，E 4, 7 (12)．E 31, 87 (91) は，法 32 条 1 項に基づく付随的手続の枠内での関係人問題について，「基本法の権利保護体系における憲法異議の体系と機能」から議論している．——E 9, 89 (93 f.) は，権利保護の必要性を「人身の自由の保護の重要性」にかんがみて肯定している．

18) ここで，「憲法生活における政党の特別な機能」は，憲法裁判所の手続への政党の参加の形式をも規定する：E 27, 10 (17)；それ以前のものとして，E 1, 208 (226, 227 f.)；4, 375 (378)；13, 54 (81 f.)；20, 134 (143 f.)；24, 260 (263), 300 (331) を見よ．

19) E 2, 144 (164)；4, 144 (148 f.)；10, 4 (10 f.)．

20) E 27, 44 (51 f.)；20, 56 (104)．

21) たとえば以下を参照．E 9, 268 (277) によれば，連邦憲法への拘束によりまた，ラント政府がラント立法者の違反を基本法 93 条 1 項 2 号に基づいて主張することをも正当化される．E 25, 88 (97) によれば，法 39 条 1 項 3 文は基本法 18 条から「も」解釈される．大学の積極的正当化について，E 15, 256 (261 f.)．基本法 9 条 1 項については，E 13, 174 (175 f.) を見よ．法 90 条 2 項 2 文の意味における「一般的意義」の具体化については，E 27, 88 (97 f.)．具体化された憲法としての憲法訴訟法という意味において，連邦憲法裁判所は E 6, 300 (303) において，法 35 条との関連で次のように述べている．連邦憲法裁判所法は「憲法秩序内部での最上級憲法機関としての当裁判所のランクとその特別な地位を顧慮する」ことによって，連邦憲法裁判所にその判決の実施のために必要なすべての権限を認めた．——連邦憲法裁判所はそれを自覚的に用いている (E 2, 1 (77 f.)；2, 139 (142)；5, 85 (393)；12, 36 (45)；29, 312 (317 f.)；35, 382 (408)；38, 52 (60)；39, 1 (68))．E 6, 300 (304) は，「裁判所をまさしく本来的に執行の主人」にする，「規定の包括的な内容」を参照するよう指示している．

22) E 27, 240 (246 f.) によれば，基本法上の「憲法争訟」概念は基本法 93 条 1 項 4 号にとってもなお重要である．これに対応するのが法 73 条である．基本法 93 条 1 項あるいは法 63 条，67 条については，E 2, 79 (86)．

23) E 23, 288 (316 ff.)．そこでは，基本法 25 条およびそれと同時に法 83 条 2 項から解釈が行われている：これは実体憲法と憲法訴訟法の結合の古典的な例である！

24) 法 77 条，82 条と結びついた形で，E 11, 330 (335)．

21, 52 (53))[25], 基本法 44 条[26],「規範統制の機能」をもった憲法異議手続における参加権者の画定（E 24, 33 (45)）およびその他の問題領域[27]に関する判決が挙げられる．その際には，基本法にフィードバックされる[28]．

「権利保護の利益」は強く基本法によって規定されている．連邦憲法裁判所の裁判では，一部の領域において権利保護の必要性の「客観化」が指摘されている[29]；E 1, 351 (359) において連邦憲法裁判所は，「憲法裁判の特別な機能」そしてそれゆえ基本法上の側面を，連邦議会の社会民主主義会派の権利保護の利益を肯定する際の論拠として用いていた[30]．

---

25) E 21, 52 (53)：「申立権者の範囲の画定は，技術的意味があるのみならず，連邦憲法裁判所に配分された法的争訟の実定憲法的，憲法政策的な内容と密接にかかわる」．

26) E 2, 143 (165 f.) 参照．

27) 基本法 93 条 1 項 1 号の解釈および書き換えとしての法 64 条 1 項については，E 2, 347 (366), 143 (157 f.)．基本法 100 条の枠内での法 24 条の適用については，E 9, 334 (336)．基本法 99 条，93 条 1 項 1 号を顧慮した法 73 条については，E 1, 208 (222)．移送問題（法 80 条，基本法 100 条 1 項）の精緻化については，E 24, 220 (225)．

28) E 22, 277 (281) 参照．判決は法 48 条および基本法 41 条 2 項，19 条 4 項を顧慮している．E 3, 45 (49) は，基本法 100 条 1 項の解釈に法 91 条を援用している．E 1, 208 (219) は，広義の「憲法争訟」概念（基本法 99 条）の解釈の 1 つの論拠として法 14 条 2 項を挙げている．E 21, 362 (371) における法 91 条の役割を見よ．そこでは基本権と憲法異議は基本的に公法人には適用されない．E 28, 119 (134 ff.) は，法 86 条 2 項，基本法 126 条の「詳細規定」の合憲解釈を行う．E 10, 118 (122) によれば，「連邦憲法裁判所法 39 条 1 項は，この基本法上の規範〔基本法 18 条〕の詳細を定めている」．——E 2, 79 (95)：「憲法裁判所にとって，前面にあるのは解明されるべき憲法問題であって，憲法機関の手続法上の立場ではない」．——法 86 条 2 項の基本法 126 条あるいは 93 条 2 項への関連づけについては，E 4, 358 (368 f.)．E 2, 79 (86) は基本法 93 条 1 項 1 号を顧慮している．それによれば，憲法裁判の特質は，争訟手続において判決は確認判決として下されるのが通例だが（また E 2, 79 (89) も見よ），規範統制手続においては「法規類似の力」が生じる（86 f.）ところに表れている．——E 1, 351 (359) によれば，法 64 条は（基本法 94 条 2 項の）手続の具体的形成である．さらに E 2, 372 (378) を見よ．法 67 条，72 条 2 項，74 条と基本法 93 条 1 項 1 号，94 条 2 項の関係については，E 1, 208 (231 f.)．

29) *Lipphardt* 1975：476, 484 ff. 参照．

法32条に関する判例によれば，仮命令の効果は手続関係人の範囲を超えて「第三者」，いわゆる「事件関係人」にまで拡張することができる[31]．手続関係人と事件関係人の区別と連邦憲法裁判所の規律権限の拡張は，実体法によって根拠づけられる：憲法においては，たんなる部分的考察では不十分であるからである．憲法上の論争をよび起こす事件は，広範におよぶ．事件の効力領域には「第三者」も含まれる[32]：憲法訴訟それ自体の（照射）効果にかんがみれば，そうである．連邦憲法裁判所は弾力性を顧慮しているが，これは模範的である．訴訟制度の狭さは，事項-対象の考察によって押し破られる．訴訟上の制度をそのように慎重に拡張することの基礎は，基本法と憲法訴訟法が事項的に絡み合っていることにある．

連邦憲法裁判所がどれだけ強く憲法訴訟に関する規定の解釈「を通じて」実体憲法を解釈し，有効にしうるか[33]，このことは，連邦憲法裁判所が政党に対して機関争訟の途を開いた合同部決定（E 4, 27）と郷土同盟に機関争訟を認めなかった判決（E 13, 54 (81 f.)）を対置することで裏づけられる．連邦憲法裁判所（E 4, 30 f.）は政党を，基本法21条を理由に「憲法構造の不可欠の構成要素」と性格づけた．政党が「憲法生活における特別な機能」から生じる権利をめぐって争う場合，その機関的性質が憲法裁判所の手続への参加の形態をも規定することになるとする：憲法異議は政党にとって「連邦憲法裁判所法の構造上」

---

30) 「事案が有している現実の重要性の大小にかかわらず，憲法を判決を通じて展開し，将来のために法的平和を確保すること」は，「憲法裁判の特別な機能」と合致する．

31) E 8, 42 (46); 8, 122 (129 f.); 12, 36 (44); 23, 42 (49)．政党財政援助判決における事件の関係人たる政党の聴聞については：E 20, 56 (74 ff.); 20, 119 (128); 20, 134 (139).

32) 一部判決を下すことになるような「影響」について（法25条3項）は，E 38, 326 (336).

33) 模範となる形で決定された特殊な事例がE 13, 132 (141) である．そのことは，連邦憲法裁判所がバイエルン憲法98条4文［民衆訴訟］によって憲法保障のために全体の利益，公共の利益において各市民に認められた立場を，裁判所で自己の権利を訴える「当事者」の立場と同視した点に認められる．

(!)適切な訴訟手段ではないとされる[34]。政党の利益のために手続法上の当事者概念をこのように「拡張」することを[35], 裁判所はE 13, 54 (81 f.) において基本法21条を顧慮して再度根拠づけるのであるが，それも「郷土同盟」と対比してこれを行う：郷土同盟は政党とは異なり「憲法上不可欠の制度ではない」。政党の地位に比肩するとの主張に反対して援用された論拠は，疑問の余地があるにもかかわらず，実体憲法の性格を有する[36]。これに平仄を合わせて，連邦憲法裁判所は議員が機関争訟を提起することができる前提条件を根拠づける際に，基本法38条1項を顧慮して議論している[37]。

以下の六つの問題領域と事例群を組み込むことによって初めて，連邦憲法裁判所が40巻に及ぶ判決において，憲法訴訟法「への」そしてそれを通じた基本法の具体化という意味においてすでにどこまで到達したのかに関して，包括的な観念が生じるのである[38]。

---

34) 連邦憲法裁判所はこの意味において，法90条における基本法33条の挙示を制限的に解釈しようとする (E 4, 31)。
35) ワイマール期における政党の当事者能力の承認については——それは同じく実体憲法から生じる——, E 20, 56 (108)。
36) 「自由なゲゼルシャフト的構築物」(S. 83) としての郷土同盟という定式は, E 20, 56 (101, 110 f.) において当事者に対してなされた言明を想起させるものであり，その点で問題がある：これについては, *Häberle* II ②: 64 (73). 特に明確なのが判決要旨5である：「郷土同盟は……憲法生活の不可欠の制度ではない；したがって (!) それは機関争訟における当事者能力を持たない」。もっとも，この言明が国民に対するものであり，「特別な結社」の必要性を過小評価している (S. 82 ff.) 点で問題がある。
37) E 2, 143 (164) ; 4, 144 (148 f.) ; 6, 445 (447 f.) ; 10, 4 (10 f.)。
38) 仔細にみれば，批判への端緒がある。法65条，63条の場合には憲法上の問題が重要である。これについてはE 1, 14 (30 f.) ; 1, 66 (68) ; 1, 351 (359 f.) ; 6, 309 (325 f.)。連邦憲法裁判所は広い解釈を主張していたが, E 20, 18 (22 ff.) では狭くとらえる論証を行った。これに対して *E. Friesenhahn* は適切にも，連邦議会で代表されている政党は参加が許可されることによって完全な手続関係人として〔手続に〕引き入れられなければならないと要求していた。*Friesenhahn* 1966 : 522. どのようなものであれ，第三者にも意見表明の機会が存在しうるとした連邦憲法裁判所の指摘 (E 20, 26) はあまりにも不十分である。この場合，基本法21条および議会法（会

2 憲法訴訟法の独自性

　憲法訴訟法の独自性は，ここでは広義で理解されるが，これは連邦憲法裁判所法の憲法に特有の形成ないし「基本法からの」連邦憲法裁判所法の解釈の帰結である．具体化された憲法としての憲法訴訟法は必然的に，その他の訴訟法とは一定の距離があることを意味することになる．他の手続法は連邦憲法裁判所法に比肩しうる強さをもって基本法を手続法へと「転換」するものではなく，またそれらが基本法の役に立つといっても，それは社会法典が社会国家原理に役立つ[39]というのと同程度である．

　憲法訴訟法の独自性（およびこれと関連する全体的解釈）は，とりわけ第一次 *Rottmann* 決定（E 35, 171）における裁判官排除規定の解釈の際に，連邦憲法裁判所が実際に利用した．しかし憲法訴訟法の独自性には長く多様な伝統がある．その独自性は，連邦憲法裁判所が憲法裁判所の手続の「特性」，「特別性」を論証に関して利用し，その点で他の手続法とからは距離を置いているところで認められる[40]．

　　派）が与える憲法訴訟法への作用は強化することができた．基本法からの解釈がどのようにして参加権者の拡張ないし強化の効果を持つのかという問題も，それを支持する好例である．──明示的な公共の福祉関連性を持った憲法訴訟規範として，法32条1項，90条2項2文，93a条4項がある．連邦憲法裁判所の手に委ねられた憲法訴訟上のトポスとしての公共の利益については，E 1, 396 (414 f.); 8, 183 (184); 24, 299 (300); 25, 308 (309). 憲法異議手続における無料訴訟権（E 1, 109 (110 ff.); 1, 430 (438)）は，「公共の福祉の利益としての基本権」の側面の下で，そして社会国家原理を顧慮して（これについては，E 9, 124 (131)）検討される．厳格な要件については，E 27, 57.

39) E 9, 124 (133 f., 136) 参照．
40) 他の訴訟法から離れた特別の基準を用いているのが，E 35, 171 (172 ff.) であり，これに *Wand* 裁判官の少数意見は反対する（E, 35, 175 f.）．E 33, 247 (261) によれば，もちろん憲法裁判所の手続の特殊性は，他の手続法の規律を直ちにまた一般的に受け継ぐことを排除するものではない（参照，E 1, 87 (88 f.); 19, 93 (100); 28, 243 (254))．──しかしながら，場合によっては手続法上の一般原則に依拠する：E 1, 4 (4 f.); 1, 5 (6); 1, 109 (110 ff.)．E 33, 247 (265)：他の手続規則に対する「憲法異議

しかしながら，このような自立性は自己目的でもなければドグマでもない．連邦憲法裁判所は慎重に行動し，ドイツ国内の訴訟法比較を行い，訴訟法の一般原則などを参照する．憲法訴訟規範の断片的性格にかんがみて，それは当然である；そしてこのような法比較は，憲法裁判所法にいわゆる「一般訴訟法」の豊富な経験を伝えるとすれば，歓迎されるべきものである――ただし，連邦憲法裁判所法の特殊基本法による基礎づけが害されない場合に限られる．基本法および「基本法から」から展開された憲法理論を「基準にした」憲法訴訟法は，他の訴訟法からの「借用」を慎重に行うことを排除するものではない．

3 憲法訴訟 - 規範の全体的 - 統合的 - 解釈

憲法訴訟法の司法による内容形成の必要性――これを連邦憲法裁判所は意識している[41]――，そして「憲法訴訟法」はその手続がきわめて多様な形態をとりつつも一つの類に属していることにより，裁判所は個別の憲法訴訟規範の全体的解釈をとることになる[42]．それは訴訟法のなお「空白」あるいは自由な領域を充塡する実践の一部である．連邦憲法裁判所の裁判では，個々の訴訟法規範を相互に調整し，「連関から」解釈しているが，これは憲法訴訟法の特殊憲法的理解の帰結であって，その他の手続法に対する段階的自立化の一部である．

裁判所は訴訟内的法比較の技術を用いる[43]；それはしばしば明示的に要求さ

の特別な性格」．E 32, 288 (290 f.)：「憲法裁判所の手続の特質」．また，E 19, 93 (100) も見よ．E 24, 236 (243) によれば，「特別の……権利救済手段としての憲法異議の特性……はまた，民事訴訟やその他の手続類型に妥当する規定を……類推適用することを禁じている」．E 20, 18 (26) によれば，訴訟上の召喚制度（行政裁判所法 65 条以下参照）は，連邦憲法裁判所法の手続法には認められていない．さらに E 1, 108 (109)；18, 133 (135) を見よ．

41) 参照，E 2, 79 (84)；33, 247 (261)；また E 37, 271 (284 f.) も見よ．
42) 裁判官の除斥理由（法 18 条 2 項，3 項）および法 19 条の解釈については E 32, 288 (290 f.)；E 24, 33 (45) は，憲法機関の参加権を法 94 条 5 項と法 94 条 4 項の「連関」から根拠づける．法 93 条 2 項および 1 項の解釈については E 23, 288 (316 f., 318 f.)；1, 415 (416 f.)．
43) 用例として，法 94 条 3 項と 32 条 3 項 1 文を相互に調整する解釈をとる E 31, 38

れる．意味に即した適用（類推適用）によって喚起される（参照，法88条，86条2項[44]，47条，69条，71条2項，72条2項2文，73条2項，75条，82条，84条，94条，95条3項3文，96条）．裁判所は個々の規範の基本思想あるいは制度の「一般原則」，たとえば憲法異議の補充性の原則を作り上げる[45]．連邦憲法裁判所は憲法紛争の「本質」に直接に訴えることすら認めることもある[46]．連邦憲法裁判所は，憲法裁判所の複数の手続の間で「平準化」を行っている；これも連邦憲法裁判所法の規範の内容充填に資するものであって，裁判所がその差異を繰り返し強調しているとしても，そうなのである[47]．

  (93)を見よ．また法48条，23条1項についてはE 21, 359 (361)も見よ．憲法異議の適法性審査の枠組みにおける法94条の役割については，E 9, 89 (93 f.)を見よ．「法律」(法78条2文，89条，91条1文，95条3項)の概念に関して，E 28, 119 (133)では，連邦憲法裁判所法について「言語慣用」を探究しているのを見よ．E 27, 57は，無料訴訟権が憲法異議においてきわめて厳格な要件の下でのみ認められうることを，法34条1項，22条1項1文から根拠づけている．さらにE 4, 144 (147 f.)；12, 205 (223)は，法66条，69条を「一般原則」の表現としている．E 2, 79 (89)は法16条1項によって論証を行う．E 24, 33 (44 f.)によれば，憲法機関が連邦憲法裁判所でのあらゆる手続に参加することができるという手続の一般原則は存在せず，連邦憲法裁判所法の個々の手続について参加規範が列挙されている．E 23, 191 (206 f.)は法16条1項について31条1項を援用している．E 20, 56 (88 f.)は憲法訴訟法の手続法上の一般原則を探究し，消極との結論に至っている．さらにE 20, 18 (23 f.)および「法思想」の獲得に関するE 20, 230 (236)における法79条2項1文，2文，4文の全体的観点．E 1, 14 (31)は法63条の「基本思想」に言及する．
44) これについては，E 4, 358 (360 f.)が間接的にしかかかわらないラント議会にも聴聞を認めている．
45) 参照，E 31, 364 (368)によれば，「補充性の一般原則」は，法90条2項から引き出されるだけでなく，法律の取消との関連においても連邦憲法裁判所により絶えず強調されている（E 22, 287 (290)；15, 126 (131)）．注目すべきは補充性原理の発展である：E 8, 222 (225 f.)；14, 260 (263)；22, 287 (290 f.)；22, 349 (355 f.)；24, 362 (365)；27, 71 (78)；27, 253 (269)；29, 221 (232)；29, 277 (282)．またE 2, 295 (297)も見よ：法18条2項の19条への類推適用については，E 11, 1 (3)．
46) たとえばE 1, 208 (229)では積極的正当化の前提について述べている．E 1, 184 (195)は基本法の枠内でのすべての規範統制と連邦憲法裁判所に配分された任務の意味に言及している．

第 3 章 連邦憲法裁判所の判例に照らした具体化された憲法としての憲法訴訟法　93

　連邦憲法裁判所がドイツの訴訟法の一般原則に依拠しても[48]，憲法訴訟法の特性が堅持されている限り，全体的解釈の要請に反しない．別領域で証明された類推形成との交錯は明白である．

---

47) それぞれ特有の手続規定を顧慮するにあたり，異なる手続を相互に結びつける可能性を認めることについては，次のものを見よ．E 12, 205 (222 f.)；E 1, 14 (30) は異なる手続規定（基本法 93 条 1 項 2 号および 3 号あるいは法 13 条 6 号および 7 号）を同時に重畳適用している．――機関争訟における当事者能力について，E 4, 144 (152) は差異を強調している（「地位権の侵害」）．規範統制と規範の性格づけに関しては，E 28, 119 (135 f.)；基本法 93 条 1 項 1 号に基づく申立権と抽象的規範統制については，E 21, 52 (54)；規範統制手続と唯一の理由たる公共の利益については，E 1, 396 (414 f.)〔「規範統制手続がこのように公式の性格を持つとしても，現時点で決定の成熟性がないため適法性を満たさない申立てによる手続につき，公共の利益のやむを得ない理由から要求されない限り，その手続が適法になるまで係属させるということにはならない」〕．E 2, 213 (217) によれば，規範統制手続は，概念必然的にだれも「参加」するものではなく，したがって参加人として認められるのは，法 82 条 2 項において与えられた参加権を行使することにより手続において特別の法的地位を得た憲法機関のみである．また E 20, 350 (351)；36, 101 も見よ．――裁判所は E 28, 119 (136) において，あまりに広範な「平準化」に反対する．基本法 100 条 1 項については E 3, 225 (228)．基本法 41 条 2 項については E 14, 154 f.；E 15, 25 (30) は基本法 100 条 2 項，法 83 条以下に基づく手続を「客観的」手続とよぶ．E 35, 12 (13) は，憲法異議手続において，法 94 条 3 項に基づく意見表明権者は仮命令手続における異議申立権を有しないとする．E 31, 87 ff.；8, 122 (130)；32, 345 (346) も同様である．E 24, 300 (351) によれば，機関争訟において，規範の効力に関する判決は行うことができない（E 20, 134 (140)；20, 119 (129)；1, 351 (371)）．また E 20, 56 (86 f.) が規範統制手続の特殊性に言及しているのも見よ．
48) 他の手続法を顧慮したドイツ内法比較の例としては，E 33, 247 (261 ff., 264)．また E 4, 31 (37 f.) と結びついた E 32, 305 (308 f.) も見よ；「異議」の概念については E 8, 222 (224 f.)．法 19 条については E 20, 9 (14)；また E 20, 26 (29 f.)；20, 336 (343)；9, 89 (97 f.)；8, 92 (94) も見よ．E 1, 109 (111)：「その他のドイツの手続法からの類推」．E 32, 345 (346) は，意味と連関に基づく解釈を，（民事訴訟法，行政裁判所法，財政裁判所法，社会裁判所法に言及して）不適法な権利救済手段については口頭弁論を経ずとも判決することができるという訴訟法の一般原則への言及と結びつけている．E 2, 300 (305)：「ドイツの手続原則」．また憲法訴訟法の特別の規範（ここで法 79 条 1 項）が「法思想」とは異なる手続について用いられている珍しい事例としては，E 12, 338 (340 f.) を見よ．さらに E 6, 389 (442 f.)．法 79 条 2 項 1 文

4 司法的自己抑制と司法積極主義の間の緊張の下にある憲法訴訟法——分業と権力分立

「連邦憲法裁判所の自己抑制」問題に関する文献は，ほとんど通覧することができないほどである[49]．連関の中で作り上げられた憲法訴訟法に関する判例の分析については同じことは言えない．これが驚くべきことなのは，連邦憲法裁判所が自己抑制に励むのか「司法積極主義」をとるのか，またどの程度そうであるのかは，訴訟法規範の解釈と実践の中で示されているからである．（外交）政策的問題の憲法裁判所による統制の限界という周知の問題だけが重要なのではない[50]．問題はより一般的に提起される：個々の訴訟法規範を「通じて」いかに連邦憲法裁判所が自制へと自己規律化されているかは，きわめて多様な連関の中で示される．

たとえば，判例は次のように述べている．連邦憲法裁判所は「憲法固有の部分」[51]の侵害しか判断できない．連邦憲法裁判所は「超上告審」ではない[52]．またその他の国家作用，特に裁判所との関係での自制の実践[53]，移送裁判所の法

と後の1957年所得税法26条5項の一致については，E 7, 194 (195 f.)．連邦およびラントにおける憲法裁判に関するドイツ内法比較を行うのが，E 2, 143 (152, 156 f., 158, 175, 177) である．E 24, 289 (297) はヘッセン国事裁判所法と連邦憲法裁判所法（31条2項）を比較している．——参照，ハンブルク憲法裁判所規則1条：補完としてのドイツ手続法の一般的準則．ノルトライン・ヴェストファーレン憲法裁判所規則1条2項も同様である．——ブレーメン国事裁判所法6条1項は，……ドイツのさまざまな訴訟法に依拠する．ヘッセン国事裁判所法14条1項1文は裁判所構成法，刑事訴訟法を参照している．ニーダーザクセン国事裁判所法16条は連邦憲法裁判所法の一般的な手続規則を参照している．

49) 近時ではたとえば，*Schuppert* 1973 : 159 ff. ; *Zeitler* 1974 : 176 ff. ; *Delbrück* 1975 : 83 ff. ; *Kriele* 1976 : 777 ff..
50) 最近では E 40, 141 (178 f.)．
51) E 18, 85 (92 f.) ; 1, 418 (420)．
52) E 35, 311 (316)．憲法異議が直接法律ないし法規命令に対して向けられている場合には法90条2項2文は適用できないとする判例の背後にあるのは抑制的態度である（E 2, 292 (295)）．

的見解は「明らかに理由がない」か否かについてのみ連邦憲法裁判所によって審査されるという原理[54]，また連邦憲法裁判所が法 32 条から引き出した限界の規定にも[55]，自制の具体例を見ることができる．憲法異議の補充性と基本法 93 条 1 項 2 号に基づく申立権者の範囲の画定は，他の「憲法機関」，特に立法者に対してであれ，または他の裁判所に対してであれ，憲法訴訟法の理解における自制の実践を示すさらなる傍証である[56]．もっとも，これと相反する試みも見られる．たとえば客観化の技術やサーシオレイライの傾向がそれである．

〔自己抑制・積極主義と〕情報・参加手段の拡張と洗練が内的連関をもつのは，裁判所が自制し，あるいは積極的になる根拠を情報・参加手段によって生み出すところにある．連邦憲法裁判所は外交政策上の問題において最近，抑制の方向で揺れている一方，政治的にあまり危険性のない問題では裁判所自身の

---

53) E 19, 342 (347)；28, 151 (160) は，連邦憲法裁判所の「特別な機能」を参照している：また次のものも見よ E 22, 93 (97 f.)；24, 367 (424)；23, 321 (324)；23, 85 (92)；21, 209 (216)：「憲法適合的な任務の分担」；E 1, 97 (100 f.：「国家の管轄権の変動」)．E 4, 190 (198)：「憲法保護という本来の任務」．

54) E 32, 333 (336 f.)；29, 11 (15)；23, 146 (149)；23, 276 (284 f.)；22, 134 (147)；10, 1 (3)；7, 171 (175)．

55) E 23, 33 (40 f.)；23, 42 (49)；3, 52 (55, 57)；1, 281 (282)；しかしまた E 12, 36 (40 ff.) も見よ．

56) E 21, 209 (216) は「憲法適合的な任務の分担」を参照している．しかしまた E 19, 377 (391 f.) は法 31 条 1 項の広義の解釈をとっているのも見よ．──E 2, 143 (178) によれば，予測的規範統制は認められない．──自己抑制が明らかとなるのは，「時期尚早に」決定することを拒絶するところにおいてである（E 8, 222 (226 f.)；14, 192 (194)）．たとえば法 95 条 3 項 1 文に基づく無効宣言ができない場合（E 35, 79 (147))，憲法異議の補充性の原則の場合（法 90 条 2 項 1 文：E 33, 192 (194)；33, 247 (258)；また E 31, 364 (368) も見よ），申立権者（基本法 93 条 1 項 2 号）の範囲の確定の場合（E 21, 52 (53 f.)）がそうである．──しかし基本法 100 条の枠内において連邦憲法裁判所の「責任」を堅持するのは正しい（E 34, 320 (323))．──なお E 4, 193 (198) を見よ：「憲法保護という本来の任務」．基本法 100 条に基づく中止については，E 18, 186 (192)；17, 135 (138 f.) は，事実については移送裁判所に説明義務があり，実定憲法上の問題の解明は連邦憲法裁判所の義務であることを指摘している．

方針を一貫して追求している．「抑制」，「積極主義」はドグマであってはならない．連邦憲法裁判所は，基本法と憲法訴訟法の成長プロセスにおいて，柔軟に行動することができる．個別事例に関連する裁判により，連邦憲法裁判所には多くの可能性が開かれるのである．

司法的自己抑制，積極主義は連邦憲法裁判所と他の裁判所や憲法機関の間の分業・権力分立の問題であり，さらには多元的な諸勢力，集団，そして共同社会の市民全体の間の分業・権力分立の問題である．国家的な権力分立のシステムにおける連邦憲法裁判所の位置づけはよく論じられている：現在関心が向けられているのは，このような位置づけが本質的に憲法訴訟法という「媒体」を通じて行われるという事実である；さらに，自己抑制や参加規範に関する実践の理解にあって示されているのは，広義の非国家的で多元主義的な意味における権力分立[57]が憲法訴訟法の形式において実効的にされていること，またどれだけそのようにされうるかである．連邦憲法裁判所法は権力分立法である！憲法訴訟法は連邦憲法裁判所の作業のための法[58]であるがゆえに，憲法裁判所，他の国家作用，市民と集団，学問と公共圏の間の分業の問題がどれだけ重要かが明らかになる．

5 憲法訴訟法における解釈方法とトポイ

連邦憲法裁判所が実践する方法の断片はすでにこれまでに明らかにしてきた．以下ではその方法をさらに体系化することにしたい．訴訟法規範の断片的性格と憲法裁判問題の動態性にかんがみて，解釈方法には格別の重要性が認められる．連邦憲法裁判所はしばしば事態に適合する形で目的論的解釈を用いて

---

57) これについては，*Häberle* V ⑥ : 645 (647 f.).
58) なお E 6, 257 (266) を見よ：「憲法裁判所の手続は，執行可能性が限定されているために，いずれにせよ他の国家権力の誠実な共同作業を前提としており……」．連邦とラントとの間の意見の相違が憲法訴訟となる場合は，いずれの見解も支持できないとは考えられないことから出発しなければならない（E 8, 42 (44)）とする原則もみよ（E 12, 36 (40)）．同様のことはラント政府の申立てより係属した規範統制手続についてもあてはまる．

おり[59]．しかもこの解釈が用いられる規範はきわめて多様なのである：連邦憲法裁判所は「意味に即して」議論している[60]；この方針の先には類推の援用がある[61]．類推は，反対例が示すように[62]，十分に考慮されている．連邦憲法裁判所は個々の手続を，類推の技術によって相互に近づける．連邦憲法裁判所は訴訟法規範の基本思想や憲法訴訟法，さらに広くは訴訟法全体の一般原則を探究する[63]．

模範的なのが個別事例への指向性であって，これが実務に弾力性[64]と開放性を認め，事実への接近を可能にする．しかし連邦憲法裁判所は無原則に議論するわけではない．注目すべきは（そして基本法によって根拠づけられうるのが），連邦憲法裁判所の「任務」と「権威」，その名声，その負担軽減の願望，作業効率や訴訟経済などといった繰り返し出現するトポスである[65]．

---

59) E 1, 69 (70) ; 1, 97 (103) ; 1, 415 (416) ; 3, 261 (265) ; 4, 193 (198) ; 4, 250 (267) ; 4, 309 (311) ; 4, 358 (364) ; 6, 104 (110) ; 6, 257 (264) ; 6, 386 (389) ; 9, 120 (121) ; 9, 334 (336) ; 10, 302 (309) ; 11, 244 f. ; 11, 263 (265) ; 12, 308 (310) ; 13, 284(287) ; 15, 288 (292) ; 15, 309 (311) ; 18, 192 (194) ; 18, 440 (441) ; 21, 132 (136) ; 21, 359 (361) ; 23, 153 (164) ; 24, 33 (45) ; 25, 30 (33) ; 29, 83 (94) ; 30, 112 (126) ; 35, 12 (14).

60) E 17, 135 (138) は，基本法100条1項に基づく手続における法26条1項の有意義かつ効率的な適用を主張する．「意味に即して」という表現を用いるものとして，E 4, 144 (147 f.) ; 2, 79 (90) ; 2, 213 (218) ; 27, 44 (51) ; 8, 186 (191). E 1, 66 (67) においては勿論解釈がとられている．

61) E 10, 302 (330) ; 28, 324 (363) ; 37, 217 (262 f.).

62) E 21, 52 (53 f.) ; 2, 341 (346).

63) E 33, 199 (204)：「訴訟法の一般原則」を憲法訴訟法の様々な規定から（ここでは法41条，47条，96条），そして行政訴訟法や民事訴訟法から獲得する．またE 32, 345 (346) も見よ．E 10, 302 (306) は（行為能力のない異議申立人の訴訟能力に関する）一般原則を援用する．E 38, 175 (184) によれば，法79条2項は，憲法裁判所による規範審査の特殊な形式とその効果に基づく問題を解決する．E 32, 387 (389) は（法79条に基づく）一般的法原則に言及する．E 37, 217 (263) も同様である．

64) このことは様々な連関において示される：E 24, 119 (133 f.) ; 24, 75 (88 f.) ; 22, 349 (355, 361) ; 8, 38 (40) ; 8, 222 (224 ff.) ; 14, 192 (194) ; 12, 319 (321) sub B 2 Abs.：例外留保；6, 389(442).

65) 裁判所は再三にわたりそれらのトポスを強調している．E 33, 247 (258) における

このような解釈方法やトポスがデッサンを仕上げる：連邦憲法裁判所は基本法および連邦憲法裁判所法に基づく憲法訴訟法を展開する．そしてさらに思考をめぐらせ，「欠缺」を充填し[66]，「原則と規範」の生産的な緊張の場の中で動く．全体的解釈への移行[67]は明らかである．

連邦憲法裁判所が自らの機能性を維持したいと考える限りで自分自身と関連づけるトポスにあっては，正当な自己理解だけが出てくるわけではない．連邦憲法裁判所は基本法を援用し，憲法裁判の比類なき制度化を援用することができるのであって，また憲法訴訟法「における」憲法の具体化を一歩進める．これを慎重に行っており，また権力分立と分業を考慮の外に置かないことは特に評価に値する．

6　客観化技術の拡充

客観化の技術とは，そのつどの憲法訴訟において具体的な申立権者あるいは

「機能性」の言及．またE 22, 287 (291 f.) も見よ．そこでは憲法異議の補充性の理由について，連邦憲法裁判所は「自らの通常の任務から逃れ」てはならない，と述べる．また法93a条に関する判例も見よ：E 18, 440 (440 f.)；19, 88 (91 f.)．しかしまた，E 24, 119 (134) においては過剰負担論を拒絶しているのも見よ．──E 26, 172 (180)：「連邦の憲法裁判の全体構造」，特に E 1, 167 (173)．連邦憲法裁判所は「実定憲法上の疑問ある問題を拘束力を持って宣言する」任務を強調し（E 33, 247 (265)），そして具体的な帰結をこのような憲法訴訟法に有利な理由から引き出す．またE 4, 193 (198) が「憲法保護という本来の任務」と述べているのも見よ．また憲法訴訟規範における「権利保護機能」によって論証する．たとえば法91条について E 26, 228 (236)．受忍可能性条項としての法90条2項2文については，E 18, 1 (16)；9, 3 (7 f.)；16, 1 (2)；22, 349 (355)．

66)　「欠缺なき権利保護」の思想はたとえばE 22, 221 (231) において，ラントが消滅した場合の当該ラントの提訴権を確定する際に用いられている──基本法93条1項4号．基本法93条1項3号および4号にかんがみて，E 11, 6 (13 f.)．

67)　たとえば E 33, 247 (259) は，「客観的な実定憲法を保護し，その解釈とさらなる展開に資する」憲法異議の機能の基礎づけのために，法31条1項，90条2項2文，93a条4項，95条3項について連邦憲法裁判所法の個々の規範を統合する解釈をしている．

異議申立権者,その申立てや権利保護の利益との関連性を断つようなものではもちろんないが,憲法裁判所の解釈の「客観的」任務のために[68]それらから多少独立したものとする技術であり,このような技術は数多く,しかも多様な形式において見出される:たとえば申立ての解釈[69]と改釈[70],申立てに親和的な解釈[71],合憲性を全体として審査せよといういわゆる「提案」の積極的な受け入れ[72]である.客観化の技術は特に憲法異議手続,たとえば一般的に客観的な法保護機能が強調されているところであらわれるが[73],基本法2条1項に関する裁判の際にもあらわれる[74].客観化傾向はその他の問題領域[75]でも認められる.その他の「豊富な」問題領野として,たとえばここで強力に「取り上げ」られる(時に広きに失することもある)訴訟物の確定(議員歳費判決:E 40, 296 (309 f.))[76],法78条2文の利用が挙げられる[77].

---

68) 憲法異議については E 33, 247 (257) 参照;E 2, 79 (86):実定憲法の客観的保障.機関争訟については E 1, 372 (379, 414) および 24, 299 (300);しかしまた E 13, 54 (96) も見よ.(権利保護の利益)の客観化の経緯についてはなお *Lipphardt* 1974: 474 ff., bes. Anm. 92.

69) E 1, 14 (39).

70) 具体例については *Lipphardt* 1974: 394 Anm. 131.

71) E 32, 157 (163);22, 349 (360 f.);24, 68 (73);23, 265 (269);21, 191 (194);16, 236 (237 f.);4, 115 (123) 参照.――改釈が考慮されているが,未決定のままなものとして,法32条について E 34, 325 (331),また E 27, 44 (52) も見よ.改釈が考慮されているものとして,E 13, 1 (10),拒否されているものとして,E 23, 146 (150 f.).移送問題については E 8, 28 (35).

72) E 3, 383 (391);3, 58 (74);1, 264 (271);1, 372 (380);7, 305 (311);19, 354 (361) 参照.反例として,E 23, 242 (251).

73) E 33, 257, (259 f.) 参照.E 26, 79 (91):「あらゆる実定憲法上の観点」の下での審査.なお E 14, 121 (131) を見よ.法13条6号および7号に基づく手続について,E 1, 14 (41).

74) E 6, 32 (41);7, 111 (119);9, 3 (11) 以来である.E 23, 288 (300) 参照.

75) 自治体の憲法異議(法91条)については,次のものを見よ.客観的な正義の原理としての恣意の禁止については,E 26, 228 (244).法32条1項に基づく利益衡量については,E 12, 276 (280).

76) これについては,*Häberle* II ⑩:543 Anm. 90.

にもかかわらず，連邦憲法裁判所は，憲法裁判所に関する一般条項は存在せず[78]，その権限の拡張は管轄規定の類推適用によっては認められない[79]という命題をあくまで主張する．連邦憲法裁判所は列挙主義に忠実なのであって[80]，憲法異議の時機に遅れた理由づけによって「新たな事態」がその対象とされうることを正当にも認めなかった（E 34, 384 (394 f.); 18, 85 (89); 27, 71 (77); 27, 104 (108)）．

広範な領域でさまざまな憲法裁判所の手続が多様な形で接近していることは[81]，この関連で（も）扱われる――解釈方法の関連で扱われるだけにとどまらない．連邦憲法裁判所は手続類型の差異を誇張することにはきわめて慎重であり，〔手続類型の〕平準化を行うこともある：しかし個々の手続類型の間の差異をも強調する．

連邦憲法裁判所は権利保護の利益の肯定に関して寛容である――これは客観

---

77) E 10, 118 (124); 20, 379 (382); 8, 186 (195); 18, 288 (300); 29, 1 (10 f.); 29, 283 (303 f.); 26, 281 (301); 24, 75 (103). このような問題についてはまた，E 37, 186 (190) での Hirsch 裁判官の少数意見．

78) E 1, 396 (408); 13, 174 (176 f.); 3, 368 (376 f.). E 13, 54 (96) によれば，基本法が憲法裁判を強化してきたことは確かだが，そこからあらゆる憲法上の争訟問題がその判決に利害関係のある者によって憲法裁判所に提起されなければならないという結論を引き出すことはできない．

79) E 2, 341 (346); 参照．またE 37, 291 (305) における Rupp/Hirsch/Wand の三裁判官の少数意見．

80) 参照．E 38, 121 (127)：「法政策上の必要性だけでは連邦憲法裁判所の管轄を根拠づけることはできない（E 22, 293 (298)）」．またE 13, 54 (96) およびE 37, 291 (303) における Rupp/Hirsch/Wand の三裁判官の少数意見を見よ．

81) E 24, 252 (258) によれば，法23条1項は一般的な手続規定として連邦憲法裁判所での一切の手続にも妥当するのであって，機関争訟手続にも妥当する．参加権に接近するものとして，E 24, 33 (45)．法78条2文，82条1項を憲法異議手続に類推適用するのがE 18, 288 (300)．なおE 12, 36 (40) を見よ．機関争訟および連邦・ラント間争訟についてはE 20, 18 (23 f.)．それぞれ固有の手続規定を顧慮する際，さまざまな手続を相互に結びつける可能性を認めることにより，異なる手続類型の接近を図るものとして，E 12, 295 (222 f.)．――さまざまな手続のうちいずれを選択するかは申立人に委ねられている：E 7, 305 (310 ff.)．

化の隠れた形態であり，アメリカ合衆国最高裁判所によって知られるようになったサーシオレイライの方法[82]の方向へ一歩進んでいる．サーシオレイライの場合，基本的な実定憲法上の問題の解明のために事件を受理するかどうかの問題について，裁判所の裁量がきわめて広い．このような思想は，法93a条4項[83]，90条2項2文[84]，24条1文にきわめて大きな影響を与えている．

　サーシオレイライ類似のものは，権利保護の利益を個別事例に関連して肯定する場合に見られるが，連邦憲法裁判所が可能な限り事物に即した憲法解釈を主張し，（基本）問題を「解明」し，〔申立ての〕適法性問題にはこだわらないというように憲法訴訟法を解釈する場合にもみられる[85]．その点で，これはきわめてパラドキシカルに見えるが，「明らかに理由がないこと」の理由中で，裁判所は重要な本案問題，たとえば基本権問題や憲法保護の問題を展開する[86]：理由強制はここで真摯に受け止められなければならない．その他の判決については注で挙げておこう[87]．

---

82) この概念については，*Haller* 1972：106 ff., 186 f.
83) これについては，たとえば，E 38, 206 ff.；37, 305 (309 ff.)；36, 89 (91)；34, 138 (138 f.)．連邦憲法裁判所の確立した判例によりすでに解明しているがゆえに不受理とした例として，E 20, 276 (279)；19, 148 (149)．
84) 法90条2項1文の「目的」（「憲法保護という本来の任務」について連邦憲法裁判所に判断を委ねるための連邦憲法裁判所の負担軽減）については，E 4, 193 (198)．またE 9, 1 (2) も見よ．法旧91a条についてE 9, 120 (121)．E 9, 120 によれば「明らかに理由ある憲法異議でも連邦憲法裁判所法91a条に基づき却下され」うる場合，それはサーシオレイライの技術である．
85) 法24条に関する確立した判例：E 40, 52 (55)；6, 7 (11 f.)；36, 66 (69 f.)；39, 238 (241)；35, 185 (188)；30, 103 (105)；27, 231 (235)．機能的論拠とともに：E 6, 7 (11)：連邦憲法裁判所の「包括的な任務領域」．
86) たとえば：E 39, 238 (241), i. V. mit 242 ff.；6, 7 (11 f.)；37, 84 (89 ff.)；37, 150 (151 ff.)；36, 41 (45 f.)；36, 139 (141 ff.)；35, 179 (182 ff.)；35, 300 (301 f.)；31, 137 (139 ff.)；32, 305 (308 ff.)；19, 64 (68 ff.)；19, 93 (95 ff.)；19, 323 (326 ff.)．法旧91a条2項については：E 13, 127 (128 f.)；7, 327 (328 ff.)．
87) 出訴権者のいずれにも依拠せず，したがって「訴訟がこのような訴訟上の問題で失敗する」ような出訴権については，E 34, 216 (227)；22, 221 (233) をみよ．あるいは連邦憲法裁判所が「基本的な意義を持つ憲法上の問題の解明」を憲法異議の処理

7 情報・参加手段の強化と洗練

憲法訴訟法の情報・参加規範または手段に関する連邦憲法裁判所の 25 年の解釈実践はきわめて実りの多いものである．連邦憲法裁判所法は，一部は改正を行って（参照，法 24 条 2 文，32 条 2 項 1 文，新 82 条 4 項），段階的な参加規範のシステムを，アメリカのアミカス・ブリーフ制度の意味でも利用できるようにしている[88]．これは，部分的には 1975 年 7 月 3 日の連邦憲法裁判所規則 (BGBl. I, S. 2515) にあらわれるに至った（たとえば規則 22 条 3 項 2 文，同条 4 項，40 条 1 項）．40 巻におよぶ判例を概観すると，連邦憲法裁判所がそのような手段を利用することができることがわかる[89]．

によっても認めない判例としては E 33, 247 (257) がある．しかしまた，E 28, 1 (9) では，「手続法上の理由」から憲法異議を斥けているのも見よ．さらに E 11, 336 (338 f.).

[88] これについては，*Haller* 1972: 108 f., 342 f.; *Häberle* II ⑧: 297 (299, 305), *Häberle* II ⑨: 73 (78 Anm. 64), *Häberle* II ⑩: 537 (Anm. 3).

[89] 実務上の例として，E 21, 160 (167) は団体への「照会」を行っており，E 21, 160 (166) では団体の意見陳述に触れている．──法 25 条 1 項に基づく関係人概念については，E 2, 213 (217)．E 1, 66 (68) によれば，単なる意見陳述権者ではなく補助参加人のみが法 19 条に基づく申立てを提起することができる．── E 22, 387 (407) において，連邦憲法裁判所は手続の併合によって手続関係人の訴訟上の立場を制約しないと見ようとしている．法 27 条に関する実務として E 11, 105 (110)．──法 65 条 2 項については E 24, 260 (263)．同判決はラント政府と 1965 年の連邦議会選挙に関与した政党についても認めている．──法 69 条，65 条 1 項については E 12, 308 (309 f.)．──法 77 条については E 2, 307 (310) が弁護士会について認めており，さらに E 8, 51 (58); 10, 20 (32); 39, 1 (23 ff.); また E 4, 358 (361) が間接的にかかわるラント議会の聴聞を行っているのも見よ．一般的に「効果」によって，E 38, 326 (336)．──法 77 条，94 条 4 項については E 35, 79 (93 ff.); 34, 81 (90 ff.)．──法 80 条 4 項については，E 10, 59 (65); 10, 372 (375)．──法 82 条 1 項および 3 項，77 条については E 7, 89 (91)．──法 82 条 3 項については E 11, 339 (342); 12, 67 (70); 16, 254 (262); 16, 306 (313); 17, 155 (161 f.)．──法 82 条，77 条については E 29, 51 (54 f.); 16, 306 (313); 11, 23 (26); 11, 139 (142)．──法 82 条 4 項については，E 36, 281 (289); 34, 71 (76); 32, 279 (283); 22, 311 (315 f.); 16, 305 (306).

第3章 連邦憲法裁判所の判例に照らした具体化された憲法としての憲法訴訟法　103

　連邦憲法裁判所は，幾度となくこれらの規範を明示的に解釈している（したがって単純に理由づけもせずに適用しているわけではない）が，それはたとえば一定の機関に「通知」を与え，意見表明の機会を認め，聴聞や照会を行い，「第三者」を参加権者として受容し，あるいは事件の関係人として指定することによってなされる．連邦憲法裁判所は訴訟当事者と意見陳述権者を厳格に区別する[90]．手本となるのが，裁判実務である．それによれば，原手続（選挙審査法6条4項）の関係人にまでも見解表明の機会を与えている[91]：これは議会法にとっても重要であろう参加手段を拡張している卓越したものであった——法82条3項，94条3項によって勧められる．しかしながら，連邦憲法裁判所は依然として法務官としての限界を意識している[92]．

　法25条1項——口頭弁論——も実際に「原則」[93]として実践されており，法

　　法82条1項，77条，82条3項，80条4項の結合させた例としては，E 8, 274 (287); 7, 282 (287)．——法83条2項についてはE 23, 288 (318 f.)．同判決は，基本法100条2項の解釈にフィードバックし，また裁判所と国際法学の定評ある論者をも加えている（LS 2 b, S. 319 ff.）．——法84条については，E 15, 25 (29); 16, 27 (31)．——法94条については，E 9, 174 (178); 7, 63 (66); 11, 192 (197); 11, 266 (268); 11, 351 (355); 14, 121 (126); 12, 6 (7); 12, 73 (75); 36, 137 (138)．——法94条2項については，E 7, 99 (106)．——法94条3項については，E 15, 126 (130); 28, 1 (6)．

90) E 31, 87 (90 ff.) 参照．手続関係人と「事件の関係人」の区別については，E 8, 42 (46); 8, 122 (129 f.); 23, 33 (40 f.), 23, 42 (49)．

91) E 21, 200 (203)．すでにE 4, 370 (372) は，*Gienke* 議員に意見表明の機会を認めている．

92) たとえば法82条3項についてはE 20, 350 (351) を見よ．E 35, 12 (13); 32, 345 (346) によれば，補助参加は原手続の関係人のために規定されたものではない（E 2, 213 (217)）．E 31, 87 (90 ff.) は次のように判示している．「連邦憲法裁判所法94条3項に基づく憲法異議手続における意見陳述権者は，仮命令手続において不服申立権をもたない」．同様に，E 35, 12 (13); 32, 345 (346)．また，基本法93条1項1号の定式化は，憲法訴訟法における関係人の範囲ができる限り制限されるべきということを認めさせるとの指摘も見よ：E 13, 54 (95); 27, 240 (246); 36, 101：「連邦憲法裁判所法82条3項に従い意見表明権を持つ原手続の関係人は，具体的規範統制手続の関係人ではない（E 2, 213 (217); 20, 350 (351)）」．

94条5項2文に基づく可能性を限定的にしか用いていないとすれば[94]，連邦憲法裁判所は一貫しているであろう．なぜなら，口頭弁論は連邦憲法裁判所にとってすらも，なお見通すことのできない手続の促進をもたらすからである．

全体として，包括的な情報獲得のために，有資格者は，段階づけられた参加権を完全に行使するべきであろう．

情報・参加手段をほとんど模範的ともいえる形で用いていれば[95]，法26条[96]，39条1項1文の意味での真実の解明に資する．それは，連邦憲法裁判所が自ら情報を獲得する活動である——参加を通じた情報獲得！　このような情報の観点は，これをただちに求めるところではない場合にも見られる．たとえば憲法異議の補充性の場合[97]や連邦憲法裁判所の移送裁判所への要求の場合である[98]．このような裁判資料は憲法理論上の位置づけが与えられることを待望している：憲法訴訟法の参加規範を通じて政党，グループや市民が「発言」の機会を得る点で，これは基本法の政治的共同社会が自由で民主的な多元主義的構造を有していることを適切に表現している．政党やグループ，市民は，憲法の解釈プロセスの中に広義あるいは狭義の憲法解釈者として組み入れられる[99]．憲法訴訟法は多元的公共圏の一端を表現している．憲法判例は広い範囲

---

93) E 35, 34 (35). たとえば法82条3項の原則としての口頭主義については，しかしたとえば E 23, 353 (364) の裁判実務を見よ．

94) しかし，裁判実務からはたとえば，E 34, 81 (92)；19, 166 (171)．

95) もっとも，時に批判への契機も存在する：上記注38．たとえば E 20, 18 (22 ff.) を見よ．

96) 法26条については E 7, 198 (213)．

97) E 9, 3 (7) によれば，連邦憲法裁判所には判決を下す前に，「諸裁判所，とりわけそのつどの上級連邦裁判所の事件に関する見解や法見解に接する」機会が与えられるべきとされる（参照，E 8, 222 (225, 227)）．E 8, 222 (227) は，次のように述べる．憲法異議の補充性の原則の目的には，連邦憲法裁判所には判決の前に，通例は複数の審級において審査された事実に関する資料が提示され，審級裁判所の見解に接する機会が与えられるべきであるということもふくまれる．

98) E 25, 213 (214)；22, 175 (177) 参照．

99) これについては *Häberle* II ⑧ : 297 ff..

で公共の福祉裁判であるが[100]，それはそのような自己表現する利益を無視してはならない．自由な共同社会の多元主義的に多様な利益は，このような参加手段を通じて表明されうるのであって，したがって公共性の一端でもあるのである：このような公共性を，連邦憲法裁判所は残念なことに，法25条1項，94条5項の解釈と裁判実務において過小評価している．上級の裁判所の前では形式的なものでもなければ実際にもたんに受動的なものでもないであろうにもかかわらずである．

連邦やラントの議会，連邦政府やラント政府といった他の機関，つまりいわゆる「憲法機関」は発言の機会を得る（ことができる）が，しかしまた移送裁判所や上級連邦裁判所もそうである点で，憲法解釈の開かれたプロセスに役立つものであった．連邦憲法裁判所の情報・議論の地平は拡張している．同時に協力関係と分業的協働の一端も見られる：参加規範を通じた権力分立！[101]

このような観点からは，連邦憲法裁判所が判決において，だれに意見表明の具体的機会が与えられたのか，そしてだれがその機会を当該訴訟において行使した（しなかった）[102]のかをはっきりと述べているのは筋が通っている．とりわけ，有資格者，特に憲法機関が，自らに要請された憲法訴訟への参加の可能性を実際に行使することが求められる．かくしてそれらの有資格者は，憲法裁判所の解釈への「通路」を獲得するのである．連邦憲法裁判所の40巻に及ぶ判決を概観すると明らかになるのは，ここではあらゆる機関（たとえばラント）が同じだけ熱心である，より正確には「憲法への意識が高い」というわけではないということである．憲法訴訟で受動的であることは，基本法の具体化に何も貢献しない．むしろ反対である．

---

100) *Häberle* II ③: 86 ff., *Häberle* II ⑦: 437 (444 Anm. 38)；最近では，E 40, 196 (218, 222, 227 f.)；37, 1 (18 f., 22)：37, 132 (140)；37, 217 (247).
101) 法的聴聞（基本法103条1項）は，これを行わないことを例外にしか認められないが（参照，法32条2項2文），この法的聴聞は憲法訴訟的には一参加手段である．
102) たとえば，E 4, 370 (372)；7, 89 (91 f.)；8, 104 (110)；10, 177 (181)；40, 11 (28 f.)；40, 42 (43)；40, 182 (184) 参照．

以上によって議論は円を描くことになる：合衆国のアミカス・ブリーフに類似した特有の情報手段と多元的な参加手段（参加を通じた情報提供）は，その理論的基礎において基本法の原理にさかのぼる；そのような手段は，連邦憲法裁判所の任務のため，基本法をたとえば連邦憲法裁判所の全体的解釈と分業的解釈を通じて具体化するためにある．

憲法裁判官の戦略と戦術については，手続の分離と併合[103]，一部判決の宣告や法95条1項2文[104]，78条2項の適用の際に，さまざまな可能性が存在する．憲法訴訟上の裁量権はこれまでその範囲がさまざまに規範化されているが，連邦憲法裁判所がそれらの規定を汲みつくしまた限定する際に，通常であれば裁量について要求されるルールをどの程度まで遵守するかという問題を顧慮したうえで，当該規定が検討されよう！[104a] 裁量規定により[105]，連邦憲法裁判所は訴訟法をいっそう自由に扱うことができるようになるが，しかし——実務上理由を付記しなければならないことによって——なおもコントロール可能でなけ

---

103) たとえば，E 10, 59 (65)；10, 185 (186)；11, 150 (158)；12, 151 (158)；12, 180 (183)；12, 144 (146)；12, 281 (287)；13, 54；15, 303 (305)；19, 166 (171)；20, 271 (275)；20, 283 (290)；22, 387 (407)；23, 208 (222)；40, 196 (197). たとえば手続の併合ないし分離を行う連邦憲法裁判所の権限は，（多くと同じく）全ドイツ憲法訴訟法である：バーデン・ヴュルテンベルク国事裁判所法27条，ザールラント憲法裁判所法22条．たとえば裁判官の予断（ヘッセン国事裁判所法16条，バーデン・ヴュルテンベルク国事裁判所法12条）や手続の併合，仮命令，一部判決（ノルトライン・ヴェストファーレン憲法裁判所規則21条3項），確定力や証拠調べ（たとえば，ヘッセン国事裁判所法20条4項）といった問題に関する一般的手続規則，また特別な手続について，全ドイツ憲法訴訟法を導き出すことについては，研究の不備がある．

104) たとえばE 7, 99 (108 f.)：「事件の基本的な意義ゆえに」．申立ての変更の許可については，E 13, 54 (94).

104a) 近時では，E 38, 348 (359, 369)；35, 65 (77)；29, 57 (68 ff.)；27, 297 (306 ff.).

105) 法21条，24条1文，26条1項2文，30条1項4文，2項1文，2文，33条1項，2項，34条3項，5項，38条1項，39条，46条2項，53条，56条2項，66条，69条，72条1項，78条2文，82条4項，90条2項2文，93a条2項，94条5項2文，95条1項2文参照．

ればならない．

　たとえば，連邦憲法裁判所は口頭弁論を開く可能性をこれまで十分には利用してこなかった．法25条1項，94条5項2文の実務は，公開性の赤字として耐えがたいものである．連邦憲法裁判所での口頭弁論は，法94条5項2文の文言に反して，それ自体「手続の促進」である．

　憲法訴訟法の実体的観点にもかかわらず，また自己抑制も存在しなければならない[106]．憲法訴訟法は，権利保護の必要性，当事者能力[107]，異議申立権，訴訟物，関係人となりうる資格などといった（外見上は）「技術的な」概念形成において，十分な意味をもち続けている：それは，自己規律化の手段としてであって，他の国家作用やまた市民や（学問的）公共圏に対し，固有の解釈を行う余地をしかるべき形でより多く残すのである．言い換えれば，他の憲法解釈者との関係における，憲法および憲法裁判所による憲法解釈における自己抑制である[108]．

　自己抑制は特に憲法訴訟法を経て，そしてそれを「通じて」主張されるが[109]，それと対をなすのが，（その点で問題のある）議員歳費判決[110]のように，実体的側面，本論に立ち入るための憲法訴訟法の「厳格でない」適用である．

---

106) 議員歳費判決では，憲法訴訟上自己抑制に欠けていた．これについては，*Häberle* II ⑩：537 (543 Anm. 90)．

107) たとえば，E 2, 143 (164) は，基本法38条1項に基づく実体的議論による議員の当事者能力を認める．

108) なお E 6, 257 (266) は，憲法裁判所の手続における様々な国家権力の「誠実な協働」が必要であるとする．E 2, 79 (89) によれば，「あらゆる憲法裁判は，裁判所の判決が遵守されるという前提に基づいている」．

109) たとえば他の裁判所との関係において（たとえば E 30, 173 (196 f.)）．

110) E 40, 296 ff. ――しかし基本法100条1項の枠内において移送裁判所に対する連邦憲法裁判所の「責任」を固持するのは正しい（E 34, 320 (323)）．100条の適用にあたり，E 18, 186 (192)；17, 135 (138 f.) は移送裁判所の説明義務，連邦憲法裁判所の義務としての「憲法上の問題の解明」に触れる．義務の分割としてのこのような分業は憲法訴訟法を通じて作用する．

III　全体評価，展望：憲法訴訟法の憲法理論

　全体としてみれば，連邦憲法裁判所の印象的な裁判伝統が，基本法および連邦憲法裁判所法における連邦憲法裁判所の訴訟法に関して生じてきた[111]．それは憲法理論的には次のような定式にまとめられる：「具体化された憲法としての憲法訴訟法」[112] そして――さらにいえば――「多元主義・参加法律」としての連邦憲法裁判所法である．参加権ある憲法機関は，憲法訴訟への参加の可能性を十全に利用すべきである[113]．

　他の手続法に対する憲法訴訟法の自立化は，基本法および連邦憲法裁判所法に基づく憲法裁判所の任務にかんがみて放棄できないように思われる範囲で要求されてきた．憲法訴訟法はただたんに技術的に理解されるものではない[114]．連邦憲法裁判所は情報・参加手段の洗練において手本となるものを与えてきた．それが「多元主義を通じた情報獲得」である．さまざまな解釈方法の適用もまた，事件関連性，柔軟性，教条主義の排除，「憲法訴訟法の問題」への適応にかんがみれば手本となる――「原則」や繰り返されるトポスが毀損されたり，「相対化傾向」がその対価となることはない[115]．連邦憲法裁判所法の個々の規範の「訴訟内的」全体的解釈についても同じことがあてはまる．連邦憲法裁判所法の規範の基本法の解釈へのフィードバックは特に注目に値する[116]．

---

111)　ときに憲法訴訟法の解釈をめぐる論争は「変遷する」．連邦憲法裁判所の古い判例集では，たとえば法 32 条，80 条，90 条がより強く前面に押し出されていた．

112)　Haberle IV ③ : 119 (128 Anm. 43).

113)　連邦憲法裁判所が「最高憲法機関」の意見表明を，本案判決を促進するものとして重要視することへの端緒は，間接的にはたとえば E 10, 262 (263) から生じる．

114)　たとえば，基本法 93 条 1 項 2 号に基づく申立権者の範囲については E 21, 52 (53) 参照．また E 5, 85 (378) も見よ．

115)　たとえば，出訴期間の規定は厳格に守られている：E 4, 31 (37)；4, 309 (310 ff.)；1, 12 (13)；13, 284 (289)；24, 252 (257)；11, 255 (260). 形式に関する規定は自己目的ではなく，憲法裁判の手続特有の機能によって定められており，実体憲法の実現に資するのである！　しかし E 8, 92 (94 f.) は正しい．

第 3 章　連邦憲法裁判所の判例に照らした具体化された憲法としての憲法訴訟法　109

　口頭弁論の放棄に関する裁判実務は，それと結びついた公開性[117]，情報，多元主義の赤字ゆえに批判されるべきである．憲法の公共性は憲法訴訟法においてはまだ最適な形では実現されていない．その他の点では，多元主義と権力分立は比較的よい状態にある[118]．連邦憲法裁判所は，自らの法務官としての戦略および戦術に関するさまざまな可能性をもちろん自覚している[119]．

　総決算は大きく黒字となる．学問の問題となるのは，連邦憲法裁判所法に関する実務を今度は憲法理論的に「転換」し，憲法理論のレベルから，自由で権力分立的な多元主義の保障として「自身の」訴訟法に関する連邦憲法裁判所の実践に影響を与えることができるようにすることである．これにより，立法者の側から改革を刺激する可能性が開かれる．立法者は少数意見制[120]の導入や1970 年の第四次連邦憲法裁判所法改正法における法 79 条 1 項の多様化により，これまで公共的な生ける法としての憲法訴訟法の最適な形成に寄与してきた[121]．憲法訴訟法の憲法理論[122]は，憲法訴訟法の「問題に関する」連邦憲

---

116)　E 22, 277 (281) は法 48 条と基本法 41 条 2 項，19 条 4 項を顧慮している；E 3, 45 (49) は基本法 100 条 1 項を顧慮して法 91 条を解釈している．また基本権類似性の必要性の理由づけについては E 8, 1 (11) も見よ．これは現在基本法 93 条 1 項 4a 号によって憲法ランクを持つ．さらに E 6, 445 (448)．

117)　批判については，*Ridder* 1972 : 1869 ff..

118)　「事実により近い専門裁判所」との関係で，E 40, 88 (94)．外交政策について現在では，E 40, 141 (178 f.)．

119)　このことはたとえば，後の議員歳費判決（E 40, 296）を見据えた E 38, 326 (336)における法 25 条 3 項に基づく一部判決の宣告の際に，またさまざまな手続の併合において（E 12, 205 (223)；10, 185）明らかとなる．たとえば E 40, 65 (84) のように，問題の解決を留保することも，意図的な傍論と同じくこのことと関連する．さらに手続上の裁量規定，たとえば法 30 条 1 項 4 文，38 条 2 項の利用も含まれる．

120)　注目に値するのが，（接続法の文章の中で行われているとはいえ）*Rupp von Brünneck* 裁判官の少数意見への指示である（E 40, 65 (83 f.) では，E 32, 129 (142) を参照している）．その少数意見はこうして規範化力を展開し始めている．

121)　しかし 1956 年の第一次連邦憲法裁判所法改正法によって導入された 6 条 4 項（選挙人委員会の守秘義務）は批判されてしかるべきである．*Frowein/Meyer/ Schneider* (Hrsg.) 1973 : 79 f も見よ．

裁判所の批判者かつパートナーとなりうるであろう．

追　　記

　本稿の基本テーゼは，学説において一部は同意され[123]，一部は批判を受けた[124]．その他の面では多くの点で方向性を示す連邦憲法裁判所の記念論集 (1976) において，憲法訴訟法の問題は個別専門的な観点の下でのみ論じられているだけに[125]，基本テーゼの基底にある問題は是が非でも解明されるべきであろう．本稿の関心は，「具体化された憲法としての刑事訴訟法」[126]とパラレルなテーゼによって支えられている．

　近時では，憲法訴訟上の問題への関心が目に見えて高まり[127]，連邦憲法裁判

---

122) 公開性，口頭主義，多元的参加，職権主義といった手続原理の憲法化を通じて「憲法的手続原理」となる．これについては *Häberle* II ⑫（本書第 1 章）．この論文は本稿と同様，連邦憲法裁判所創設 25 周年にささげるものとして検討された．というのも，筆者が *C. Starck, G. Roellecke, H. Zacher* らにより計画された連邦憲法裁判所の記念論文集に時間上，分担上の理由から参加できなかったからである．
123) *Engelmann* 1977: 特に 122 参照．（議論状況の紹介は S. 122 Fn. 1, S. 139 ff.）; *Mutius* 1976: 403 (407 Anm. 31); *Krasney* 1977: 311 (319 mit Anm. 39); *Häberle* III: 451 ff.〔本書第 4 章〕の拙稿については *Zuck* 1975: 907 (910) も見よ; *Vogel* 1976: 568 (576); *Zeitler* 1976: 621 (637); 中間的なものとして，*Stern* 1976: 194 (199 Anm. 18); *Schenke* 1977: 123 Anm. 181.
124) *Achterberg* 1977: 649 (658 ff.).
125) *Starck* (Hrsg.) 1976. たとえば 1 巻では，*Sattler* (S. 104 ff.), *Knöpfle* (S. 142 ff.), *Erichsen* (S. 170 ff.), *Stern* (194 ff.), *Lorenz* (S. 225 ff.), *Leisner* (S. 260 ff.), *Söhn* (S. 292 ff.), *Bettermann* (S. 323 ff.), *Spanner* (S. 374 ff.). 2 巻は，*H. H. Rupp* (364 ff. (385 ff.)). この記念論集の書評として，*Weber* 1976: 2108 ff.; *Ipsen* 1978: 96 ff..
126) *Saz* 1959: 909 ff. (966 ff., 967):「刑事訴訟法は結局，適用された憲法である」; また *Kern/Roxin* 1976: 8 ff. も見よ:「憲法の地震計としての刑事手続法」．
127) *Pestalozza* 1976; *Menger* 1976: 303 ff.; *Vollkommer* 1976: 393 ff.（E 42, 64 ff. について）; *Sachs* 1977; *Starck* 1977: 732 ff.; *Lange* 1978: 1 ff.; *Moench* 1977（これについての私の書評として，*Häberle* V ⑧: 653); *Steinwedel* 1976（これについての私の書評として，*Häberle* V ⑦: 454 ff.); *H. H. Klein* 1977: 697 ff.; *Renck* 1978: 80 ff.

所の機能に関する一般的文献が増えつつある[128]．

筆者が提案したアプローチは，連邦憲法裁判所の新しい判決の中でも確認されている：たとえば，連邦憲法裁判所の包括的で多元的な情報活動[129]や訴訟上の障害の「克服」[130]に関していえる．

憲法訴訟法の柔軟な取扱いに関する最近の目立った例が，1978年1月31日の連邦憲法裁判所の決定（E 47, 146 (157 ff.)）である（原子力法7条に関するミュンスター上級行政裁判所の移送決定の許容性）．連邦憲法裁判所はここで「裁判官による手続法の継続形成」について明言している．その際，基本法100条1項に基づく手続における連邦憲法裁判所への「早期のアクセス」に至ったのであるが，これは法90条2項2文を公共の福祉から類推することによってなされた[131]．このような解釈に導いたのは，もちろん，決定すべき問題の顕著な公共性関連性である（原子力法7条！）．訴訟上の基本判決におけるこのような相対的自律性は当然，実体的問題をも内に含んでいる[132]．「憲法裁判所の手続の固

---

und 145 ff.; *Betterman* 1978: 823 ff.
128) *Grimm* 1976: 697 ff.; *Starck* 1976; *Benda* 1977: 1 ff.; *Hirsch* 1977: 225 ff.; *Goerlich* 1977: 89 ff.; *W. Rupp-von Brünneck* 1977: 1 ff.; *Ossenbühl* 1977.
129) E 42, 312 (318 f., 320 f.); 42, 133 (136 f.); 43, 79 (85 ff.), 43, 213 (220 ff.:「質問用紙」！); 43, 242 (264 f.); 44, 37 (47 ff.); 44, 216 (222 f.); 44, 322 (331 ff.); 45, 1 (28), 45, 187 (203 ff.──質問用紙──); 45, 272 (280 ff.); 45, 400 (409 ff.); 47, 1 (13 ff.), 47, 191 (195 f.).
130) シュライヤー判決，E 46, 160 ff.（本案を広範にわたり先取りしている）．
131) 法務官による「公共の福祉の類推」の技術については，参照，*Häberle* I ②: 316 ff., 353 ff., 例外としての公共の福祉要件（たとえば法90条2項2文）については，*Häberle* I ②: 172 ff., 316 ff.; *Häberle* II ③: 86, 260 (263 ff.). そこではコンテクストによる論証の例も載っている．
132) 新たな原則判決に含まれるものとして，たとえばE 45, 63 (74) がある．これは憲法異議の権利保護と法の保護という二重機能について述べている（「同じように，固有の権利保護手段であり，客観的憲法の保護である」(E 33, 247 (259)). また，──憲法裁判所の手続の特殊性について── E 43, 126 (128) も挙げられる．これは E 32, 288 (290 f.); 35, 171 (173) によって支持される．──共同決定に関する手続への参加をめぐるドイツ連邦議会における政権与党と野党の間の争いは，私の提案し

有性」は，最近では E 47, 105 (107) で強調されている；憲法裁判所の手続の「特別性」については，E 47, 105 (107 f.)；また，E 46, 321 (323 f.) も参照．

連邦憲法裁判所が憲法訴訟法に関するその判例をさらに構築，拡充するのに応じて，(上述した基本法へのフィードバックゆえに)「憲法の判例適合的解釈」となる (これについては，*Häberle* I ③ : 653)．

筆者が 1976 年に本論文を思い切って著したとき，文献ジャンルのフィールドはきわめて不十分にしか埋められていなかった．後になって初めて，提起された基本問題が大部の判例報告 (参照，*E. Klein* 1983 : 410 ff., 561 ff.) や教科書において扱われた (*C. Pestalozza* 1991；*E. Benda/E. Klein* 1991；*K. Schlaich* 1994)．筆者は今日も自ら提起したテーゼを堅持している；連邦憲法裁判所によって否定されたというよりもむしろ確認されたものと思う (たとえば，E 32, 288 (291)；50, 254 (255)「独自性」；51, 405 (407)；52, 63 (80)；64, 301 (317 f.)；67, 26 (34 f.)；70, 35 (51)；71, 305 (335)；87, 270 (272)；89, 313 (314)：「独自性」；90, 40 (43, 45 f.))．*Klein* の見解 (*Benda/Klein* 1991： 62 ff., すでに *E. Klein* 1983： 621 ff.；しかしまた S. 561 f. も見よ) は，別の憲法理解に依拠しており，憲法解釈者の開かれた社会においてこれからも議論され続ける．連邦憲法裁判所は「自らの」憲法訴訟法をきわめて「主権的に」利用していることもある (たとえば，E 90, 268 (338 ff.))．

たような意味において解決されるべきであろう (*Häberle* II ⑧： 297 (304 Anm. 84))．——憲法異議の補充性については，E 7, 144 (145)；47, 146 (154, 167)；47, 198 (224)．

第4章

憲法訴訟法の独自性

Die Eigenständigkeit des Verfassungsprozeßrechts

目　　次

I　1973年5月29日の連邦憲法裁判所の決定（E 35, 171 ff.）について
　　補　　遺

II　判例集41巻から48巻（1975-78年）までの連邦憲法裁判所の判例に照らした「憲法訴訟法の独自性」
　　1　1973年論文の「後史」
　　2　判例集41巻‐48巻までの憲法訴訟法に関する連邦憲法裁判所の判例
　　　(1)　連邦憲法裁判所法の憲法に特有の解釈
　　　(2)　憲法訴訟法の独自性
　　　(3)　憲法訴訟規範の全体的—統合的—解釈
　　　(4)　司法の自己抑制と司法積極主義の力場の憲法訴訟法
　　　(5)　憲法訴訟法における解釈方法とトポイ
　　　(6)　客観化の技術
　　　(7)　情報・参加手段の強化と洗練
　　3　展　　望

I 1973 年 5 月 29 日の連邦憲法裁判所の決定 （E 35, 171 ff.）について

1．ドイツ連邦共和国とドイツ民主共和国の間でのいわゆる基本条約に関する規範統制手続，あるいは当該手続に関する仮命令発布を求める手続は，一大センセーションを巻き起こす出来事となっている．その一手続段階である 1973 年 5 月 29 日の連邦憲法裁判所第二部の決定は，憲法学が最大限の注目をなすよう求めることができる．判決理由には，憲法裁判に関するいわゆる形式的法，すなわち連邦憲法裁判所法を，その他の訴訟法に対して事項的に独立し，全体的かつ実体的に理解するという連邦憲法裁判所のアプローチが含まれており，このアプローチは，これまででおそらく最も重要なものである．この判決理由は，特に裁判官排除問題のみならず，その他の制度および手続ならびに連邦憲法裁判所法を全体として独立に，全体的に，そして（また）実体的に――これらの側面は相互依存関係に立つ――把握する契機となるべきであろう．つまり，憲法裁判およびその手続の法を一個の実体憲法として理解する，そのような法の理論と実践の意味においてである（「具体化された憲法としての憲法訴訟法」）[1]．

第二部あるいは多数意見は，法 19 条を連邦憲法裁判所法全体および基本法のコンテクストのなかで憲法解釈するという，あらゆる関係において賛同に値する憲法解釈に基づいて，「予断の疑い」あるいは党派性の概念について次のように解釈する．これらの概念は，他の訴訟法と比較してより厳格な要件によ

---

[1] *Häberle* IV ③: 119 (128 Anm. 43). また次のものも見よ．*Häberle* V ④: 150 (151) では，連邦憲法裁判所が公共の利益を訴訟上考慮していることに言及している．*Häberle* V ③: 660 (661) では，連邦憲法裁判所を瞥見して，「手続法と実体法は，憲法レベルではすでに出発点において一体をなしている」と述べる．*Häberle* V ③: 662 では，基本法と法 79 条の共同的解釈を行う．また法 39 条 1 項 3 文，79 条を実体憲法とみる *Schmitt-Glaeser* 1968: 166 も見よ．

って認められる．すなわち，憲法訴訟法における裁判官排除の申立ては，憲法訴訟法の特性に即して抑制的になされるべきである．このような見解を理由づけるあり方は，憲法裁判の「形式的」法および憲法裁判の機能に関して長らく見られてきた独自の実体法的 - 訴訟的理解の契機となりうる．

2． 詳論すれば，次のようになる．

a) 連邦憲法裁判所法をその他の訴訟法からいっそう解放する画期的な一歩を〔連邦憲法裁判所の〕第二部が踏み出したのは，判決理由のⅡ2においてである[2]．連邦憲法裁判所法が裁判官を手続への参画から除斥する諸要件を規定するにあたり，「特にハードルの高い基準」を設定していることが顧慮されること，これを第二部は理解しようとしている．出自，ある政党への所属やそれに類する一般的観点によっても，以前に立法手続に参画したことや手続にとって重要な法問題につき学問的意見を表明したことによっても，裁判官を除斥することを正当化することはできない（法18条2項および3項）．第二部はここで，E 32, 288 (290 f.) を関連づけて，以上のことは予断の疑いを理由とする忌避の場合にも「影響」を与えることになると考えて，全体的な論証を行う．このような解釈が「全体的」であるというのは，法18条2項および3項により除斥規定が予断問題へと照射する点である．法18条2項および3項と19条の解釈をこのように解釈により結びつけるのは，（後には裁判官の選出もしかるべき形で組み込んだのと同じく）賛同できる[3]．学説の通常の解釈では，連邦憲法裁判

---

2) このような道のりへの重要な一歩となったのが E 32, 288 (290 f.) である．同判決で連邦憲法裁判所はたしかに，予断の疑いに関して，連邦憲法裁判所の手続においても刑事訴訟および民事訴訟で当初展開された原則から出発しているが，「憲法裁判所による手続の特性」に触れ，手続関係人によってもこれが考慮されるよう期待されることになるとする（忌避の認められた裁判官が補充されることなく審理から抜けてしまうこと，ならびに法18条2項3項）．これに対し E 20, 1 (5); 20, 9 (14) は「ドイツ訴訟法において長らく確認されてきた予断の疑いの概念」に依拠する．これには *Friesenhahn* 1966 : 704 (706 f.) による批判があり，また一部異論を唱えるものとして，*Bettermann* 1967 : 496 (509 ff.) がある．

所法の個々の規範複合体をあまりに部分的かつ孤立した形で扱うが，以上のような解釈によりこれが克服される．連邦憲法裁判所はこのようなアプローチを現在ではまた E 32, 288 (290 f.) よりも掘り下げており，指針提示的，原則的であってかつ評価しすぎることはほとんどないものであるが，それは本決定 3 b で，「裁判官は，特別多数による特別の任命手続において——通例は全員一致で——連邦議会と連邦参議院によって選出される」という論拠を用いるところである．というのも，これによって，憲法訴訟法の「起点」である裁判官の選出（法6条5項，7条）には，手続上「後続する」その他の訴訟法規範，〔たとえば〕具体的な憲法訴訟における予断を理由とする忌避の解釈にとって不可欠の重要性が認められるからである．連邦憲法裁判所法の手続に関する諸節は多様であるが，それらは他の憲法機関との分業的協働における連邦憲法裁判所の事項と特有の機能にふさわしい内的連関の中で見られるのである[4]．

純手続的（「形式的」）にあらわれる規律——裁判官の選出——が他の手続法的問題，すなわち排除はありうるかに関する判断に対し，以上のように実体的な影響を及ぼすというのは模範的な例である．というのも，これによって「憲法裁判」という統一的な対象とその機能が，裁判官の選出，地位および機能が，しかるべき形で統一的にまとめて見られるからである．加えて，個別あるいは全体としての憲法裁判の手続規定が，そして具体的事件におけるその「適用」が，憲法解釈の方法自体に対して，内容を共同して決定するものとしてどのような作用を有するのかが明らかとなる（憲法訴訟法による「前提理解と方法選択」の事前判断）．

憲法訴訟法の全体的解釈の要請は，その他の訴訟法に対してその規律の独自性をいっそう強調する見方の表現であり，その結果である．どれだけ連邦憲法裁判所がこのことを認識してきたかは，裁判所の指摘（本決定 II 3a）においてみられる．それによれば，裁判官の忌避は「連邦憲法裁判所の構成」により，他の裁判所では認められない手続的な作用をもつ：裁判官は当該手続について

---

3) 重要なものとしてすでに，E 2, 295 (297 f.) がある．
4) この要求については，*Häberle* IV ③ : 119 (128 Anm. 43).

補充なくただ除かれるのであって，8名の裁判官でなく7名で判決する．これにより多数関係に変更が生じることになる．それ自体，手続の結果にとって意味をもつ可能性があろう[i]．このことによっても，憲法裁判所の手続が他の裁判所の手続と比較して特別であることが浮き彫りとなるのであり，そしてこのような特別性は直接に解釈上の重要性を獲得する．連邦憲法裁判所によれば，ある関係人があらゆる事情を理性的に評価する場合に裁判官の非党派性に疑義を呈する契機をもつか，という問いに答える際は「三つの考慮事項」が重要となるが，そのうちの一つが，この特別性である．裁判官の非党派性という実体法上の概念[5]——この概念は同時に，間を省略した形で〔裁判官の〕判決による憲法解釈の技術と方法に関係づけられる——は，ここでは手続的なものから限界づけられる．それは，「憲法裁判官による憲法解釈」がこれまではるかに顧慮されることの少なかった憲法訴訟法からのフィードバックにさらされるのと同様である！

　同一の基本思考が第三の「考慮事項」の背後に隠されている（本決定Ⅱ3c）：「国家訴訟における当事者」，とりわけラントおよび連邦の憲法機関については，「連邦憲法裁判所の構造（！）への洞察により」，当事者が裁判所の裁判官を信頼し，その予断の疑いを軽々に抱くものではないことが期待されうる．ここで憲法訴訟上の「当事者の地位」（申立権）から再び法19条の意味における「非党派性に対する不信」の概念の解釈について，実体的帰結が引き出される．これも専ら「憲法裁判の事項，機能および手続」[6]から正当化される．その他

---

5) 憲法裁判官について基本法によって特に構想された憲法ランクをもった概念．——法治国原理の表現としての「法の非党派性」について，*K. Hesse* 1973: 80 f. 憲法裁判官の「非党派性」については，*E. Friesenhahn* 1966: 706 ff..

6) *Wand* 裁判官の少数意見（E 35, 175 ff.）は明示的にそして自己内で一貫して強調しており，予断の疑いの問題は，「他の訴訟法の枠内においても」妥当する「まさしく同一の基準に基づいて」判断される．憲法裁判所の手続において「より厳しい要求」を設定する実質的な根拠は存在しない．aでは他よりもより厳格な基準ではないとしていること，cでは一般的に妥当する基準であることも見よ．——もっとも，「国家訴訟における当事者」の手続的な規律化が広範に及びすぎてはならない

の訴訟法では，当事者には，憲法と憲法裁判所特有の手続のこのような特別の責任が課せられない．ここでさらに，申立権者の範囲を規定する憲法訴訟法の規範が広範に及ぶ意味をもつことが示される．

b) 連邦憲法裁判所が判断した憲法訴訟上の特別の予断問題は，上述のように自立化され，全体的に考察されるのであるが，このことは，最終的には実体法的な背景に照らして見られなければならない．つまり，連邦憲法裁判所に政治的全体システムにおける特有の機能を認める基本法のそれである．これについてはその端緒が決定自体にいくつかみられる．それは将来さらに発展させられることになろう．

法18条，19条の除斥・忌避規定は，基本法の憲法裁判が有する実体的機能を手続的に確保するものである．憲法裁判は「非政治的」ではありえないが，「非党派的」ではなければならない——そしてそうあるべきである．この非党派性は実体法的にかつ訴訟的に具体化され，確保される：一方では合理的な憲法解釈の方法[7]（ここにおいてはこれはきわめて争いがあるが）によって，他方では訴訟法の規定（法6条5項，7条，18条，19条）によってである．両面は一体をなしている．「憲法事項」，それを連邦憲法裁判官が確証するプロセス，そしてそれをさらに発展させることについては，固有の形をもつ特別の訴訟上の保障を必要とする．しかしまた，手続として憲法裁判所の手続につき，特別なところを考慮することをも必要とする．したがって，第二部が一歩一歩共同して創出してきた「憲法の公共性」を，次のような命題とともに参照するのは正当である．その命題とは，具体的な事件において，仮に第二部の全員が席について

（決定のⅡ 3c）．さもなければ，憲法訴訟の紛争関連性が看過されることになるであろう．

7) これについては *Hesse* 1973: 20 ff.. 留意すべきは，「了解できる」，「理性的な」評価といった概念を幾度となく用いており，これが理性という古いトポスに再び余地を与えていることである．これについては，*Häberle* Ⅱ③: 86 (99, 125), *Häberle* Ⅰ②: 260 (272, 287 Anm. 206) の私の証明．

いれば結論が別の内容になっていたであろうと推測することができるような判決は，そうでなければ裁判所の判決に対して示されるであろうその拘束性の承認の一部を，公共的な議論において失わざるを得ないであろう，というものである[8]．

これに対応する実体的帰結が，一見したところたんなる形式的なものに見える裁判官の任命手続にある．裁判官が政治的に激しい争いのある手続においても先入観にとらわれず客観性をもって決定する，これを可能にするような独立性と距離を，自己の権利を追及する当事者に対して有していること，原則として（！）そこから出発する契機を与えるのが，裁判官任命手続における特殊性，すなわち特別多数である[9]．この章句がセンセーショナルなところは，（政党自体と同じく）憲法機関としてまさに憲法訴訟の「当事者」ともなりうる連邦議会および連邦参議院を通じて，連邦憲法裁判官に「先入観のなさと客観性」がもたらされるところにある．（政党を通じて（！）本質的にともに形成される）裁判官の選出の特性と手続によって，先入観のなさと客観性，すなわち裁判官が果たす機能，憲法裁判およびその解釈方法が事物に即していることを支持するある種の推定が基礎づけられるのである．このような手続と事物即応性とが――「理想主義的に」――結びついていることには，同じく同意することができる．この結びつきは同時に，憲法裁判と多元主義的に見られる（政党）政治を新たに，しかもより積極的に熟考することを迫るのである[10]．

---

8) 本決定 3 a の最後の意図的な忌避の申立ての危険についての論証も見よ．

9) *Sarstedt* 1966: 314 ff. の指摘．この指摘が注目に値するのは，*Sarstedt* aaO. が E 20, 9 ff. に対して多くの注目すべき批判を定式化したからである．連邦憲法裁判所はここで自分の影を飛び越えたのであるが，それは，現在，裁判官のポストが意図的な忌避の申立てによって操作されうることになるとの E 20, 1 (8); 20, 9 (17 f.) からの連邦議会議長の議論――すでに *Sarstedt* 1966: 314 がこれを支持している――を取り上げているのと同様である．

10) また，本決定Ⅱ 3b での憲法裁判所の「ランク」に関する――実体的――論拠も見よ．それは基本法およびそれが規範化する連邦憲法裁判所の憲法裁判所としての機能を関係づけることを含んでいる．

3．連邦憲法裁判所は，法19条の解釈の際に，憲法訴訟法から同時に一つの実体的な憲法解釈を行っており，「裁判官の非党派性への疑義」という概念の定義を通じて，後続の具体的手続における「自らの」憲法解釈とその方法のための途を，他の訴訟法と比較して「より広く」残している．これによって同時に，連邦憲法裁判所は政治全体および政治的公共における特殊の機能のための方途を自ら開いてきた．

これによって憲法および（その）憲法裁判の実体的‐訴訟的理論のための基礎が整備される[11]．実体憲法と憲法訴訟の関係が根本から明らかにされることになる．憲法は，憲法裁判およびその手続によって本質的に共同して制御されるものであるが，その憲法が必然的に憲法理解を造形するのであり，逆に憲法理解が憲法裁判の手続を造形する．この理論は「訴訟的憲法解釈」へと展開されなければならないであろうが，それはこの理論が憲法を公共的プロセスとして理解すること[12]を促していることや，連邦憲法裁判所が1973年5月29日の決定において端緒としてそれを実践したのと同じようにである．憲法あるいは憲法裁判の機能の憲法訴訟法からの解釈，あるいはその逆である（法18条2項および3項[13]ならびに実質的には法6条5項，7条からの論証――「特別多数による特別の任命手続」――，この規定は実体憲法である！）．それと対になっているのが憲法訴訟法の実体的理解である．これについても第二部は示唆を与えている．

1973年5月29日の決定によって，連邦憲法裁判所はさらに一歩，自分自身の自己理解を具体化した．この自己理解は，1952年の著名な論争的「地位報告」においてはまだ，憲法訴訟法全体にまで，とりわけ訴訟係属によって開始する手続の各段階にまで及ぶことはほんのわずかしかなく[14]，むしろ裁判官の選出，任命および地位に及んでいたのであった．連邦憲法裁判所に，その手続の形成において（しかるべき形でより開かれた憲法解釈へのフィードバックでもって）

---

11) *Häberle* V ⑤ : 388 (389) における私の示唆を見よ．
12) これについては，*Häberle* I ② : 709 f., 718 ; *Häberle* IV ① : 273 ff..
13) これについては，*Häberle* IV ③ : 119 (128 Anm. 43 a. E.) における要求．
14) その端緒は JöR 6 (1957), 109 (123) においていくつか見られるのみである．

よりいっそう自立できるようにし，憲法機関として政治的でないとはいえない場を多元的で民主的なレス・ププリカの政治的全体秩序の枠内において保障し，その地位をさらに確たるものにする，そのような自己理解が重要なのである．

本決定は，よい意味で[15]いっそう「政治的」で憲法に特有の憲法訴訟法理解への歩みの一画期である[16]．

---

15) もっとも，この歩みが「よい」というのは，それが留保された，「事物に即した」，とりわけ法治国家的，民主的な手続ならびに合理的な解釈によって，自由の憲法としての基本法の全体連関において探求されている限りでのみである．憲法訴訟法の適用がどれだけ「政治的」でありうるかは，仮命令の手続ならびに 1973 年 6 月 4 日の決定（= JZ 1973, 417）の理由付けのスタイルと方法が，常に模範的とはいえないにしても，特に明らかに示している．ここで特殊に有効な「予測」への強制は，機能法的理由から正当化されるべき「自己抑制」を特に勧める．その他の点では，憲法訴訟法の政治的負担可能性の限界も存在する！

16) 憲法解釈の「政治面」がアクチュアルになり裁判官自身に意識されるようになればなるほど，手続的な統制をいっそう強くかつ透明にしなければならず，憲法訴訟上の制度や道具立ての洗練をいっそう進めなければならない．——訴訟当事者や憲法全体の維持を公共のフォーラムの前で行うための——手続的な（自己）規律．これを参照して，しばしば相互に矛盾するような数多くの新聞報道や思惑にかんがみて，一方で第二部の裁判長 *Seuffert* および第二部の各メンバー（「カールスルーエの使者」）と他方で連邦大統領あるいは連邦政府との間での接触（「対話」）が，1973 年 6 月 4 日の決定（E 35, 193 ff.）によって終了した仮命令発布を求めるバイエルンの最初の手続の枠組みの中で存在した（参照，FAZ v. 1. 6. 1973, S. 1）．そのような接触（拡張されたコミュニケーション可能性）は，さまざまな憲法機関のパートナーとしての機能法的な分業にかんがみて，公共の福祉，結果，そして現実に関連づけられた憲法解釈にこそ存するのである（これについては，*Häberle* V ③: 660 ff., *Häberle* V ④: 150 (151); *Häberle* I ②: 710 f.; *Häberle* V ⑤: 388 f.)．そのような接触は，内閣・秘密政治を想起させるような明確／あいまいのアウラにおいて（ボンへの名目上のあるいは現実の「プライベート旅行」によって）行われてはならない．「憲法（解釈）の公共性」は，水路づけられ，開かれたままにされ，またしたがって責任ある手続方法を要求する．また当事者も，訴訟においてしかるべき相互的配慮を義務づけられるのであって，これは連邦政府や連邦大統領についても当てはまる！　1973 年 7 月 31 日前に基本条約の発効について行った ZDF での *Friesenhahn* の批判（FR v. 12. 6. 1973, S. 2）：連邦憲法裁判所に対する「誹謗」，な

補　遺

　本稿の公表後に下された 1973 年 6 月 16 日の第二部の決定（E 35, 246）では，*Rottmann* 裁判官（博士）の予断を理由とした忌避について，バイエルン政府の主張が認められ，これには *Seuffert* 裁判官，*Hirsch* 裁判官および *Rupp* 裁判官（博士）による少数意見（E 35, 255）があるが，これらは以下のような批判の契機となった．

　第二部は，適切なものといえる自らの言明に基づいて，1973 年 5 月 29 日の決定のⅡ 1-3 において展開した（「特別の事情」の留保の下で立てられた！）「原則」を堅持した（Ⅱ 1；しかしⅡ 3 では，現前している「事態」に関して，「利害関係があり思慮深い，当事者たらざる第三者」という様式化された法務官的な人物〔という概念〕の使い方が微妙に異なっている：Ⅱ 4c では，予断の契機に関して「先入観なき原告」，「憲法裁判所の構造を見通し，原則的に（！）連邦憲法裁判官に特に先入観のなさと客観性が認められなければならないというところから出発している」と述べている）．しかし二度目の排除の申立ての適法性（本件では，「新たな重要事実」の存在）と認容性の審査[17]は，区別が必要であるにもかかわらず区別がなされていない．

　　らびに *Scheuner* の批判（FAZ v. 19. 6. 1973, S. 8）：「政府は待つべきであろう」を見よ．1973 年 6 月 4 日の決定において，4 名の裁判官は適切にも次のように定式化した（E 35, 193 (199) unter Ⅱ 2b）：「最上級の憲法機関は憲法により，相互に配慮しなければならない」．1973 年 6 月 18 日の判決（E 35, 257 (261 f.)）において部が，憲法は執行部が連邦憲法裁判所に係属している手続を出し抜くのを禁じていると述べたのは正当である．――適切でないのは，*Eppler* 大臣の次のような（ある「同国人」（*Hegel*！）を連想させるがゆえに）「シュヴァーベン」的な言葉である（FAZ v. 20. 6. 1973）．世界史は，区裁判所などではない！――単なる疑いからすら守るために，部内における実体に関する意見の相違が予断の申立てに関する決定の迂回路を経て解決されることになり，排除規定の（廃止ではなく！）改正が吟味されるべきとなろう：それは，もう一方の部の管轄にする，あるいはもう一方の部から代替裁判官が後を引き継ぐという意味においてである（すでに *Friesenhahn* 1966：704（706 m, Anm. 3）を見よ）．法 19 条 1 項の基本的な問題提起は，*Zwirner* 1968：81（132 ff.）．

[17]　「不必要」のケース：E 2, 296 (297 f.)；11, 1 (3)，おそらくまた E 1, 66 (68, 2 Absatz)．「理由なし」のケース：E 1, 66 (68 f.)；4, 143 (144)；18, 37 (38)．「重要性

Rottmann 博士が Gutmann 氏宛てに出した公表予定のない私信の利用にはなぜ適法性があるのかに関する詳しい論述も欠いている（憲法裁判官の人格権と意見表明の自由は，具体的には，最初の排除手続と特別の事情にかんがみて，法19条により保護される公共の利益に対して後退しなければならないであろう）．問題なのは，第二部がはじめに行っているような（Ⅱ3および4a）厳格な形で，一方で「政治的な議論と評価」を「法的見解」から区別することができるのかである．もっとも，第二部はまったく正当なことに，「政治的確信と法的見解の内的関係」が執拗に浮かび上がってくるということを語っている限りで，自己修正を行っている．少数意見は意外にもこの点には踏み込まない．

問題は，このような憲法訴訟の「発展」が示しているのは，憲法解釈の政治的含意を認識する対価とは，憲法訴訟が未解決の可能性もあることにかんがみて，憲法裁判官は公共圏に自らの能動的に意見表明するのを抑制すべきであるという点にあるのではないか，というものである（訴訟前ないし訴訟外の空間における自己抑制)[18]．憲法裁判官に対し，時間および対象を限定して「必要な」「猿轡」をはめることは，——政党政治をも組み込んだ，連邦憲法裁判所の機能にとって放棄できない情報提供の自由が，万一政党に所属していればそれに基づいて権利行使の可能性が原則として認められる（法18条2項！）のと同じく，裁判官には残されている——たしかに犠牲として不適切に大きなものとはいえない！　それによって，第二部が現在ではもう引用しないが（Ⅱ4a：「学問的意見表明」で）話題にはする法18条3項2号の相対化がもたらされうるものである．しかも多数意見では学問的意見の自由な表明が忌避の申立てによる迂回路を通じて「許されない」ことになってしまう，と少数意見とともに恐れる

なし」のケース：E 11, 343 (348)．裁判所による濫用的な忌避の求めの処理について：E 11, 1 (5)．

18) 参照，現在では長官の *Benda* 1973：意見表明は，「私見では具体的事件につき予断が生じる可能性がない場合に限られる」．また E 20, 1 (9)； 20, 9 (18) の次の議論も見よ．連邦憲法裁判所の裁判官は忌避の理由を与えないよう，特に留意しなければならない．——連邦憲法裁判官の「自由な発言」は，1973年5月29日の決定（E 35, 171 ff.）では幾分か強調されすぎている．

第 4 章　憲法訴訟法の独自性　125

必要はない．法 18 条 3 項 2 号を予断問題に組み入れることが重要であるだけ，憲法に関する学問的意見の公共・政治関連性が明確に見られるのであり，連邦憲法裁判所の非党派性の原理に照らした法 18 条，19 条の全体的解釈は，領域やその他の「特別の」事情（たとえば意見表明の場所，名宛人の範囲，時点，態様）に応じて連邦憲法裁判官の抑制義務を段階づけるのを根拠づけることになろう（その端緒は II 4a）．

　少数意見について：少数意見は忌避の申立ての「反復」を「不適法」と考えている．なぜなら，当該申立てが，1973 年 5 月 29 日の決定によって棄却された「前の」申立ての後にはじめて申立人が認識するに至ったような，予断問題にとって重要な事実を何ら提示していないからである[19]．その 4 節の冒頭で，少数意見は 1973 年 5 月 29 日の決定と「一致しない」「事実の新たな評価」について述べている．時間的制約の下でテクストを編集しなければならなかったことが，ここでは適法性と認容性を区分して順追ってそして内容にそってより明確に表現するのを妨げたのかもしれない．そのほか，原告は，「前の」申立ての後に初めて認識されるに至った「重要な事実」（「新たな理由」）を提示した．ここで，予断の疑いの理由づけの場合と同じく，多数意見に従うことができる．忌避される裁判官の最初の職務上の意見表明とそれに続く二つの表明と，*Gutmann* 氏への信書との間に矛盾がある可能性が否定しきれず，それは「杞憂」ではなく，*Rottmann* 博士は現に誤読の契機を与えた．多数意見は（II 4d

---

19)　ここで，憲法裁判所の排除手続がより強く「主観的な」権利保護の利益（法律上の裁判官の保障，これについては E 21, 139 (145 ff.)）によって支配されているのか，あるいは（規範統制手続の場合のように，客観的な法治国家的原理としての基本法 101 条 1 項 2 文の妥当とともに）より「客観法的に」扱われるのか，具体的な手続の種類に応じて細分化しているのか（問題の指摘は，*Friesenhahn* 1966: 704 (706 ff.)），それとも一般的に主観的かつ客観的に論じられうるのか，という問題を取り上げることもできるだろう．少数意見は（私見では不当なものと思われるのであるが），挙示している理由（加えておそらく依拠している事実）に反して「一度も申立人が主張していなかった」予断の疑いに向けられている点で，客観的な利益からも出発していないように見える．

で）適切にも「事態の解明をなす発展」について語っており，とりわけ「法的な前提問題」としてのドイツライヒの存続の議論に関してそうである．少数意見に反して，*Rottmann* 博士自身がこの問題を基本条約の合憲性問題とはみなしていないということは重要ではなく，バイエルン政府がこの問題を「法的前提問題」とみなしており，それ自体として場合によって本案の判断にとって意味をもちうると考えていることが重要である．少数意見はあまりに断定的かつ詳細について説得的な理由づけを行わずに，1973 年 5 月 29 日の決定のどの一節と「新たな評価」が一致しないかを取り上げる．要約的にそして理由をつけずに，結論として，「逸脱は主張可能な裁判の可能性の範囲を超えている」とする．しかし前の決定の「原則」からの逸脱は存在しない．第二部が当時，1973 年 6 月 16 日と同じく，「特別の事情」の留保を導入しており（たとえば，1973 年 5 月 29 日決定の 4 の下から 2 番目の段落の「決定的な支持」，あるいは 1973 年 6 月 15 日の II 4a ないし b の「従事」「決然たる態度をもって」），これが，II 4a-d の詳細な議論を全体として見た場合には「充たされている」からである．

さらに，ここでは，多数意見と同じように，当然の基本的な指摘を欠いている．それは，連邦憲法裁判所の人的構成が，選出手続の特別の性格により，実際上，共同社会の全スペクトルにおいて，さまざまな憲法政治的傾向と政党政治的傾向，「法的」傾向と「政治的」傾向，さまざまな理論的・学問的傾向といっそう「実践的な」傾向の間での「現実主義的な」調整をもたらしているがゆえに，法 19 条 1 項の制限的解釈が要請される，というものである．「現実主義」はここで「理想主義」になる．選出手続は，理想的な場合には，憲法解釈のさまざまな方法と結果を，レス・プブリカとサルス・プブリカの全体に拘束された形で均衡させ，この均衡を多元主義的かつ事物に即したものとすることができる．8 名の裁判官のコンチェルトにおけるそれぞれの「声」は等しく重要である．このような――連邦憲法裁判所の構成によって可能となる――憲法裁判のあり方とその広範に及ぶ特有の任務の遂行に対する一般的な「公共の」利益により，第二部の新たな「原則」の意味における法 19 条 1 項の忌避の可能性は限定されなければならず，法 19 条 1 項がたとえば消えてなくなったか

のように解釈されてはならないであろう．

連邦憲法裁判所そして学問の任務は，1973年5月29日の画期的な決定の「原則」それ自体が信頼に値し，しかも実効的であり続けるように，上述した「特別の状況」を精密化し，限定的に把握することにあるであろう．

II 判例集41巻から48巻（1975-78年）までの連邦憲法裁判所の判例に照らした「憲法訴訟法の独自性」

1 1973年論文の「後史」

1973年論文は，他の訴訟法（たとえば行政裁判所法や刑事訴訟法）に対して，独自の憲法訴訟法の解釈および適用を行うよう連邦憲法裁判所を鼓舞し，そしてそのために憲法理論上の枠組みを設定することに関心があった．学説は，連邦憲法裁判所法の「独自の」そして「実体的な」解釈というテーゼに対し，ただちに論争を開始した[20]．それは判例集第1巻（1951年）から第40巻（1975年）までの関連判例を「具体化された憲法としての憲法訴訟法」という表題のもとでしかるべき形で検討される前のことであった（JZ 1976, S. 377 ff.〔本書第3章〕）[21]．憲法訴訟法の純憲法理論的で独自の見方に対する賛否をめぐる論争が，それ以来続いている[22]．

連邦憲法裁判所は，憲法訴訟法に関する判例を，判例集41巻から48巻まで（つまり1975-1978年）にかけてさらに拡充してきた．管見によれば，これまでの路線をさらに進展して深化し，そして憲法訴訟法の独自性というテーゼを完全に確証するような形で行っている．連邦憲法裁判所は基本法および連邦憲法裁判所法の枠内において，憲法訴訟法をある一定の意味で一つの「自己創出的法」として継続的に発展させてきたのであり，連邦憲法裁判所法をいっそう自

---

20) 文献については Häberle I ③: 653 Anm. 1, 2〔本書第2章〕参照．
21) Häberle I ③: 631 ff. に再録．また Häberle II ⑫: 1 (23 ff.)〔本書第1章〕も見よ．
22) 肯定的なものとして最近では，Jekewitz 1978: 667 ff..

覚的に実践的に利用し[23]，独自性テーゼを強調し，これまで以上にはっきりと原則判決を下してきた．憲法訴訟法に対して耳聡くなるのは専門世界だけにとどまらない．シュライヤー事件や防衛義務改正法に対する仮命令，憲法裁判官の忌避（回避）を考えてみればわかるであろう．

これとパラレルなのが，特に司法の領域における，他の手続法の基本法への方向づけである[24]．すべての手続法は，とりわけ基本法19条4項および103条1項に従って判断されるが，これらの手続法の憲法適合的な解釈および適用は[25]，長足の進歩を遂げた．（たとえば基本法14条および5条3項に基づく）基本権の手続指向的視点の生成[26]は，刑事手続法上の手続的能動的地位[27]と同じく，この場所に位置づけられる．憲法と手続，とりわけ基本権と手続は，カールスルーエにおける現在の発展のテーマの一つとなっている[28]．

憲法訴訟法について，そしてそこにおいて独自なものを作り上げようとする連邦憲法裁判所の道のりは，判例集41巻から48巻については以下のように述べることができる——しかもそれは，「具体化された憲法としての憲法訴訟法」論文[29]において構想した分節のシェーマを背景にして行われる．

---

23) とりわけ E 47, 146 ; また E 46, 321 も見よ．
24) 基本法3条1項に関する2000マルク決定（E 42, 64 (72 ff.)）ならびに E 42, 243 (249 f.) 参照．
25) これについてはたとえば，E 42, 243 (249 f.) ; 42, 258 (259 f.) ; 43, 75 (78 f.) ; 45, 360 (362) ; 46, 166 (177 ff.) ; 46, 404 (406).
26) 参照，E 46, 325 (334) は，財産の保障機能は「関連する手続法にも影響を及ぼす」とし，「公正な手続を求める権利」を伴う実効的権利保護の保障義務に言及する．——基本法5条3項については，*Häberle* I ④ : 88 Anm. 37.
27) これについては，E 46, 20 (209 ff.) ; また *Häberle* V ⑧ : 677 ff. も見よ．
28) 基本権理解と規範統制の関係については，*Lerche* 1979.
29) *Häberle* I ③ : 631 ff. に再録．

2 判例集 41 巻 - 48 巻までの憲法訴訟法に関する 連邦憲法裁判所の判例

(1) 連邦憲法裁判所法の憲法に特有の解釈

憲法訴訟規範が憲法に特有の形で解釈される新たな証拠には事欠かない．特に E 32, 288 (290 f.)；35, 171 (173) に範をとり，憲法裁判所の手続における「特殊性」を強調した判例に示されている[30]．連邦憲法裁判所が展開する「特別の手続法」論によって，法 34 条を「独自の規定」と解釈した（E 46, 321 (323 f.)）のはその典型である．

(2) 憲法訴訟法の独自性

憲法訴訟法の独自性，すなわちその他の訴訟法やその一般的手続原理，それらの特殊な規定に対して憲法訴訟法が自立していることは，憲法に特有の解釈の帰結である．それは一連の新しい判決にはっきりとあらわれている．たとえば特に，E 46, 321 (323 f.) の次の一節にあらわれている：法 34 条は「他の訴訟法規に対して優位」する「独自の規律」である．もっとも，連邦憲法裁判所はその特別な手続法を，現行のその他の訴訟法に基づいて展開する．しかし，行政訴訟法あるいは最終的には民事訴訟法の個々の原則に依拠することは「決して図式的には行えず，憲法裁判所の手続の特殊性により限定された形でのみ」これをなしうる[31]．

独自性テーゼは，実質的には，E 47, 146 にも影響を与え，そこでは「手続法の裁判官による法の継続形成」が支持されている．この法の継続形成は，連邦憲法裁判所によって趨勢としてもすでに実践されていたものであったにせよ，このようなきっぱりとした形ではこれまで連邦憲法裁判所法については定

---

30) E 43, 126 (127 f.)；また E 46, 14 (16)；46, 34 (40 f.)；47, 105 (107 f.) も見よ．
31) また同判決では，「憲法訴訟」であることによる論証も行っている（E 46, 321 (324)）点も見よ．

式化されていなかった.

(3) 憲法訴訟規範の全体的―統合的―解釈

憲法訴訟法の各規定の全体的解釈――憲法に特有の観点が特徴的な形で発現したものである――は，近年の判例から裏づけることができる．その第一位を占めるのが，E 47, 146 における画期的な原則判決である．その理由は，この判決が，法90条2項に関して憲法訴訟について公共の福祉の類推技術を用いており[32]，特に公共の福祉による例外留保を根拠づける際に，基本法100条1項がよって立つ「規範的意味構造」について言及しているからである（E 47, 146 (157)）.

一連の他の判決も参照されたい[33].

(4) 司法の自己抑制と司法積極主義の力場の憲法訴訟法

個別の憲法訴訟規範の解釈および適用を「通して」，連邦憲法裁判所は自らを律するとともに活性化する．このことは近時のいくつかの判決にふたたび見られる[34]．現在ますます議論が集中しているのが，連邦憲法裁判所の権限とい

---

32) これについては Häberle I ③: 308 bei und mit Anm. 63 参照．E 44, 297 (301) では例外留保しか認められず，公共の福祉への指向あるいは法90条2項2文への顧慮は判例集47巻になって初めて登場した．

33) E 42, 42 (49 f.) において，連邦憲法裁判所は基本法100条1項の解釈の際，規範統制手続の「機能」およびこれに対応する連邦憲法裁判所の任務から論じている．また E 43, 27 (32 f.) もみよ．E 42, 243 (249); 42, 252 (255) では，基本法94条2項と法90条2項，憲法異議の補充性が憲法に根拠を有するというテーゼを根拠づけるために一まとめにされている．また E 47, 130 (138) も見よ．さらに，E 47, 105 (107 f.) において，法18条の各項を統合する解釈を示しているのも見よ．また注目すべきは E 46, 34 (41 f.) で，この判決は一般的に連邦憲法裁判所法について論じている．

34) たとえば E 42, 143 (148) によれば，職権による仮命令は認められない．――E 46, 185 (187) は二つの観点を一つの命題に結びつけている：「手続的基本権の侵害の場合――とりわけそれが単なる『ミス』である場合――，だれもが専門裁判による自己コントロールを支持し，憲法機関がただちに介入することに反対するにもかかわ

第4章　憲法訴訟法の独自性　131

わゆる「専門裁判所」の権限の境界づけについてである[35]．連邦憲法裁判所は「超審級」ではないというテーゼは，なおも維持される[36]．しかし，裁判所は区別（ディスティンクション）の基準の助けを借りて，柔軟な態度をとりつづけようとする[37]．訴訟の素材を拡張することができることもあり，そこでは，「司法積極主義」が要求される．

　憲法異議の補充性を厳格に維持することは[38]，連邦憲法裁判所にとって，「憲法違反が存在する場合，その権限の枠内において権利保護を与える」ことが「すべての裁判所の任務」である[39]ことを想起する契機となる．その点で，すべての裁判所が憲法裁判所なのであって，いわゆる専門裁判所もその例外ではない！

(5) 憲法訴訟法における解釈方法とトポイ

　連邦憲法裁判所は，憲法訴訟法を拡充する範囲で，あらゆる解釈方法を参照するよう指示している．たとえば目的論的解釈がそうであるが[40]，公共の福祉を指向した解釈方法[41]も同様である．E 47, 146 の原則決定における法律ないし公共の福祉の類推によって，連邦憲法裁判所はかなりの法務官的な裁量余地

　　　らず……」．また E 42, 243 (248 f.) も見よ．
35)　参照．E 42, 143 (148) および *Rupp-v. Brünneck* 裁判官の少数意見（S. 154）は，法93a 条の「適切な投入」を指示している．E 42, 263 (290)；E 43, 130 (135 f.)；*Wand* および *Niebler* 両裁判官の少数意見 E 43, 177 (189 ff.)．また E 47, 144 (145)；E 47, 198 (239)；E 47, 239 (249)．
36)　たとえば，E 42, 143 (148)．
37)　Ebd., S. 148 f.；また E 43, 139 (135 ff.) も見よ．――文献から，Moench 1977 および *Häberle* I ③：653 における私の書評．
38)　たとえば E 47, 46 (65) を見よ．
39)　E 47, 144 (145)．
40)　E 47, 102 (104 f.)．
41)　たとえば E 47, 146 を見よ．また E 46, 321 (324) も見よ．そこでは，「通例，一般にとって重要な意味がある」との議論がなされている．これについては一般的に，*Häberle* I ③：59 ff..

を創り出し，憲法訴訟法について画期的なものを提供したが，これは評価してしすぎることはありえない．連邦憲法裁判所はその点で，憲法訴訟法の適用においてさらに自信をもつようになっている．とりわけ他の裁判所や立法者に対する分業と権力分立という機能法的原則を顧慮する限り，このような方途へと連邦憲法裁判所はただ奨励されうるのみである．もっとも，合憲解釈と判決理由の拘束力を利用しすぎていることには疑問があるように思われる．

(6) 客観化の技術

裁判所は周知の客観化技術[42]になお忠実である．これを証明するのがE 45, 63 (74 f.) の決定である．判例は「憲法異議の〔主観的権利保障と客観的憲法保障という〕二重機能」を確認しているが，憲法上の権利を侵害しているとの訴えがすべての憲法異議の前提であると付け加えている．基本法は「民衆訴訟」を知らない！

権利保護の利益を肯定するところでは，連邦憲法裁判所は比較的寛大である[43]．改釈の技術は限界内にとどまっている[44]．

「入口規範」の解釈にあたり，連邦憲法裁判所は精緻化を果たそうとしているが，不意打ち的ケースを完全に回避することはできない[45]．連邦憲法裁判所は法24条の適用にあたり，適法性問題にかかわらない傾向が伝統的にあるが，これは近時においても維持されている[46]．シュライヤー判決においても連邦憲

---

42) *Häberle* II ⑪ : 377 (380)〔本書第3章〕における分析を参照．
43) たとえば，E 41, 29 (43)；41, 291 (303 f.)；43, 79 (88), 43, 291 (386)；43, 242 (266)；47, 327 (366). E 42, 312 (323) では，市民の利益の理解によって，異議申立人の「侵害」要件も証明される．——法90条2項2文の適用については，たとえば，E 41, 231 (240).
44) たとえば，E 43, 142 (149 f.).
45) たとえば，一方では E 42, 103 (112 ff.)，他方では E 42, 345 (355 ff.) 参照．E 42, 252 は，法90条2項の意味での「出訴の途」として以前の状態への再投入をしているが，これは正しい．
46) たとえば，E 41, 314 (319)；43, 101 (104)；44, 353 (368 f.)；46, 1(11)；48, 403 (412) 参照．

法裁判所はただちに本案に入っている[47]．

(7) 情報・参加手段の強化と洗練

a) 情報・参加手段の領域では，連邦憲法裁判所は「具体化された憲法としての憲法訴訟法」論文[48]でたどった模範的な道をさらに推し進めている．たとえば労働組合に「教育と学問」の発言を許し[49]，あるいは連邦医師会は見解表明の機会を得ている[50]；同様のことがあてはまるものとして，連邦弁護士会とドイツ弁護士会[51]，ドイツ労働組合総同盟やドイツ使用者組合連邦同盟といった「いくつかの組織」[52]，あるいは教会[53]，ドイツ労働組合総同盟[54]，連邦公証人会[55]ならびに E 46, 246 (253) では中間層マーガリン生産者組合，ドイツ乳業団体と消費者組合，最近では女性法曹連合（E 48, 346 (354)）や動物保護連合（E 48, 376 (382, 386 f., 390 f.)）が挙げられる．連邦憲法裁判所が招いた「第三者」をまとめると，どれだけ強力にそのフォーラムに多元的集団が発言を許されているかに気づく．その点で，憲法異議手続の中には，協働的次元になじむものもある．この手続の憲法理論的基礎づけは，多元主義のコンセプトにある[56]．連邦憲法裁判所法は多元主義的法律として作用するのであって，憲法異議は事実上の集団訴訟となる．

連邦憲法裁判所は概括的に対処するものでは決してなく，きわめて厳密に細

---

47) E 46, 160 (163 f.)
48) また *Häberle* II ⑫：1 (26 ff.)〔本書第1章〕も見よ．
49) たとえば NC 事件 E 43, 34 (40)；また第二次 NC 判決 E 43, 291 (312). 具体的に重要なのは S. 318.
50) E 43, 58 (67 f.) 参照．
51) E 43, 79 (85 ff.)；48, 306 (309, 313) も見よ．
52) E 43, 213 (220, 223 f.). これは「質問用紙」に基づく（ebd. S. 220）；48, 346 (353 f.).
53) E 44, 37 (47 f.).
54) E 44, 322 (333).
55) E 47, 285 (302, 307). 重要なのは S. 325.
56) これについては，*Häberle* II ⑫：13, 26 ff.〔本書第1章〕；*Häberle* I ③：140 ff..

分化している[57]. もっとも, 憲法訴訟の「参加権者」(憲法機関) が憲法裁判所によって認められた可能性を (完全には) 行使しない例も幾度となく存在する[58]. 憲法の一般的な継続発展の利益や可能な限り多くの者が参加する利益の点で, これは遺憾である. 憲法機関と多元的集団は, 自らの可能性を完全に利用し尽くすべきであろう——それが成功しないとしてもそうであって, カールスルーエでの敗訴は, ——参加する憲法機関であれ, 異議申立人個人であれ, 多元的集団であれ——「憲法の敗北」ではなく「憲法の勝利が重要なのであって, それ以外の何ものでもない」[59], どれだけ具体的な人間や集団が重要であるとしても, そうである.

とりわけ連邦憲法裁判所の判例における多元主義的に理解された「公共の利益」の役割[60]は, それ自体として, 連邦憲法裁判所の訴訟実践において情報・参加手段を意識的に投入することを要求する. それらの手段は, 公共の利益と私的利益の公開, 「解明」そして調整, したがって憲法裁判官による公共の福祉裁判に役立つのである.

連邦憲法裁判所の公共の福祉裁判の欠点ないし欠陥を証明しうるところがある. それはとりわけ, 裁判所が憲法訴訟法の既存の情報・参加手段を多元的な公共の利益と私的利益を規定する際のデュー・プロセスの保障としてまさに実効化していないところ, 「正式の」公開保障——そしてそれは一個の多元主義保障である——をあまり重要視していないところである (たとえば法94条5項の実践). 換言すれば, 連邦憲法裁判所は, 情報・参加手段を通じてまた, 一個の開かれた憲法解釈として, コントロールされまたコントロール可能な「公

---

57) たとえば, E 42, 90 によれば, 具体的規範統制手続では, 法82条3項からこの手続の関係人としての地位はなにも生じない.
58) 参照, たとえば, E 41, 291 (303); 42, 258 (259); 43, 75 (77); 46, 43 (50); 47, 130 (137); 47, 253 (266); 48, 48 (54); 48, 64 (73); 48, 246 (253); 48, 367 (372) 参照.
59) それゆえ, ドイツ放送のインタビューでの *Geiger* の発言は適切である (FAZ vom 9. 10. 1978, S. 5).
60) これについては, 連邦憲法裁判所の公共の福祉裁判に関する論文である *Häberle* I ③: 235; *Häberle* I ③: 308 参照.

第4章　憲法訴訟法の独自性　135

共の福祉裁判」となるのである．

b)　憲法訴訟法をその情報・参加手段から理解することは，――すでに示したように[61]――「開かれた憲法解釈」を行う連邦憲法裁判所の任務から正当化される．情報・参加手段によって憲法を多元主義にかなう形で解釈する連邦憲法裁判所の手続実践はだんだんと広がり，深まり，また洗練されているが，このような実践は，限定的にしか他の裁判所にとっての手本としての効果を展開しえない．とりわけ連邦労働裁判所，連邦社会裁判所および連邦財政裁判所にとってはそうである[62]．これらの裁判所もそれぞれの形で「憲法裁判所」である．対象領域に特有な形で，そして各個別手続に応じて――したがって決して一括的な形ではなく――それらの裁判所はその実践において，多元的な情報と参加を強化する可能性を得ようとすべきであろう．たとえば連邦労働裁判所であれば，労働法という部分領域において立法者が「機能しない」ために準立法者として活動すればするほど，そう言える．ドイツ諸ラントの憲法裁判所とその手続実践については，それ自体として，そして強く，この多元主義にかなった情報・参加要求が立てられる．多元的集団，「参加権者」には，そのように見れば長期的観点からは（連邦およびラントの）憲法訴訟法において異なった手続的能動的地位が生じる．憲法訴訟法の側からは客観的には憲法裁判所法の情報・参加の道具にすぎないものとしてあらわれるものが，主観的には多元主義的な参加の地位へと深められる．その際，主観的権利資格の問題は細分化された形でしか答えられない（憲法的手続的能動的地位としての「憲法訴訟法における手続的能動的地位」）．

このようなアプローチは，連邦憲法裁判所法および連邦憲法裁判所によるその適用に基づいて段階づけられた参加手段の平準化に賛成票を投じるものでは

---

61)　*Häberle* II ⑫：26 f., 34, 39 ff.〔本書第1章〕
62)　原資からの収益に対する課税にとっての通貨価値の下落の意味についての判決を契機とした連邦財政裁判所の聴聞活動については，*von Arnim* 1977：233（「連邦財務省からドイツ貯蓄銀行・振替団体まで」）．

ない．連邦憲法裁判所について法26条から生じる情報獲得活動（真実発見）に対する客観的義務は任意の主観的参加請求権へと転換するものではなく，ここでも客観法が主観法を「追い越す」[62a]．また連邦憲法裁判所は多元的団体の関与をみとめるかどうか，また複数の中からどのように選抜するかにあたり，憲法訴訟法の訴訟物，それが属する実体法にきわめて厳密に定位しなければならない．しかし憲法裁判所の決定を通覧してみても，この枠を逸脱するような実践はどこにも生じていない．細分化した手続において麻痺やさらには倒錯が起こらないようにするために，将来においても非常に慎重に「手続」を行わなければならない．この原則はとりわけ，将来においてラントの憲法裁判所あるいはまた連邦の裁判所が連邦憲法裁判所の実践に定位するケースについてあてはまる．これは，裁判所それぞれの機能の枠内にとどまる限りは，まったくもって望ましいように思われる．憲法の実体的理解はここで行きすぎを阻止するが，それは訴訟的理解が実体法に対して方向づけの補助手段を与えるのと同様である．しかし連邦憲法裁判所は，場合によっては議会手続の情報上の欠点を「埋め合わせる」べきであろう．

　c)　連邦憲法裁判所とその手続法は無二の社会関連性を獲得する

　連邦憲法裁判所——その国家と社会を包含する活動は，一般的な意味において，それが憲法についての裁判所そのものであることから生じる——および基本法は，国家のみならず基本構造において社会をも規律するものであって，これが社会を「憲法化された社会」にする[63]．連邦憲法裁判所はさらに，きわめて特別かつ目的的に，強力かつ広範に，特有の形で，「国家」と「私的なもの」の間のレス・プブリカの領域，「社会」あるいは——多元的——公共の領域とよぶことのできるその領域へと影響を及ぼす[64]．このことは，手続面からの基本権の実効化においてのみならず[65]，憲法訴訟法の情報・参加手段をますます

62a)　これについては，Häberle II ④: 43 (112).
63)　これについては，Häberle I ③: 122 f. における私のフライブルク招聘講演．
64)　これについては，Häberle I ③: 129 ff..

用いる手続実践においても示される．連邦憲法裁判所は，細分化した聴聞実践を通じた情報獲得，そして，ドイツ労働組合総同盟，使用者団体や教会などといった多元的集団，組織に関する段階的な参加形態を手に入れている[66]．これによって社会の領域へと「深く踏み込み」，そこから理念と利益を取り上げ，開かれた憲法解釈によってそれに「耳を傾け」，消化するのである．ここで連邦憲法裁判所は学問によって支えられる．憲法訴訟法は憲法解釈者の開かれた社会に開かれ，その「媒体」となる．

議会法律という方途が社会的なものを国家的なものへと「転換する」試みであるのと同じく，現在――限定的ではあるが――これとパラレルな現象が憲法裁判所の手続に見られる．

別の形で定式化すると，連邦憲法裁判所は二重の形でいわゆる社会に接近する．連邦憲法裁判所は突出した判例によって（たとえば基本権の第三者効力と客観化を通じて）ますます社会を制御し，構造化し，このようにして一個の「憲法化された社会」にする．まさにこのような「社会関連性」ゆえに，連邦憲法裁判所はその手続法において社会を自らのフォーラムの前に出るよう指示するものと考えられる．これはとりわけ（大学定数訴訟のような）「重大訴訟」において，また小さな手続においても，多元的な情報・参加実践において証明できる．大げさに表現すれば，連邦憲法裁判所はわずかなりとも「社会（の）裁判所」の性格を獲得するのである．連邦憲法裁判所は，社会の構成の過程における一ファクターとなる程度において，従来の国家性を失っている．それは国家と社会，国家の裁判所と社会の裁判所の区別の彼岸にある「憲法裁判所」なのである．連邦憲法裁判所は「憲法解釈者の開かれた社会」を現実のものとしている――〔しかも〕たんに手続的に，つまり憲法訴訟法的なものにとどまら

---

65) これについては，*Häberle* I ③：87 を見よ．

66) 注49以下の判例紹介．――参照，また E 47, 327 (384 f.) は西ドイツ大学学長会議 WRK の決定，学問の自由連盟の創設の呼びかけに，そして学術評議会の勧告に解釈上の重要性を与えており，したがって憲法解釈者の開かれた社会の典型的な代表例である．

ず，内容的にもその憲法解釈においてこれを現実のものとしているが，それは連邦政府の意見表明，たとえば政府声明，教会の自己理解（E 42, 312 (331), bzw. 46, 73 (95)），学問の自由連盟のような団体や学術評議会のような機関の議論を取り上げる（参照，E 47, 327 (384 f.)）ことによってなされている．このことは，議会がこのような声にあまりに「耳を傾け」てこなかった場合にいっそうあてはまる．

3 展　　望

扱われた連邦憲法裁判所の判決を振り返ってみても，批判の契機となるものはあまりみられない[67]．基本的に，憲法訴訟法を適切に，憲法に特有の形で現実化する道を歩むべく，連邦憲法裁判所は促される．連邦憲法裁判所は，ここでハードな詳細作業と繊細な精密作業にもいくつかの原則判決にも成功している．連邦憲法裁判所は「憲法機関」であるとの自己理解を堅持しているが[68]，自らの限界を原理的に看過するということはない[69]．専門裁判との関係をみるとなお不確実なところがいくつか存在するかもしれず，また民主的立法者との関係もさらに議論され続けるであろうが，いずれにせよ憲法訴訟法を決然とそしてまた精緻に発展させてきたのである．

基本法が「これまで未知の範囲」にまで拡充してきた「憲法裁判の制度」を連邦憲法裁判所は近時新たに称賛しているが，これは正当である[70]．憲法訴訟法は，連邦憲法裁判所が理解し，適用するところでは，この制度の――成長中の――統合的構成部分である．それはたんなる「下部構造」以上のものである．その原理は，実体的意味での憲法となるのである．

---

67) 連邦憲法裁判所が法 94 条 5 項 2 文に関する（不十分な）実践を維持したことは残念である．たとえば，E 45, 400 (411).
68) たとえば，E 46, 185 (187).
69) シュライヤー判決 E 46, 160 (164 f.) における国家機関を支持する権限上の論拠は正当である．
70) E 41, 126 (150) 参照；また E 42, 243 (248) も見よ：「憲法裁判の包括的体系」．

連邦憲法裁判所はラントの憲法裁判の固有の領域を強調し，連邦憲法上不可避であるところを超えて連邦の憲法裁判に依存してはならないとしている[71]．これによって連邦の憲法裁判とラントの憲法裁判の相乗効果が可能になる[72]．ラントの憲法裁判には広範なフィールドが開かれる．しかしまた，連邦憲法裁判所法によってもたらされる憲法訴訟法に関する判例のランクにかんがみれば，学問もまた求められる．学問は，裁判所がその他の何者によっても統制されないだけにますます，憲法訴訟法の属性を拡張するにあたり，裁判所の批判的なパートナーでありつづけるのである．

〔訳　注〕
　　ⅰ）　本稿は 1979 年に初出であるが，1985 年に連邦憲法裁判所法の改正がなされ，忌避・回避の際には，抽選によりもう一方の部から裁判官が補充されることになった（19 条 4 項）．川又伸彦［ドイツの憲法裁判］157 頁以下．

---

71)　E 41, 88 (119).
72)　これについては，*Häberle* II ⑯：43 参照，また，E 48, 64 (88 f.).

第 5 章

独立の憲法裁判の手本としての連邦憲法裁判所

Das Bundesverfassungsgericht als Muster einer selbständigen Verfassungsgerichtsbarkeit

目　　次

　序

I　独立の憲法裁判の諸相――空間と時間における法比較
　1　方 法 問 題
　2　ヨーロッパ憲法史の部分的な結果および成果としての独立の憲法裁判
　3　独立の憲法裁判の典型的要素のカタログ――七つの特性
　4　憲法裁判の憲法理論への道程

II　ドイツの連邦憲法裁判所の「モデル的性格」
　1　「モデル的性格」の前提問題あるいは手本問題
　2　連邦憲法裁判所の個々のモデル的要素
　特論：ヨーロッパ人権裁判所とヨーロッパ司法裁判所の比較領野への組み込み

III　項目別の欠点と（改革）問題
　1　法比較に関する抑制，ヨーロッパに関する欠点？
　2　抽象的規範統制の問題？
　3　憲法異議の改革？
　4　連邦憲法裁判所のたんなる「後期注釈学派」としてのドイツ国法学？

IV　展　　望

序

　連邦憲法裁判所は，制度として世界に知られているが，またとりわけ基本権問題や法治国家ならびに部分的には連邦主義の構成の問題についてのその判決の「発見」や展開の形においても知られている．その影響はヨーロッパを超えて広がっており[1]，そのことはとりわけ，たとえば南アフリカ共和国の憲法制定との関連でカールスルーエに南アフリカ共和国の専門家が訪問した際に，これがむしろ公式の助言機能を果たした点に示されている．ヨーロッパ諸国の憲法裁判所の定期的会合（最初は1972年のドゥブロヴニク，最近では1999年のワルシャワ）は，法比較の実体と方法について影響を及ぼす．ロシア（1993年）[2]からポーランド（1997年）[3]まで，スロベニア[4]からグルジア（1996年），またモンゴル（1992年）までの東欧の改革国家は，その憲法において例外なく独立の憲法裁判を創設したのであり，連邦憲法裁判所がここでも手本としての作用を発揮し，合衆国最高裁判所やスイスの連邦裁判所は内容のうえでは手本として作用したが組織の面ではそのように言えないとした想定に誤りはない．それゆえ，たとえば連邦主義や地域主義がますます立憲国家の類型の成長段階となってい

---

1) 代表的なものとして，*Fromont* 1999 : 493 ff.．外国において公刊された外国語文献では，連邦憲法裁判所は常に特別の立場を占めている．たとえば，*Luther* et al 2000 : 159 ff.．さらに，*Kommers* 1998 : 787 ff.．しかし逆にまた，*Wilms* 1999 : 1527 ff.．
2) 文献から，*Schweisfurth* 1992 : 281 ff.; *Hartwig* 1996 : 177 ff.; *Nussberger*, 1998 : 105 ff.; *Blankenagel* 2000 : 35 ff.．
3) ポーランドはすでに「1989年」以前から行われている．これについては，*Garlicki* 1990 : 285 ff.; その後について，*Zakrzewska* 1993 : 15 ff.．
4) スロベニアについて，*Kristan* 1994 : 59 ff.──以下で挙げられる東欧の憲法に関する限りで，JöR の5部編成のシリーズで資料として掲載されている（43巻（1995年）に始まり46巻（1998年）に終わる）．──アフリカの憲法の引用は，*Baumann/Ebert* (Hrsg.) 1997 による．ラテンアメリカの憲法については，*López Guerra/Aguiar* (ed.) 1998.

る，あるいはそのようになる（地域主義についてはイギリス——スコットランド，ウェールズ——が参照されよう）というのと同じように，独立の憲法裁判が今日的発展段階にある立憲国家の「頂点」と評しうると示唆する者も少なからず存在する．

憲法裁判のような制度について記念論文集を編むのは，ドイツではすでに伝統となっている[5]．もっともそれは批判をしてはならないわけではない[6]．近年では連邦憲法裁判所に関してあまりに一面的に批判の手が制止されていることがあるにもかかわらず[7]，そうである．その構成からも表現されているように，連邦憲法裁判所をドイツの憲法文化の一部として無条件に「祝賀する」本記念論文集の通奏低音に，筆者は喜んで同調したい．そして連邦憲法裁判所は「手本」あるいは「モデル」であるというテーゼに賛同する者も多い．〔もっとも〕文化科学としての比較憲法学は，生ける規範や制度はすべて相対的であってコンテクストに依存するものであることを理解しており，それに従い，節度をもって作業を進めるのである[8]．

I　独立の憲法裁判の諸相——空間と時間における法比較

1　方法問題

連邦憲法裁判所の憲法裁判を外国との比較において詳述することは他の論稿

---

5) 参照，連邦憲法裁判所については，*Starck*(Hrsg.) 1976がある．類書として，たとえば，die Festgabe zum 50 jährigen Bestehen des Bayer. VerfGH (1997)．その受け渡しについて，*Lerche* 1997 : 17 ff..

6) 部分的な側面として，*Voßkuhle* 1997 : 2216 ff.；*Limbach* 1996 : 414 ff..

7) 参照，*Scholz* 1997 : 1201 ff.；ならびに（むしろ批判的なものとして）*H. H. Klein* 1997 : 1135 ff.；*Knies* 1997 : 1155 ff.；また *Guggenberger/Würtenberger* (Hrsg.), 1998も見よ；さらに *Depenheuer* 1997 : 485 ff.；また近時の批判として，*Isensee* 2000 : 15 ff. を見よ．

8) 筆者のアプローチの意味において，*Häberle* I ⑧, 1998——たとえば「先例拘束性」問題は以上の点を背景にして扱われ，展開されなければならない．文献から，*Lundmark* 1997 : 315 ff..

に委ねられるため，本稿はキーワードを挙げて，特に方法上の基本問題を扱うことができる．その方法上の基本問題は，20年来，筆者みずからの視点から展開してきたところによると[9]，次のような特徴をもつ．立憲国家に関する法比較は，——結局は対となっている——二つの次元において発展される．すなわち時間における法比較（憲法史）と空間における法比較（比較研究）である．重要なのは比較テクスト段階分析である．これは——文化科学に敏感になって——あらかじめさまざまなコンテクストを組み込んでいる．成文の憲法テクストと並んで（「不文の」）憲法判例が前面に押し出されるところでは，判例の——凝縮された——テクストに即して〔テクスト段階が〕解明される．このような成文あるいは不文の憲法テクストと並んで，——多くの憲法テクストを結びつける——古典テクストが「広義の」憲法テクストとしてあらわれる．古典テクストは，*Aristoteles* から *I. Kant* の著作にまで及ぶ．古典テクストは，直接の法的テクストに追加的な内容や「本源的」内容を伝える（たとえば権力分立に関しては，*Montesquieu*：1748）．これによっていわゆる憲法現実が視界に入る．権力の制限，正統化，統一の形成，国家の権限および機能の組織化といった憲法の古典的な機能と並び，その先を行く機能があらわれる．それが文化的機能である．このような憲法理解によれば，憲法とは，法律家のための法的秩序であって法律家により新旧の技術的ルールに従って解釈されるものであるというにとどまるものではなく，本質的には，非法律家，市民のための手引きとしても作用する．憲法とは，法律家のテクストあるいは規範的な法典であるのみならず，文化的な発展状態の表現であり，国民の文化的な自己描写の手段であり，その文化的遺産の鏡であり（たとえば「集団的記憶」），その願望の基礎でもあるのである．開かれた社会の全憲法解釈者の作品としての生ける憲法は，その形式と内容からすればそれ以上に，文化の表現および伝達，文化的な（再）生産と受容，そして従来の文化的「情報」，経験，体験，教訓の貯蔵庫なのである[10]．憲法の——文化的——妥当方式は，しかるべくより深いところにある．

---

9) *Häberle* I ③；*Häberle* I ⑨．
10) *Malinowski* が非法律家的，文化人類学的あるいは民俗学的な意味で「憲法」とい

これが最も美しく捉えられるのが，H. Heller がよび覚ました Goethe の比喩である．憲法とは「生きて発展する，刻印を受けた形式である」[i]．

すべてではないにせよ，多くの立憲国家の憲法の全体的な文化比較[11]から，憲法の一つの理念型を構成することができる．それは現実の型としては国家ごとに異なる多くのバリエーションを有する．そのような多くの成分からなる多面的な方法によって，憲法裁判もまた作り上げられるのである．

2 ヨーロッパ憲法史の部分的な結果および成果としての独立の憲法裁判

独立の憲法裁判は概念上，他の国家機関あるいは憲法機関に対して自律的で独立しており，一定の権限ないし機能を有する制度を前提とする．オーストリア（1867／1920 以来）あるいは H. Kelsen によって先駆的に展開されて[12]——アメリカ合衆国についてはマーベリー対マディソン（1803）が模範として作用する——，独立の憲法裁判はドイツ基本法において具体的に形成され，広くモデル的なものと感じられている．これについては，その古典的な「覚書」がいわゆる「地位報告」（報告者：G. Leibholz）[13]である．ポルトガル[14]とスペイン[15]はモデルを発展させた．その他の立憲国家も同じく，独立した裁判官が一定の憲法上の問題を決定する裁判所を有しているが，それはまさしく一般の裁判所として存在する（スイスの連邦裁判所（2000 年連邦憲法 189 条参照）やアメリカ合衆

   う概念を用いているのは偶然ではない．*Malinowski* 1975：142.
11)「文化的憲法比較」について，私は同名の要請を次の文献において行っている．*Häberle* I ⑧：33 ff., 1998：312 ff.；「文化比較としての憲法比較」について，現在ではまた，*Wahl* 2000：163 ff..
12) 参照．*Kelsen* 1929：30 ff.；早くには，*Jellinek* 1885.——オーストリアの憲法裁判所については，*Adamowich/Huppmann* 1995：503 ff.；*Holoubek* 1995：573 ff.；*Kucko-Stadlmayer* 1999：505 ff..
13) *Leibholz* 1957：109 ff., 120 ff. *Häberle* (Hrsg.) II ⑫：224 ff. の再録も参照．
14) ポルトガルについては，*Gomes Canotilho* 1998：801 ff.；*Richter* 1993：319 ff..
15) スペインの憲法裁判所について，*Balaguer Callejón* (coord.) 1999：211 ff. さらに後掲注 46 も見よ．

国の最高裁判所)[16]．フランスでは，憲法院がますます「院 (Rat)」から真正の憲法裁判所へと発展しつつある[17]．東欧[18]では，新たな立憲国家は独立の憲法裁判を設けることが圧倒的に多く（たとえばチェチェン，スロバキア[19]，ハンガリー[20]，ウクライナ，リトアニアなどのバルト諸国，さらにはロシア[21]，エストニアは異なる），さらにはトルコも同様である[22]．アフリカの一部の国々，南アフリカ[23]，ナミビア，サハラ以南アフリカ諸国（たとえば中央アフリカ共和国憲法 70 条～74 条（1995 年）），またラテンアメリカ[24]，最後にイスラム諸国[25]においてすらも独立の憲法裁判が存在しており，ほぼ世界規模で成功を収めているが，このこ

---

16) 文献から（批判的），*Tushnet* 1999．それはともかく，*Haller* 1972；*Steinberger* 1974：bes. S. 126 ff.；*Brugger* 1994：571 ff.；*Maaßen* 1977；*Miller* 1978；*Tribe* 1985：51 f.；*Estreicher/Sexton* 1986；*Bickel* 1986；*Rehnquist* 1987．特に基本権保護の領域における最高裁判所の役割について，*Brugger* 1987．財産権問題に関して，*Alexander* 1996：857 ff..　少数意見に関する比較法的研究として，*Millgramm* 1985.
17) これについては，*Starck* 1988：632 ff.；*Luchaire* 1989：173 ff.；*Fromont* 1997：1085 ff.；また，*Hecker* 1998：577 ff. も見よ．――フランス／アルジェリアの受容プロセスの例を提供するのが，アルジェリアの新たな憲法評議会である．これについては，*Knitel* 1990：201 ff..
18) 文献から，特に有益なものとして，*Frowein/Marauhn* (Hrsg.) 1998；*Verdussen* (coord.) 1997；*Milacic* 1998；*Rousseau* 1996；*Giegerich* 1997：404 ff.，同じく東欧における新たな発展に重点をおいている．
19) *Bröstl* 1999：109 ff.
20) これについては，*Brunner* 1993：287 ff.；*Brunner/Sóloyom* 1995；*Spuller* 1998；*Pajor-Bytomski* 1993：220 ff.；*Sonnevend* 1996：977 ff.
21) 一般的な文献から，*Brunner* 1997：1041 ff.；*Brunner* 1993：819 ff..
22) トルコについては，*Hirsch* 1983：507 ff. (付録として条文もついている)．トルコ憲法 146-153 条には広範な権限がみられる．仮命令に関するトルコ憲法裁判所の法創造的憲法解釈については，*Gören* 1994：597 ff. (そこではまた，次のようなキーワードがみられる：「トルコの実務のモデルとしてのドイツの例」)．さらなる文献から，*Rumpf* 1990：129 ff.
23) *Oelkers* 1997：899 ff.
24) 文献から，*Horn/Weber* (Hrsg.) 1989；*García Belaunde/Fernandez Segado* (coord.) 1997．特に「ヘビアス・コーパス」の問題群について，*Belaunde* 2001：513 ff..
25) *Bälz* 1997：229 ff.

とから，立憲国家はすべて，今日では当然に，独立の憲法裁判をあたかも現在の発展段階の「頂点」としてもた「なければならない」とのテーゼを帰結すべきではなかろう．他の選択肢[26]や複合的制度も十分に存在する．たとえば多くの国で採用されているオンブズマン（たとえばポーランドやナミビア憲法89条-94条(1998年)），「護民委員」（オーストリア），一部では会計検査院や人権委員会（たとえばトーゴ(1992年)）がそれである．さらに，イギリスは今日まで，憲法裁判が不在のまま存続している！[27]

とりわけ，どのようなタイプであれ，「番人イデオロギー」には警鐘が鳴らされよう．憲法の番人は大統領あるいは憲法裁判所であるとの周知のテーゼは拒否されるべきである．一方で，憲法の保護はすべての市民に，そしてすべての国家機関になお等しく委ねられているのである．一つの機関を「最高」機関として様式化するのは，立憲国家の市民民主主義に反する．他方，憲法は「公共的プロセス」であって，すでに存在するものの維持に尽きるものではない．「番人」は少なくとも不正確なイメージである．比較憲法裁判論[28]においてはいかなる場も得るべきではなかろう．また，「権威的な」憲法解釈者であるとの主張が表明されることもあるが，これは学問的に見て否定されよう（しかし，実定法上，ウクライナの憲法裁判所（ウクライナ憲法147条2項，150条1項2号(1996年)）ならびにブルンジ憲法149条，151条(1992年)，アルバニア憲法124条1項

---

26) 参照．たとえばベルギーにおける特有の仲裁裁判所．これについて，*Suetens* 1987：135 ff..
27) 憲法裁判所に関する法比較の早期のパイオニア的業績として，次のものを挙げることができる．*Mosler* (Hrsg.) 1962；*Starck/Weber* (Hrsg.) 1986．先行するドイツ語での比較として，*Korinek* 1981；*Müller* 1981；*Schlaich* 1981．深層にまで及ぶものとして，*von Brünneck* 1992．このテーマに関する古典テクストを蒐集した書籍として，*Häberle* (Hrsg.) II ⑫．
28) これについて単なる「資料」以上のものを提供するものとして，たとえば，*Fromont* 1996；*García Belaunde/Fernandez Segado* (coord.) 1997；*Landa Arroyo* 1999；*García Belaunde* 2000．また，*Favoreau* (Aix) が担当する „Annuaire International de Justice Constitutionnelle"，ならびに *Zagrebelsky* 1988．有益なものとしてまた，*Faller* 1986：42 ff.；*Weber* 1995：61 ff..

(1998年)について,「終局的解釈」と明記しているが,これはあまり適切なものとはいえない).

3 独立の憲法裁判の典型的要素のカタログ――七つの特性

以下では,完全なものとは言えないが,――七つの――典型的要素をリストアップする.それらの要素は,閉じたカタログというよりむしろ Wilburg[29] の「柔体系」に似ている.しかし全体として見れば,――独立の憲法裁判の国ごとの具体的形式にはバリエーションがあるにもかかわらず――制度的に独立した憲法裁判の理念型を形づけるものである.

a) 独立の憲法裁判の第一のメルクマールはその憲法機関性である.つまり,憲法裁判の「地位」,その最も重要な権限が成文憲法自体に根拠づけられなければならない.とりわけ裁判官の独立の保障は――実体憲法としても――放棄することができない.もちろん,(連邦憲法裁判所に独立の予算権限を認める!)ドイツほどに自立化が進んでいることは要しないが,法治主義は確保されていなければならない(これは他の機関が司法に厳格に従うという形態においても行われる.反例として,最近ではペルーのフジモリ政権1999／2000が挙げられる).

b) 民主的正統性が第二のメルクマールである.これは(たとえばドイツのように法6条に基づく選出委員会を通じて)媒介される.憲法裁判所は間断なく,国民から国家機関までの「正統性の連鎖」(*U. Scheuner*)の中になければならない.それゆえ,内部補選モデルは拒否される.憲法裁判官が内部選出により補充されるとすれば,民主的正統性は中期的には,あるいは結局はフィクションとなってしまうであろう[30].ドイツでは,政党が憲法裁判官の職を「自らのために」要求するところがきわめて強い.連邦議会あるいはラント議会での選出は,民

---

29) *Wilburg* 1951 ; これについては,*Michael* 1997.
30) 内部補選モデルに反対するものとして,最近ではまた,*Grimm* 2000 : 11.

主主義を基礎づける帰属過程として，たんに理念的なだけにとどまらず，現実に実行されるものである．候補者に対する事前の（公的）聴聞の要請は，望まれるにもかかわらずいまだ実現していない（参照，現在ではブランデンブルク憲法112条4項4文）[31]．

c) 公共性の原理は，憲法裁判の地位と手続にとって（「公共性と憲法」の連関ゆえに）理論上重要な組織原理であるだけにとどまらず，実際にも実効性を保たなければならない（たとえば，重要な手続の公開の形式において行われるが，常に判決の公刊やあるいはまた少数意見の形式においても行われる）[32]．自己の裁判を自己批判的に再審査する準備はすべての者に認められるが，これはもちろん学問的公共圏のおかげによる．

d) ――裁判所としての――合理的な裁判活動は当然，憲法裁判所の特質でなければならない．もちろん，憲法裁判所は共同社会の「政治的全体指導」に関与するが[33]，憲法裁判は「政治」ではなく，むしろ，「法律及び法」の「適用」を特徴としており，その方法において合理的に再審査可能で創造的なこともままあるものである．このことは憲法の継続形成を排除するものではなく，それを含むものである．（特筆すべきこととして，ハンガリーの憲法裁判所が「不可視の憲法」に定位し，これを発展させていることがある）[34]．重要なのは憲法を「確証」するための活動なのであって，たんなる「維持」ではない．個別のケースにおいて，四つのあるいは（法比較を含めて）五つの解釈方法の多元主義あるいは協働は開かれたものでありうるのであって，正義に基づくコントロールという扱いにくいものが常にただちに「間主観的に追検証可能」となりうるわけで

---

31) これについては，*Häberle* II ㉑, S. 131 ff.〔本書第9章〕．
32) 憲法裁判所の手続が特に公共性と関連することについて，現在強く訴えているのは，*Schulze-Fielitz* 2000 : 123 ff..
33) *Hesse* 1995 : 241, 278 参照．
34) これについては，*Grote* 1998 : 62 ならびに *Sólyom* 1998 : 554 ff. (Diskussion).

はない．そうであるとすれば，憲法裁判は，国家と社会の法的基本秩序としての憲法に関する活動であって，職人芸を特徴とし，法律家の「技術」の延長にある活動である．加えて，周知の「憲法解釈の諸原理」[35]——今日ヨーロッパによって相対化されている「憲法の統一性」（キーワード：ヨーロッパというコンテクスト）から国際法親和性原則を経て機能法的適正という原則[36]まで——が，憲法裁判官の活動を基礎づける．憲法裁判はたしかにその効果において政治的であるが，それ自体として政治的というわけではない．付言すれば，憲法裁判所は自らの訴訟法を，実定法が存在しない場合，「一般原則」に基づいて自ら作り出すことができるのであり，それどころか作り出さなければならないであろう[37]．

e) 憲法裁判の権限と機能は一定の種類の「争訟」ごとに区分されるが，この権限と機能には共通の最低水準というものがあり，これによれば憲法裁判の中には，今日の発展段階に立つ立憲国家の制度として，必ずしも放棄できないものではないがよくあらわれるものもある[38]．

ポルトガル憲法 223 条は，憲法裁判所を「特に憲法領域における裁判を管轄とする裁判所」であるとしているが，これは適切である．たとえばワイマールの国事裁判所はきわめてわずかな権限しか有していなかったが，ドイツの連邦憲法裁判所は最大限の管轄権，おそらくはまた（ドイツにとって）最適の管轄権を有している．大まかな法比較により，以下のような種類の憲法裁判所の権限を典型的なものとして区別することができる[39]．

---

35) 基礎的なものとして，*Ehmke* 1963: 53 ff..
36) この問題については，*Hesse* 1995: 31 ff.; *Hesse* 1981: 263 ff.; *Schuppert* 1980; *Schneider* 1980: 2103 ff.; *Walter* 2000: 517 ff..
37) ここで特に創造的なトルコの憲法裁判所については，前掲注 22.
38) *K. Hesse* は，「ドイツ憲法裁判の発展の諸段階」について同名の論文において論じている（*Hesse* 1998）．歴史については，*Triepel* 1929: 2 ff.; *Scheuner* 1976; *Stern* 1980: 967 ff..
39) 基本法あるいは連邦憲法裁判所に関する一つの類型化を行うものとして，*Stern*

- 機関争訟(例,オーストリア憲法138条1項c号,基本法93条1項1号,グルジア憲法89条1項b号(1995年),ボリビア憲法120条2項(1967年))
- 憲法異議手続(例,スペイン憲法161条1項b号および162条1項b号,スロベニア憲法160条(1991年),チェチェン憲法87d条(1992年),グルジア憲法89条1項f号(1995年),ペルー憲法202条2項(1995年))。これには,法律,命令もしくは行政行為に対する異議,またはさらに裁判所の判決に対する異議といったバリエーションがある。
- (連邦秩序の場合)連邦国家争訟(連邦主義も地域主義も可能な限り憲法裁判官によって確保されるべきであろう。例,部分的にはスペイン憲法161条1項c号,基本法93条1項3号,南アフリカ憲法167条4項a号)。
- 告訴手続(例,オーストリア憲法142条2項b号)あるいはその他の憲法保護手続(例,基本法21条2項に基づく政党禁止,またポーランド憲法188条4号も見よ)。
- 具体的規範統制(例,オーストリア憲法140条1項1文,スペイン憲法163条,トルコ憲法152条(1982年),アンゴラ憲法134条d号(1992年))。
- 抽象的規範統制(例,オーストリア憲法140条1項2文,アンゴラ憲法155条1項)。
- 予防的規範統制(例,ポルトガル憲法278条,チリ憲法88条2項(1993年),チャド憲法170条(1996年),しかしスロバキア憲法128条2項によれば認められない(1992年))。
- 国際法に関する規範統制(例,ポーランド憲法188条1号2号,ベラルーシ憲法116条4項(1994年),またボスニア憲法Ⅵ条3b号後段も見よ)。
- その他の争訟,たとえば選挙審査手続(リトアニア憲法105条2項(1992年)グルジア憲法89条1項d号)。
- 鑑定権限,たとえば(1956年までの)連邦憲法裁判所および今日ではグアテマラ(1985年憲法272条h号i号)ならびにルーマニア(1991年憲法144条

1980:978 ff..

f号),マダガスカル憲法112条 (1995年),リトアニア憲法105条3項 (1992年).しかしまたヨーロッパ司法裁判所およびヨーロッパ人権条約にも存在する.

これらすべての権限が同時に存在する必要はない.しかし,憲法裁判は,その名に値するには,あまりに部分的すぎるものにとどまるべきではない.その際,法政策的に見て,権限拡張は段階的に推し進めていくのがよいであろう.

f) 多くの特殊な機能の中でも,憲法裁判所が意識的に実行し,学問によって憲法理論的に精錬されるべきと思われるものとして,以下のものが挙げられる.
- 地域的,国際的な人権条約のコンテクストにおける基本権の保障の進化.
- 民主制,法治国家とりわけ「憲法の優位」の保護(例.エクアドル憲法272-274条 (1998年)).これは,予防的,抑止的,抽象的,具体的の区別なく,特に規範統制の形態で行われるが,それだけにとどまらない.
- 「国家権力の分立」の確保としての権力均衡の維持.これはモルダウ憲法134条3項 (1994年) では実定化までされている.
- 多元主義の確保と,そこにおいてすべてのタイプの少数派の保護すること.
- 国内の憲法裁判所の地域的,国際的な責任共同体への平和的な位置づけ(キーワード:「国際法親和性」(E 45, 83 (97);92, 26 (48) 参照),人権適合性).
- 文字どおりそのように理解される,憲法の慎重な「更新」.

「緊急事態」の巧みな処理 (手本として,たとえばドイツ再統一では,E 82, 322; 84, 133; 88, 384; 100, 1,ならびに体制転換期のポーランドとハンガリーでは憲法裁判所の側から処理がなされたことが挙げられる) は,国内の憲法裁判を支持する実証例となりうるが,その限界にも通じるものである可能性がある (これがボスニアにおいて1995年のデイトン合意[40]に従って成功したかどうかは未解明である).

g) 全体として，機能的な憲法裁判は，意識的に，政治的共同社会の社会契約の更新の過程に限定的ながら関与することができるし，それどころか関与すべきである[41]．憲法が全市民の「常に新たな協調と自己抑制」であるならば，活発な憲法裁判はまさにここにあって基本的コンセンサスに限定的ながら関与し，またこれに参画するのである[42]．

これによって同時に，今日まで欠いていた憲法裁判の理論の諸相が示唆される．「ヨーロッパという地域的責任共同体」において，憲法裁判の理論は憲法裁判のヨーロッパ的理論としてのみ，構想することができる．

4 憲法裁判の憲法理論への道程

a) 類型論的には，問題に定位して次のように区別されよう．
① 制度的組織的問題（たとえば憲法裁判官の組織，選出および地位，たとえば免責），これには（自ら創出することもある）憲法訴訟法の原理も含まれる．
② 実体的機能的問題，たとえば権限（「手続類型」）と権限行使の際に実践される憲法解釈の方法と原理——これには，（たとえば議会または外交権との関係において）他の国家機関あるいは憲法機関に機能的に残された形成の余地も含まれる．

b) 具体的な作業領野は，きわめて重要な憲法テーマに基づいて，次のように区分けすることができよう．
① 人間の尊厳と基本権（市民的権利と政治的権利，また経済的権利，社会権，文化的権利（また国家目標）に細分化される）．
② 社会的法治国家（憲法の優位を含む）またさらに文化国家と「環境国家」．
③ （場合によっては「たたかう」）民主制（たとえば政党禁止）．

---

40) ボスニアの憲法裁判所については，*Graf Vitzthum/Mack* 2000：93, 112 f., 130 f..
41) このテーゼは，筆者が 1978 年に提起したものである．*Häberle* II ⑰：425 (436 ff.)〔本書第 2 章〕；これを先に進めるものとして，*Schulze-Fielitz* 1997：14 ff..
42) 文献から近時では，*Kuriki* 1999：121 ff..

④ 水平的権力分立（たとえば機関争訟）と（連邦国家ではまた）垂直的権力分立（多民族国家ボスニアにおいては，地域や地方自治体の保護が万一の際には行われるが，これも含む）．
⑤ 国家レベルの立憲国家の地域的（ヨーロッパ），国際的責任共同体への組み入れ（たとえば国際法上の条約，国際法や「協働的立憲国家」の意味での基準形成，あるいは「国際公法の一般原則」の規範統制）．

　c）　以上の問題ないしテ̇ー̇マ̇のカ̇タ̇ロ̇グ̇は開かれている．今日，憲法発展の成長段階に憲法裁判所の成長期も対応することがほとんどである（それは積極性と抑制のフェーズが時間的に交互する）．その際，このような憲法の優位に従った統制機能は常にまた，（各国ごとに強さの異なる）形成機能を有する．特にヨーロッパでははるかに明確に規定された「基準」を描き出している．これはもちろん，すべての憲法裁判所に負うところである（キーワード：「全ヨーロッパ憲法」）．

　以上のようにあらゆる形で一般化に向けた努力がなされるにもかかわらず，方法上および実体上，ある国民の個別的な憲法文化を正当に評価する具体化と評価のための余地が残されていなければならない．

II　ドイツの連邦憲法裁判所の「モデル的性格」

1　「モデル的性格」の前提問題あるいは手本問題

　連邦憲法裁判所のモデル的性格あるいは手本としての性格を扱い，また──慎重に細分化したうえで──それを肯定する前に，前提問題が問われる．「立憲国家」という類型は──比較してみれば──各国ごとのバリエーションにおいて発展する．この類型は古典テクストを広義の憲法テクストとして有しており──たとえば *J. Locke*, *Montesquieu*, *Rousseau*, そして最近では環境保護・世代間保護に関して *H. Jonas*（参照として基本法 20a 条を挙げるにとどめる）──，そして最低限の共通原理，手続，制度を特徴としており，これがこの類型の同

一性を形づくっている．そのようなものとして，垂直的権力分立としての連邦主義ないし地域主義は──いまだ──含まれていないが，水平的意味における古典的権力分立は含まれている．現在，およそどの立憲国家も，最適なモデル要素のすべてを自らのうちに統一してはいない．たとえばフランス，そして部分的にはイタリアも今日まで実効的な地域主義を欠き，また憲法異議も欠いている．逆にイギリスは議会制民主主義を手本となるような形で実践しているが，依然として基本権カタログの成文化をめぐって格闘している[43]．「立憲国家」という類型の発展史の推移の中で革新的な貢献をなした国も多い．ドイツは，ここで連邦憲法裁判所の組織と実践が模範的なものを作り出した．ある一定の国のある制度が他の立憲国家にとってモデル的性格を有するのかどうかは[44]，ただ全体的法比較においてのみ，そしてただ文化科学的にのみ答えることができる．すなわち，個々の国の等しからざるものも作りあげられる可能性もあるのである．特定の制度を絶対的抽象的に「最善の」制度として称揚することはできない．ある制度が──あるいは修正された形で──受容することができるかどうか，またいつ受容できるかということは，そのつどの政治文化，憲法文化にも左右される．言い換えれば，ある規律がモデルとして「勧められる」場合に，あらゆる憲法的テクストのコンテクスト依存性[45]がともに考慮される．それゆえ，東欧の非常に若い改革国家は，まだ憲法裁判所の少数意見制を導入することができないし，そうすべきではなかろう（しかしスロベニアとクロアチア参照！）──スペイン[46]にとって，1978年時点で憲法（164条1項1文）に少数意見を規定したのは大胆な試みであったが，基本法の下では周知のように1970年に初めて導入された（法30条）．すべての立憲国家がそのときどきで

---

43) 前段階として現在では，ヨーロッパ人権条約の編入が影響を及ぼしうるかもしれない．これについては *Baum* 2000 : 281 ff. さらに *Starck* 1994 : 627 ff. を見よ．

44) そのようなモデル思考を筆者は次の文献において行っている．*Häberle* II ㉖ : 399 ff..

45) コンテクストテーゼ（1979年）について，現在詳論する拙稿として，*Häberle* II ㉙ : i.E..

46) スペインについては，*A. Weber* 1985 : 245 ff. ; *Cruz Villalón* 2000 : 311 ff..

同一の発展段階にあるわけではない．時間的なずれは当然のことであって，一切の政治的，憲法的助言あるいは法比較にあってこのことが考慮されうるのであり，それはまた豊穣さをも意味しうるのである．

　トータルに見れば，次のように言える．憲法裁判のような制度を「手本」あるいは「成果」であると性質判断することは，全体的・法比較的，抽象的・個別的に，ある憲法が「成功」しているかについて全体として立てられた基準から行われなければならない（たとえば，人間の尊厳の保護，自由の確保，少数者保護，対外・対内的平和の維持，正義と公共の福祉目標（たとえば環境保護），権力濫用の阻止など）．次のような反対問題も認められなければならない．憲法裁判を何ら有しない国家あるいはそのような制度はあるが重要性がほとんど認められていないような国家において，いかにして今日の立憲国家という類型の「憲法の優位」は維持されるのか？　それはとりわけ世論の注意深さにより，国内の国法学者やヨーロッパにとどまらず拡大する超国家的国法学者共同体により，議会により，（憲法に拘束されているがゆえに）より深い意味における「憲法裁判所」である通常裁判所（それゆえ，「専門裁判所」というドイツの概念はきわめて問題がある――参照，しかし残念なことに E 94, 1 (LS)，最近では E 101, 158 (LS) でこの概念が用いられている）により，維持される．憲法裁判の「反古典」，たとえば T. Jefferson, B. Constant, あるいは O. von. Bismarck[47]の懸念については，繰り返し議論されなければならない．

　連邦憲法裁判所が「モデル」という性格規定を受けるとすれば，このことはさらに理論的に，いわば「プラトニックに」考えることができる．つまり，連邦憲法裁判所は他の立憲国家のモデルたりうるであろう．しかし実践的観点も考えられる．連邦憲法裁判所は他の国々にとって，憲法裁判に関して，実際に全体としてあるいは（しばしばそうであるように）部分的に「モデル」となっている．受容プロセスが生じうるとして，それが現実に進行するか，またいかに進行するか，だれが「受容の媒介者」であるか（各憲法政治家，国内の学者共同

---

47)　これについては，Stern 1980 : 939.

体あるいは単純に「インターネット」）は，明らかにしがたい．また無意識に「類似の選択」を行うことも考えられる．しかしながら今日，立憲国家に関する世界規模での生産と受容のプロセスが存在する．その力場には，いずれにせよ，第一の要素として憲法裁判が存在する．憲法裁判は，憲法にとって典型的なさまざまな機能に関与する．つまり，自由のための権力の限定，権限の構成，市民と社会集団の統合，わずかながらさらには「憲法教育」が，それである．

2 連邦憲法裁判所の個々のモデル的要素

以上のような前提問題に対する解答に基づいて，制度としてそして50年の実践から，連邦憲法裁判所の個々の要素を勧めることができる．連邦憲法裁判所の列挙されたほぼすべての個別の権限はその有効性が実証されてきたのであって，それゆえ原則としてモデル的性格をもつ．（バイエルン型の）民衆訴訟を放棄したことすら，――これはラントレベルでは非常に有意義たりうる（バイエルン憲法98条4文）――私見によれば手本となる（1949/89年のハンガリー憲法32A条2項ならびにコロンビア憲法241，242条（1990年）は異なる）．個々の権限については，異論を唱えることもできる（たとえば抽象的規範統制，これについては本章III．2）．ドイツにとって，現行の権限のアンサンブルは幸運なめぐりあわせであって，このことは，他国では政治プロセスがより機能しうるがゆえに，憲法裁判所にあまり多くの権限を与えようとしないということを排除するものではない（たとえばアメリカ合衆国あるいはスイス――後者では部分的に直接民主制が存在する）．

さらに，ドイツ再統一のような特別の憲法問題の処理は手本となる[48]．司法積極主義と司法的抑制の間の綱渡りはそこでは特に困難なものであることがわかる．なおも勧められるのは独自の憲法訴訟法の発展[49]（同じくラント憲法裁判

---

48) これについては（一般的におよび比較的に）*Hesse/Schuppert/Harm* (Hrsg.) 1999，そして特に同書所収の *Schulze-Fielitz* 1999：65 ff., *Bryde* 1999：197 ff. ならびに上記 I. 3. f)．

49) これについては，文献から，一部論争がある．*Häberle* II ⑪〔本書第3章〕；

第 5 章　独立の憲法裁判の手本としての連邦憲法裁判所　159

の強化[50]) である．最後に，他の憲法機関や公共圏が連邦憲法裁判所の裁判に広く異議を唱えず「自明なものとして」遵守していることは，手本として称揚することができる．連邦憲法裁判所には動揺や自己修正が少なからずありうるとしても，たとえば基本法 5 条や 4 条[51]，また「統一価格決定」[52]や「損害としての子」[53]，「家族政策上」の決定[54]や財政調整に関する判決[55]のような作業領域の中には，依然激しい論争のあるところが少なくない．一方の憲法裁判と他方のメディア，学問，その他の公共圏との間の相互対話は機能している．1995 年の不幸で嘆かわしいキリスト磔刑像判決 (E 93, 1) への批判やラントの財政調整に関する上述の判決にみられるような憲法裁判の限界の機能法的な逸脱に対する批判すら，連邦憲法裁判所そのものへの批判を意味するものではない．むしろ，政治プロセスは「カールスルーエ指向」にすぎる！　J. Limbach 長官の「政治が連邦憲法裁判所の背後にうまく隠れている」という発言はあまりにも正当である[56]．

　さらに，学問の側からの多くの評価が参照される．これは連邦憲法裁判所創設 10 年ついての R. Smend の重要な講演[57]に端を発する．カールスルーエが

　　Häberle III〔本書第 4 章〕; Benda/Klein 1991 : 62 ff.; Pestalozza 1991 : 2 (「憲法訴訟法の独自性」)．
50)　「連邦憲法裁判所の近時の発展におけるドイツ連邦システムでの憲法裁判の強化」について，C. Tietje の同名論文 (Tietje 1999 : 237 ff.)．
51)　E 93, 266 ff. (「兵士は殺人者だ」); E 92, 1 ff. (「座り込みデモ」); E 93, 1 (「反 - 磔刑像決定」)．文献から，Schmitt Glaeser 1996 : 873 ff.; Tettinger 1995; Otto 1996 : 127 ff.; Krey 1995 : 221 ff.. しかしまた，Grimm 1995 : 1698 ff. も見よ．——キリスト磔刑像決定について，Badura 1996 : 71 ff.; Brugger/Huster (Hrsg.) 1998, 近時では，Nolte 2000 : 89 ff. そのほか参照．
52)　E 93, 121 ff. und 165 ff.
53)　E 96, 375 ff. bzw. 96, 409 ff. 文献から，Schöbener 1998 : 326 ff..
54)　E 99, 216; 99, 246; 99, 268 最後に，E 99, 273. 文献から，Schneider 1999 : 1303 ff..
55)　E 101, 158 ff. 文献から，Pieroth 2000 : 1086 ff.; Rupp 2000 : 269 ff..
56)　Limbach 2000 : 351 ff.
57)　Smend 1963 : 23 ff. (Häberle (Hrsg.) 1976 : 329 ff. に再録)．古典テクストとして，

高い権威を獲得したこと——これは基本法全体に果実をもたらす——はドイツ憲法史の慶事であり，たしかにまた他の地でも手本として認められうる．

あまりモデルとならない，あるいは模倣する価値がほとんどないのが，連邦憲法裁判官の選出に関する手続である．連邦議会および連邦参議院により3分の2の多数で選出されるが，実際には政党によって「相互協調の原理」の手続で交渉されるため，この手続の改革論議が繰り返されている[58]．〔しかし〕これまでは成功していない．政党が選出あるいは選挙を支配しているからである．いわゆる「中立的」候補（すなわち同調者や政党員でない者）に機会が回ってくることはほとんどない[59]．他の立憲国家，とりわけイタリア（イタリア憲法135条1項）や東欧の多くの改革国家は，——制度全体においてより強い権限をもつことがほとんどではあるが——大統領が関与する（憲法裁判官の3分の1は大統領によって選出される）[60]．イタリアの肯定的な例は，ローマの裁判所への A. Baldassarre, G. Zagrebelsky 両教授の任命に成功したことである．この問題において議論されるべきは，逆に他の国々こそが特にここで基本法のモデルとなりうるのではないか，という点である．

特論：ヨーロッパ人権裁判所とヨーロッパ司法裁判所の比較領野への組み込み

「手本の問題群」の中には，ヨーロッパ人権裁判所とヨーロッパ司法裁判所という二つのヨーロッパの憲法裁判所がはじめから組み込まれている[61]．たし

　　　Friesenhahn 1963 も挙げられる．そのような古典テクストになったものとして，現在では，*Hesse* 1995b : 265 ff..
58) 参照．たとえば，*Geck* 1987 : 697 ff..
59) 手本となるのは，たとえば，*Hesse* : 1975-1987.
60) 参照．バリエーションはあるが，リトアニア憲法103条1項（1992年），ブルガリア憲法147条1項（1991年），ルーマニア憲法140条2項（1991年）．印象深いことに裁判官，検察官，弁護士および大学教授の混成を要求しているのが，クロアチア憲法122条1項（1991年）である．
61) 早期のものとして，*Weidmann* 1985 ; *Schwarze* 1983.

かに，この二つの裁判所は国内憲法の規準に基づいて法問題を決定するものではない．しかし，「ストラスブール」[62]，「ルクセンブルク」，「カールスルーエ」の間には，すでに今日多くの並行関係が存在し，今後おそらくはさらにいっそうその関係が進むであろう．ヨーロッパ評議会という広義のヨーロッパと EU という狭義のヨーロッパが形成されるだけ，ますます並行関係が進むのである．とりわけヨーロッパ司法裁判所が憲法裁判所たるのは，EU の 15 の加盟国を形づくる「部分憲法のアンサンブル」[63]に負っている．ヨーロッパ人権裁判所とヨーロッパ司法裁判所は，他の「憲法」機関に対して制度的に独立している．両者は，「ヨーロッパ的公共性」[64]という，認識可能になりつつあるものの中で活動する．このヨーロッパ的公共性は，両者の独自の公共性（1991 年 7 月 19 日の手続規則と結びついた EC 条約 220 条参照）に即している．とりわけ両裁判所は，合理的な裁判活動を，独立の裁判官として，一定の列挙的に規定された手続において（たとえば，先決裁定手続（EC 条約 234 条）は具体的規範統制に類似している），そして申立原理に基づいて行っている．たしかに，EC 条約 220 条は「法の維持」しか述べていないが，その実践により，ヨーロッパ司法裁判所が憲法‐条約法をどれだけ継続形成しているかが示される．それは加盟国の共通の憲法伝統に基づく「一般原則」として，多くの基本権を発展させる場合だけにとどまらない（EU 条約 6 条 2 項参照）．ヨーロッパ評議会という広義のヨーロッパの「憲法裁判所」としてのヨーロッパ人権裁判所はそれどころか，完全に人権，したがって典型的に憲法裁判所による基本権保障に集中してい

---

62) ヨーロッパ人権裁判所については，たとえば，*Bernhardt* 1999 : 119 ff. ; *Frowein/ Peukert* 1996.

63) このテーゼは，筆者の次の著作による．*Häberle* I ⑪ : いたるところで，特に S. 7, 16, 86 f. および近時では，*Häberle* II ㉗ : 840 ff.. さまざまなヨーロッパの構想に関しては，通覧することができないほど文献があるが，たとえば，*Pernice* 2000 : 847 ff. ; *Weber* 2000 : 6. ――今ではすでに古くなってしまった文献から，*Grimm* 1995b : 581 ff. ; *Bogdandy* 1993 ; 現在では，*Bogdandy* 1999 : 13 ff. ; *Tsatsos* 1995 : 287 ff.. 最近のものとして，*Hertel* 1999 ; *Schwarze* (Hrsg.) 2000.

64) これについては，古い先行研究に基づいて，*Häberle* I ⑩.

る．

　内容に関して，両裁判所は今日の憲法裁判のすべての理論を組み入れるにもちろんふさわしい．というのも，国内の憲法裁判所と裁判の活発なやり取りを行っているからである．ヨーロッパの基本権司法はとりわけ「カールスルーエ」からの素材に負うところが大きい．その他の国内憲法裁判所も他の領域に影響を及ぼす．その反対に，それらの国内裁判所は内容について「ストラスブール」あるいは「ルクセンブルク」との対話を求めている．ヨーロッパ人権条約およびヨーロッパ司法裁判所の判例は，連邦憲法裁判所の裁判へと影響を与えている（参照，E 74, 358 (370)；76, 1 (81)；82, 106 (125)；83, 119 (128)；96, 152 (170))．ヨーロッパ社会憲章（E 88, 103 (111))や国際的な人権条約（E 88, 203 (260) 参照）も同様である．ヨーロッパの国内憲法裁判所も超国家的な憲法裁判所もすべて，ヨーロッパの立憲的発展プロセスにおけるパートナーであり，ときにまた批判者となり，さらには監察官となる[65]．

　以上に述べたことは，米州人権裁判所のように地域的責任・基本権共同体の枠組みにおいて基本権を保護するその他の海外の裁判所にもあてはまる（1968年の米州人権条約参照）[66]．

III　項目別の欠点と（改革）問題

1　法比較に関する抑制，ヨーロッパに関する欠点？

　法比較は，ヨーロッパにとどまらず今日「第五の」解釈方法として準則化しているものであり[67]，少数意見の中にはより高い正統性を獲得するべく意図的

---

65) 手続が長引きすぎていることを理由にヨーロッパ人権条約6条1項に違反するとした連邦憲法裁判所に対してヨーロッパ人権裁判所が提起した批判（1997年に二つの判決が存在する．EGMR, EuGRZ 1997, S. 310 ff.；EGMR, EuGRZ 1997, S. 405 ff.) 参照．

66) これについては，*Kotzur* 2001.

67) これについては，*Häberle* II ⑲：913 ff..

第5章　独立の憲法裁判の手本としての連邦憲法裁判所　163

に法比較が用いられることが少なくない[68]のであるが，連邦憲法裁判所はこの方法に愛着をもっていない．管見の限り，法比較がとられる判決はほとんど見られない（E 32, 54 (70)；75, 1 (21 ff.)；ドイツ国内に関して，E 79, 127 (144, 149) 参照）．連邦憲法裁判所は *Saviny* の古典的解釈方法の準則に従って活動することがほとんどである．これに対し，他の憲法裁判所は，むしろ法比較を用いて活動することが多い（たとえばスペインの憲法裁判所やイタリアの憲法裁判所参照）．もっともそれは隠れた形でなされることが多い．連邦憲法裁判所は，外国においても高い名声を得ているがゆえに，自覚的に改革国家や開発途上国よりも「内向的に」活動することができるともいえる．しかしながら，将来的にはよりいっそう「法比較的な目配り」が勧められよう──合衆国最高裁判所は，200年以上の伝統があるにもかかわらず，この点についてはそれほど重要視されていない[69]．

---

68) *Rupp-v. Brünneck* 裁判官の少数意見（E 39, 1 (68 ff.)），*Sommer* 裁判官の少数意見（E 90, 145 (212 ff., insbes. 221)）．さらなる分析については，*Häberle* I ①：407 ff..
69) すでに早くから合衆国最高裁判所は，比較により英米法圏の共通の法伝統にさかのぼっている．Hutardo v. California, 110 U.S. 516, 528 (1884)：イングランドとアメリカにおける「法のデュー・プロセス」の共通性．Malinski v. New York, 324 U.S. 401, 416-17 (1945)：「英語圏の人々の正義の観念を表現する礼節と公正の準則」．Culombe v. Connecticut, 367 U.S. 568, 602 (1961)：「200年の英米の裁判所における確立したテスト」．Duncan v. Louisiana, 391 U.S. 145, 149 (1968)：「秩序ある自由という英米のレジーム」．──近時の判決では，──きわめて謙抑的なところもあるが──一般的な法比較的アプローチが見られる：Stanford v. Kentucky, 492 U.S. 361 (1989)；Raines v. Byrd, 521 U.S. 811 (1997)；Printz v. United States, 521 U.S. 898 (1997)；参照．これについて，さらに広範な実証をふくめて，*Tushnet* 1999b：1225 ff. insbes. 1230 ff.──1998年7月9日付のワシントン・ポスト紙では，「Justices See Joint Issues with the EU」というタイトルで，*E. Greathouse* が *S. D. O'Conner* と *S. Breyer* 両裁判官との鼎談の記事を掲載した（S. A. 24）．両裁判官の指摘によれば，合衆国裁判所はよりいっそうヨーロッパ司法裁判所の判決を考慮し，引用しようとすることになるという．*W. Rehnquist* 長官も，ある米独の法律家大会に際して同様の発言をしている：「合衆国の裁判所は他の憲法裁判所の判決に目をやり，われわれ自身の熟議プロセスにその判決を加えようとし始めている」（*Rehnquist* 1993：454）．これに対して最高裁判所は比較法的作業を行う準備が極めて乏しい点を批判

さらに連邦憲法裁判所の場合，「ヨーロッパ」に関して欠点が多少目に付く．一方で，マーストリヒト判決（E 89, 155）は，EU という狭義のヨーロッパに関する伝統を強調し，これによって一線を画したのであるが，これには適切にも多くの批判[70]が提起された．ここで連邦憲法裁判所がヨーロッパ司法裁判所への態度においてもヨーロッパ憲法に関して一定の挽回の必要がありうるとすれば，そのような必要性はヨーロッパ人権条約との関係においてなおのこと存在する．この広義のヨーロッパの実質的部分憲法は，スイスとオーストリアにおいては憲法段階で妥当する．連邦憲法裁判所が実際に行っているのは，基本法の「下」で妥当するヨーロッパ人権条約を基本法へと一定程度照射することにすぎない[71]．「内的ヨーロッパ化」[ii]により，連邦憲法裁判所は――ヨーロッパ人権裁判所，ヨーロッパ司法裁判所と並んで――ヨーロッパの憲法裁判所の一つとなるが，このような内的ヨーロッパ化は将来的にはさらに強化することができよう．そこで連邦憲法裁判所は「モデル」に関してさらに奪還要求をもつことになるかもしれない．これまで連邦憲法裁判所が特殊ヨーロッパの憲法裁判について果たしたところは「あまりにわずかである」．

2　抽象的規範統制の問題？

抽象的規範統制は，連邦憲法裁判所の特に進んだ権限である（法 76 条以下と結びついた基本法 93 条 1 項 2 号）．これに「モデル的性格」を認めることは，私見によればあまり勧められない．抽象的規範統制が最近の他の立憲国家において継受されることは，むしろわずかである．ドイツにおいても時折，その意味について再検討されることがある[72]．抽象的規範統制は，特に深くまで政治プ

するものとして，*Glendon* 1991 : 158（「法における一方的な「海外貿易」」）．
70)　文献から，*Frowein* 1994 : 1 ff. ; *Schwarze* 1994 : 1 ff. ; *Hirsch* 1996 : 2457 ff. ; *Weiler* 1996 : 91 ff.. 近時では，*Mayer* 2000．
71)　E 64, 135 (157) ; 74, 102 (128) ; 74, 358 (370) 参照．
72)　*Benda/Klein* 1991 : 296 における論証．早くには，*Rinken*, 1989a : Rn. 132 (S. 1028)．もっとも，連邦憲法裁判所の「古典的」判決には，抽象的規範統制によって下されたものも少なからず存在する：たとえば，E 39, 1 ; 52, 63 ; 73, 118 ; 88, 203．

ロセスに入り込む．憲法裁判所のそのようなきわめて「政治的」な権限を付与しようとするかどうかは，それぞれの立憲国家の特殊性に応じて異なる．典型的な「出訴の途国家」としてのドイツにとっては，そのような権限の有効性は実証することができる．特筆すべきは，基本法において抽象的規範統制に新たな対象（事件）が加えられたことである（基本法72条2項と結びついた93条1項2a号)[73]．とはいえ，若い民主主義国家は，（独立の）憲法裁判所の「抽象的権限」の承認については，格別慎重を期すべきであろう．これを導入してしまうと，憲法裁判所の権威をまずは構築すべきにもかかわらず，これを脅かす可能性もあるだろう．

3　憲法異議の改革？

憲法異議（法90条以下と結びついた基本法93条1項4a号）とその改革[74]は，依然としてテーマとして継続している．過剰負担問題は非常に切迫したものであろう[75]．憲法異議は，連邦憲法裁判所の権限構造における法的，政治的な「真珠」の一つである．これにより連邦憲法裁判所は最上の「市民（の）裁判所」となるのである[76]．「勝訴率」はかなり低い．〔しかし〕重要な判決はこの手続によって下される（たとえば，E 7, 198 – リュート判決；E 53, 30 – ミュルハイム＝ケルリッヒ決定；E 87, 181 – 放送資金調達；E 89, 155 – マーストリヒト判決；E 97, 350 – ユーロ判決）．憲法異議により連邦憲法裁判所はモデルにもなる．スペインなどの国ではこの手続を導入しており，またラテンアメリカにおけるアンパーロ手続は「パラレルなもの」として作用する[77]．イタリアでは，憲法裁判所への憲法異議の導入について長らく議論されている[78]．きわめて実効的な憲法

---

73)　これに批判的なものとして，*Pestalozza* 1998：1039 ff..
74)　たとえば，die *Benda-Kommission* 1998参照．
75)　文献から，*Zuck* 1997：95 ff.；*H. H. Klein* 1998：367 ff.；*Wieland* 1998：171 ff.；*Röhl* 1998：156 ff.；*Mahrenholz* 1997：129 ff.；*Kirchberg* 1999：375 ff..
76)　*Häberle* II ㉔：112 ff., 131〔本書第6章198頁〕参照．
77)　これについては，たとえば，*Horn* 1999：423 ff..
78)　文献から，*Luther* 1990；*Luther* 1995：475 (480 ff.)；*Dietrich* 1995：78 ff..

異議[79)]をもつ国として，ドイツはそのモデルを変えるべきではなく，たとえば合衆国最高裁の自由受理手続を受容するべきではなかろう．これを認めれば，個人の権利保護の保障と並んで憲法保護という，ますます明確になりつつある憲法異議の二重機能（E 33, 247 (258 f.)，最近では，E 98, 218 (242 f.)）も含め，憲法構造に損害を与えるかもしれない．

4　連邦憲法裁判所のたんなる「後期注釈学派」としてのドイツ国法学？

きわめて多くの文献が連邦憲法裁判所に付き従い[80)]，「注釈憲法判例」[81)]とみなされ，また連邦憲法裁判所それ自体と広くまた時に深くかかわることから[82)]，ドイツ国法学の役割と自己理解の問題が投げかけられる．ドイツ国法学は自ら「退位」したのか？[83)]「カールスルーエ」の「注釈学派」あるいは「後期注釈学派」として活動するのか？　もしそうだとすれば，これは他国の「学者共同体」によって引き受けられるべきものなのであろうか？　私見によれ

---

79)　現行の憲法異議手続の反対者として，*Böckenförde* 1999 : 9 ff. die *Benda-Kommission* 1998. しかし，*Limbach* 1999 : 383 ff. を見よ．

80)　公法雑誌（AöR）における判例報告に限っても，たとえば，*Lerche* 1965 : 341 ff. 参照．最近では，*Wolff* 1999 : 55 ff. *Starck* が担当する「憲法裁判に関する研究と資料（Studien und Materialien zur Verfassungsgerichtsbarkeit）」シリーズには多大なる意義が認められる（最近ではたとえば，*Stüwe* 1997）; *Höffe*, 1999 : 171 ff.; *Häußler* 1994 ; *Scherzberg* 1999 : 356 ff.; *Grimm* 2000 : 1 ff.．注目すべき判例報告として，1997/98 年に関して，*Luther* 1999 : 3411 ff. ――（憲法異議手続も含めた）裁判官による自己証言のランクを持つものとして，*Steiner* 2000 : 95 ff..

81)　*Häberle* II ⑩．

82)　講座本の論説として，*Roellecke* 1987 : 665 ff.; *Simon* 1994 : 1637 ff.; *Löwer* 1987 : 737 ff..　――論文および単行本として，*Schulze-Fielitz* 1997 : 1 ff.; *Ebsen* 1985 ; *Haltern* 1998, *Haltern* 1997 : 32 ff.．　――教科書として，*Stern* 1980 : 933 ff.; *Schlaich* 1997. コンメンタールとして，たとえば，*Rinken* 1989b, ならびに *Sturm* 1999 を参照．

83)　このテーゼは，*Schlink* 1989 : 161 ff.; これについては，*Häberle* II ㉓ : 327 (338 f.).

ば,「自主退位」テーゼは真実の一面にすぎない.ドイツの学者共同体の一部には,判決の本論も傍論もすべて,聖書のテクストのごとくシリアスに受け止める傾向がある.どこの国の国法学者共同体も,憲法裁判に対して最大限の人格的自律と専門的独立を必要とする.国法学者共同体は憲法裁判を批評し,注釈するべきであるが,新たなパラダイムの構想において考えうる限り多くの創造的な想像力を働かせるべきであり,そうすることによって,憲法裁判所は「さまざまな理論要素のプラグマティックな統合」において活動し,「多元主義の憲法」によって中道を追い求めることができるのである.未来学としての法比較がここでその活躍の時を迎える.法比較はコンテクストを生み出し,自己のテクストを相対化し,国内憲法裁判所を超え,たとえば「ヨーロッパ」という地域的憲法共同体へと連れ出すのである.

IV 展 望

本記念論文集に寄稿された人々は,連邦憲法裁判所がその50年の歴史においてどれだけ広く受容されてきたかを繰り返し指摘することができる.個々の裁判官の偉大な業績については伝記によって記述されてきた[84].連邦憲法裁判所はわれらが共和国の基本的コンセンサスであり,ドイツ再統一の段階においてもまさにそうである.連邦憲法裁判所ほど「〔その意義が〕実証」されてきた制度は他にほとんどなく,法比較の中でたんに「見」られうるだけにとどまらない.連邦憲法裁判所はまた,比較憲法学に実り豊かな刺激をつたえる.必要であれば,連邦憲法裁判所はいっそう明確に特殊「ヨーロッパの憲法裁判所」であると理解されることを望むこともできよう——これはよりいっそう強力な,開かれた,ヨーロッパ内の法比較によって,そして「生成途上の憲法ゲマインシャフト」としてのヨーロッパへとよりいっそう開かれることによっ

---

84)「公法年報 (JöR)」の「裁判官像」のカテゴリーを参照.これは *H. Höpker-Aschoff* についての *Ritterspach* 1983: 55 ff. に始まり,近時では,*H. Kutscher* に関して,*Heyde* 2000: 169 ff..

て，望むことができる．それはともかく，ヨーロッパの憲法解釈者の開かれた社会は，連邦憲法裁判所の判決を考えうる限り強力に実践している．「ヨーロッパのドイツ」(*Th. Mann*)[iii]におけるドイツ人として，これについては——祝賀論文集であるため——ただ寿ぐのみである．

〔訳　注〕
 i) *Goethe*, Urworte Orphisch（ゲーテ「原初の言葉　オルフェウスにならって」（生野幸吉・檜山哲彦訳）『ドイツ名詩選』（岩波文庫，1993 年）53 頁）．
 ii) この概念については，*B. Großfeld*, Innere Europäisierung, ZfgG 49 (1999), S. 262 f. を参照．
 iii) 1953 年のハンブルク講演での発言．

第6章

ドイツの憲法裁判システムにおける憲法異議

Die Verfassungsbeschwerde im System der bundesdeutschen Verfassungsgerichtsbarkeit

目　　次

　　序

I　実定憲法および憲法理論の観点から見る連邦憲法裁判所の地位と機能
　1　実定憲法上の地位，構成，および選出――二つの部
　2　大きな権限――重要な判決，1951年来の連邦憲法裁判所の創設の成果――少数意見制の重要な意義
　　(1)　はじめに
　　(2)　権　　限
　　(3)　中間決算：連邦憲法裁判所の制度構築的業績の評価
　3　憲法裁判所としての連邦憲法裁判所――固有の「社会（の）裁判所」としての連邦憲法裁判所，（とりわけ世代間契約としての）社会契約の保障と更新の際のその役割
　　(1)　「憲法（の）裁判所」であり――固有の「社会（の）裁判所」としての連邦憲法裁判所
　　(2)　社会契約の「中の」憲法裁判：社会契約としての憲法を保障し更新する継続的プロセスの調整器としての連邦憲法裁判所
　　(3)　伝統と変遷，伝統と進歩の間の連邦憲法裁判所の判決
　　(4)　連邦憲法裁判所の活動能力の可能性と限界――基本法の自由で民主的な基本秩序という政治文化の枠の中での連邦憲法裁判所
　4　手続準則――憲法訴訟法の「独自性」
　　(1)　手続準則
　　(2)　憲法訴訟法の「独自性」
　5　補論：ドイツ諸ラントにおける憲法裁判，特に五つの新たなラントにとっての連邦憲法裁判所のモデル的性格
　　(1)　総　　説
　　(2)　「古い」11ラントの憲法裁判
　　(3)　新たな5ラントにおける憲法裁判
　　(4)　同一の連邦国家におけるすべての憲法裁判所の共通の作業場での作業――その手本としての機能

II　法律の憲法適合性の審査
　1　歴史的関連と規範的規律
　2　審査の種類
　　(1)　裁判所の判決の審査
　　(2)　執行部の審査

(3)　立法行為の審査
　　(4)　国家機関相互間の争訟の決定
　3　法律の憲法適合性審査の分配：連邦憲法裁判所といわゆる「専門裁判所」
　4　訴訟上の適格性
　　(1)　総　　説
　　(2)　いくつかの例

Ⅲ　連邦憲法裁判所への憲法異議（基本法93条1項4a号）
　1　前史と歴史
　2　憲法異議の今日の役割と機能――「市民（の）裁判所」としての憲法裁判所
　　　補論：連邦憲法裁判所の裁判を基準とした基本権の構造（諸次元，諸機能）――概観
　3　基本法におけるすべての「出訴の途」のコンテクストにおける連邦憲法裁判所への憲法異議
　4　適法性の要件（「本案判決の要件」）
　　(1)　提訴権（異議申立権）
　　(2)　手続能力（訴訟能力）
　　(3)　異議の対象
　　(4)　当事者適格：基本権侵害の主張
　　(5)　様式と期間
　　(6)　出訴の途をあらかじめ尽くしていることと憲法異議の補充性
　　(7)　一般的な権利保護の必要性
　5　判決に対する憲法異議の受理
　　(1)　憲法異議の受理義務
　　(2)　部会による受理の拒否
　　(3)　部会による認容決定
　　(4)　部による受理
　6　審査基準と審査範囲ならびに判決内容，特に判決に対する憲法異議の場合
　　(1)　総　　説
　　(2)　特論：判決に対する憲法異議における連邦憲法裁判所の審査範囲
　　　a)　連邦憲法裁判所は「超上告審」でも「超事実審」でもない
　　　b)　強い結果審査の例
　7　判決の宣告の効果
　　(1)　機関争訟手続における判決の宣告
　　(2)　規範統制の際の判決の宣告
　8　連邦憲法裁判所の判決の実効性の確保
　　(1)　仮命令と執行命令（法32条，35条）

(2)　連邦憲法裁判所の判決の拘束力（特に法 31 条）
　　　a)　形式的確定力と実質的確定力
　　　b)　法 31 条 1 項・2 項に基づく拘束力
　　補論：自治体の憲法異議
　9　緊急事態の場合における連邦憲法裁判所
付論：制度改革に関する考察
　(1)　総　　説
　(2)　特論：憲法異議の領域での改革

Ⅳ　ヨーロッパにおける超国家的基本権保護のシステムにおけるドイツの憲法異議
　1　総説：「ヨーロッパ立憲国家」,「全ヨーロッパ憲法」
　2　ヨーロッパ司法裁判所とヨーロッパ人権裁判所という二つのヨーロッパの憲法裁判所と連邦憲法裁判所の関係
　(1)　連邦憲法裁判所とヨーロッパ司法裁判所
　(2)　連邦憲法裁判所とヨーロッパ人権裁判所

Ⅴ　文献（省略──文献索引参照）

第6章 ドイツの憲法裁判システムにおける憲法異議 173

序

　すでにドイツの法文化の古典的成果に属するものとして，1951年に始まるカールスルーエの連邦憲法裁判所の創設と拡充が挙げられる．この「憲法機関」の権威と名声は，すでにドイツ内部において，また1990年の喜ばしき再統一を迎えて以来現在も，きわめて大きなものとなっている：「最上級裁判所」への市民の信頼はいっそう強まっている——このことは民主的・政治的プロセスを犠牲にしてまでも生じることもあるのである．それどころか，ドイツを越えて，とりわけヨーロッパにおいて，なかでも東欧諸国が一部厳しい変革のプロセスにおいて立憲国家の創設をしようと奮闘して以来，再三にわたり，全体ないし個々の点において，ドイツの連邦憲法裁判所の組織，手続，機能や裁判が手本として参照されている．以上から，本書『ラテンアメリカの憲法裁判』においても，ドイツの見解が発言の機会を得ることができるということを説明することができる．それを語ることは，筆者にとって名誉なことであり，また喜ばしいことでもある．とりわけ，南米への架け橋となるのはスペインとポルトガルの特権であろう：「法比較のコンサート」において，ヨーロッパのそれぞれの意見は，有意義な貢献を果たしうる．というのも，1989年の「驚異の年」以来，比較法と法史は，類を見ないチャンスを有しているのである：両者は共同して「立憲国家」という類型を生み出しているのである：両者は，空間と時間において比較を行うものである．立憲国家の類型は，最終的には狭い意味での法的なものを超えて，文化科学的にのみ把握できるものであるが，これは長きにわたる発展のプロセスにおいて「生成した」ものなのである：またそれは，1689年，1776年，1789年，1849年や，また1945年，1966年などの偉大なる年号において文書化されえたのであり [i]，*Aristoteles*（平等と正義の連関），*J. Locke*（社会契約）や *Montesquieu*（権力分立）から，*I. Kant*（人間の尊厳）を経て *J. Rawls*（公正としての正義）や *H. Jonas*（責任という原理）に至るまでの（広義における憲法テクストとしての）古典テクストにおいて客観化され，詩人の「格

言」(たとえば, F. Schiller「ヴィルヘルム・テル」) あるいは鼓舞する画家の絵 (たとえば, 1789 年についての Delacroix の絵[ii]) によって文化的なもの一般へと「翻訳される」ことも珍しくはないのである.

各国家は, それぞれの政治・文化の歴史に応じて, 立憲国家の類型を異にする. 特殊ドイツ的発現にあたるのが, 憲法裁判である (同様に, オーストリアやスイスのように, 半直接民主制と連邦国家制もこれにあたる). 基本法の政治文化からもドイツ国法学の学説史からも, それなしには考えられないものである. そして, 連邦憲法裁判所の法務官としての活動とその判決の影響は, 憲法学の「独立」を脅かすように思われることもあり, また「法曹法」への可能性を制約するものであるにもかかわらず, ほかならぬその憲法学が, ドイツの憲法裁判の構築と拡充, そして連邦憲法裁判所の「裁判官法」に多大なる関与をしているのである. それは, 原則問題につきあらかじめ検討を加え,「判例注釈」の意味において連邦憲法裁判所の詳細な仕事に注釈を行い, また幸運な場合にはさらに (まれにみられる)「兼務」(たとえば, E. Friesenhahn, G. Leibholz, K. Hesse など, 大学教授でありかつ連邦憲法裁判所の裁判官であった人物である) によってなされるのである[1].

以下の論稿は,「各国の制度に関する報告」と理解される. しかし, 本ハンドブックの「総論」に本稿が置かれることによって, たんなる情報提供であることを超えて, 歴史的・法比較的考察[2]とその素材に基づく憲法理論的考察を行うことも認められよう. 広範な形で設置され, かつ強力に営まれる憲法裁判は, ドイツ的視点からは, 法文化としての立憲国家という類型の一つの特別な発展段階をあらわしている. 連邦憲法裁判所は, ドイツの憲法史の「慶事」とみることができる. もとより, 連邦憲法裁判所はよくいわれるような「憲法の

---

1) G. Leibholz の偉大な裁判官としての人格については, H. J. Rinck の「裁判官像」(Rinck 1986), さらに Wiegandt 1995, ならびに, 彼の 80 歳のコロキウム, Link (Hrsg.) 1982. 教示に富むものとして, Mahrenholz 1990: 53 ff. (Mahrenholz は連邦憲法裁判所の副長官であった).

2) 比較を行うものとして, Horn/Weber (Hrsg.) 1989.

番人」ではない．憲法の最後にして第一の「番人」は全市民であるからである．だがしかし，わけても憲法異議が存在することのおかげで，連邦憲法裁判所は最上の「市民の裁判所」であり，さらには，ドイツ連邦共和国の自己理解の不可欠の構成部分である権力分立の全体システムにおいて，政治的機能を果たすのである．

しかし，本稿はまた，憲法裁判に関する全ヨーロッパのあるいは全ヨーロッパ／ラテンアメリカのすべての共通の課題について「資料」を提供しようとするものでもある．法比較は今日，各国の「憲法裁判」のモデルに関する法政策的作業の場合であれ，現行法の適用の場合であれ，これまで以上に手がかりを与えうるのである．法比較は，世界規模で営まれ，「世界市民的意図」の下で考察されるものであるが，実践的には，——*F. C. von Savigny* による四つの古典的解釈方法の準則化（1840）に続く——実定憲法における「第五の」解釈方法である．〔たしかに〕各国の憲法規範の文化的コンテクストは非常に異なる：比較は，空間と時間において新たな解釈の可能性を開くものである．そしてもちろん，憲法裁判所は，長らく——多かれ少なかれ明示して——このような規範の地平の拡張を利用しているのである．

ヨーロッパがラテンアメリカからも学びうることは，まさに憲法裁判の個々の制度にみられうる．その点で，本稿は，「一方通行」ではなく，国家間，大陸間の相互的な生産と受容の相互的プロセスへの道を開こうとするものである[3]．

---

3) 注目に値するものとして，*C. Starck* による叢書「憲法裁判に関する研究と資料（Studien und Materialien zur Verfassungsgerichtsbarkeit）」（1973年～）と *Dreier/ Schwegmann* (Hrsg.)1976 ; *Moench*, 1977 ; *Starck* (Hrsg.) 1990 などの重要な著書が挙げられる．

I 実定憲法および憲法理論の観点から見る連邦憲法裁判所の地位と機能

1 実定憲法上の地位,構成,および選出――二つの部

　連邦憲法裁判所法1条によれば,連邦憲法裁判所は他のすべての憲法機関に対して自律かつ独立の連邦の裁判所である.連邦憲法裁判所がどれだけ自律的かは,とりわけその裁判官の法的地位がその他の裁判官のそれとは異なった形で規律されており(法3条以下,98条以下参照),連邦の予算案において独立の個別案〔個別項目〕を有している点にあらわれている[4].

　連邦憲法裁判所の構成は,基本法94条および連邦憲法裁判所法から明らかになる.それによれば,連邦憲法裁判所は,それぞれ8名の構成員を有する二つの部に分けられている〔法2条1項〕.二つの部は,相互に対等かつ独立に存在することから,よく「双子の裁判所」とよばれている.各部の三人の裁判官は連邦の最上級裁判所の裁判官から選出される(たとえば連邦通常裁判所やあるいは連邦社会裁判所)〔2条3項〕.裁判官の任期は,12年であり,再任は認められない〔法4条1項,2項〕.連邦憲法裁判所の裁判官はすべて満40歳以上でなければならない〔法3条1項〕.連邦憲法裁判所の裁判官は,ドイツの大学の法学の教員以外の職業活動を裁判官としての活動と兼職してはならない〔法3条4項〕――この兼職可能性は,私見によれば,憲法学と憲法裁判の幸運なる結合を表現したものであり,それはまた,連邦憲法裁判所の幾人かの裁判官が以前に大学教授であり,また依然としてそうである場合にも用いられるのである.

---

[4]　連邦憲法裁判所の地位についてはとりわけ,いわゆる連邦憲法裁判所の地位に関する覚書:JöR NF 6 (1957), S. 110 ff., これには報告者 *G. Leibholz* の連邦憲法裁判所の合同部に関する報告が付されている:*Leibholz* 1957: 120 ff.; これについてはまた,*Benda/ Klein* 1991: 27 ff..

裁判官の選出は，連邦議会と連邦参議院によってそれぞれ半数ずつ〔法5条1項〕，しかも3分の2の多数によって行われる〔法7条〕．そのため，政党は妥協を余儀なくされる．連邦議会は，連邦議会によって任ぜられた選出委員会によって間接的に選出し〔法6条1項〕，連邦参議院は直接に選出する〔法7条参照〕．長官と副長官は連邦議会と連邦参議院によって交互に選出される〔法9条〕．長官には，たとえば元バーデン・ヴュルテンベルク首相 G. Müller や元連邦内務大臣 E. Benda が就任していた．彼らは両者とも非常に人格的に立派な職への態度を展開し，彼らを支援する政党に対して，ひとたび職に就くと，非常に強い内的，外的独立性を実際に示してきたのであった．
　そうであるとはいえ，連邦憲法裁判所の裁判官の選出は「改革のテーマ」になっている．〔なぜなら〕政党の影響があまりに強いからである．政党は，あからさまに「その政党の」裁判官のポストが自らのものであると主張する．そして，SPD または CDU に「認められる」席が〔それぞれ〕一定数存在し，FDP にも一つ存在する場合がある．しかし，「同盟90／緑の党」には一つもないのである．「中立的な」候補が選出されるという幸運に恵まれる場合もある（たとえば K. Hesse (1975年)）．誤解を招かぬよう一言しておけば，連邦憲法裁判所のこれまでの歴史では，ひとたび選出されると，すべての裁判官はその支持母体の政党に対して考えうる限り独立していることが明らかになる．それでもなお，選出手続は改革を要するのである．全体としていえば，連邦議会において代表されるすべての政党が多元主義的に代表され〔連邦憲法裁判所に〕現前することが希求されなければならないのである．
　〔裁判官としての〕適性は，アメリカ合衆国のように，「法哲学」に関する公的聴聞において照会されるべきであろう．また，裁判官の任命の一部分を大統領に委ねているイタリアモデルについても検討されるべきである．

2 大きな権限——重要な判決，1951年来の連邦憲法裁判所の創設の成果——少数意見制の重要な意義

(1) はじめに

　連邦憲法裁判所の管轄〔権限〕は，たしかに列挙の形で確定的に規定されている．それでも，その創設以来1989年までほぼ一様に拡大してきた．この「驚異の年」に至って初めて，権限カタログが，新たに成立した立憲国家によって強化されて，とりわけ東欧やいくつかの開発途上国において継受されたのである（東ドイツ諸ラントもまた同様である）．長い年月を経て獲得された連邦憲法裁判所の大きな権威が，その重要な判決の影響作用史を強化したのである．

　その一つが少数意見制である．これは (1971年以降)，(1986年・89年の規則56条と結びついた) 法30条2項に従って認められたものであり，学問的公共圏においてのみならず，連邦憲法裁判所自身の内部にあってもますます注目されるのである．少数意見が，部内の多数派が変わることによって後に受容されたという例がいくつも存在する（たとえば，E 32, 129 (141 ff.) または E 53, 257 (289) における R. -v. Brünneck の少数意見）．また，組織・手続による基本権保護ないし P. Häberle の主張する「手続的能動的地位」に関する Simon/Heußner 両裁判官の少数意見 (E 53, 69) も著名である．少数意見は，慎重に用いれば，一つの継続的に発展する「憲法の公共圏」なのである．少数意見は，時間軸において憲法解釈のプロセスの公開に資するものであり，敗者の側の意見を Hegel 的意味において「止揚する」（すなわち，保存する）する限りにおいて，調停的に作用しうるのである．また，「唯一の正しい」判決というイデオロギーに反証するものでもある．少数意見は，「多元主義の憲法」としての憲法の理解とその精神を同じくする．少数意見の影響作用史は，ここ15年の移り変わりの中でさらに検討され，その構造もまた検討に付されてきたのである．少数意見は強い正当化圧力の下にあるがゆえに，その根拠づけにおいて法比較が，多数意見の場合以上に重要な役割を果たすのである．〔したがって，〕W. Geiger のような個々

の裁判官について，「少数意見」が後に独立の書として編集されたのは適切なのである（1989年）[5]．

(2) 権　　　限

連邦憲法裁判所は，（時に批判的に）憲法の「番人」あるいは「主人」とまでよばれ，また「第四権力」あるいは「第一権力」とすらよばれ，そしてまた「影の主権者」などともよばれる．総括的な評価の前に，連邦憲法裁判所の「巨大な」権限と，基本法を1951年以来本質的にともに発展させてきた「重要な判決」を概観し，整理しなければならない．

a) まず第一に，憲法異議である（基本法93条1項4a号）：これにより，連邦憲法裁判所は「市民（の）裁判所」となる．憲法異議により「無償で，かつ弁護士強制なく」だれでも連邦憲法裁判所へのアクセスが可能であること（*Rupp-v. Brünneck*）によって，裁判所は市民の意識の中に定着し，また公権力に対する市民としての自己意識が強化されたのである．純粋に数字だけ見れば勝訴率は比較的低いが（たとえば，36000件のうち，勝訴したのは400件＝勝訴率1.11パーセントである），それだけにいっそう憲法異議の国家教育的，市民民主主義的効果は大きい．だれでも――出訴の途を尽くした後に――公権力によって自らの基本権または基本権類似の権利を侵害されたと主張することによって，憲法異議を提起することができるのである．――非常に政治的な――憲法異議の方法で下され，実務上基本法のランクを有する指導的判決の一つとして，著名なリュート判決（E 7, 198）があるが，その影響はレーバッハ判決（E 35, 202）にまで及んでいる．リュート判決は，利益衡量の方法によって，基本法5条をはるかに超えて影響力を有している．さらに挙げられるべきは，薬局判決（E 7, 377），第一次大学定数制判決（E 33, 303），法的聴聞と公正な手続に関する判決（E 47, 182 (187)；46, 325 (334 f.)），最後に特別権力関係の法化に関する判決（E

---

[5] また，*Rupp-v. Brünneck* 1983；*Lamprecht* 1992 も見よ．

33, 1) である．近時では，たとえば「マーストリヒト判決」(E 89, 157) がある．

　b)　抽象的規範統制および具体的規範統制は，それ自体高度の政治的・実践的意義を有する．たとえば，連邦政府または連邦議会の構成員の3分の1（少数者保護！）の申立てに基づき，連邦法律について，基本法との適合性の審査を連邦憲法裁判所に提起することができる．この抽象的規範統制（基本法93条1項2号）の方法によって，第一次政党助成判決 (E 20, 56) のような「制度設計的判決」が下された．いわゆる具体的規範統制（基本法100条）――「裁判官の訴え」ともよばれる――の場合，裁判所，たとえば区裁判所により連邦憲法裁判所への移送が行われる（例：男女同権に関する判決 (E 3, 225)，終身自由刑の合憲性に関する判決 (E. 45, 187)，原子力法7条に関する判決 (E 47, 146 ; 49, 89 参照))．

　c)　機関争訟（基本法93条1項1号）によって，たとえば選挙広報判決 (E 44, 125)，予算判決 (E 45, 1)，また演説時間判決 (E 10, 4) が下された．「基本法若しくは連邦最高機関の規則によって固有の権利を与えられた他の関係機関の権利及び義務の範囲に関する紛争を原因とする基本法の解釈」に関する判決について，連邦憲法裁判所の権限が認められる（基本法93条1項1号，法13条5号，63条以下）[6]．ここでの意味における機関として，個々の議員 (E 60, 374 (379) ; 62, 1 (31 f.))，連邦議会の会派 (E 1, 372 (378) ; 68, 1 (63))，そして政党 (E 44, 125 (136 f.) ; 74, 44 (48 f.)) が認められている．近時，機関争訟手続の件数が増加してきている．たとえば，政党財政援助 (E 85, 264) や追加装備 (E 62, 1) あるいは政党財団への援助 (E 73, 1) に関する近時の判決が挙げられよう．機関争訟は当然少数者保護に資するものである．個々の議員と会派が機関争訟を利用しうるからである．機関争訟は「多元主義の保障」として作用するのであり，また連邦憲法裁判所が基本法の権力の均衡の中にどれだけ深く組み込まれ

---

　6)　文献から，*Lorenz* 1976 : 225 ff..

ているかを確証するものである.

d) 連邦国家争訟

連邦国家争訟は,ドイツにおける憲法裁判の歴史的淵源の一つである(著名なのが,1932年のドイツライヒに対する国事裁判所への「プロイセンの提訴」である).基本法93条1項3号,法13条7号,68条以下により,連邦憲法裁判所は,連邦とラントの権利と義務についての意見の相違を対象とする,連邦とラント,またはラント相互間の憲法上の争訟について判断する.とりわけ連邦憲法裁判所の活動の最初の10年では,重要な判決がこの方法で下された:ライヒ政教条約 (E 6, 309),原子力兵器に関する住民投票 (E 8, 122) そしてとりわけ第一次放送判決 (E 12, 205) がそうである.最後の判決は,メディアの多元主義的構造および「連邦忠誠」に関して,憲法史に名を残した.その後は,多くの連邦国家的争訟が抽象的規範統制の形式(基本法93条1項2号)で解決されている.たとえば,E 37, 363 がそれである.抽象的規範統制には期限の定めが存在せず,意見陳述権者の範囲が連邦国家的争訟よりも広いがゆえになおのことそうなるのである.そうではあるものの,連邦・ラント間争訟はドイツ連邦制あるいは憲法裁判にとって礎石であることに変わりはない.それは権力の相互作用における連邦憲法裁判所の役割,権力の統制と(連邦主義的な)自由の保護という連邦憲法裁判所の機能,そして連邦憲法裁判所の「国家最高指導への限定的関与」(K. Hesse)[7]を成文化したものなのである.

e) 連邦憲法裁判所のその他の権限

連邦憲法裁判所のその他の権限の「束(たば)」から言及しておきたい:まず,「憲法擁護手続」として,連邦大統領に対する訴追手続(基本法61条),裁判官に対する訴追(基本法98条2項)そして基本権の喪失手続(基本法18条)がある――〔もっとも〕これらの手続はこれまで実践的意義を獲得したことがない.

---

7) Hesse 1995: Rdnr. 669:「国家最高指導への限定的な関与」.

以上の手続とは異なり，実践的意義を獲得したことがあるのが基本法21条2項2文に基づく政党禁止手続である．それによれば，形成的効果をもって，ある政党が「組織的な憲法敵対性」(K. Stern)[iii]を理由として禁止されうるのである．これは――過激な政党を有したワイマール期の経験に基づき――憲法の生みの親たちによる予防措置であり，基本法の「たたかう民主主義」の表現である．これまでに，二つの手続が行われた：社会主義ライヒ党（E 2, 1）と共産党（E 5, 85）に対するものがそれである．

憲法争訟のもう一つのカテゴリーを切り開くのが，基本法41条2項，法13条3号，48条以下である：連邦議会の選挙審査決定に連邦憲法裁判所への抗告が行われるのである．憲法異議とは反対に，「客観的手続」である．近時でも，これについて重要な判決が下されている（たとえば，E 66, 311；79, 47 (48)；85, 148）．

(3) 中間決算：連邦憲法裁判所の制度設計的業績の評価

連邦憲法裁判所の裁判がその下で今日まで「歴史」を作ってきたような上位の視点を得るべく検討すると，次のような視点を得ることができる．

・基本権・法治国家判決（たとえば，「リュート」(E 7, 198)，「ブリンクフューア」(E 25, 256)）および手続的基本権――基本法101-104条，特に公正な手続のための権利――に関する判決（たとえば，E 46, 202 (209 ff.)；46, 325 (334 f.)）．

・連邦制・権力分立判決（たとえば，第一次放送判決：E 12, 205）．両者は多元主義の二つの現象形態である．

・反対派・少数者保護（間接民主制）判決：エホバの証人事件（E 23, 127；23, 191）．また少数意見制の創設もこれにあたる．同じく寛容に関する判例（国家教会法については，E 41, 65 (78, 83)；41, 88 (108 f.)，またE 47, 46 (76 f.)）もこれに該当する．

もっともここで，次のような問題が生じる．連邦憲法裁判所は常に十分に控えめな形で「ウェイトの調和のとれた」全体の中に自らを位置づけてきたか

（構造的・機能的権力均衡），というものである．

　全体として，これらの判決はすべて，最終的には政治的多元主義に有益なものである：「多元主義の裁判」としての憲法裁判．連邦憲法裁判所は法的な力としても，政治的な力としても作用するのである．〔判決の〕収支は基本的に黒字であって，赤字になるのはごくわずかである（赤字にあたるのはせいぜい，メフィスト判決（E 30, 173）とたとえば E 44, 197 ぐらいのものである）．

　大きな権限に基づく重要な判決の政治的作用史について一言触れておく．政治的にいえば，連邦憲法裁判所は第一次放送判決において，「宰相民主主義」に制限を課し，反対派を強化したが，それだけでなく，連邦制や基本権上の自由をも強化したのである．連邦に対するラントの対抗価値，多数派に対する少数者の対抗価値，集団や既成組織（教会！）に対する個人の対抗価値（E 23, 127；23, 191；32, 98；33, 23；35, 366；44, 37 参照）は，憲法裁判を通じて効果を発揮した．憲法裁判は多元主義保障になるのである．

　「政治的」というのは，ここでは広く理解される：それは，全レス・プブリカに潜在的ないし現実的に関係することを特徴とする．その際，これまでそれぞれに異なる政治の概念により，個々の部分的要素が絶対化されてきた：たとえば，権力の要素，福祉ないし福利の要素，あるいは非合理的なものや動的なものの側面がこれにあたる．あらゆる国家作用は，以上のような意味において政治的作用である．国家作用は，それが共和国の分業の枠組みにおいて活動する種類と方法によって区別されるが，法に「対置」されるものなどではないのである．民主的立法者もまた憲法を解釈するのであり，裁判官（たとえば連邦労働裁判所，争議権においてとりわけ顕著である）もまた一つの「政治権力」なのである．法と政治は民主的立憲国家では対立するものではない：両者は，全レス・プブリカの部分的側面であり，部分的作用なのである．

　政治的なものにかんがみて連邦憲法裁判所の権限踰越を指摘する者は多いが，これまでそのいずれも法と政治の明確な分離を提示していない．このことは驚くにはあたらない：そのような分離など見いだすことができないからである．基本権の実効化に関する妥当な判決もまた政治なのである：すなわち「基

本権政治」である．ただ，量的相違，すなわち憲法裁判所が政治を営む方法が，立法者とは機能法的に異なることが問題であるにすぎないのである：質的相違はほとんど認めることができないものである．

3 憲法裁判所としての連邦憲法裁判所——固有の「社会（の）裁判所」としての連邦憲法裁判所，（とりわけ世代間契約としての）社会契約の保障と更新の際のその役割

〔本項については，第2章Ⅱ参照．〕

4 手続準則——憲法訴訟法の「独自性」

これまでのことからすでに，実定法の解釈がどれだけ確かな憲法理論上の規準を必要とするかが示されてきた．この規準は公開され，学問的討議に応じなければならず，「通説」がよく行うように，ひそかにもち込んではならない．「前理解と方法選択」(J. Esser) が，立憲国家の類型の憲法ほど問題となる法領域はない．このことは憲法訴訟法の基本問題についてもあてはまる．

(1) 手続準則

裁判所として，連邦憲法裁判所は一定の手続準則に従わなければならない．これは民事裁判所が民事訴訟法に従って口頭弁論，公開，自由心証主義などの諸原則に拘束されるのと同様である．連邦憲法裁判所法は，26条1項1文において明示的に真実発見を義務づけている（「連邦憲法裁判所は，事実の認定に必要な証拠調べを行う」）．多くのさまざまな真理論から連邦憲法裁判所にとって正当なものを発見するのは個々においてはきわめて困難である：確かなのは，裁判所のランクから，証拠収集，証拠への評価，そして法発見（A. Arndt の意味における「法的対話」）に関して特別の要求がなされることである．「多元主義の憲

法」において，連邦憲法裁判所は衝突する利益を「多面的に」考慮し，衡量しなければならない．そしてこのことは参加手段，たとえば多元的なグループの聴聞手続やその訴訟実践にも反映されている．

連邦憲法裁判所は自らを早くから「手続の統括者」であると特徴づけて（E 13, 54 (94) ; 36, 342 (357)），その「手続を広い範囲で自由に形成する」ことができると論じていた（E 1, 396 (408)）．その限りで「制度的憲法裁判所」として，通常の民・刑事裁判所と同一の基準では判断することができないことになろう（E 2, 79 (86)）．しかしながら，このような「手続の自律性」の主張は，ドイツの通説によれば，「法律が意識的に欠缺を残しているところでのみ出番が来る」．このことは「手続の司法形式性」から帰結される．「憲法訴訟法を一般訴訟法の中に組み込み」，その結果「欠缺」がある場合には他と訴訟法の規定に依拠しなければならないといわれている．認められるのはせいぜい憲法訴訟法の「特性」といったものにすぎない．

(2) 憲法訴訟法の「独自性」

これに対して筆者は1973年から，憲法訴訟法の独自性というテーゼを展開してきた[8]．これは，憲法訴訟法はその他の訴訟法から「解放」されており，広く主張される欠缺イデオロギーの対象には含まれない，というものである．特殊憲法上の解釈において，連邦憲法裁判所法の規範と憲法訴訟法の諸原則が作り上げられる．それらは「具体化された憲法」なのである．少なくとも，このことはここで主張された「公共的プロセスとしての憲法」あるいは「多元主義の憲法」という理解から明らかになる．憲法訴訟法の構造は，憲法の開放性に開かれていなければならない——これは「憲法解釈者の開かれた社会」というパラダイムのあらわれである．形式的な憲法訴訟法と実体的な憲法が機能的に関連するのは，連邦憲法裁判所が二重の性格を有すること，すなわち裁判所

---

8) 憲法手続法の「独自性」あるいは「特色」をめぐる論争については，一方では，*Häberle* III : 451 ff.〔本書第4章〕; *Häberle* II ⑪ : 377 ff.〔本書第3章〕; *Engelmann* 1977 ; 他方では，*Benda/Klein* 1991 : 62 ff. ; *Schlaich* 1994 : 42.

であり，かつ「憲法機関」であるという事実の帰結でもある．憲法訴訟法の特別な手続における憲法の解釈と具体化は，公共的プロセスとしての憲法の一部である．このことは合理性と受容に関して特別な要求をなす．従来の手続法には，多くの法の英知と経験の価値が含まれているが，連邦憲法裁判所はそれらをその地位に従い修正することができる．そして近時の一連の判決で，憲法訴訟法における「特有なもの」こそが求められているということが示された（たとえばE 90, 286 (339 f.) 参照）．裁判所がむしろプラグマティックに活動しうるのが正しいとすれば，私見では，原則をめぐる論争は学問によって解決され，また先鋭化されることもある．まさにそのような先鋭化によって核心問題を把握することができるようになるのである．憲法学は——妥協なき——真実追究によって生き残るのであり，憲法裁判所はさまざまな理論要素のプラグマティックな統合によって生き残るのである．

5 　補論：ドイツ諸ラントにおける憲法裁判，特に五つの新たなラントにとっての連邦憲法裁判所のモデル的性格

(1) 　総　　説

　基本法が連邦国家的秩序を採用していることに対応して，ドイツの16のラントは独自の国家としての性格を有している．この独自の国家としての性格は独自の憲法によって構成される．このような支分国の「憲法的自治」には，特別のラント裁判所を創設する可能性も含まれる．ほとんどのラントが早くにこれを利用したが，いくつかのバリエーションが存在する．連邦憲法裁判所は，ラントの憲法裁判と連邦の憲法裁判は「原則として領域が区分される」と論じている（E 36, 342 (357) ; 60, 175 (209)）にもかかわらず，実際には管轄や基準の競合が数多く生じる．しかしながら，連邦憲法裁判所はラント憲法裁判所の「従属性」を「不可避なもの」に限定しようとする．このことは，独自の憲法裁判に憲法的自治の「真骨頂」を見るラントの自己理解と一致する．

(2) 「古い」11 ラントの憲法裁判

すでに「古い」11のラント，すなわち1990年の再統一前からのドイツ連邦共和国のラントは，ほとんどが独自の「憲法裁判所」ないし「国事裁判所」を有している[9]．特にバイエルン憲法裁判所とバーデン・ヴュルテンベルク憲法裁判所，またノルトライン・ヴェストファーレン憲法裁判所は長年にわたり，ラント憲法に関して独自の法文化を構築している．法文化はそのつどのラントを超えて影響を及ぼすこともあり，「模倣され」，ときに連邦憲法裁判所までも豊かにしてきた．すべてではないが，ラント憲法裁判所のいくつかの権限が実例として挙げられる．バイエルンはすでに1946年の憲法において，120条（「当局により憲法上の権利を侵害されたと考えるすべてのバイエルンの住民は，バイエルン憲法裁判所の保護を訴えることができる」）に基づく「憲法異議」と並んで，──ドイツでは唯一の──いわゆる民衆訴訟を認めている（バイエルン憲法98条4文，バイエルン憲法裁判所法55条）．これによれば，すべてのバイエルン住民は，バイエルンの法の規定が「憲法によって保障された基本権を違憲に」制限するものであると主張することができる．この「民衆訴訟」によって，バイエルン憲法裁判所は独自の豊かな基本権裁判を展開することができたのである．それは特に1946年直後の「創設期」に先駆的な業績を挙げた．バイエルン憲法裁判所のその他の列挙権限としては，機関争訟（バイエルン憲法裁判所法64条），「具体的規範統制」（同65条），大臣および議員の訴え（61条），あるいは選挙権争訟（62条以下）がある．

バイエルンが突出したものでないことを示すために，ノルトライン・ヴェストファーレンも見てみたい．1950年の同ラントの憲法もまた，憲法裁判所について豊富な権限カタログを創出しており（また1989年憲法裁判所法12条），そ

---

[9] 文献から，*Starck/Stern* (Hrsg.) 1983；ラント憲法裁判所の詳細については（もっとも，新たな東ドイツ各ラントのラント憲法裁判所は考察していないが），*Pestalozza* 1991：372 ff..連邦憲法裁判所とラントの憲法裁判の間の管轄の限界づけについては，*Friesenhahn* 1976：748 ff..

こには機関争訟（ラント憲法75条2号），抽象的規範統制・具体的規範統制（憲法裁判所法12条6号7号），自治体憲法異議（同法12条8号）も含まれる．その他のラントと比較すると（例外は1949年のシュレスヴィヒ・ホルシュタイン憲法である．同ラント憲法は，連邦憲法裁判所を「ラント憲法裁判所」としている（44条）[iv]．これは基本法99条に基づいて可能とされている），ラントの憲法裁判のあらゆるバリエーションにもかかわらず，権限に関する「全ドイツのストック」が存在することが明らかになる．このことは，たとえば基本権や地方自治の問題において，「最善の」憲法裁判をめぐる生産的な競争になることを妨げるものではない．このことはかえって生きた連邦主義に役立ちうるのである．

(3) 新たな5ラントにおける憲法裁判

1989年の体制転換後の東ドイツの五つの新たなラントで，その成功した新たな憲法において，強力な憲法裁判を創設するに至ったのには二つの理由がある．一つには，マルクス・レーニン主義の全体主義システムの負の経験を経て，憲法裁判が法治主義と民主主義の保障者として放棄できないと考えられたからであり，もう一つには，連邦憲法裁判所と西ドイツのラント憲法裁判所が模範とすべきモデルを形成したからである．そのため，新たなラント，ブランデンブルク（1992年），ザクセン（1992年），ザクセン・アンハルト（1992年），チューリンゲン（1993年），メクレンブルク・フォーアポメルン（1993年）は，その憲法において，一部は西ドイツの憲法裁判の現状を採用し，しかも一部は有益な改良を行い，これにより憲法裁判の憲法のさらなる発展に寄与した．これについていくつか例を挙げよう．ブランデンブルクは，その基本権の部，民主制・議会法問題においても特にイノベーションに親和的であり，機関争訟，抽象的・具体的規範統制ならびに憲法異議といった類型を受容したが（ブランデンブルク憲法113条），裁判官選出法ではまったく新たな解決策を模索した．同憲法112条4項2文によれば，ラント議会による選出の際には「さまざまな政治勢力が適切に推薦によって代表されること」が求められる．同条4文はさらに，選出の前に「ラント議会によって定められた委員会における聴聞」を要

求している．連邦レベルでは，憲法裁判所の選出は——よく批判されるように——秘密裏の党派的な権力的取り決めの中で広く行われているが，これまで改革が実現しなかったため，ブランデンブルクの規定は，アメリカ合衆国上院における最高裁判所の裁判官候補者への聴聞を受け継ぐ注目すべき試みである．これが実務において有効性が実証されるか静観しなければならない．

　ザクセン・アンハルトの憲法も，その権限カタログ（ラント憲法75条）において特に次のものを挙げている：ラント憲法裁判所の権限として，「異議申立人，ラント議会の構成員の4分の1ないしラント政府の申立てに基づく国民発案，国民請願，国民投票の実施に関する争訟」，「裁判所の移送に基づく調査委員会の調査委託の憲法適合性に関する」争訟が挙げられる．チューリンゲン憲法80条は，憲法裁判所の広範な権限カタログにおいて憲法異議の権利の要件に関する更新を認めたが，それは完全に連邦あるいはラントの憲法異議の精神においてドイツ全土で定式化されているものである（同条1項）：憲法異議は，あらゆる人により，公権力により「自身の基本権，基本権類似の権利，公民的権利を侵害されている」と主張することによって提起することができる．

(4) 同一の連邦国家におけるすべての憲法裁判所の共通の作業場での作業——その手本としての機能

　以上のような一部の概観からしても，特別な領域でドイツ連邦国家における法的規律の多様性が示された．したがって，ドイツの連邦制は，法文化的な多様性を開くその可能性に特徴がある．まったく一般的に見て，文化の多様性がドイツの連邦国家性のしるしそのものを形づくるものだとすれば，法文化の多元性もドイツの強みである．ドイツの自由は連邦的自由であり，すべての市民は「多元主義の憲法」においてそこから利益を得る．連邦国家的枠組みとその同質性要求（基本法28条1項参照）は，憲法や通常法の領域でも，各ラントがとりうる多様性〔の程度〕によってそのバランスがとられる．ドイツの「文化連邦主義」はその法文化にあらわれている．全体として見れば，ラント相互の生産的な競争となる．連邦共和国は，法政策に関して重要な「作業場」として

あらわれる．連邦共和国は，——さらに連邦的性格の強いスイスも同様に——「試行錯誤」の可能性をもった「実験の舞台」(K. Popper) に比せられる．憲法裁判はこのような機会のための部分領域である．

　われらの青い惑星「地球」という一つの世界において，今日構成員として「立憲国家の家族」を形成する共同体を顧慮して，慎重に類推することすらできるかもしれない．憲法裁判の領域では，個々の立憲国家は十分密に交流しあうなど思いも及ばない．このことは，憲法裁判所の地位，組織や手続，訴訟法，また判断内容についてもあてはまる．しかし少なくとも，連邦国家内部でのさまざまな憲法裁判の交流や競争は，地域的に相互に結びついたすべての憲法文化にとってのモデルたりうる．具体的には，スペイン憲法11条3項（1978年）において「ラテンアメリカ諸国」との特有の文化的連関が後まで影響を及ぼしているように（またポルトガル憲法15条3項（1976年）も参照），ラテンアメリカ諸国相互間には，法文化的な結びつきが存在している．これはラントの憲法裁判や連邦の憲法裁判に関する作業場での強力な対話を開く．もちろん本書〔『ラテンアメリカの憲法裁判』〕もこれに資するものである！

II　法律の憲法適合性の審査

1　歴史的関連と規範的規律

　ドイツの今日の憲法裁判は，ある種の歴史的淵源をすでに「神聖ローマ帝国」の帝国裁判所に有している（帝室裁判所と帝国宮廷法院）[10]．19世紀には，ドイツ連邦といくつかの邦では実定憲法の争訟について特別の手続が存在した（仲裁手続や連邦仲裁裁判所，いくつかの邦での国事裁判所[11]）．しかし，このような国事裁判は実際にはほとんど機能しなかった：君主主権が依然として圧倒的優位にあり，また新たに構成された議会が国民の権利の一部を守ろうとしていた

---

10)　これについては，*Stolleis* 1988 : 134 ff..
11)　歴史については，*Scheuner* 1976c : 1 ff..

からである．1871年のビスマルク憲法も国事裁判所を認めず，1879年に創設されたライプツィヒの帝国裁判所は憲法裁判権を行使しなかった．

とはいえ，一度として効力をもたなかった（しかしながら草案として後に強い影響を与えた）1849年のフランクフルト憲法では，——非常に先見の明があったのであるが——帝国裁判所による憲法裁判の強化が企図されていた：同憲法は，後の憲法異議の手続や連邦争訟，機関争訟を先取りする手続を設けていた（5章，125条から129条）．1919年のワイマール憲法は，ドイツライヒについて国事裁判所を設けていた（108条）．その判例は1929年に六巻本で判例集として公刊された[v]．国事裁判所の権限としては，とりわけラント内部の機関争訟とライヒとラントの連邦国家的争訟が存在した．〔しかし〕ライヒ法律の固有の憲法裁判所による審査やライヒの憲法機関相互間の機関争訟をワイマール憲法は認めなかった．それはともかく，ライヒ最高裁判所は1921年4月の判決（RGZ 102, 161）および1925年2月の判決（RGZ 110, 320）以来，ライヒ法律について裁判官の付随的な実質的審査権を行使した．

憲法裁判に関する準備作業およびその「伴奏」に一国の時々の研究者団体がどれだけ寄与しうるかは，このテーマに関するワイマールの国法学の役割に示されている[12]．国家理論，憲法理論あるいはワイマール期の「方法論争」における立脚点がどのようなものかに応じて，論者は異なる立場を展開した：反実証主義的な「新」傾向は，政治に関する中心的な衝突の規律について司法が有する能力にむしろ懐疑的であった（*H. Triepel, R. Smend*）か，あるいは「ライヒ大統領の独裁的権力」を信頼して，そのような司法の能力を否定した（*C. Schmitt*）；このような新傾向は，付随的に行われる一般的な規範統制に積極的に対峙する者が大半であった．（「実証主義」ゆえにか，それともそれにもかかわらずか？）特殊な立場をとったのが *H. Kelsen* である．筋金入りの民主主義者と

---

12) これについては，*Rinken* 1989a: Rdnr. 35 ff.. 憲法裁判に関する古典的テクストはすでに *Häberle* (Hrsg.) II ⑫に掲載されている．特に，*H. Triepel* (1929)，*H. Kelsen* (1929)，*C. Schmitt* (1929)，*E. Kaufmann* (1952)，*J. M. Wintrich* (1956)，*R. Smend* (1963)；同書463-475頁には，1976年時点までの重要文献一覧が載っている．

して，効果的な憲法裁判に尽力した：それは法論理的理由（上位にある憲法の保障）および法政策的理由（民主制における少数者保護）からであった[13]．

ワイマール共和国の（自己）破壊は第三権力によっては阻止されなかった．国家社会主義は，国事裁判権を「自由民主主義」の表現であり，また「議会主義憲法の必需品」であるとして否定し，同じく裁判官の審査権を否定した：それは次のような理由であった：「指導者法律は，その現象形態がどのようなものであれ，裁判官を無条件に拘束する」．

かくして，1949年の基本法における包括的な憲法裁判のための地ならしがなされたのであった．全体主義体制でのネガティヴな経験と少数者保護へと義務づけられた多元的民主主義の構築，「憲法の優位」への信念そしていくつもの自然法的観念，これらすべてが連邦ないし基本法（そしてその前にはすでに西ドイツの諸ラント）における憲法裁判の成立・発展史を活気づけたのである．規範的規律と裁判および学説によるその進展については多言を要しないだろう．

2　審査の種類

国家行為の憲法適合性の統制は，すでに述べた憲法裁判所の多様な手続に従ってさまざまな形で形成されている[14]．

(1) 裁判所の判決の審査

これは憲法異議の手続によって行われる（基本法93条1項4a号）．市民あるいは集団（たとえば基本法19条3項に基づく結社あるいは労働組合）の提訴に基づいて，連邦憲法裁判所は，ある裁判所がその手続または通常法の解釈および適用において基本権または基本権類似の権利を侵害したかどうか，あるいは不当に無視したかどうかを審査する：いわゆる「判決に対する憲法異議」である．

---

13)　*Triepel* 1929：1；*Kelsen* 1929：30 ff.；*Schmitt* 1929：63 ff. 参照．
14)　以下については，たとえば *Schlaich* 1994：4 ff. 参照．連邦裁判所の手続類型については：*Löwer* 1987：744 ff.；*Rinken* 1989a：1028 ff..

したがって五つの全裁判系列（民・刑事裁判，行政裁判，労働裁判，財政裁判，社会裁判）の判決が審査される．それでありながら，連邦憲法裁判所はそれらに加えたより上位の裁判審級ではない（「超上告審ではない」）．出訴の途を完結する最終審の裁判所による判決を，ただ憲法という特別の審査基準に基づいて審査するにすぎない．裁判所は，自らの判決が破棄された場合，新たに裁判を行わなければならない（法95条2項参照）．

(2) 執行部の審査

市民またはその他の基本権主体の提訴に基づき，連邦憲法裁判所は，執行部（つまり政府または行政）がその行為（場合によっては不作為）にあたり基本権を侵害し，あるいは基本権を無視したかどうかを審査する．通常，憲法異議の手続の前に基本法19条4項に基づいて定められた方途がとられなければならない．すなわち，出訴の途を尽くさなければならないのである．この場合，ここで最終審級が行った判決に対しては「判決に対する憲法異議」が可能であるが，直接執行部の決定に対して行う憲法異議は例外的にしか認められない．

(3) 立法行為の審査

この「立法に対する裁判」(K. Schlaich) は基本法にとって特に重要である．「憲法の優先」を，形式的立法者（議会立法者）と実質的立法者に対しても保障する．連邦憲法裁判所のフォーラムでの規範統制は，次の方途を経て行われる．

- 基本権主体の憲法異議（直接法律それ自体に対して，または間接的に判決に対する憲法異議の方途で行われる）
- 裁判所の移送，これは規範が合憲であれば当該規範を具体的事例で適用しなければならない裁判所が行う（基本法100条：裁判官の移送）
- 連邦議会の構成員による連邦政府またはラント政府の提訴（しかも基本法93条1項2号に基づく抽象的規範統制の方途で，あるいは同項1号に基づく機関争訟の方途で間接的に行われる）

― 基本法93条1項3号および現在では（新たに）同項2a号に基づく連邦国家的争訟

(4) 国家機関相互間の争訟の決定

国家行為は，基本法という上位の基準に基づき，連邦憲法裁判所によって機関争訟の手続でも審査される（基本法93条1項1号または連邦国家的争訟について：基本法93条1項3号）．憲法機関の基本法への拘束は，それが直接裁判所により審査されることによって実行に移された．争訟当事者には，連邦議会，連邦参議院，議員や政党などがなりうる．したがって，連邦憲法裁判所はたとえば連邦大統領による議会の早期解散が合憲かどうかという問題について決定する（E 62, 1 参照）．さらに，連邦とラントの間の連邦国家的争訟がこれに加えられる[15]．連邦憲法裁判所は，手続がきわめて異なったものであるにもかかわらず，45年に及ぶ実践においてそれらの手続を相互に接近させてきた．それゆえ今日，憲法裁判は「憲法問題に関する独立の裁判権」（E. Friesenhahn）[vi]あるいは「直接に憲法事項に関する裁判」と定義されるのである．

3 法律の憲法適合性審査の分配：
連邦憲法裁判所といわゆる「専門裁判所」

基本法上，憲法適合性の審査は分配されている：「専門裁判所」[16]もまた憲法に拘束されており（基本法1条3項，20条3項），憲法を適用する．専門裁判所は，後憲法的な形式的法律（すなわち議会制定法律）が基本法に違反するという結論に達した場合，――その裁判官の審査権をその限りで消極的に行使した後に――基本法100条1項に基づいて連邦憲法裁判所に（「具体的規範統制」）移送しなければならない（連邦憲法裁判所の法律を一般的に無効とする権限の独占）．そ

---

15) 連邦大統領の弾劾，政党禁止手続，選挙審査手続といったその他の手続については，Ⅰ-2-(2)-e)参照．
16) これについては，*Schenke* 1987.

のほか，専門裁判所は事件に付随して法規命令や自主法規の憲法適合性や，基本法の施行前に公布されたいわゆる前憲法的議会制定法律のすべてについて自ら判断する（E 2, 124 (128 ff.)；70, 126 (129)）[17]．

抽象的規範統制については，連邦憲法裁判所にのみ権限が認められている（基本法93条1項2号）．連邦憲法裁判所は，連邦法（また法規命令もしくは自主法規）もしくはラント法が基本法に形式的・実質的に適合するかどうか，またはラント法がその他の連邦法に適合するかどうかを，連邦政府，ラント政府，もしくは連邦議会議員の3分の1の提訴に基づいて審査する．法律の合憲解釈（E 2, 266 (282)；48, 40 (45 f. 参照)）[18]は，すべての裁判所に対して，自らの解釈任務を果たす際の責任領野をさらに開くものである．

4　訴訟上の適格性

(1)　総　　説

ここでは，手続の種類の違いに応じて異なる可能性がある．憲法異議（これについては下記Ⅲ）の場合にのみ，連邦憲法裁判所への申立ては「すべての人の権利」となる．その他の手続の場合には，連邦憲法裁判所に訴えることができるのは常に，一定の「関係人」であり，その限りで「特権を付与された者」である．基本法と連邦憲法裁判所法は，だれがそれぞれの手続について訴訟上適格性をもつかについて非常に詳細に規定している．憲法訴訟法がどれだけ「参加法」であるかがまたも示される．連邦憲法裁判所への手続を発動させ，あるいはその進行に関与する可能性が与えられることによって，裁判所の憲法解釈に影響を与える道も開かれるのである．逆に，訴訟上の適格性と参加に関する基本法あるいは連邦憲法裁判所法の立法者の決定の基底には，一定の憲法機関やグループ，個人が狭義の（形式的な）意味での憲法訴訟および「公共的プロ

---

17)　ラントの憲法裁判所は独自の権限領域を有しているが，基本法に関する疑義の場合には連邦憲法裁判所にも持ち込まれうる：基本法100条3項．

18)　学説から，*Hesse* 1995：Rdnr. 79 ff..

セスとしての憲法」という広い意味における憲法プロセスにとって重要である，という実体法的な思想がある．

法26条1項1文に基づく職権探知主義に従い，裁判所は「真実の探求に必要な証拠を収集する」がゆえに，明示的に列挙された「関係人」を超えて，手続の間，専門知識を得るために，たとえば他の裁判所や団体，あるいは憲法機関の意見を照会し，情報を手に入れることができる．それゆえ，連邦憲法裁判所が多くの機関や勢力やグループを〔訴訟の中に〕組み入れたという例は数多く存在する．具体的規範統制の手続（基本法100条）の場合，実定憲法訴訟法がすでに，「意見陳述権者」の範囲をとりわけ広く設定している（法82条，実例からは，近時では，E 91, 1 ff．これは，12の病院にアンケート調査をしている（S. 22 ff.））．

(2) いくつかの例

a) 抽象的規範統制の手続では，連邦政府，ラント政府，あるいは連邦議会議員の3分の1にのみ提訴権が認められる（基本法93条1項2号，法13条6号，76条）．このような一定の憲法機関の特権には，十分な意味がある．抽象的規範統制は，（とりわけ連邦法あるいはラント法に反対する）その目標方向において，連邦憲法裁判所の広範な審査権限である．〔そして〕抽象的規範統制は，その効果において非常に影響が大きいこともありうる（法78条に基づく審査された規範の無効宣言）．それゆえまた，関係連邦機関あるいはラント機関に意見陳述権が認められるというのは一貫しているのである（法77条）．

b) 機関争訟手続は，限定的に列挙された範囲の資格者によってのみ提起されうる．基本法93条1項1号，法13条5号，63条によれば，連邦大統領，連邦議会，連邦参議院，連邦政府および基本法または連邦議会，連邦参議院の議事規則において「固有の権利を付与されているこれらの機関の一部」がそれである．申立てが許されるのは，申立人が「申立人又はその所属する機関が基本法によって与えられた権利・義務を，被申立人の作為又は不作為により侵害

され,又は直接に脅かされている」と主張する場合に限られる(法64条1項).
法63条に挙げられたその他の申立権者は,法65条に従って,「裁判が自己の
権限の範囲にもかかわる場合に」,手続に「参加する」ことができる.機関争
訟によって,連邦憲法裁判所は広い射程をもった権限を獲得した.〔これによ
って〕多くの憲法機関関係が「法化」されるのである.連邦憲法裁判所は強化
された形で,政治プロセスに――調和的に――関与するのである.これまでの
実践では,機関争訟はその有効性を実証してきたのである.

c) 連邦・ラント間争訟 (基本法93条1項3号, 84条4項2文,法13条7号,
68条) では,申立人と被申立人は,連邦については連邦政府,ラントについて
はラント政府しかありえない.連邦憲法裁判所はここで直接に,一つの水平
的・垂直的権力分立として,連邦制の発展に関与するのである.

III 連邦憲法裁判所への憲法異議
(基本法93条1項4a号)

1 前史と歴史

　連邦憲法裁判所への出訴の途の「女王」として君臨する個人の憲法異議は,
ドイツ法治国思想の発展と密接に関連する.初期のテクスト段階では,「フラ
ンクフルト憲法」の草案126g条および126h条 (1849) ならびに1919年のバ
イエルン憲法93条に見られる.1949年の基本法の生みの親たちは憲法異議な
るものについて議論をしていたが,基本法の中に根拠づけられなかった.1951
年の連邦憲法裁判所法が初めて導入し,のちには成功した制度の一つとなる憲
法異議は,1969年にようやく緊急事態憲法に対する埋め合わせとして,基本
法レベルにも新93条1項4a号 (およびb号) として根拠づけられた.もっと
も立法者は同時に,「憲法異議について出訴の途をあらかじめ尽くしているこ
とを前提条件とし,また特別の受理手続を規定する」権限が与えられていた.

そのうちに，基本法は広く手本となる．イタリアやフランスでも議論されるようになり，ラテンアメリカのアンパーロ手続は，憲法異議とは「姉妹」関係にある．また転回後の東ドイツの新たなラント憲法は例外なくこの制度を認めている（たとえば，1993年チューリンゲン憲法80条1項1号）．基本法93条1項4a号は次のように規定する．

連邦憲法裁判所は次の場合について決定する．「各人が，公権力によって自己の基本権の一つ，又は20条4項，33条，38条，101条，103条及び104条に含まれている諸権利の一つを侵害されている，とする主張をもって提起することができる憲法異議について」．

出訴の要件が少ないため，年に約3000-4000件の憲法異議が提起されているが，そのうち勝訴するのはおよそ1.11パーセントにすぎない．しかしながら，このように勝訴率がわずかであることによって，制度としての憲法異議の模範的ともいえる成功史には，何ら変わるところはない．憲法異議は基本法の立憲国家を「基本権国家」にし，その社会を「基本権社会」するのである．そして原則問題は，基本法93条1項4a号の方途で，重要な判決において判断されることが非常に多く，また憲法異議は非常に深く市民の意識に根ざしているのである．

2　憲法異議の今日の役割と機能
——「市民（の）裁判所」としての憲法裁判所

憲法異議は，だれでも弁護士強制なく提起することができるが，これによって，（基本法1条1項の人間の尊厳の保護でもって始まる）基本権の象徴的に高度の重要性が実際にも実効的なものになる．頻繁に引用される「基本権の根源的重要性」は，実際に現実化され，重要視されている．基本法の憲法史は大部分が基本権史であり，そして連邦憲法裁判所は基本権に常に新たな領域を開拓し，

基本権に関する思考を絶えず洗練させてきたのである．学問——「基本権理論」——からの刺激の多くがモザイク状に連邦憲法裁判所の基本権の実践の中に組み込まれている．逆に，連邦憲法裁判所の実践によって理論は新たに洗練を求められるのである．憲法異議が切り開く可能性なくしては，基本権学と連邦憲法裁判所の基本権に関する実践の間で，ヨーロッパ諸国においても認められる実りのある相互対話には行き着かないであろう[19]．

　連邦憲法裁判所が，学問的公共圏と一般的公共圏に支えられて，基本権を可能な限り実効的かつ包括的に確保し，そして憲法あるいは基本権の優位を実行に移す（基本法 1 条 3 項，20 条 3 項参照）契機となったのが，国家社会主義国家の全体主義体制の経験であった．基本権は，その「二重の性格」において自己を提示する．つまり，主観的権利と客観的秩序の要素として提示する．それゆえ，たとえば基本法 5 条 1 項に基づく意見表明の自由とプレスの自由は，自由な民主主義にとって構成的なものであることが明らかになり，その機能的基礎を形成する（これについてはE 7, 198）．婚姻および家族（基本法 6 条，E 6, 55 参照），財産と相続権（基本法 14 条）は私法秩序の基礎を保障する．芸術と学問の基本権（基本法 5 条 3 項，E 77, 240 または E 35, 79 参照），家族の基本権（基本法 6 条 1 項），そして社会的集団形成の基本権（基本法 9 条 1 項，E 84, 372 (378) 参照）は，共同社会全体にとって重要な社会生活の部分領域を構成する．しかし結局すべての基本権が，連邦憲法裁判所によって繰り返し作り上げられてきた基本法 1 条 1 項の人間の尊厳の保障との関連に立っている（たとえばE 7, 198 (205)）．その際，個人 - 共同体の緊張関係は，基本法において「人格の共同体関連性と共同体拘束性」の意味において解消される（E 65, 1 (44)）．

　一般的自由権（基本法 2 条 1 項，E 6, 32 参照）や個別的自由権（たとえば，基本法 8 条の集会の自由，E 69, 315 参照），一般的平等権（基本法 3 条 1 項：E 1, 14 (52)；76, 256 (329)）や特別の平等権（6 条 5 項：嫡出子と非嫡出子の同権）の多くの構築物，基本法 104 条のヘビアス・コーパス保障，段階的な制限体系，基本法 19

---

19) 文献は概観することができないほど多く存在する．たとえば，*Hesse* 1995；*Stern* 1994；*Isensee/Kirchhof* (Hrsg.) 1994；*Häberle* I ①；*Häberle* II ④：43 ff. 参照．

条2項の絶対的基本権保護（「本質内容」の保護）は，ここで列挙することはできない．憲法異議は包括的な実体的・手続的基本権保護への「入口」を開き，市民によってもそのように理解されているという点を指摘することで満足せざるを得ない．市民はまさに基本権を「内面化」してきたのであって，他の憲法原理でそのようなものは少ない．憲法異議は高度の市民統合的（また少数者保護）機能を展開し，国民の基本法受容を強化してきたのであり，そして，すべての人の権利として形成されることで，法31条に基づく拘束力のゆえに国家機関に対して「一般的な教育効果」をもたらすのである（K. Zweigert）．国家機関は憲法忠誠を「学び」，日々憲法・基本権適合的行為の訓練をする（基本法1条3項参照）．

　それゆえ，個人的（主観的）基本権保護における憲法の機能は憲法異議の側面の一つにすぎない．憲法異議は「二重の機能」を有している．つまり，主観的機能と並んで，「客観的憲法を擁護し，その解釈と継続形成（！）に資する」客観的機能を有しているのである．憲法異議は，「同時に客観的憲法の特殊な法保護手段であると」特徴づけることができる（E 33, 247 (258 f.)；また E 85, 109 (113) 参照）．とはいえ，憲法異議は依然として市民の「特別な」，「最後の補充的な権利救済手段」なのであり，それによって市民は公権力による自らの基本権への介入に対して防御することができるのである（E 18, 315 (325)）．市民には，あらゆる〔出訴の〕可能性が尽きたあとに，「最後の拠りどころ」として連邦憲法裁判所への途が残されているのである（W. Böhmer）．訴訟マニアに至るまで，この制度を用いることができるのである．連邦憲法裁判所は「市民（の）裁判所」として年月を重ねているのである．

補論：連邦憲法裁判所の裁判を基準とした基本権の構造
（諸次元，諸機能）──概観

　連邦憲法裁判所は，基本権問題を，大半は学説の支持の下，ある「精神」の下で解決してきた．その「精神」は，いくつかの事例から明らかになるであろう．というのも，このような実体的な背景に基づいてのみ，憲法訴訟法，特に

憲法異議の個別問題を理解することができるからである．たとえば，基本法1条1項の意味での人間の尊厳は，基本法の「最高の価値」である（E 32, 98 (108)）．ここに，*Hegel* の哲学であれ全体主義的現象形態であれ，国家の形而上学的な称揚からの離脱がみられる．人間は，手段として用いてはならず（*I. Kant*），また人間は「国家におけるたんなる客体」とされてはならない（E 45, 187 (228)）．それゆえ，「私生活形成の不可侵の領域」が保障され，その領域は公権力の影響から逃れるのである（E 27, 1 (6)；近時では，E 90, 145 (171)）．連邦憲法裁判所の確立した判例によれば，基本権の保障は個人の公権力に対する主観的防御権を含むのみにとどまらず，同時に「憲法の客観法的価値決定」でもあるのである（E 49, 89 (141)）．それゆえに，連邦憲法裁判所は，基本権の全法領域への「照射効，あるいは間接的第三者効力」が（たとえば立法者や裁判官によって）顧慮されていたかどうかを審査するのである（E 73, 261 (268) 参照）．間接的「第三者効力」とは，基本権は民法の一般条項を介して私人をも拘束する，というものである（E 7, 198）．たとえば，基本法5条のプレスの自由は，大手出版社による雑誌のボイコットの事件において，間接的「第三者効力」を展開した（E 25, 256 (263 ff.)）．特に放送の自由はこれまで八度の判決において強化され，多元主義的に構成されてきた（E 12, 205 以来，近時では E 91, 125；90, 60）．同様のことは情報の自由にもあてはまる（たとえば，E 90, 27 (31 ff.)）．公正な手続を求める請求権という「一般的手続的基本権」（たとえば，E 38, 105 (111)；78, 123 (126)）は，このようなコンテクストの下にあり，同じことは「法治国家的な公正の要請」にもあてはまる（E 91, 176 (183)）．最後に，特に生命や身体の不可侵との関連で，国家の保護義務の理論が挙げられる（E 39, 1 (42 ff.)；79, 174 (201)）．

　以上のような基本権内容の実効化は，――許される――制限を輪郭づける場合にも示される．それは憲法からのみ生じる．基本権と基本権を限定する法益（たとえば，プレスの自由対少年保護，人格保護対プレスの自由）は，「実践的調和」（*K. Hesse*）の意味において相互に比例的に配分しなければならない．比例原則がここで関係する（E 19, 342 (348 ff.)；65, 1 (44)）．たとえば，特殊の地位関係（た

とえば,受刑者)において基本権が制約されうるのは,それが「基本法の価値秩序によってカヴァーされる共同体に関連する目的の到達のためになくてはならないものである」場合に限られる (E 33, 1 (9 ff.))。

個別基本権に関しては,連邦憲法裁判所によって行われている実際の基本権の実効化を説明するために,例として基本法6条(婚姻と家族)を挙げることができる。先駆的判決である1957年のE 6, 55では次のように判示されている:「基本法6条1項は,婚姻と家族という特殊の私的領域の保護のための『古典的基本権』および法制度保障であるのみにとどまらず,それを超えて同時に原則規範でもある。すなわち,婚姻と家族に関連する私法および公法の全領域の拘束的価値決定である」(E 80, 81 (92 f.) も見よ)。ここで,連邦憲法裁判所は一つの基本権から少なくとも三つの次元を展開してきたのである。同じく多面的なのが,基本法3条の効力である(平等原則)。一般的平等原則が侵害されるのは,区別について「事物の本性から生じるあるいはその他の方法で説明されるような理性的な根拠を見いだすことができない場合,したがって正義思想に定位する考察方法に照らして規律が恣意的であると示されざるを得ない場合」である (E 1, 14 (52); 76, 256 (329) 以来,確立した判例)。このような一般的な恣意禁止を超えて,連邦憲法裁判所は類型化,一般化において十分な区別根拠があることを認めてきた(たとえば,E 51, 115 (122 f.); 87, 234 (255 f.); 91, 93 (115))。特別な平等権(たとえば,基本法38条の公正な選挙権)も,連邦憲法裁判所によって多くの裁判において彫琢されてきた(たとえば,E 79, 161 (166); 78, 350 (358))。マーストリヒト判決 (E 89, 155) は,とりわけ基本法38条に基づく憲法異議に基づいて下された。私有財産の保障(基本法14条)は数多くの判決において精密化され,実効化されてきた(たとえば,E 91, 294 (306))。ある指導的判決(1968年のハンブルク堤防判決:E 24, 367 (389))は次のように判示している:「財産権は,人格的自由と内的な関連の下にある基礎的な基本権の一つである」。

以上の概観から,どれだけの基本権内容が憲法異議の手続においてその基準として保護されているかが示された。

3　基本法におけるすべての「出訴の途」のコンテクストにおける連邦憲法裁判所への憲法異議

　基本法によって構成された共同社会はしばしば「出訴の途国家」とよばれ，ときに批判されることもある．実際には，独立した第三権は国家作用の構造において他に類を見ないような好意的評価を受けてきた．このことは，ほかならぬ五つの連邦の「最上級裁判所」を有する五つの裁判の制度，すなわち通常裁判，行政裁判，財政裁判，労働裁判，そして社会裁判（基本法95条1項参照）と並んで，とりわけ基本法19条4項の一般的権利保護の保障に示される．これは，法治国家の「女王」と称賛されることが多い（「何人も，公権力によって自己の権利を侵害されたときは，出訴の途が開かれている．他の管轄権が認められていない限度において，通常裁判所への出訴の途が与えられている．」）．「公権力」とは，ここでは高権的作用を行使する執行権のみを指す．しかし基本法19条4項は，既存のすべての審級での裁判所による有効な審査を求める請求権という意味において，権利保護の実効性を保障する．基本法19条4項が置かれているおかげで，基本法には権利保護の「欠欠が存在しない」のである．第三権への信頼は正当にも大きいものであり，ドイツの裁判官は1949年以来，連邦とラントにおいてその信頼性を実証してきたのである．

　もっとも，基本法93条1項4a号の憲法異議は，基本法19条4項とは並列の独立したものである．なぜなら，基本法19条4項は基本権侵害のゆえに連邦憲法裁判所に出訴する途を開くものではないからである．憲法異議は列挙された基本権の侵害の場合にのみ提起されるものであるため，その点で基本法93条1項4a号は基本法19条4項ほど広範囲に及ぶものではない．（弁護士強制がなく，裁判費用がかからない）「すべての人の権利」として，憲法異議はたしかに「最後の」「補充的な」「特別の権利救済手段」であるが，非常に「人気がある」ものである．にもかかわらず，あるいはまさにそれゆえに，各適法性要件は「学則」と同様の厳格さをもって審査されるのである．

4　適法性の要件（「本案判決の要件」）

　憲法異議の適法性要件は，基本法93条1項4a号ないし法90条の各要件要素から明らかになる．適法性要件は自己目的ではない．「憲法異議」という基本法上の制度のために，そして最終的には正義のために存在するのである．〔そして〕他の「権利救済手段」や一般手続論の原理ないし技術と並行関係はあるが，一つ一つの問題を取り扱う際にはまた，常に特殊憲法的なコンテクストが尊重されなければならない．それが，市民および基本法に資する，憲法異議の主観的機能および客観的機能という二重の性格である．

(1)　提訴権（異議申立権）

　法90条1項によれば，基本権または基本権類似の権利の担い手たる能力がある限り，「何人も」異議を申し立てることができる．外国人にも保障される基本権を援用することができる限りで，外国人も異議を申し立てることができる．これはたとえば基本法16a条（庇護権）についてあてはまる（E 63, 197 (205)参照）．基本法は「ドイツ人の権利」，すなわちドイツ国民（基本法116条1項参照）にのみ保障される基本権（たとえば，11条：移住の自由，12条：職業選択の自由）と，すべての人の基本権，すなわちすべての人に保障される人権（たとえば，1条1項に基づく人間の尊厳や2条1項に基づく一般的行為自由）を区別している．EU市民はドイツ人と等しい地位に置かれつつある（EC条約6条，8-8e条）．ヨーロッパ人権条約や国連の人権に関する諸条約の保障は基本法の基本権を超えるものであるが，これらは憲法異議によって申し立てることはできない（E 41, 88(105 f.)）．

　法人の場合は，以上とは異なる．基本法19条3項によれば，基本権は内国法人にも，「その本質上適用しうる限りにおいて」適用される．これが妥当するのは，法人の形成と活動が自然人の自由な発展の表現である場合，特に法人の背後にいる人間への「措置」がそのことを有意味なものとさせる場合である

(E 21, 362 (369))．「私法」上の法人の場合，おおむねこのことがあてはまる（E 68, 193 (206))．〔だが〕公法人については異なる．公法人は公的任務の遂行を「通例は派生的ではない，本来的自由の行使」として行うのではなく，権限に基づいてこれを行うからである．したがって，基本法 14 条の財産保障はたとえばゲマインデには認められない（E 61, 82 (108 f.)）——それは基本法 93 条 1 項 4b 号の権利とは関係ない．公法人が基本権享有能力を有し，異議申立権が認められるのは例外的な場合に限られる．たとえば大学や学部：基本法 5 条 3 項（E 15, 256 (262))，放送局：5 条 1 項 2 文（E 31, 314 (322)；64, 256 (259)）である．しかし，法律上の裁判官の裁判を求める権利（基本法 101 条 1 項 2 文）や法的審問請求権（基本法 103 条 1 項）といった手続的基本権は公法人も主張することができる（E 61, 82 (104))．手続的基本権は内容上，「基本法 1 条から 17 条までのような個人的基本権」ではなく，「客観的な手続原則」を含むものであるからである．権利能力なき社団は，基本権の担い手たりうる限りで異議申立てすることができる（E 3, 383 (391 f.))．政党（ドイツでは私法上は権利能力なき社団であることが多いが，基本法 21 条により公共的なものというその地位によって特徴づけられる）は，基本権ではなくその特別な憲法上の地位を（たとえば選挙という文脈において）主張する場合に限り，機関争訟（基本法 93 条 1 項 1 号）を提起することができる（E 4, 27；24, 300 (329))．同様のことは議員特権に関して議員についてあてはまる（E 64, 301 (312))．

(2) 手続能力（訴訟能力）

手続能力とは，自らまたは訴訟代理人（法 22 条）により手続行為を有効に行うことができる能力のことをいい，「基本権上の行為能力をもつ者」はこれを有する．だれが「基本権上の行為能力」をもつ者であるかはそれぞれの基本権ごとに区別され，事例ごとに解明されなければならない（子供の「主体としての立場」については：E 72, 122 (134))．重要なのは，「事理弁識能力」である（E 28, 243 (255 f.)——未成年兵士事件）．しかし，精神障害のゆえに行為能力なき異議申立人は，自らの精神状態のゆえに行われた措置が判断される憲法異議手続につ

いて訴訟能力がある (E 65, 317 (321))．連邦憲法裁判所がその限りで「われらが法秩序の一般原則」(E 10, 302 (306)) について語るのは適切である．私見では，そのような一般原則は，最終的には人間の尊厳の保護（基本法1条1項）あるいは実効的基本権保護の保障，また客観的憲法の利益という憲法異議の目的から導き出されるものである．

(3) 異議の対象

法90条1項によれば，異議申立人は「公権力」による基本権ないし基本権類似の権利の侵害を主張しなければならない．それは直接，間接のドイツ国家権力の行為，しかも法律から法規命令，規則，そして執行権の行為や裁判所の裁判に至る一切の国家権力の行為である (E 84, 90 (113)；62, 117 (153)；65, 325 (326参照))．仮の権利保護の拒否も憲法異議の対象たりうる (E 79, 69 (73))．法90条1項1文の意味における「公権力」にあたらないものとしては，純粋に教会内部の措置 (E 18, 385 (386 ff.)) や国際機関やたとえばEC法の超国家的機関の行為がある (E 22, 293 (295 ff.)；58, 1 (27)：ユーロコントロール)．国際条約締結の際の連邦政府の共同作用も「憲法異議の対象として適当ではない」(E 77, 170 (209 f.))．国内への法適用を可能にする同意法律があって初めて，その同意法律は憲法異議の対象になる (E 84, 90 (113参照))．

(4) 当事者適格：基本権侵害の主張

法90条の各要件要素の「フィルター機能」が特に明らかになるのが，「基本権又は基本法20条4項，33条，38条，101条，103条及び104条に規定された権利を侵害されたことを理由として」という要素である．条文が挙げられた基本権は，基本法の（「古典的」）基本権の部（1条-17条）以外の権利である．ここで扱われているのは，いわゆる「基本権類似の権利」である．すなわち，抵抗権（20条4項），すべてのドイツ人の公民としての同権（33条），選挙権と被選挙権（38条），例外裁判所の禁止と法律上の裁判官の裁判を求める権利（101条），法的審問や「二重処罰の禁止」などの刑事被告人の権利（103条），

そして自由剥奪の際の法的保障 (104条) がそれである．行為は,「異議申立人自身に対して，直接かつ現在的にその (!) 基本権上保護された法的立場を制約する」にふさわしいものでなければならない (E 53, 30 (48); 60, 360 (370))．憲法異議は「民衆訴訟」として形成されたものではない；異議申立人は「自己の」基本権が侵害されていると主張しなければならない．

このような憲法異議の「主観法的な構想」を，連邦憲法裁判所は「エルフェス判決」(E 6, 32) 以来，切り崩している：連邦憲法裁判所は基本法2条1項の「人格の自由な発展」の概念を (「一般的行為自由」の意味において) 広く解釈し，「憲法適合的秩序」の制限もまた，形式および実質的に憲法に適合する規範の総体として広く解釈している．それゆえ実際上，客観法上の非難のすべてが基本法2条1項違反として，たとえば法治国家に適合しないとして提起されるのである (E 42, 20 (27); 65, 196 (210))．基本法2条1項は「受け皿的基本権」になったのである．「したがって，保護は，人格の発展という限定された領域にとどまらず，あらゆる形式の人間の行為にまで及ぶのであって，その活動が人格の発展にとってどのような重要性が認められるかは顧慮するに及ばないのである」(E 80, 137 (152))——しかし反対の立場が *Grimm* の少数意見で述べられている．E 80, 164 ff. 参照)．連邦憲法裁判所はそれぞれの場合に〔基本権を〕制約する法律を比例原則という法治国家的基準に従ってまた審査している (E 80, 153)．

基本権侵害の可能性があるという十分に明確な (「実体化された」) 主張 (E 64, 1 (12); 81, 347 (355) 参照) は，「三つの裁判官法上の適法性要件」(*A. Rinken*) によってフィルターにかけられる：異議申立人は「自分自身」〔の基本権を〕「現在」かつ「直接的に」侵害されていなければならない：これによって連邦憲法裁判所は，権利保護のアスペクトから「不必要な」憲法異議を防ごうとするのである．「自分自身の侵害」とは，規範，裁判所の判決や個別行為が法的に異議申立人に向けられていなければならない，というものである (E 51, 386 (395) 参照)．たとえば，ある外国人に対して出国を義務づけるのは，滞在権を有するその家族にも関連する．基本法6条 (婚姻と家族の保護) の人的保護領域は，この場合に憲法訴訟法にまで照射される (E 76, 1 (37) 参照)．「現在の侵害」は，

将来の制約に対する限界づけの基準である．異議申立人は「現実に」侵害されていなくてはならず，将来における「仮想的な」侵害であってはならない．このような「フィルター」によって，憲法異議が民衆訴訟になることが防止される．というのも，規範の場合，仮想的な侵害性がほぼ常に認められるからである（法律に対する憲法異議については E 60, 360 (370)；判決に対する憲法異議については E 72, 1 (5 f.) 参照）．第三の重要な適法性要件が「直接的な侵害」である．これは，直接に規範に対して向けられる憲法異議の際の裁判所へのアクセスが問題となる場合に，個別事例に関連した柔軟な微調整の道具として連邦憲法裁判所が用いている．異議申立人が規範によって直接に侵害されるのは，当該規範が，命令（E 53, 366 (389)）や規則（E 61, 260 (274)），執行部の執行行為により「法律の命令」を実行に移すことを必要とせずに，基本権によって保護される異議申立人の立場に介入する場合である（E 58, 81 (104 ff.)；68, 319 (325)；85, 360 (371)）．これによって連邦憲法裁判所は，異議申立てを包括的に審査する「専門裁判所」に優先的に訴えられることを企図するのである（E 72, 39 (43) 参照）．専門裁判所は，実態や事例に即せば，そして機能法的に見れば，一番手として権利保護（また基本権保護）の資格があるのである．最後に，憲法異議の「補充性」の原則が重要である．連邦憲法裁判所には，「判決の前に通常は複数の審級において判断された事実に関する証拠が提出され，裁判所，特に連邦の最上級裁判所の事案についての見解が報告されることになる」(E 72, 39 (43))．

専門裁判所の審査能力を利用し，連邦憲法裁判所自身の過剰負担解消を図るためのこのような巧妙な「戦略」には例外がある．特殊な事例状況の場合には，直接性が欠けるにもかかわらず連邦憲法裁判所の権利保護機能のために憲法異議が適法となることがある：たとえば，被侵害者には執行行為に対して保護される可能性がない場合（E 30, 1 (16 f.) ―盗聴判決）や，まず専門裁判所に判断を求めることが事前の明確化や連邦憲法裁判所の過剰負担の解消をもたらすものではない場合である（E 65, 1 (37 f.) ―国勢調査法）．

(5) 様式と期間

様式上の要件は，すべての人の手続的基本権としての憲法異議の固有の機能にかんがみて，わずかなものにすぎない．憲法異議は1ヵ月以内に提起され，理由を付さなければならない（法93条1項1文）．憲法異議が法律または出訴の途が開かれていないその他の高権行為に対して提起される場合，法律施行後または当該高権行為の後1年以内に限り提起することができる（同条3項）．1993年からは，法93条2項の厳格な要件の下で原状回復が可能となった．

(6) 出訴の途をあらかじめ尽くしていることと憲法異議の補充性

法90条2項1文と結びついた基本法94条2項2文によれば，憲法異議は「出訴の途を尽くした後に初めて提起する」ことができる．したがって憲法異議は通常，最終審の確定力ある判決〔裁判〕に対して提起される．憲法異議の補充性の原則によれば，まずは裁判所一般に裁判する権限がある．基本権保護の保障は，裁判権の任務として第一のもので，優先的なものである（E 77, 381 (401)）．憲法異議は「基本権の保護のために，拡充された権利保護システムに加えて国民に保障された特別の権利救済手段であり，それが裁判所の確定力ある判決を問題にすることができるのは，法的安定性を理由とする，例外的な場合に限られる」（E 68, 376 (380)）．これによって憲法異議へのアクセスは狭められる．出訴の途をあらかじめ尽くしていることという原則の例外はごく限られている（E 70, 180 (186)）．法90条2項2文に基づく「先決」という明文上の例外（憲法異議が「一般的意義を有する場合，又は出訴の途をとるときは異議申立人が重大かつ不可避の損害を被るおそれがある場合」に認められる，出訴の途を尽くす前にただちに行われる裁判（たとえば，E 63, 230 (242)））のほか，連邦憲法裁判所は「期待不可能性」という裁判官法上の例外事由を発展させてきた．それゆえ，〔専門裁判所の〕最近の統一的で確立した判例がそれと反対の立場をとっている場合には，出訴の途を尽くしていることが例外的に必要ではないとされうる（E 9, 3 (7)；68, 376 (380)）．

法90条2項は直接的に法律に対して憲法異議を行う場合にはあてはまらない（「出訴の途」が存在しない）．そのかわりに，上述した異議申立人の侵害の直接性の要件がある．しかし，一般的原則としての補充性はここでも，法規に対する憲法異議に際して，専門裁判所による権利保護の可能性のすべてを利用していることを要求するのである（E 69, 122 (125 f.)）．補充性は連邦憲法裁判所の「機能性」に資するものであり，最終的には基本法それ自体から導き出される．

(7) 一般的な権利保護の必要性

すべての裁判手続と同じく，憲法異議もまた，争われている問題の解明についての「保護に値する利益」，すなわち「権利保護の必要性」を要求する（E 9, 89 (92)）．それが明示的に肯定される必要がないことがほとんどである．なぜなら，当事者適格と出訴の途を尽くしていることという要件がすでに特別に具体化されているからである．しかし問題となっている基本権侵害が解決されてしまった場合，権利保護の必要性は広く肯定することができる．たとえば繰り返しの危険（E 69, 257 (266)）がある場合や，基本的な意義をもった憲法問題の解明が行われないままとなっており，問題となっている介入が特に重要な基本権に関する場合（E 49, 24 (52)：接触遮断；E 69, 315 (341)：ブロックドルフ決定：基本法8条の集会の自由を「民主的共同社会の欠くべからざる機能要素」であるとした；E 76, 1 (38)：配偶者特別滞在許可）がこれにあたる．これらの事例には，上述した憲法異議の客観法的機能があらわれている．

5　判決に対する憲法異議の受理

当初から，連邦憲法裁判所は憲法異議の数が多すぎるために訴訟の洪水に陥っている．これが契機となって，「アクセス制限」あるいは「水門」の創設のための改革論議が巻き起こった．連邦憲法裁判所を過剰負担から保護するために，立法者は1956年以来，再三にわたり選別のメカニズムを設けようとし，たとえば連邦憲法裁判所内に予備審査委員会を設けた．1985年には「部会」

が設けられ,1993年の連邦憲法裁判所法改正法によって新たに広範な権限が認められることになった.法15a条1項1文によれば,部は職務年ごとに複数の部会を招集する.同2文によれば,各部会は三人の裁判官から構成される.部会の構成は3年を超えない限度で変えないでおくことができる(同項3文).連邦憲法裁判所法の93a条から93d条の新条項は,憲法異議の裁判のための受理事由を規定し,また部会と部の裁判の基準を規定した(連邦憲法裁判所規則に基づく事前手続により,不適法あるいは明らかに成功の見込みのない憲法異議が,「一般登録簿」への登録によって,「指導書」を通じて司法行政の側により分けることを試みられる;しかし,異議申立人は裁判官による裁判を求めることができる〔規則60条から62条〕).

(1) 憲法異議の受理義務

法93a条2項a号によれば,「憲法異議に基本的な憲法上の意義が認められる限り」裁判のために受理しなければならない(第一受理要件——これについては,E 90, 22 (24 ff.)).アメリカ合衆国最高裁判所のサーシオレイライの意味におけるような裁判所の裁量は存在しない.しかし,この受理要件には,憲法の保障と継続的発展に資する憲法異議の客観的機能があらわれている.

第二受理要件を定めるのが同項b号であり,「連邦憲法裁判所法第90条第1項に列挙された権利の実現のために」望ましい場合;「裁判を拒絶することにより,異議申立人に特に重大な不利益が生じる場合も同様とすることができる」と規定される.この要件は,実効的な基本権保護の保障と連邦憲法裁判所へのアクセス方法の方向づけによる過剰負担の解消の間のジレンマを反映している.b号は憲法異議の主観的機能と客観的機能の両取り〔あれもこれもSowohl-Als-Auch〕のあらわれでもあるのである.連邦憲法裁判所は「望ましい」という言葉についての事例群を形成することによって決定裁量が得られるか,得られるとすればそれはいかにしてか,その成り行きを見守らなければならないだろう.1993年の新法は,新たな改革が議論される前に,〔まずは〕検証が必要である.

(2) 部会による受理の拒否

3名の裁判官から構成される部会は，法93a条2項の要件がみたされない場合，全員一致の決定によって憲法異議の受理を拒否することができる．この（不可争性を有する）決定は，理由を付すことを要しない（法93d条1項3文）．ある統計によれば，憲法異議の約97パーセントは部会によって処理されている；このことから，基本権保護にとって部会の重要性がいかに大きいかが明らかになる．

(3) 部会による認容決定

憲法異議が基本権の実現のために「望ましく」，明らかに理由があるのであれば，「憲法異議の判断にとって基準となる〔憲法〕問題が連邦憲法裁判所によってすでに裁判されている場合」，部会は憲法異議を認容することができる〔法93c条1項1文〕．これによって部会は固有の判決言渡し機関へと昇格されたのであるが，すでに存在する連邦憲法裁判所の判例の「執行」に限定されている（E. G. Mahrenholz)[vii]．憲法の継続形成のための基本的決定は二つの部に留保されている．

(4) 部による受理

部会が受理を拒否しない場合，部が受理について裁判しなければならない（法93b条2文）．部は法93a条2項に基づいて憲法異議を受理する．受理の拒絶は部の裁判の場合も理由を付すことを要しない（法93d条1項2文と結びついた93b条2文）．93b条および93c条に基づく裁判は，口頭弁論を経ずに行われる（法93d条1項1文）．

6 審査基準と審査範囲ならびに判決内容，特に判決に対する憲法異議の場合

(1) 総　　説

　すべての憲法異議の審査基準になるのは，基本法93条1項4a号において列挙された基本権および基本権類似の権利である．もっとも，「エルフェス判決」(E 6, 32. これについては上記4‐(4)) 以来の基本法2条1項に基づく基本権保護の広い解釈によって，連邦憲法裁判所は自己の権限を法治国家理念のような客観法的原理の方向で拡大してきた．裁判所が憲法異議によって問われている基本権侵害が存在するかどうかを審査することに自己限定しない場合，このような傾向と一致する．むしろ連邦憲法裁判所は，異議の対象である判決を，「問題となるあらゆる憲法的視点の下で躊躇なく審査することができる」であろう (E 70, 138 (162))．学説は〔判例を〕批判し，異議申立人の主張とは無関係の基本権に関する審査を制限するよう求めているが，これは正当である．なぜなら，そうでなければ細分化した基本法の権限秩序が軽視されるであろうからである．――法95条1項によれば，連邦憲法裁判所は憲法異議を認容する場合に，基本法のどの規定がどのような作為または不作為によって侵害されているかを確認しなければならない．決定に対する憲法異議が認められる場合――補充性ゆえに裁判所の判決がほとんどである――には連邦憲法裁判所は決定を破棄する；裁判所の判決の場合，事件を（本案について）権限のある裁判所に差し戻す（法95条2項）．法律に対する憲法異議が認容される場合，法律は無効と宣言される（法95条3項；さまざまな判決の宣告の実践については本章Ⅲ7参照）．

(2) 特論：判決に対する憲法異議における連邦憲法裁判所の審査範囲

a) 連邦憲法裁判所は「超上告審」でも「超事実審」でもない

連邦憲法裁判所は「超上告審」でもなければ「超事実審」でもない．このテーゼにより，「専門裁判所」に対する連邦憲法裁判所の審査範囲は限定される．「手続の形成，要件事実の認定と評価，通常法の解釈と具体的事件への適用は，これらについて一般に管轄権を有する裁判所の問題であり，連邦憲法裁判所による審査からは排除される」(E 18, 85 (92)；68, 361 (372))．連邦憲法裁判所が審査するのは，判決が通常法に基づけば「正しい」かどうかではなく，「憲法固有の部分」を侵害したかどうかの点に限られる (E 1, 418 (420)；87, 48 (63))．この定式は，専門裁判とそれを統制する連邦憲法裁判所の間の機能法的分業の問題の核心に迫るものである．一方で「専門裁判所」は，その特別な専門知識と事件への近接性を基礎に，通常法を解釈しなければならない．他方，連邦憲法裁判所は実体憲法をまさに通常法への「照射」によっても実施する任務がある．特に基本権は全法秩序に浸透している (E 7, 198 (205) 参照)：「この（つまり基本権の）価値体系は，その中心点を社会的共同体内で自由に発展する人格とその尊厳に見いだすのであって，憲法上の基本決定として，全法領域に妥当する：立法，行政および裁判はそこから指針と衝撃を受け取る」．連邦憲法裁判所と学説は今日まで，「憲法固有の部分」の定式の領域特有の分化を求めて努力している[20]．これについていくつか指摘しておく．

(1) 裁判所の手続の審査については，連邦憲法裁判所は特に強く行う．審査基準となるのは特に，基本法101条1項2文—法律上の裁判官の裁判を求める権利—と103条1項—法的審問請求権—である（たとえば，E 42, 364；64, 224)．憲法異議のほぼ半数が手続的基本権に依拠している．一方で，連邦憲法裁判所

---

[20] *Rinken* 1989a：Rdnr. 15 ff.；1994：180 ff. の説明を参照．

がこの領域でその審査密度を強化するのは理解しやすい．なぜなら，（公正な）手続において，市民にとっての正義に関する非常に多くのことが先に決定されるからである．他方，連邦憲法裁判所の過重負担の危険はいっそう増大する．なぜなら手続に関して連邦憲法裁判所が詳細な個別事件の審理を行わなければならないからである（たとえばE 81, 123 参照）．それゆえ連邦憲法裁判所は，専門裁判所を「基本権に方向づけられた訴訟法の適用」へと促して，憲法異議への「迂回」を避けようとする（E 49, 252 (259)）．また連邦憲法裁判所はまず立法者に対し，「公正な手続を求める権利」を具体化するよう要求している（E 63, 45 (61)）；またE 66, 313 (318) 参照：「基本法の法治国家において，被疑者は手続のたんなる客体であってはならない」）．

(2) 裁判官による法の継続形成の憲法上の限界については，連邦憲法裁判所は強く審査する．リーディング・ケースはE 34, 269（「ソラヤ決定」）である．同決定によれば，一般的人格権の侵害が重度の場合，民法253条の規範に反して無体的損害に対しても金銭賠償を主張できるとした民事裁判所の判決は，裁判官法の憲法上の限界を逸脱するものではないとした．連邦憲法裁判所は，「基本権の価値体系は，その中心点を社会的共同体内で自由に発展する人格とその尊厳に」見出すとする判決を繰り返している．裁判所は「人間の私的領域」の保護を強調し，そして裁判官は法の欠缺を「実践理性を基準にして」そして基礎となる一般的な「共同体の正義観」に基づいて補充することができるとあえて主張する（E 82, 6 (12) も見よ）．別の事件において，連邦憲法裁判所は連邦労働裁判所の判決を破棄したのであるが，その理由は「法と法律への拘束という憲法保護を顧慮した創造的な法発見の限界を明らかに逸脱」したからである（E 65, 182 (194 f.)）．

(3) 「解釈に対する憲法異議」の枠組みにおいて，連邦憲法裁判所は，裁判官に認められた決定裁量（たとえば一般条項，不確定法概念）を基本権に定位して充填したかどうかを審査する（たとえばE 32, 373 (383 ff.)）．それゆえ，一般の

裁判所は「判決を下すにあたり、基本権の民事法の規定への影響を顧慮」しなければならない（E 62, 230 (242). これはリュート判決（E 7, 198 (204 ff.)）以来の確立した判例を参照している）。

(4)　「衡量に対する憲法異議」の場合、審査密度は弱くなる。なぜなら、連邦憲法裁判所は衡量を詳細に至るまで審査することはできないからである（E 30, 173 (197)；85, 1 (16) 参照）。しかし、ここでも次のような命題があてはまる。「通常法の基本権制約的規定は、他方でまた、制約される基本権の光の下で解釈されなければならない。それによって、基本権がもつ通常法への価値設定的意義が法適用のレベルでも効力をもつに至るのである」（E 85, 1 (16)）。

b)　強い結果審査の例

連邦憲法裁判所は以上のような多様な審査密度の尺度を、二つの領域で修正している。

(1)　「強度理論」により、それぞれの事例における基本権制約が強度のものであればあるほど、連邦憲法裁判所は裁判所の判決を詳細に審査する（E 35, 202 (219)；83, 130 (145) 参照）。連邦憲法裁判所はたとえば次のように述べる（E 76, 1 (51)）：「侵害された基本権法益としての婚姻や家族が示す人格関連性や……高い価値から、憲法裁判所による審査をより深い密度で行うことが認められる」。

(2)　「恣意理論」によれば、連邦憲法裁判所が専門裁判所による通常法、実体法、形式法の解釈における誤りを修正するのは、瑕疵ある適用が基本法を支配する思想の良識的な評価にあってはもはや理解することができず、それゆえ事態に即していない考慮に基づいているとの結論が執拗にわいてくる場合である（E 4, 1 (7)；42, 64 (73 f.), 確立した判例)。この場合、基本法 3 条 1 項の恣意禁止が審査基準である（たとえば E 70, 93 (97) 参照）。ここで根本において連邦憲法

裁判所は一般的な正義の権限を主張する．もっともその場合，基本法の個々の自由権や平等権の保護領域や基本法のさまざまな制限の規律がわきに置かれてしまう危険がある．少なくともここで連邦憲法裁判所は，それが個別の事例ではきわめて「正しい」ものであるとしても，上告判決に近づく危険がある．ドイツの法生活における連邦憲法裁判所の傑出した地位がまたも明らかとなる．

7　判決の宣告の効果

　適法性の要件と同じく，判決の宣告は連邦憲法裁判所法においてそれぞれ特に規律されている．内容については，それぞれの判決目標によって造形されている．その際，基本的に憲法機関相互間の争訟，規範の審査，そして裁判所の判決に対する憲法異議が重要である．

(1)　機関争訟手続における判決の宣告

　法67条1文によれば，連邦憲法裁判所は「申立ての原因となった被申立人の作為又は不作為が，基本法の規定に違反するか否か」を確定する．これは連邦国家的争訟についても妥当する（法69条参照）．連邦憲法裁判所は憲法機関を義務づけるわけではない．法律は憲法機関がたんなる確認に基づき要求されたことを行い，あるいは行わないことを期待している．ここには，憲法裁判所の権威がきわめて特有の形で文書化されている．憲法裁判を有する憲法としての基本法は，憲法機関が憲法裁判所の判決に従って，将来において憲法適合的に行動することを期待することができる（一般にこのことはちょうど1995年5月に下され議論をよんだ「十字架決定」において現実化した〔E 93, 1〕）．

(2)　規範統制の際の判決の宣告

　抽象的規範統制および具体的規範統制，そして法律に対する憲法異議に関する特別規定から，連邦憲法裁判所は基本法に違反する規範を無効と宣言しなければならないことが明らかとなる（法78条1文，82条1項，95条3項1文）．規

範統制判決は，連邦官報（BGBl.）において公示され，一般的拘束力あるいは法律としての効力を獲得する（法31条）．連邦憲法裁判所は時の経過の中で，さまざまな道具を展開し，憲法違反に対処してきた．

a) 違憲法律の遡及的無効・当初無効．これが原則である[21]；しかし一部無効も存在する．この無効宣言の効果は法79条において規定されている（たとえば刑事手続の再審も可能である）．

b) 連邦憲法裁判所が作り出した「違憲規範のたんなる不一致宣言」は，無効の鋭い角を丸めようとする．「平等原則に違反する利益付与からの排除」（E 33, 303 (349)）や経過規定を認めるようなケース（たとえばE 73, 40），立法者の不作為の違憲宣言（たとえばE 68, 155；79, 256 (274)）の場合，連邦憲法裁判所は攻撃された規範が基本法と一致しないことのみを宣告する．さらに法効果も多様である．たとえば当該事件および類似事件に関して手続を中断し（たとえばE 52, 369 (379)），適用しないことを命じあるいは暫定的に違憲規範の適用を命じる（たとえば，E 33, 303 (395)；83, 130）．また立法者に違憲状態を除去するよう義務づける（たとえばE 32, 189 (221)；86, 369 (379 f.)）．それでもなお連邦憲法裁判所はこれまで考えうる限り革新的であり，強力に形成してきた．法的安定性のために，少なくとも今日このような判決は法律上の根拠に基づかなければならないであろう．

c) 「なお合憲の法律」の判決類型（「警告判決」）

無効を回避するために法務官的に展開したもう一つの類型として，連邦憲法裁判所の次のような判決実践がある．それは，法律は「なお」合憲であるとしながら，これと結びつけて，完全な合憲状態を作り出し，あるいは将来に迫る違憲を防止するために活動するよう立法者に警告するというものである．この

---

21) 文献から，*Schlaich* 1994：219 ff..

ような判決のリーディング・ケースがザール規約判決（E 4, 157）と 1963 年の選挙区割り判決（E 16, 130）である．そのような「警告判決」(*W. Rupp-v. Brünneck*[viii]）において，連邦憲法裁判所は「改善留保」を規範化する：立法者は「なお」合憲の法律を「さらに観察し，場合によっては改善」しなければならない（E 87, 348 (358)；また E 65, 1 (55) も見よ）．ここでは基本的に時間軸があらわれ，また自己の裁判判決の政治的効果をともに考慮せよという要請も姿をあらわす．

d) 法律の無効，不一致宣言という鋭い武器を回避して（民主的に正当化された）立法者に機能法上「先手」を認めることにより，連邦憲法裁判所に認められる最後の類型が，法律の「合憲解釈」である．これはスイスの連邦裁判所と同じくアメリカ合衆国においても知られており，〔ドイツでは〕すでに草創期に見られ（E 2, 266 (282) 参照），のちには次のように定式化された（E 64, 229 (242)；また E 74, 297 (344 ff.) 参照）：「しかしある規範が複数の解釈を認めており，その中に違憲の結論になるものと合憲の結論になるものがある場合，規範は合憲であり，憲法適合的に解釈されなければならない」．

8　連邦憲法裁判所の判決の実効性の確保

(1)　仮命令と執行命令（法 32 条，35 条）

法 32 条 1 項によれば，連邦憲法裁判所は「争訟事件において，重大な不利益を防止するため，急迫する暴力を阻止するため，又は他の重大な事由により，公共の福祉のため緊急の必要がある場合には，仮命令により事態を暫定的に規律することができる」．これによって規範化されるのは公共の福祉要件である．これはその核心が「法の一般原則」として明文または不文の形ですべての憲法裁判所に対して妥当すると主張することができる[22]．確立した判例で

---

22)　近時ではたとえばトルコの憲法裁判所 EuGRZ 1994, 602 ff. 参照．

は，連邦憲法裁判所は「仮命令が行われずに，問題の措置がその後の手続において違憲と宣言された場合に生じるであろう」効果と，「問題の規律が暫定的に適用されなくなる場合に生じるであろう不利益」を衡量している (E 12, 276 (279)；67, 64 (70))．連邦憲法裁判所は，多くの決疑論において，とりうる措置を広げるように展開してきた (近時では E 91, 70)．それは，人工妊娠中絶の法律上の規律は当面効力をもたないとする命令 (E 37, 324) から，ラント議会に代表されない党の代表候補者のテレビ放映への参加 (E 82, 54) にまで及ぶ．

法35条によれば，連邦憲法裁判所は「その裁判において，裁判の執行者を指定することができる；場合によっては執行の種類及び方法を定めることができる」．この権限によってまた，裁判所の判決権が確保されている．連邦憲法裁判所はその際「執行の支配者に」までなった．連邦憲法裁判所は自覚的に自らを「憲法の番人に任ぜられた最上級裁判所」であると述べた (E 6, 300 (304))．判決実践からの例としては，E 48, 127 (184) または E 39, 1 (人工妊娠中絶) がある．

(2) 連邦憲法裁判所の判決の拘束力 (特に法31条)

このテーマは一見したところでは，ただの法技術的意味しかもたないようにみえる．〔しかし〕理論的に見ると，その背後には憲法裁判の原則問題が隠れている．たとえば裁判所の権威と統御力，憲法解釈の照射，「時間の推移の中での」憲法発展の役割，そして憲法裁判と他の憲法機関の関係といった問題がそれである．

a) 形式的確定力と実質的確定力

連邦憲法裁判所の判決は，宣告とともに形式的確定力が生じる，つまり判決は連邦憲法裁判所自身では変更することができず，また争うことができない．しかし判決はまた (当事者間で) 実質的確定力をも獲得する．これは〔形式的確定力と〕同じく法的安定性に資する．判決にとって重大な事態が判決時点と比較して変更を受けた場合には，〔実質的〕確定力は及ばない (E 33, 199

(203)).それゆえ,たとえば通常の裁判所は,事実の変更が生じた場合には新たに100条1項に基づき移送することができる(E 82, 198 (205)).公共的プロセスとしての憲法という理解に基づけば,このことはまた一般的法見解の変遷に関しても認められなければならない.

b) 法31条1項・2項に基づく拘束力

法31条1項は次のように規定する:「連邦憲法裁判所の裁判は,連邦及びラントの憲法機関,並びにすべての裁判所及び行政庁を拘束する」.この規定により,確定力は人的に拡張される――これは「憲法機関」としての連邦憲法裁判所の高いランクのあらわれであるが,その際,連邦憲法裁判所の両部の間では,法規範の無効宣言がなされた場合に,立法者はいわゆる「再立法禁止」に服するのかどうかについて,争いがある(E 69, 112 (115); 77, 84 (103 f.) 参照).今日の国家と社会の変遷にかんがみれば,立法者の形成力には余地が認められるべきであり,したがって立法者には新たな規律が許され,特に連邦憲法裁判所は自らのやり方で将来,自己修正することができる.――これと同じ開放性という思想により,法31条1項に基づく拘束力が判決の宣告(主文)にのみ関係するのか,それとも「主文を支える理由」にも関係するのかという論争問題が決定されることになる.連邦憲法裁判所は後者を主張し,そのために,きわめて自覚的に「憲法の重要な解釈者にして番人」としての機能を参照する(E 40, 88 (93)).このような主文を支える理由の「聖典化」は,本稿で主張されたプロセス的,動態的憲法理解からは拒否される.拘束力を「主文を支える理由」にまで拡張するとすれば,「法的対話」は制約され,他の裁判所は別様の憲法解釈を得ようとする意欲を失い,時に下される少数意見がもつ革新的な力が阻害されてしまうだろう.憲法解釈者の開かれた社会が少なくとも一部「閉じた」社会となってしまうであろう[23]).

法31条2項1文および2文によれば,連邦憲法裁判所の判決は抽象的規範

---

23) 議論状況については,*K. Schlaich* 1994: 277 ff. あるいは *Benda/Klein* 1991: 513 ff.; *Rinken* 1989b: Rdnr. 66-71..

統制および具体的規範統制，(基本法100条2項に基づく) 国際法の確認そして憲法異議において (連邦憲法裁判所が「法律を基本法 [もしくはその他の連邦法] に一致する若しくは不一致である，又は無効であると宣言する」場合には)，「法律としての効力」を有する．その帰結として，このような法律としての効力をもつ判決は，連邦司法省により連邦官報に公示される (同項3文)．これにより，拘束力はすべての国家機関を超えてすべての市民 (intra omnes) にまで拡張される．連邦憲法裁判所の部分的な「消極的立法者」としての役割は，ここですでに形式に表現されている．

補論：自治体の憲法異議

基本法93条1項4b号，法13条8a号，91条によれば，ゲマインデおよびゲマインデ連合は，連邦またはラントの法律 (または法規命令) が基本法28条において保障されたゲマインデの自治権を侵害しているとの主張により，いわゆる「自治体憲法異議」を提起することができる (最近では，E 91, 228)．この手続類型において，ゲマインデはその計画高権の法律による制約 (E 56, 298)，恣意的な名称変更 (E 59, 216) に対して防御することに成功した．しかし，区画の改革に対してゲマインデは敗訴しており，E 50, 50 に従えば，ゲマインデは「ただ制度的にのみ」保障されるのであって「個別的に」保障されるものではない．

解釈論上は，自治体憲法異議には，憲法異議と見られる部分，抽象的規範統制と見られる部分，特有の制度と見られる部分がある．基本法はこれを「憲法異議」とよんでいる．これを支持する理由として，歴史的にも多くのものが挙げられる．フランクフルト憲法 (1849) は，ゲマインデの保護を第6章「ドイツ国民の基本権」において定めていた；184条は各ゲマインデに対し，「その組織上の基本権として」とりわけ「その首長及び代表者の選出」，「ゲマインデの事務の自主管理」，「審議の公開の原則」を保障している．今日では，自治体の自治の保障は，市民の自由という小宇宙の本質的部分である．基本法は自治拡張のために先般改正された (28条2項3文：「自治の保障には，財政上の自己責任

の基盤も含まれ」る).ヨーロッパレベルでは,市民の自由と民主制にとっての自治の意義はヨーロッパ地方自治憲章 (1985年) により全ヨーロッパではっきりと示された.よく引用される「市民のヨーロッパ」は基本的にさまざまな地方自治体と地域のヨーロッパから生を受ける.自治体憲法異議は形式および内容上,ドイツの憲法訴訟法において高い位置づけを受けるに値する.

9 緊急事態の場合における連邦憲法裁判所

1968年に初めて,1949年制定の基本法に包括的な緊急事態に関する規律が導入された.「ライヒ大統領の独裁権」に関する1919年ワイマール憲法48条における一般条項とは反対に,基本法全体に分割された多くの個別の規律を設けることに決定した.その際,対外的緊急事態(たとえば,基本法115a条に基づく「防衛上の緊急事態」ならびに基本法80a条1項に従った「緊迫状態」)と対内的緊急事態(基本法35条2項3項,91条)が区別される.緊急事態を濫用から保護する手段の中には,法律上の機関による政治的審査に加えて連邦憲法裁判所による裁判官の審査が存在する.基本法115g条1文は次のように定めている:「連邦憲法裁判所及びその裁判官の憲法上の地位,及びその憲法上の任務の遂行は,これを侵害してはならない」.したがって,たとえば連邦憲法裁判所〔法〕が防衛上の緊急事態に開かれる合同委員会(基本法53a条)の法律によって変更されるのは,連邦憲法裁判所の見解と一致する場合に限られる(基本法115g条2文).たしかに,緊急事態の規定ぶりはきわめて広く,それゆえ裁判所による審査が例外状態という危急の場合にどれだけ強く作用しうるかは不確実なものである;しかしながら基本法115g条では,連邦憲法裁判所が基本法の全体構造の中でどのような傑出した地位を占めているかが新たに定められている.ここでは,憲法裁判所は「憲法の番人」であるというフレーズすら正当化することができる.その際,比例原則が「最後の」——そして第一の——審査基準である.

付論：制度改革に関する考察

(1) 総　　説

「多元主義の憲法」のあらゆる発展がそうであるように，憲法裁判所もまた改革可能でなければならない．立憲国家の今日的発展段階において，改革能力は立憲国家の「実証」の条件である．立憲国家はたんに「維持」しなければならないというのではなく，——必要とあらば——改革の必要に敏感に反応しなければならない．環境保護（たとえば基本法20a条）を顧慮した国家目標の更新や単一国家諸国では実効的な地域主義をあえて採用する必要性（たとえばイタリアやフランス）が考えられるし，基本権領域では新たなテーマや次元の発展が考えられる．たとえば，障害者の保護（ザクセン・アンハルト憲法38条，基本法3条3項2文），死者の人間の尊厳の保護（たとえばブランデンブルク憲法8条1項），「手続的能動的地位」[24]の意味における組織および手続を通じた基本権保護の拡充である．ドイツの連邦憲法裁判所はすでに幾度となく改革の対象となった．たとえば，次のものが挙げられる．

・憲法裁判官の員数の削減（各部12名から8名へ，1956年連邦憲法裁判所第一次改正法律）
・かつての鑑定権限の廃止（法旧97条）
・少数意見の可能性の明文による導入（法30条2項）
・憲法異議の憲法レベルでの明定（基本法93条1項4a号）
・受理手続の導入（法93a条ないし93d条）

　裁判官の選出の改革は繰り返し議論されている[25]．憲法裁判が全体システムにおける政治プロセスの部分手続として（も）政治的機能を（も）有するとい

---

24) これについては，*Häberle* II ④: 43 (86 ff., 121 ff.); E 53, 69 (80) の *Simon/Heußler* の少数意見において受容されている；学説からまた，*Hesse* 1995: Rdnr. 358 ff..

25) これについては，*Schlaich* 1994: 32 ff.; *Benda/Klein* 1991: 41 f..

うことから出発するとすれば[26]，裁判官の選出は「社会の（多元的な）現状と代表を最適な形で確保すること」に資するものでなければならない．連邦憲法裁判所の判決の政治的重要性にかんがみれば，少なくとも「政治的拘束」が「多元主義の憲法」の全体システムにおいては必要である．このことの意味とは，現在事実上認められているような，「既得的な裁判官のポスト」の権利を政党が主張できないということである．これについては改革が必要である．

　もう一つの改革テーマが広範な抽象的規範統制（基本法93条1項）の廃止問題である[27]．なぜなら，これにより裁判所は「無前提かつ隔たりなく」，専門裁判所の事前の解明によりふるいにかけられない立法の争いと直接に対峙することになるからである．もっとも，基本権（E 69, 1 ―基本法4条3項に基づく兵役拒否）や連邦制（E 86, 148 ―基本法107条2項に基づくラント間の財政調整）に関する一連の重要な判決はまさに93条1項2号の手続で行われたがゆえに，抽象的規範統制の存置を支持する者が多い．しかしながら，連邦憲法裁判所はたとえば合憲解釈（E 69, 1 (55) 参照）によって「抑制的に」活動し，あるいは連邦憲法裁判所の権限の機能法的限界を想起することができるのであり，それゆえ「常設の代替立法者」とはならないのである．

(2)　特論：憲法異議の領域での改革

　これについては，特に連邦憲法裁判所にあふれる憲法異議の洪水にかんがみて，すでに「改革の歴史」があり，また再三にわたり新たな改革の要求が存在する．憲法異議手続は再三にわたり（たとえば1956年，最近では1993年），連邦憲法裁判所を過剰負担から保護し，限度を超えた〔申立ての〕殺到を「選別の道具立て」を通じて整序すべく，改革の対象となっていた．時に長期化する手続，手続の透明性の低さも批判される．〔後者については，〕口頭弁論の充実が要請される（法95条5項2文参照）．合衆国最高裁のサーシオレイライ手続の意味における自由受理の導入も「デッドリスト」によって要請され，あるいは特

---

26)　*Häberle* II ⑫：4, 24（本書第1章）．
27)　たとえば，*Rinken* 1989a：Rdnr. 132. 参照．

別な訴訟ないし憲法異議一般の廃止まで要求されることもある．しかし，すでに述べた憲法異議の統合・教育機能にかんがみれば，さらにまた「市民（の）裁判所」としての連邦憲法裁判所の法の継続形成任務のためにも，アメリカ合衆国の法にはあまり接近させてはならない．現行憲法によれば，いずれにせよ憲法異議は基本権類似の訴訟上の権利であり，この権利は基本法94条2項により任意に認められたり拒絶されたりすることはできない．それどころか，ドイツにおいて憲法異議は，立憲国家の今日的発展段階では本質的な制度としてあらわれる．憲法異議は，法治国家的民主主義としてのドイツ連邦共和国の自己理解の一部である．

Ⅳ ヨーロッパにおける超国家的基本権保護のシステムにおけるドイツの憲法異議

1 総説：「ヨーロッパ立憲国家」，「全ヨーロッパ憲法」

ヨーロッパ統合は「さまざまな速度」で進んでおり，また「強度」も異なる．狭義のヨーロッパ法，すなわちEUあるいはECの「憲法」，そして広義のヨーロッパ法——ヨーロッパ議会のヨーロッパ人権条約（EMRK）からヨーロッパ安全保障協力機構（OSZE = OSCE）の緩い結合にまで及ぶ——は，複合的な権利保護システムを発展させた．それは二つの「ヨーロッパ憲法裁判所」，ルクセンブルクのヨーロッパ司法裁判所とストラスブールのヨーロッパ人権裁判所の大きな影響力において頂点に達する．それに対応して，これらの裁判権すべてを内容的，機能的に相互に調整することが困難になる．とりわけ，「国内の憲法および憲法裁判所のヨーロッパ化」の進展というスローガンにおいては，「評価的」法比較により得られた全ヨーロッパ[28]の法思想の生産と受容の複雑な経過へと至る．それは，基本権が「構成国の共通の憲法伝承」から「共

---

28) これについては，*Häberle* Ⅱ ⑳：261 ff..

同体法の一般原則」へと発展したことであれ（たとえばヨーロッパ司法裁判所の確立した判例，また1992年マーストリヒト条約F条2項も参照），「ヨーロッパの公共の秩序」が肯定されるのであれ（たとえばヨーロッパ人権裁判所），国内の憲法裁判所が「他国」ではあるがヨーロッパ内の憲法テクストや憲法裁判官の判示，また「重要な」文献——さらには他の裁判所の少数意見まで——を引用し，受容することであれ，そうである．全ヨーロッパの，そして国内の法原理や法言語のこのような結合構造は，今日のヨーロッパにおける際立った法形成過程の一部であり，特に「遅ればせの革命」（J. Habermas）[ix]を行った1989年以降の東欧もそうであるが，しかし東欧はたんに受動的にこのプロセスの中に組み込まれたのではない．ヨーロッパの「学者共同体」とともに，ここでは国内や超国家レベルの憲法裁判所は牽引役となるのである．

　国内の憲法裁判はヨーロッパ地域ではもはや「たんなる国内的なもの」と解することはできず，はじめから「ヨーロッパ的なもの」でもある．それに応じて責任も大きくなる．特にドイツの連邦憲法裁判所は，すでに憲法段階でヨーロッパ人権条約を挙示したこともいくつかあり（E 31, 58 (67 f.)；71, 206 (216 f.)；74, 358 (370))，ヨーロッパ人権裁判所の決定に関連づけて，あるいは法比較によって活動してきた．スイスはヨーロッパ人権条約をはじめから憲法段階に位置づけた——スイスは周知のとおりEU加盟国ではないが，ヨーロッパ人権条約の批准国なのである！　ますます「ヨーロッパ法律家」抜きではすまなくなっている．広義では，すべての国内の（審級）裁判所は「ヨーロッパの裁判所」でもあるのである．

2　ヨーロッパ司法裁判所とヨーロッパ人権裁判所という二つのヨーロッパの憲法裁判所と連邦憲法裁判所の関係

(1)　連邦憲法裁判所とヨーロッパ司法裁判所

　連邦憲法裁判所はドイツ領域では「国内最上級裁判所」である．もっとも

EC法の問題では，共同体法の規範の解釈および効力について決定する限りで，すべての裁判所と同じくヨーロッパ司法裁判所に従属する[29]。二つの領域では，〔連邦憲法裁判所とヨーロッパ司法裁判所の〕関係は明らかである．国内裁判所の移送により，（EUにおける判例の統一性の確保のために委託された）ヨーロッパ司法裁判所はEC条約177条〔現EU条約267条〕に基づく先決裁定手続において判決を下す．連邦憲法裁判所はこの機能において，ヨーロッパ司法裁判所を基本法101条1項2文の「法律上の裁判官」であると認めている（E 73, 339 (366)；82, 159）．先決裁定手続におけるヨーロッパ司法裁判所の判決の拘束力も認めている（E 45, 142 (162)；75, 223 (234)）．

　しかし，連邦憲法裁判所がヨーロッパ司法裁判所の解釈した共同体法の規範をどの程度基本法によって判断できるかという問題は，困難かつ争いがある．この問題にはすでに，本稿ではたどることができない長い「発展史」がある．発展段階は，連邦憲法裁判所が第二次的共同体法を「共同体において十分な基本権保護が保障されていない限りで（solange）」基本法100条1項の手続においてその統制に服するとした1974年のSolange I 決定（E 37, 271）から1986年のSolange II 決定（E 73, 339）に至る．それによれば，ヨーロッパ司法裁判所が基本法によって不可欠なものとして要請されている基本権保護とおおよそ同視できるような実効的な基本権保護を一般的に保障する「限りで（solange）」，連邦憲法裁判所は派生的共同体法の適用可能性に関する裁判権をもはや行使しない．連邦憲法裁判所が今日その手続のいずれについてもドイツ基本権を基準にした個々のEUの規範ないしヨーロッパ司法裁判所の判決の再審査権限をもたないことについて，ドイツの学説がそれ以来ほぼ一致したコンセンサスを作り出したとすれば，1993年のマーストリヒト判決（E 89, 155）は，とりわけ連邦憲法裁判所とヨーロッパ司法裁判所の「協力関係」という表現によって議論を誘発した．「この協力関係において，ヨーロッパ司法裁判所はヨーロッパ共同体の全領域のあらゆる個別の事件について基本権保護を保障しており」，そ

---

29)　連邦憲法裁判所とヨーロッパ司法裁判所との関係については，*Schlaich* 1994：22 ff..

れゆえ連邦憲法裁判所は「不可欠の基本権基準を一般的に保障することに限定されうる」．このような親ヨーロッパ的な理由づけをあまりもたない連邦憲法裁判所の判決は，ドイツにおいて深刻な批判を受けているのみならず，アメリカ合衆国からも非難されている：「万人による国家」(*J. Weiler*)[30]．連邦憲法裁判所の判決が「最終判断権」をもつのは形式的なものにすぎないのは幸運である．特に今日のヨーロッパでは，実質的には学問的公共圏と一般的公共圏が「最終判断権」，言い直せば「準最終判断権」をもつ．憲法は，中期的には連邦憲法裁判所の判決を「再審する」ことができる点でも，公共的プロセスである．「古典的」国民国家の今日的発展段階としての「ヨーロッパ立憲国家」は，国内憲法裁判所がたんなる「国家結合体」の概念によって EU に後ろ向きの国法学を推し進めようとするところでは，国内の憲法裁判所を相対化する．

(2) 連邦憲法裁判所とヨーロッパ人権裁判所

連邦憲法裁判所がヨーロッパ人権条約の原理を自身の憲法解釈に照射させることには，十分な理由がある（近時では E 64, 135 (157); 74, 102 (128); 74, 358 (370) 参照）．連邦憲法裁判所とヨーロッパ人権条約の権利保護システムとの形式的関係に関しては，ここでは注目点として，連邦憲法裁判所も現在「自らより上位の」審級を知り，これを認めなければならないということが触れられる：これまで，ヨーロッパ人権条約違反を理由とする訴えは，三つの審級に対して行うことができた：それがヨーロッパ人権評議会，ヨーロッパ人権裁判所，ヨーロッパ評議会閣僚委員会である[31]．しかしこのような法システムは目下改革の論議がなされているために，細かな問題は扱うことができない．これまで弱かった個人の異議申立人の立場を強化しようという要望には同意できる．自己批判として，ドイツ連邦共和国が幾度もヨーロッパ人権条約の誤りを犯したということは秘密にはしておけない（ブーフホルツ事件，ヴェームホフ事件[32]）．

---

30) *Weiler* 1996.
31) ヨーロッパ人権条約に基づく手続については：*C. Pestalozza* 1991：662 ff..
32) ヨーロッパ人権条約 6 条 1 項の侵害：ブーフホルツ事件（1981, EuGRZ (1981), S.

長期的には，すべての国内憲法裁判所とヨーロッパの憲法裁判所の間のいたるところで刺激を受けた分業的協力関係が期待され，またそれを目指して努力される．憲法裁判所とヨーロッパの裁判所という二つのタイプを，「ヨーロッパ立憲国家」は等しく信頼している．その点で，ヨーロッパは世界の他の地域にとってモデルとしての性格を有するかもしれない．ラテンアメリカの各憲法裁判所は，将来同様に「同属の事項を徐々に一体とさせる」ことができるかもしれない．ヨーロッパという一見遠い観点から内的な親近性が生じ，これにより，本書において行われているように，あちこちの学者共同体は距離を縮めるであろう．

V 文献（省略—文献引用参照）

〔訳　注〕
ⅰ) 順に，イギリス権利章典，アメリカ独立宣言，フランス人権宣言，フランクフルト憲法，世界人権宣言，国際人権規約である．
ⅱ) ウジェーヌ・ドラクロアがフランス革命を描いたものとして著名なのは「民衆を導く自由の女神（La Liberté guidant le peuple）」であるが，これは1830年の7月革命を描いたものである．
ⅲ) *K. Stern*, Das Staatsrecht der Bundesrepublik Dentschland, Bd. I, 2. Aufl. 1994, S. 206.
ⅳ) シュレスヴィヒ・ホルシュタインは，2008年のラント憲法改正により，ラント憲法裁判所を設置した（同ラント憲法44条）．
ⅴ) *H. Lammers/W. Simons* (Hrsg.) : Die Rechtsprechung des Staatsgerichtshofes für das Deutsche Reich und des Reichsgerichts auf Grund Art. 13 Abs. 2 der Reichsverfassung, Band I–VI.
ⅵ) *E. Friesenhahn,* Die Verfassungsgerichtsbarkeit in der Bundes publik Deutschland, 1963, S. 7.
ⅶ) *E. G. Mahrenholz*, Kammerbeschlüsse – Nichtannahmegebühren – Neue Institute im Verfassungsbeschwerdeverfahren, in : Festschrift für Zeitler, Bd. 2, 1987, 490 ff.），ヴェームホフ事件（1968, Entscheidungen des EGMR Bd. 1 (1970), S. 108 ff.）．

S. 1361 ff.
ⅷ) *G. Rupp-v. Brünneck*, Darf das Bundesverfassungsgericht an den Gesetzgeber appellieren?, in : Festschrift für G. Müller, 1970, S. 355 ff. ; *dies.*, Verfassung und Verantwortung, 1983, S. 221 ff.
ⅸ) *J. Habermas*, Die nachholende Revolution, 1990（ハーバーマス（三島憲一ほか訳）『遅ればせの革命』（岩波書店，1992年））.

第7章

立憲国家の今日の発展段階における憲法裁判

Die Verfassungsgerichtsbarkeit auf der heutigen
Entwicklungsstufe des Verfassungsstaates

目　　次

　序

I　憲法裁判の歴史的発展フェーズ，時間と空間における法比較
　1　第二次世界大戦以前の初期フェーズ
　2　発展の第二フェーズ
　3　「驚異の年」1989 年以降の憲法裁判の発展フェーズ
　4　最初の憲法理論上の帰結

II　一つの理論枠組み
　1　理想と現実のはざまの立憲国家という類型――一つの「発展のプロジェクト」
　2　広義の憲法テクストとしての古典テクスト
　3　社会契約への現実的にして擬制的参加者としての憲法裁判所
　4　憲法裁判の任務
　5　――開かれた―方法準則――「第五の」解釈方法としての法比較
　6　ヨーロッパ憲法裁判所としての国内憲法裁判所
　7　「司法積極主義」と「司法的自己抑制」の間で揺れ動く憲法裁判所
　8　「具体化された憲法」としての憲法訴訟法

III　憲法裁判に関する現下の個別問題
　序
　1　憲法裁判官の選出
　2　「もう一つの判決」としての少数意見制
　3　憲 法 異 議

展望と結語

第7章 立憲国家の今日の発展段階における憲法裁判 235

序

　選択されたテーマは記念の日にふさわしい崇高なテーマであり，また同時に実践的な日常の作業テーマでもあります．イタリアの憲法機関，ヨーロッパのイタリアの最高の代表が臨席される中で，「コンスルタ〔パラッツォ・デラ・コンスルタ〕」においてこのテーマを扱うことができることは，ひとりのドイツ人にとっては最高の栄誉です．ローマはヨーロッパの法文化の始源でもありまして，その特有の土地柄（ゲニウス・ロキ）は，私たちすべてにインスピレーションを与えてくれることでしょう．感受性豊かな法律家としてここで絶えず新たに通り抜けることができるような「時代の美術館」において，私たちはローマではいたるところで，正義をめぐる永遠の格闘と結びつけられるモニュメントやドキュメントを見いだします．12表法からローマ条約，あるいはそれらが作られた場所まであります．人物に関しては，最高裁判所の前に置かれた *Cicero* から *Gaius* に至る立像を思い浮かべれば，多くの者をすぐに挙げることができます．今日と同じく，制度だけが憲法機関なのではなく，法を任務とする憲法裁判官のような具体的人物もまた，憲法機関でしたし，現在もまた憲法機関なのです．本日のハードなテーマを扱うことは，「巨人の肩に乗ること」によってしか成功しえません．ドイツであればそれは「ワイマールの巨人」ですし，イタリアであれば，戦後の偉大な法律家たちです．彼らは憲法制定会議のメンバーとしてあるいは／そして憲法裁判所の憲法裁判官として1947年の偉大な憲法を軌道に乗せ，あるいはその路線を堅持してきたのです．〔そのような法律家としては，〕すでに亡くなられた方に限って挙げますと，C. Mortati や A. Sandulli, L. Paladin が思い出されます[1]．全ヨーロッパの観点からすると，この裁判所は長らく，国内憲法裁判所やヨーロッパレベルの憲法裁判所のグループの中で，傑出した地位を得てきました．このことは多くの形式やフォ

---

1) *L. Paladin* については，*Lanchester* 2001. *C. Mortati* については，*Staff* 1996.

ーラムにおいて示されています．たとえば，比例原則，ヨーロッパ法，議員免責，憲法解釈といったテーマに関する裁判所内での定期的なセミナーです．これには，外部の学者が招聘されています．また，全ヨーロッパの憲法裁判官の制度的な会合に参加していること（1999年はたとえばワルシャワ，2002年はブリュッセル），そしてもちろん，近隣また遠方諸国の若手学者の招聘や協働に示されており，それは法比較的に裁判所の「援助」をしています．P. Ridolaの指導の下，現在スペイン人やフランス人のみならず，たとえばコロンビア人もがこの裁判所に滞在しています．しかしとりわけ憲法裁判所の判決こそが，ヨーロッパ規模で多くの憲法法曹に多くの影響を与えてきたのであり，また徹底的な対話を引き起こしたのです[2]．言及に値するものとして，たとえば，宗教の自由およびそれがもつ選挙権に対する帰結に関する裁判，信仰告白の自由およびライシテの憲法原理に関する裁判，少数者保護に関する裁判（南ティロールにおける少数者であるラディン語話者の差別，ならびに少数者であるスロベニア語話者の請求に関する裁判），地域の強化に関する裁判，そして——多元的に形成される——メディア憲法に関する裁判，〔違憲法令の〕再立法という憲法違反の実践に関する裁判，健康を求める基本権および通訳の補助による弁護を求める権利に関する裁判があります[3]．特に挙げられますのは，憲法裁判所と議院の自律性の関係に関する重要判決です．雑誌やコンメンタール，論文においてあらわれる憲法裁判と学問によるヨーロッパ公共圏が，短期的にまた長期的に見ても，イタリア憲法裁判所の指導的判決を共同して構築しているのです[4]．

---

2) イタリア憲法裁判所とその判決の一般的な叙述については「公法年報 JöR」の諸論考，たとえば，*Azzaritti* 1959，これには，補遺（S. 25 ff.）において一般的規則が掲載されている；*Leisner* 1961；*Pierandrei* 1963；*Rossano* 1969．——近時のものとして，憲法裁判所に関する判例報告については，たとえば *Luther* 2002a：348 ff.；*Hartwig* 1987．

3) 各判決は次において（ドイツ語で）公刊されている．EuGRZ 1997, S. 360 ff. (bearbeitet von L. Malferrari)；1998, S. 662 ff. (bearbeitet von A. Weber)；1999, S. 375 ff.；S. 373 ff.；1999, 132 ff.；2000, S. 542 ff.；2000, S. 237 f.；2000, S. 163 ff.；2002, S. 613 ff.；2003, 499 und 501 (samtlich bearbeitet von J. Luther)．

本報告の三つの部分，すなわち時間と空間における法比較（Ⅰ），理論枠組み（Ⅱ），今日の憲法裁判に関する精選された現在的個別問題（Ⅲ）の三和音に関する前奏的な「チューニング」の範囲内で，ことに憲法論の自律性のテーゼが要請されます．学問として，憲法論は W. v. Humboldt の意味での「永遠の真実探求」であり，したがって憲法裁判の偉大な成果の注釈に尽きるものではなく，独立の，それどころか「執拗ともいえる」理論提案を行い，新たなパラダイムを「発見」しなければなりません．そうして，そのような新たなパラダイムを，憲法裁判官は少なくとも多くの理論要素のプラグマティックな統合の意味において「正義に着目して」消化することができます．憲法学は憲法裁判のたんなる「(後期) 注釈学派」へと堕してはなりません．この危険はとりわけドイツにおいて認められます[5]．このような信条は，基本問題において避けて通ることのできないことの認識であり，そして支持表明です．学問は民主主義から正当化されるのでも，国民より発するものでもありません．それは基本権によって何らかの形で自律的に「それ自体として」保護されるのです．たとえ民主的共同社会に対して学問がどれだけ責任を負うとしても，そうなのです．憲法裁判は最終的には，「国民から国家機関への」民主的な正統性連鎖を通じて基礎づけられます (U. Scheuner)．にもかかわらず，私たちのテーマが外的観点と内的観点で交差することを顧慮すべきです．私は憲法裁判の「外的観点」しか提供することができませんが，にもかかわらず，「内側から」立憲国家の文化的成果を求めます——これは Ortega y Gasset が Goethe に関連づけて述べた言葉を言い換えたものです[i]．結局，憲法裁判官自身だけがその「内的観点」を定式化し，表現することができます．このことが明らかとなるのは，たとえ

---

4) 判例批評の技芸の模範となるのが，T. Ritterspach の判例報告である．たとえば，EuGRZ 1988, S. 41 ff.; 70 ff. ebd.; 106 ff.; ebd. S. 159 ff.; 559 ff.; また，EuGRZ 1989, S. 40 ff., 202 ff., 227 ff., 331 ff. も見よ；のちには，ders., in: EuGRZ 1990, S. 25 ff., 74 ff., 211 ff., 423 ff., さらに，EuGRZ 1991, S. 30 ff., 376 ff.; EuGRZ 1992, S. 77 ff., 105 ff., 414 ff.——この偉大な伝統は現在，J. Luther によって引き継がれている．彼の博士論文は，Luther 1990；また，Dietrich 1993 も見よ．

5) これについて最近では，Kloepfer 2003: 483 f.

ば次のような問題の場合です．それは，裁判官が政治プロセスの中へどれだけ踏み込むか——これは「司法積極主義」あるいは「抑制」の相互作用というキーワードの下で語られます——，また，たとえばスペインやドイツには存在するがイタリアにはまだ存在しない少数意見の機会の主張を裁判官はどれだけ節度をもって行うか，裁判官は傍論によってどれだけ豊かな活動をなすか，あるいはまた裁判官は判決の中に，さまざまな理論要素を調和的に統合するのではなく，ただ一つの理論を「正しい」理論として書き込むということを，どれだけ強力に行うか，といった問題です．判決スタイルには，丁寧なものも断定的なものもありますし，「独善的」なものも抑制的なものもありますが，このようなスタイルはまた，憲法裁判官の自己理解を表現しています．ヨーロッパあるいはアメリカ合衆国ではここに大きな違いがあり，引用技術に関しても違いがあります[6]．たとえばドイツの連邦憲法裁判所は，私たちの誇る連邦制と並んで，教授資格論文のような長い判決を好みますが，フランスはデカルト的な簡潔さと含蓄，エレガントさと文体で魅了しています．最後に，憲法裁判官による裁判の言語文化の中には「自己理解」が認められることがままあります．市民への近さあるいは専門的なジャーゴンがそれです．しかし本日のような祝賀イベントにより，憲法裁判の「内的観点と外的観点」を同一のフォーラムで交わす可能性が生じます．大いにこの機会を利用しましょう．

I 憲法裁判の歴史的発展フェーズ，時間と空間における法比較

「憲法裁判」という今日の成功モデルの歴史的発展の区分について，ここではキーワード的に述べるにとどまる．その際，時間（歴史）と空間（比較研究）という二つの次元に比較によって踏み込むことにより，この二つの次元は「憲法裁判」という同一の事態の二つの側面としてまとめられる（制度的，権限的お

---

6) 判決スタイルの違いについては，*Häberle* II ④：30 ff..

よび人的).

1 第二次世界大戦以前の初期フェーズ

合衆国最高裁判所の形での「非独立型憲法裁判」——マーベリー対マディソン事件から200年が経過した——と並んで,そして権限は限定的にしか認められていないが敬意を払われた,ワイマール憲法(1919年)の独立のドイツ国事裁判所と並んで,このフェーズでは先駆的業績はオーストリアに負っている.1920年の憲法で同国は,*H. Kelsen* の関連する古典テクストに導かれて,独立型憲法裁判を現実のものとした.その手本としての作用は,中長期的に見ると広範に及ぶ.特にドイツ[7]では,初期には連邦的思想が正統化作用を果たした(キーワード:1871年のビスマルク憲法の旧連邦参議院:76条).たしかに,そのさきがけはフランクフルト憲法 (125-128条) にまでさかのぼるのであって,そして争訟は可能な限り集中的に裁判所で決着をつけようとし,さほど政治的・民主的な形で決着をつけようとはしないのが,今日まで一般的なきわめてドイツ的願望である(近時では AWACS ないしイラク戦争に関して:E 90, 286 = EuGRZ 1994, 281;100, 266 = EuGRZ 1999, 355 (Kosovo) ならびに2003年3月25日の判決(Irak)〔E 108, 34〕).「優越的自由の原理」や「政治問題」[8]といったアメリカ合衆国で発展した関連法理は,古いヨーロッパでは第二次世界大戦後に初めて地位を獲得したが,それは,ただ修正した形で引き受けられるのかそれとも退けられるのかはともかく,いわば創造的な受容プロセスのための準備ができていた.

---

7) ヨーロッパの観点からの歴史に関する文献として,*Cappelletti* 1968;*Cruz Villalón* 1987;*Luther* 2002b: 279. ドイツの観点からは,*Scheuner* 1998: 1 ff.;*Hesse* 1998: 1 ff.——重要な教科書として,*Pestalozza* 1991;*Benda/Klein* 2001.——重要なコンメンタール論文として,*Voßkuhle* 2001a, 2001b;*Rinken* 1989a.

8) 政治問題論については,すでに VVDStRL 20 (1963), S. 121 f. (討論における発言) における *H.Ehmke* と *E. Friesenhahn* との間の論争がある.さらに,*Haller* 1972;*Brugger* 1993: 19 ff.;*Piazolo* 1994. 最後に,政治問題の法理に関する二つの「リーディング・ケース」を挙げる:Pacific States Tel. & T.CO. v. Oregon, 223 US. 118;Baker v. Carr, 369 U.S. 186.

2 発展の第二フェーズ

　発展の第二フェーズは 1945 年以後に始まったのだが,これは偶然ではない.というのも,ヨーロッパの全体主義的・権威主義的国家からの離反,民主的立憲国家の創設により,形態はともあれ憲法裁判の可能性に目が向けられたからである.旧大陸では独立型憲法裁判の「黄金期」がこのときまさに始まった,このようにいうことができるかもしれない.まずイタリアモデル (1947 年) が,次にドイツ連邦共和国[9]がその基本法 (1949 年) において手本として次第に発展した.これを先取りしたのはバイエルン,ヘッセンのラント憲法 (1946 年) であった.はじめは長らく手探りで,後には強化されて続いたのがフランスであり,第五共和制 (1958 年) は憲法院という形態を採用した.この憲法院は,たとえば規範として理解される前文と人権を通じて権限,権威と正統性を「手に入れる」成長プロセスにあるとすらいえる[10].ポルトガル (1976 年) とスペイン (1978 年) は,特に広範な権限を有する憲法裁判所によってその後に続いている.そしてその当時はいまだ統合していなかったヨーロッパの国内の各憲法裁判所の下で,強力な「対話」が制度の領域でも実際の裁判でも始まった.スイスも視野から外してはならない.スイスは,新連邦憲法 (2000 年) において,旧連邦憲法 (1874 年) と同じく,ローザンヌの連邦裁判所に,限定的とはいえ実質的な憲法裁判権を委ねている (新連邦憲法 189 条, 191 条)[11].さらにルクセンブルクとストラスブールの二つの「ヨーロッパ憲法裁判所」がある.私見によれば,ヨーロッパ司法裁判所とヨーロッパ人権裁判所が当初からとった方法は,分野的に限定された形,すなわち EU (かつての EGW) 憲法あるいは 1950 年のヨーロッパ人権条約[12]に関する独立の憲法裁判所という形である.

---

9) 「独立型憲法裁判の手本」としての連邦憲法裁判所については,同名の拙稿 (*Häberle* II ㉚ : 311 ff. (本書第 5 章)).
10) 文献から,*Oellers-Frahm* 1989 : 691 (699 ff.) ; *Junker* 2002 : 47 ff..
11) 百家争鳴のスイス国法学を代表して,*Thürer/Aubert/Müller* (Hrsg.) 2001.
12) ヨーロッパ人権条約について,*Frowein/Peukert* 1996.

近年,そして今日では,独立の憲法裁判所であることはますます明白となっており,国内およびヨーロッパレベルの憲法裁判所の学問的ないし法務官的な交流あるいは法比較が(相互に交差する形で)非常に強力である.これが判決では常に十分にはっきりといわれているわけではないとしても,そうである[13].たとえば,法治国家や比例原則,個別的基本権,明文または不文の基本権の本質内容条項[14],あるいは「デュー・プロセス」の多くの個別的保障といった原理を考えてみるだけでよい.これらは長らく全ヨーロッパ性格を有している——そして(法ないし憲法)文化となっている.

3 「驚異の年」1989 年以降の憲法裁判の発展フェーズ

1989年以降,憲法裁判の凱旋行進はさらに勢いを増している[15].東欧のほぼすべての改革国家(ならびに五つのドイツの新たなすべてのラント)が独立したタイプの憲法裁判を創設しており,少数意見制などの多くの「微妙に異なる」制度を実施している(たとえばキエフとザグレブの憲法裁判所).早くから移行問題の克服を始めている国も少なくない(特にこれに意識的なのがハンガリーの憲法裁判所であり[16],民衆訴訟まで認めている[ii].ちなみにこれはバイエルン(1946年)やコロンビア(1991/96年:241,242条)と同様である).またヨーロッパ規模で承認されているのが,ポーランド,クロアチア,スロベニアの憲法裁判所の豊かな判例である.東欧では,憲法裁判は(現在では,バルカン半島でも,新たなテクストをもつボスニアの憲法裁判も)[17],共産主義単一国家から多元的民主主義への困難な発展の道のりにおいて,広範に及ぶ機能を引き受けることも多い.その際に憲法裁判はたんに「憲法解釈」を行うというのではなく,——実質的に見れ

---

13) 文献から,*Piazolo* (Hrsg.) 1995.
14) 文献から,たとえば,*Emmerich-Fritsche* 2000; *Häberle* I①: 266 ff.; *Szcekalla* 2002; *Koch* 2003.
15) 文献から,*A. von Brünneck* 1992; *Favoreu* 1996.
16) これについては,*Frowein/Marauhn* (Hrsg.) 1998.ハンガリー憲法裁判所の成果について,*Sóloyom* 1998: 554 ff.; *Brunner* 1997: 1041 ff..
17) これについては,*Graf Vitzthum* (Hrsg.) 2000.また,*Sarcevic* 2002: 493 ff. も見よ.

ば——部分的には創造的な憲法制定を行うのである．そこから導き出すことができるのは，憲法裁判の機能は空間および時間において可変的であり，弾力的であるという認識である．憲法裁判は，自らが共同して保障する具体的な立憲国家の発展フェーズに応じて，憲法形成的な権威となりうるのである．特色のある「ラテンアメリカ立憲主義」[18]の要素にして保障者としての憲法裁判は，これに含められるであろう．メキシコがすでに19世紀中葉にアンパーロ手続[19]を先駆的に導入していたが，今日では，そのきわめて活発な最高裁判所を誇りにすることができる．多くのメキシコの州には，独自の州憲法裁判すら存在する（同地では „Justicia Constitutional Local" とよばれる）[20]．自立的な憲法裁判は，多くのラテンアメリカ諸国において，憲法生活の統合的な構成部分の一つとなっている．ヨーロッパ中心主義的な自惚れは不適切なものと思われる．コロンビアは内戦で破壊されたかもしれないが，その広範で集中的な憲法裁判が法務官的なテクストを創出している．このテクストは，ひとたび登場するとのちには規範化力を展開することができ，また，（立憲国家がさらにまた生き続けるために必要な適量のユートピアを望むのであれば）造り「貯め」されたとすらいえる．（米州人権条約に関する）コスタリカの汎アメリカ主義の裁判所は〔その存在を〕触れるにとどめたい[21]．

4　最初の憲法理論上の帰結

最初の帰結として，次のことが認められよう．憲法裁判がほとんど世界規模で広まったということは，理論枠組みのためのたんなる「素材」以上のものを提供する．もちろんわれわれは，*Hegel* のいう意味では，理性的なものは現実的であり，現実的なものは理性的であるとはいうことはできない．このことは，立憲国家という類型のいくつかの原理（たとえば人間の尊厳）にあてはまる

---

18)　「ラテンアメリカ立憲主義」については，*Häberle* I ⑭ : 1 ff.; *Horn* 2003.
19)　これについては，*Mac-Gregor* 2002a ; *Belaunde* 2001 : 513 ff.; *Lösing* 2001.
20)　*Mac-Gregor* 2002b ; *Mac-Gregor/Hernández* (coord.) 2003.
21)　これについては，*Ramírez* (coord.) 2001.

ことはきわめて明白である——立憲国家の理念型は，全体としてまた個別でも，依然としてあまりに「故障しやすく」また「再発しやすい」．だがしかし憲法裁判は，左右両翼のあらゆる全体主義と対照的な理想的かつ現実的プログラムである．憲法裁判は，一切の全体主義ないし権威主義体制に対する保障者として唯一ではないにせよ本質的なものである．別の言葉でいえば，立憲国家の憲法現実は，憲法裁判所のおかげもあって存続しているが，この憲法現実が，一切の憲法裁判の理論を「構成的」(「理性的」)ファクターにする．

　国際法レベルを一瞥してみよう．一方では国際連合が創設した旧ユーゴスラヴィアとルワンダに関する法廷が，他方，現在では多国間の国際刑事裁判所——ローマに設立されたのは偶然ではない——[22]が，すでに 1926 年に *Verdross* が構想していたような「国際共同体の憲法」に向けた布石となっている[23]．常設の制度としての国際刑事裁判所[24]は国際法を「少しずつ」憲法化することができるのみならず，関係する各立憲国家の中へと照射することもありうる：世界法的な要素と国内的-立憲国家的要素がここでは今後，共同して作用するのである[25]．国内の憲法を学んだ裁判官は，方法的にまた内容的に，判

---

22) 規約のテクストは，A/CONF. 183/9 v. 17. 7. 1998，ドイツ語版は，EuGRZ 1998, S. 618 ff.．文献からは，*Tomuschat* 1998；*Zimmermann* 1998；*Stahn* 1998：590 f.；*Fastenrath* 1999；*Ambos* 1998：3746；*Ambos* 2001．このコンテクストにおいて，地域的な責任共同体，とりわけ EU が行う強力な刑事司法の発展に向けた試みも無視されてはならないであろう．たとえば，*Dannecker* 1996 参照．

23) *Verdross* 1923：126 ff.；綱領的に前進させているのが，*Verdross* 1926；最後にまた，*Verdross/Simma* 1984：59 f. を見よ．数多くの憲法上のテーマに関する国際法の裁判から，*Ross* 1950；*Jenks* 1958：26；*Mosler* 1980：16；*Tomuschat* 1978a：52 (「国際法上の相隣憲法」)；*Tomuschat* 1978b：2 (「来たるべき世界憲法の核心」としての国連憲章と人権条約)；*Chen* 1989：437 (「グローバルな立憲的プロセス」)；*Watts* 1993：22 (「準憲法的枠組み」)；*Onuf* 1994：7 f., 15 f. (S. 18：「国際社会の実質的憲法」としての国連憲章第 1 章)；*Häberle* I ⑧：191 ff.；*Fassbender* 1998：546 und passim；*Nettesheim* 2002：578 (「世界共同体法」)．

24) 国際刑事裁判所については，*Kotzur* 2002：195 ff..

25) これについての詳論は，すでに，*Häberle* II ㉕：1277 ff.；*Teubner* 2000；「世界社会」に関する「古典テクスト」を提供するのが，*N. Luhmann* 1993：551 ff.；さら

決の審議の中にその法学的な道具をもち込む．国際刑事裁判所は，間接的には，少しずつ憲法裁判となりうるであろう．それは全ヨーロッパ刑法，また全アメリカ刑法が間接的には憲法である（デュー・プロセスの保障にとどまらない）のと同程度で，そういえよう．

II 一つの理論枠組み

1 理想と現実のはざまの立憲国家という類型
──一つの「発展のプロジェクト」

　立憲国家は，時間と空間における長い発展史の「暫定的な」結果である．そこには今日，憲法が構築するのと同じ数だけの国家が存在するのであって（R. Smend），あらゆる後期絶対主義的な国家理論を拒絶しており，そして今日のヨーロッパでは，国民国家の憲法は成立しつつあるヨーロッパ憲法のコンテクストにおける部分憲法となったのである．「ヨーロッパ化した立憲国家」は再三にわたり多くの後退を経験しており，また依然として間違いを犯しやすくまた危険にさらされているのであるが，それはヨーロッパ化した立憲国家が具体的な人間によって実践されているからである．ヨーロッパ化した立憲国家はすぐれて文化的な成果であって，それには多くの時間，国家そして市民が協力している．そこには，古代ギリシアの古典的思想家に始まり，プラグマティックに活動するがゆえに偉大なローマの法律家を経て，Montesquieu, Rousseau, Kant, さらに近時はJ. Rawls や H. Jonas（責任という倫理（1979）[iii]，これは環境保護において憲法上の綱領となった）といった近現代の思想家が挙げられる．立憲国家にとって根本的なのが，文化人類学的な前提としての人間の尊厳と，その組織的帰結としての多元的民主主義である．これにはスイスにおける半直接民主制までの一切のバリエーションが含まれる．法治国家，水平的権力分立，人権がこれに加わるが，いわゆる政治的権利あるいは「公的自由」も同じであ

　　　に展開するものとして，Stichweh 1995；最近では，Kotzur 2003.

って，スペイン憲法がこれを挙げている（第2章第1節）．さらなる具体的発現が，連邦主義あるいはその「弟分」である地域主義であり，これは垂直的権力分立の観念によって正当化される．たとえばイギリスである（スコットランド，ウェールズ）．今ではパリにおいてすら「諸地域のフランス」について論じられている．イタリアこそ，ここで印象的な変遷プロセスによって特徴づけられる．イタリアの数多くの町の佇まいや文化的風土は，連邦主義へと展開するイタリアというレス・プブリカのための理想的な「腐植土」なのである[26]．権力分立は社会の領域へも伝えられる．たとえば使用者と労働者の間の社会における権力分立や，あるいはプレスと放送の間のマスメディア上の権力分立がそれである．公共性は（実質的にはレス・プブリカ res publica とサルス・プブリカ（公共の利益）Salus publica にかんがみて）*Cicero* と関係づけられるが，これは多元的に理解されなければならないのであって，このことはとりわけメディアの領域に妥当する．経済的権力，メディア権力そして政治権力の累積により，*Popper* の意味での開かれた社会の核心が脅かされる．このような原理，制度，手続の全体像において，憲法裁判所には今日傑出した地位が与えられてしかるべきである．直接に民主的に正統化された政治プロセスと間接的に民主的に正統化された憲法裁判は，憲法のために，区別，協働そのうえまた緊張の関係に立つ．憲法裁判官各人は，自らの決定において，文字どおりそれに「耐え」なければならない．個人の良心の苦境に陥るまでのこともしばしばである．イタリア憲法1条が「労働に基礎を置く共和国」と規定するとき，これによって憲法裁判官としての作業も考えられる．共和国を「市場」に基礎づけるという提案は，幸運にも憲法テクストにはならなかった．

2　広義の憲法テクストとしての古典テクスト

　成文憲法の実定法上の憲法テクストあるいは不文の現象形態，たとえば裁判官法――狭義の憲法テクスト――と並んで，広義の憲法テクストが文化の一片

---

26)　文献から，*D'Atena* 2002 ; *Anzon* 1995 ; *Anzon* 2002 ; *Groppi* 2001. 地域主義については，*Woelk* 1999 ; *Häberle* II ㉑ : 67 ff..

としてあらわれる．〔そのようなものとして〕すでに挙げた偉大な思想家の古典テクストが考えられる[27]．それはわれわれ法律家を，また政治プロセスをも舵取りする．われわれは今日もなお，*Montesquieu* や *Kant*，また *Popper* の「目で」憲法を読んでいる．その際，詩人の言葉ですら，広義の憲法テクストとなりうる．このことは *F. Shiller* の場合に明らかである（「陛下，思想の自由をお与えください」：Don Corlos）[iv]．たとえば *B. Brecht* の「すべての国家権力は国民に由来するというが，それではその国家権力はどこへ向かうのか」？[v]といった挑発も関連する．イタリアでは，「パダーニア」に対する「秘密の国歌」としての「ナブッコ」の囚人の合唱が該当する．約言すれば，古典テクストは時間と空間の中で規範的な力を発揮する．特に憲法裁判については，*H. Kelsen* が古典テクストとされ，また 1945 年以降では *G. Leibholz* が連邦憲法裁判所に関する「地位報告」の形でそのようなものとされている[28]．イタリアでは憲法の父たちの言葉や *V. Crisafulli*[29] の教科書が古典テクストにあたるかもしれない．「マーベリー対マディソン」（1803 年）は裁判官の手による古典テクストである．アメリカ合衆国のフェデラリスト（1787 年）が立憲国家にとっていくら評価してもしきれないほど重要であったとしても，それに変わりはない．

3　社会契約への現実的にして擬制的参加者としての憲法裁判所

J. Locke から *I. Kant* を経て *J. Rawls* に至る社会契約のパラダイム[30]は，今日では憲法裁判をも組み入れなければならない．憲法は日々の「全市民の自己契

---

27)　*Häberle* I ⑦；*Kotzur* 2001b.
28)　*Leibholz* 1957；*Faller* 2002: 307 f.；*Kelsen* 1929. そのほかの古典テクストは，*Häberle* (Hrsg.) II ⑫ に所収されている．「新しい」古典テクストとして，*R. Smend* 1971（*Häberle* (Hrsg.) II ⑫: 329 ff. に再録）がある．
29)　*Crisafulli* については，*Nocilla* 1995.
30)　社会契約のパラダイムの憲法裁判所への転用については，*Häberle* II ⑥: 438 ff. 〔本書第 2 章〕．これについてはまた，*Schulze-Fielitz* 1997: 14 ff.．別のパースペクティブを示すものとして，*Schuppert/Bumke* (Hrsg.) 2000. その他の基本文献として，*Walter* 2000；*Haltern* 1997: 31 ff..

約かつ自己収益」である．人類の文化的遺伝子としての「円卓会議」がポーランドから1980年代に世界史を作り，古くはアーサー王の円卓の騎士団において実践していたかもしれないとすれば，社会契約を憲法裁判にも利用することができよう．憲法裁判は社会契約の保持と日々の日常的な支持そして更新に参加し，公共的プロセスとしての憲法の発展にともに従事する．その権限が広範に及ぶことがしばしばであるということが，このことを示している．裁判官がその責任を自覚的に果たしていることも同様である．なお，この責任行使は，いわゆる指導的判決や原則判決だけにとどまらない．少なくとも，憲法裁判はそのような責任に「合有的に」関与し，国民の「基本コンセンサスへの作業」に関与するということができる．憲法制定者と憲法解釈者の開かれた社会においては，憲法裁判は専門的かつ特に市民に近い位置を占める．これは民衆訴訟やコロンビアのような団体訴訟において目につくが，通常の憲法裁判官の活動にあっても，契約という古典的パラダイムが認識利得を媒介することができよう．それは現実に影響をもたらし，また (I. Kant の「かのように」の意味において) フィクションとして解釈される．まもなく「ヨーロッパ社会契約」があらわれるかもしれない．それは，EU憲法に関するヨーロッパ規模の住民投票の形式をとる (「世代間契約」にもう一つの適用領域が存在する)．

4 憲法裁判の任務

憲法裁判の具体的任務は実定憲法ないしその権限規律から生じる．しかしその背後にあるのは「一般的なもの」である．つまり，権力の限定とコントロールという任務である．これは憲法が全体として権力の制限でもあることに直結する (「規範と任務」，「刺激と制限」というだけではない：U. Scheuner あるいは R. Smend)．さらに市民の保護，とりわけ憲法裁判所への直接的な経路が存在するところではそうである．それゆえ，最上の「市民 (の) 裁判所」としての憲法裁判所という言葉が出てくる．もう一つの任務は，一切の争訟にあって，さまざまな憲法機関の統合を行うことである．少数派の保護 (連邦国家ではしばしば連邦国家的争訟によって行われる) もこれに属する (基本法93条1項2a号および3

号).

5 ――開かれた―方法準則――
「第五の」解釈方法としての法比較

 F. C. von Savigny は四つの古典的解釈方法を 1840 年に方法準則として認めたが,これは Celsus などのローマ法学者にも依拠していた.私見によれば,法比較が「第五の」解釈方法として長らく実務において付け加えられており,現在では理論上もそのようなものであることが示されている[31].〔もっとも〕これによって何らかの上下関係があらかじめ存在すると主張されるわけではないだろう.「方法多元主義」とは,四つないし五つの解釈方法の協働は,憲法裁判官にあっても,そして彼らにあってすら,先だって確定することはできないというものである.「解釈要素」それぞれの重要性判断は個々の事例に左右され,経験豊かな裁判官の準最終的そして最終的な正義の内容(その裁判官の「判断力」)によってコントロールされ,実体的には憲法原理,また古典テクスト(たとえば Aristoteles から J. Rawls に至るまでのものがある.参照,E 101, 158 (218) = EuGRZ 1999, 617 (641)[vi])によってコントロールされる.この古典テクストは結果から方針を受け取る形で影響を与える.ヨーロッパでは今日,ヨーロッパの他の憲法裁判所の一連の先例もともに考慮に入れられている.法比較は立憲国家において,テクスト,理論,裁判の柔軟な三和音に関係する.ここローマのような他の国や法文化の同業者との学問的な活動は,多くの準備作業をなしうるし,またすべきであろう.たとえば周知のように,マドリードの憲法裁判所はドイツの連邦制の諸要素を受容してきた――1916 年に Smend[vii] が提起した「連邦忠誠」の概念が全ヨーロッパでベルギーに至るまで経てきた道のりは模範的である[32].ドイツの連邦憲法裁判所はヨーロッパ規模での照射効を,その基本権裁判について,またメディア領域での多元主義判例についても[33],主

---

31) 「第五の」解釈方法としての法比較については,Häberle II ⑲ : 913 ff..
32) Alen/Peters/Pas 1994.
33) これは E 12, 205 以来の判例である.

張することができる(またスペイン憲法20条3項参照)[34]).

6 ヨーロッパ憲法裁判所としての国内憲法裁判所

　今日のヨーロッパ憲法は,さまざまな部分憲法のアンサンブルである.狭義のヨーロッパでは,それは一方ではローマ,マーストリヒト,アムステルダム,ニースの各条約によって形成され,他方では「ナショナル・アイデンティティ」の一部としてなお保護される,依然として存在する国民国家の憲法から形成される.広義のヨーロッパ,つまりヨーロッパ安全保障協力機構(OSZE = OSCE)(現在55カ国)とヨーロッパ評議会(45カ国)の領域では[viii],ヨーロッパ人権条約とヨーロッパ安全保障協力機構のテクストが加わる.前者はスイスとオーストリアでは憲法ランクをもって妥当している.後者はいわゆる「ソフト・ロー」にとどまることが多いとしても,部分憲法であるといえる.しかし,EU基本権憲章[35])はますます現実的な規範的力を展開することができるであろう(それは,古いEUのヨーロッパ,つまり15カ国,そしてまもなく25カ国,そしてそれを超えてあてはまる)[ix]).ルクセンブルクとストラスブールの二つのヨーロッパ憲法裁判所[36])が憲法裁判所たるのは,両裁判所の参照テクストが部分憲法を形成するものであることによってである.だが,国内の憲法裁判所はいずれも,EU憲法および/あるいはヨーロッパ人権条約という法の適用において,ヨーロッパの共同体裁判所ないしヨーロッパ憲法裁判所となるという点にも留意されたい.バイロイトの小さな区裁判所やパレルモの最下級審裁判所ですら,法律と法への拘束ゆえに,このコンテクストでは実質的に「憲法裁判所」となる.それゆえヨーロッパ公共圏は,憲法裁判からのヨーロッパ的公共

---

34) *Schellenberg* 1994 : 427 ff..
35) EU基本権憲章について,*Herzog*コンベンションのテクストと解説は,EuGRZ 2000, S. 554 ff., *Giscard*コンベンション版については,EuGRZ 2003, S. 369 ff., 現在では*J. Meyer*編のコンメンタール(*Meyer* 2003).また,*Zagrebelsky* (Hrsg.), 2003も参照.
36) 文献から,*Mahrenholz* 2001 : 15 (20 ff.).

性によっても日々また絶えず生成するのである．ヨーロッパ憲法の公共性は，主たる保障者を，──所有代名詞がここで許されるならば──われわれのすべての憲法裁判所に有しているのである！

7 「司法積極主義」と「司法的自己抑制」の間で揺れ動く憲法裁判所

ここでは学問的 - 解釈学的にあまり先取り的に発言することはできない．国内およびヨーロッパのある憲法裁判所が広く政治空間において先行するようなフェーズや個別の判決が存在する（たとえばアメリカ合衆国[37]やドイツに見られる）．憲法裁判所（たとえば連邦憲法裁判所）がみずから，もしかすると学問の印象の下でも多少後退させる（たとえば集会の自由）[38]あるいは後退させるべきとされる（たとえば名誉保護との関係における意見表明の自由）フェーズが存在する．ここでは，憲法裁判官の心遣いと繊細な感覚，政治的感覚，しかしまた公共の福祉の不可欠性と正義〔公正〕の要請に負いうるところが大きい（後に挙げたものは，たとえば連邦憲法裁判所の租税に関する重要判決を正当化している．なぜなら，議会は数十年にわたり機能不全だったからである）[39]．憲法裁判はそれ自体として「憲法の番人」ではなく，ましてや唯一の番人などではまったくない．多元的民主主義においては，全市民が憲法の「番人」である．それは一般市民から大統領に至るまでそうである（大統領はたとえば舞台裏で争いを仲裁している──*Cianpi* 大統領は先日，「他者の意見に対する相互の尊重」を求めていたが，これは適切である）．憲法異議を提起する市民も，また機関訴訟を通じて自らの地位を争

---

37) 「司法積極主義」に強いアクセントのある合衆国最高裁判所の最重要判決の一つが，United States v. Carolene Products W., 304 U.S. 144 である．同判決には著名な「脚注4」がある．これに関する文献として，*Ackermann* 1985．「司法積極主義」と「司法の抑制」というテーマを扱ったモノグラフィーとしては，すでに *Bickel* 1962 がある．

38) 一般的な批判は，*Scholz* 1997．一般的な概観として，最近のものでは，*Badura* 2001．

39) これについては，*Häberle* II ㉘ : 151 f..

う議員も,番人なのである(たとえば,E 80, 188 = EuGRZ 1989, S. 288).学問的公共圏は,憲法裁判所に対して批判の目をもって並走するという特別の責任を負っている.周知のとおり,*Hegel* によれば,世論には「一切の真理と誤謬」が同時に存在するというが[x],世論に耳が傾けられることはあまりない[40].しかし,われわれは合衆国から「最高裁判所は選挙に従う」という当惑させる言葉を知っている.この言葉は,「きちんと」理解すれば,準則でしかありえない(たとえば,ローズベルト大統領の下でのニューディール政策は最終的に裁判所によって承認された).参照国の政治文化がここで重要となる[41].「受容」がこれに関連するキーワードである.

8 「具体化された憲法」としての憲法訴訟法

1976 年に案出された[42]この原則は,次のような内容をもつ.憲法裁判所は,その特殊な機能に合わせて作られた特有の行動準則に従って活動すべきであり,そしてそのような行動準則を部分的には自ら創出することができる,というものである.比較として民事・行政裁判手続や刑事手続法を待ち望むとすれば,そうするのはただ,他の裁判所の経験,知識,伝統を知るべきであるからにすぎない.しかし,憲法というものにまったく特有のもの,そして憲法裁判所によるその(「準最終的」であって公権的というわけでは決してない)解釈は,特有のもの,憲法裁判所の機能それ自体に基づいて作り上げられなければならない.このことは真実発見および正義の探求に関する裁判所の一切の手続,また裁判所による公共の福祉の具体化についてあてはまる.たとえばメキシコでは数年来,憲法訴訟法について活発な議論がなされており,またペルーでも同様である[43].

---

40) 学説から,*Noelle-Neumann* 1997.
41) 「司法的自己抑制」に関する比較法的考察として,*Tomuschat* 2001.また,*Riecken* 2003: 429 ff. も見よ.
42) *Häberle* II ⑪: 377 ff.〔本書第 3 章〕これに対する批判としては,*E. Klein* 2001: 512 ff. がある.

III 憲法裁判に関する現下の個別問題

序

　以下ではいくつかの制度上ないし手続法上の個別問題を選択することとし，実体的な個別問題は扱わない．たとえば（領土にかんがみたその限界も含む）人権の全ヨーロッパ的現状に関する法務官的作業，「ヨーロッパ的公共の福祉」の構成，宗教あるいは教会と国家の関係――これは特に C. Mirabelli の個人的な学問的なテーマである（私見では今日，第二あるいは第三の宗教としてのイスラムとの「ヨーロッパ宗教憲法」が存在する）[44]――，さらに EU 憲法協議会に提起され，また憲法裁判所によっても扱われる多くの問題（たとえば神との関連），多元的なメディア憲法の構造要素，そして政党および議員の地位（現在ではメキシコ〔で問題となっている〕）などは扱わない．多くの実体法的問題が今日的発展段階の立憲国家の類型あるいはその多様性においてどれだけ並行関係あるいは類似の関係にあるのかを――国内憲法の文化がきわめて異なる中で――手早く認識するためには，多くの憲法裁判所のアジェンダを比較しなければならないであろう（例：妊娠中絶，放送の自由）．これは本日のテーマではなく，むしろ憲法裁判所のいくつかの権限・構造・手続問題について論じることにする．手続の契機は，立憲国家であればどこであろうといくら評価してもしすぎることはない．憲法の発展はそれ自体，――規則に従った――手続と結びつけられている．その一つが，議会制民主主義のプロセスと並んで，憲法裁判所の手続である．しかしながら，本講演ではそれすら，その一部を選び出すことしかできない．たとえば，「抽象的規範統制」（基本法93条1項2号）の肯否については論じられない．

43）　これについては，*Belaunde* 1998；*Landa* 2003.
44）　これについては，*Häberle* I ⑮：247 ff.

1 憲法裁判官の選出

この問題は，ドイツではたいていはひっそりとしか議論されていないテーマにとどまる[45]．たしかに，基本法の規律は一義的である．半数ずつ，連邦議会と連邦参議院により選出が行われる——連邦参議院によるのは，連邦制の帰結である（基本法94条）．もっとも，政治的現実により，多くの批判に根拠が与えられる．すなわち実際には，政党が憲法裁判官のポストについて徹底的に，恥じらいなどほとんどなく，公的にも自ら不満を述べている．その際，3分の2の特別多数の定め（法6条および7条）があるために，「与えよ，さらば与えられん（do ut des）」の意味であらかじめすべてが諸政党本部の秘密裏の協議によって決められる．たしかに，一度選出された連邦憲法裁判所裁判官は常に独立であってかつ党派的ではないことがわかる．しかし，選出前の段階では，彼らは候補者としてある政党に少なくとも「シンパシーを感じる」ものでなければならず，また党員であることも多い．（いわゆる「等距離性」をもった）最後の「中立的な」憲法裁判官は，私の学問の師である K. Hesse である[46]（最近では「緑の党」により，政党と結びつけられない者としてB. –O. Bryde が推挙された）．連邦憲法裁判所の創設期には，そのような者が数多く存在した．たとえば G. Leibholz や，また E. Friesenhahn がそうである．イタリアは，ある模範的なモデルが成功を収めている．それは，裁判官の3分の1は大統領によって決定されるというものである（イタリア憲法135条1項）．もっとも，イタリアの大統領は総体としてドイツの連邦大統領よりも強力である（最上級の通常裁判所や行政裁判所による選出も同じく手本となる．ここでは憲法裁判所の現長官 R. Chieppa が挙げられる）．周知のように，これまでイタリアの大統領はみな，自らの3分の1の選任権を非常に的確に用いてきた．そのためイタリアモデルが東欧の改革中の諸国によって受容されたのは適切である（たとえば1991年ルーマニア憲法140条3

---

45) 文献から，Pieper 1998；Benda/Klein 2001：54 ff.；Voßkuhle 2001b：Rdnr. 14 bis 16；Wahl 2001：480 f..
46) 啓発的なものとして，Oppermann 2001.

項，1991年ブルガリア憲法147条1項）．もっともイタリア自体も，――失礼を承知でいえば――他の諸国から学ぶことができよう．私見によれば，地域が裁判官の選出に関与すべきであろうし，それによって，「イタリア的な」(A. D'Atena)（地域の第二院をもつ）新たな地域主義あるいは連邦制にまで展開する（これについても法比較的な手本がある――連邦制モデル[47]は現在ではイラクにとってもアクチュアルなものである）．そのほか，ドイツにおける政党の悪しき実践がヨーロッパ司法裁判所にまで広がっている．ドイツからルクセンブルクへと送られた功績ある裁判官が，CDUとSPDの政治的な取り決めでその在職期間をそれ以上延長しないとされたことが少なくとも2回はあった（たとえばスペインの場合はまったく異なる扱いがされた）．裁判官の選出には候補者の公聴会を前置すべきであると，すでに1971年にボンで私は提案している（たとえば現在では1992年ブランデンブルク憲法112条4項4文）．この実践はアメリカ合衆国では上院に存在するが，危険もはらんでいる．これまでにこの提案を法政策として取り上げたのは緑の党だけにとどまり，成功には至っていない．

2 「もう一つの判決」としての少数意見制

少数意見制[48]は，私見では，「公共的プロセスとしての憲法」(1969／1978)の理解の公的証明である．アメリカ合衆国に端を発し，基本法の下では1970年に実践されるに至ったのであるが，憲法裁判官による少数意見の可能性は新たに数多くの憲法を飾っている．特に印象的なのが1978年スペイン憲法164条1項1文である．また東欧の改革諸国もこれを認めており，またストラスブールのヨーロッパ人権裁判所にも存在する．節度をもって用いさえすれば，少数意見には実践ないし現実および理論から支持される．アメリカ合衆国では，それらは時間軸において，しばしば中長期的には規範化力をもっていることは

---

47) 「地域の議院？」としての上院については，*Mattarella* 1983：388 f..

48) 少数意見制については基本的に，*Schlaich* 1997：38 ff.；*Häberle* II④：24 ff.；*Schweizer/Sutter* 2003．学説からさらに，*Roellecke* 2001：363 ff.――オリジナルの「文献」として，*Geiger* 1989.

証明できるが，その点はドイツも同様である．今日の少数派は明日の多数派となる（これは民主制一般の一要素である）．そのような「激変」の特別の例として挙げられるのが，公法上の地位の財産権保護に関する *Rupp-v. Brünneck* 裁判官の少数意見である（E 32, 129 (142) または E 40, 65 (83 f.)）．憲法理論からみると，少数意見はあらゆる憲法が立脚している発展プロセスを確証する．全面改正，一部改正，憲法変遷そして法律改正とともに，少数意見は「時間と憲法」という全体像の中のモザイク石である．「もう一つの判決」として，少数意見は他の裁判官の解決提案を「止揚」ことができる：少数意見は，敗訴当事者が真摯に扱われたと感じるがゆえに満足のいく形で機能しうるのであり，そして長期的に見れば，憲法に関して開かれた「法的対話」に至ることもありうる．少数意見は，連邦憲法裁判所において（*W. Geiger* と *H. Simon* のようなしばしば個別意見を述べる個々の裁判官を通じて）長らく重要な伝統となっているが，少数意見が可能であって現実に行われることは，裁判官の多数意見がよりいっそう首尾一貫し整合的で誠実な形で表明されることに寄与するものと思われる．裁判所内部で「苦労の末に」「妥協」する必要など何もない．判決の議論がより説得的になりうるのは，否決された裁判官が自身の少数意見を公表することができるがゆえである．本裁判所〔イタリアの憲法裁判所〕の長官の多くが，私が13年来ローマに滞在している際に，幾度となく私的に（ドイツの）少数意見制について質問されてきた．たとえば，*Casavola*, *Corasanitti*, *A. Baldassarre*, 早くよりまたすでに *L. Elia*, 現副長官の *G. Zagrebelsky*（その重要著作『Diritto mite』が公刊された1992年に[xi]）である．私は，学問的な抑制をもちながらではあるが，このほとんど理想的ともいえる憲法裁判の制度の導入に賛成である．イタリアのような強力な憲法裁判をもつ強固な立憲国家は，自主的にでなければ，法律を通じて，少数意見を「導入する余裕がある」．少数意見は，弁証法的にそれと結びついた「多数意見」，憲法裁判さらには立憲国家全体の正統性を高める．スペインは若い民主制国家として1978年はじめに憲法裁判所の少数意見をあえて導入したということは，（フランコ〔政権〕後の）「政権移行」と同じく，この立憲国家の「奇跡」なのである．

3 憲法異議

　最後の例として憲法異議について述べることにしたい[49]．ドイツでは憲法異議によって連邦憲法裁判所が最上の「市民（の）裁判所」となる（参照，基本法 93 条 1 項 4a 号）．憲法異議なくしては，われわれの政治文化を考えることはもはやできない．重要な判決は憲法異議の方法によって下されている．たしかに，連邦憲法裁判所はこの手続により過剰負担の状態にあるため，再三にわたり改革の必要が唱えられてきた．そしてたとえばアメリカ合衆国最高裁判所のような自由受理手続が推められてきたが，今日まで憲法異議の確たる手続を変えておらず，これには十分な理由があるものと思われる．スペイン（161 条 1 項 6 号），東欧ではたとえばポーランド（1997 年憲法 188 条 5 号），スロベニア（1991 年憲法 160 条），ラテンアメリカではたとえばコロンビアやメキシコといった諸国は，この仕組みを他の名称（アンパーロ）のもとで同じく認めており，実務では大きな成功をもたらしている．たしかに，市民の助けとなる他の手続が存在する．スカンジナヴィア起源のオンブズマンがそうであり，メキシコでは非常に早くから（H. Fix Zamudio によって）これが勝ち取られており，またポーランドにおいても成功している．しかし憲法裁判所による権利保護のシステムにおいては（補充的な）憲法異議が最適な要素であるように思われる．イタリアはずっと前からこれを行うことができたのではないだろうか？

展望と結語

　本講演は，「外国人」によるものです．そのようなものとして，当然に抑制（「学問的な自己抑制」）が義務づけられます．とりわけイタリアの憲法裁判のデ

---

49) これについては，Häberle II ㉔ : 89 ff.（イタリアでは 2000 年に単行本として出版されている）〔本書第 6 章〕．また参照，Brunner 2002 : 191 ff.;「市民（の）裁判所」については，Häberle II ㉔ : 89 ff.〔本書第 6 章〕．——学説から，近時では，Gusy 2001 : 641 ff..

リケートな問題が関心の対象となるところではそうです．そのため，本裁判所が（イラク戦争開戦の）2003年3月に公判で「黙とうの時間」を認めうるかという，論争中の問題について，私が態度表明を行うことは許されないでしょう．それでも，本裁判所は，「立憲国家と平和」というテーマをめぐる議論を強化してきました．問題なのは，イタリア憲法11条のみならず，一般的に，平和への義務が今日的発展段階にある立憲国家に内在しているのかどうかです．これについて明文の規定を置くものとして（また参照，基本法26条，ポーランド憲法前文），ハンガリー憲法6条1項（1990/97年）は日本国憲法9条（1949年）と並んできわめて包括的な平和条項を有しています．またスロベニア憲法63条2項（1992年），リトアニア憲法135条2項（1992年）も見てください[50]．そのほか，不文のものもあります．「平和」は「孤立した」概念ではありません．平和は，正義，真理そして自由との強力な関連の中でしかみられない（当時のローマ法王 *Johannes Paul II*）．「法の一般原則」という法形象についても考えることができるでしょう．これは，国際法，とりわけ国連安全保障理事会の関連する規範をすべての立憲国家の内部へと移行させる法形象です．イタリアの憲法裁判所のような憲法機関の一定の行動が，ここでは意識形成作用を果たすことができるかもしれません．もっとも他方では，裁判官の抑制の要請が存在します．ここであるいはイラク戦争において，あらゆる憲法裁判の限界，また学問の限界を痛いほど意識することになります．イラク戦争は，内面的にも学問的にも，われわれすべてを文字どおり「引き裂き」ました．もっとも，学問的オプティミズムは，次の世代の「ヨーロッパ法律家」に対する責任からも，今日においてこそなお放棄することはできません．憲法史，また憲法裁判史は，曇りなき進歩のプロセスの意味での全き成功ではなく，後退や誤った判断もあります．たとえば私たちの場合であれば「反礫刑像判決」（E 93, 1 = EuGRZ 1995, 359）があります．みなさんはこの問題を，裁判所において，*C. Ruperto*

---

50) 「平和と憲法」というテーマについては，同名の *E. Benda* 論文（*Benda* 1984：1 ff.）．基本法26条に関するコンメンタール論文から，*Pernice* 1998；*Streinz* 2002；*Fink* 2000．

長官のおかげですばらしくイタリア的に解決してきました．それは文化を意識してマリアを描写する芸術作品を新たに位置づけることによってなされました．

　限界があるとはいえ，憲法裁判の可能性は依然大きなもので[51]，称賛にすら値します！――アメリカ合衆国やヨーロッパではそうです．私が掛け値なしで見ましても，イタリア憲法裁判所はすでに多くの可能性を探り出してきました．――ドイツ人が語ることを許されますなら，少なくとも「シェンゲンのヨーロッパ」においては，もはや私自身「外国人」とは感じておりません．私たちはみな「ヨーロッパ市民」なのです．古典である *Jellinek* の〔国家〕三要素説はラディカルに新たに考え直さなければなりません[52]．ヨーロッパ統合は国家の領土やいわゆる国家権力を相対化するだけではなく，またヨーロッパの諸国民を統合するだけでもありません．それはまた，――多元的な――文化をも，第一のそして最後の「国家要素」，より正確には，真の憲法の基礎にします．僭越ながら申しますと，ドイツ人は今日ではイタリアでも内国人であり，イタリアは「友国」であって，もはや「外国」ではありません．私たち法律家が苦労してそして細かな点で作り上げてこなければならなかったことを，他の者がはるかに先取りしてきました．*Goethe* は文化，彼の文化のおかげで，イタリアへの旅行中，そしてその死まで，そしてそれを超えてイタリアにおいてまさしく「内国人」でした．このような者は *Friedrich II* のほかにはおりません．*Friedrich II* はドイツ‐イタリア関係においてもう一人の「天使」です．肉体的には，*Goethe* は何とか越境しなければならず，すでにガルダ湖できわめて厳しいものでしたが，精神的‐心理的にはそうではありませんでした．今日まで，イタリアの学者共同体はワイマールに特に強い視線を投げかけてきました．*Goethe* とワイマール憲法への好意から，私たちドイツ人自身以上に強力なまなざしを向けていたとすらいえるかもしれません．私たちは，1947年に

---

51)　また *Zagrebelsky* 2003：3 ff. も見よ．
52)　三要素説のこのような修正については，*Häberle* I⑧：620 ff．ヨーロッパに関して，*Häberle* I⑫：348 ff．

先駆的に作り出した地域主義から独自の連邦制への途を今日捜し求めているイタリアへと，そしてイタリアにおいて目を向けることにやりがいを感じています．今日，他のすべての国内の裁判官と同じく，あらゆる国内の憲法裁判官は，ヨーロッパ人権条約や EU 法を適用する限りで同時にヨーロッパ憲法裁判官あるいは共同体裁判官です．そうであるがゆえに，もはや「越境」などどこにもありません．とりわけ，今日的発展段階の憲法裁判という旗印の下では，そのようにいえるでしょう．

〔訳　注〕

i) *J. Ortega Y Gasset*, Um Einen Goethe Von Innen Bittend (1932), 1950.
ii) 2012 年に制定されたハンガリー新憲法では，この制度は廃止されている．山岡規雄「【ハンガリー】基本法（新憲法）の施行」外国の立法 250-2 号（2012 年）18 頁．
iii) *H. Jonas*, Das Prinzip Verantwortung, 1979（加藤尚武監訳『責任という倫理（新装版）』（東信堂，2010 年））．
iv) シラー（北通文訳）「ドン・カルロス」手塚富雄ほか訳『シラー』（筑摩書房，1959 年）313 頁（第 3 幕第 10 場）．
v) ブレヒト（野村修訳）「ヴァイマル憲法義解　第 1 条」野村修責任編集『ブレヒトの詩』（河出書房新社，1972 年）94 頁．
vi) 判決では，ロールズ「無知のベール」の議論が援用されている．
vii) *R. Smend*, Ungeschriebenes Verfassungsrecht im monarchischen Bundesstaat (1916), in : ders., Staatsrechtliche Abhandlungen, 2. Aufl. 1968, S. 39 (51).
viii) ヨーロッパ安全保障協力機構は現在 57 カ国，ヨーロッパ評議会は 47 カ国が加盟している（2013 年現在）．
ix) リスボン条約の締結により，EU 基本権憲章が EU 条約・EU 運営条約と同等の法的価値を有することが規定された（EU 条約 6 条 1 項）．
x) *G. W. F. Hegel*, Grundlinien der Philosophie des Rechts, 1970, §318 Zusatz（ヘーゲル（藤野渉・赤澤正敏訳）「法の哲学」岩崎武雄責任編集『ヘーゲル』（中央公論社，1967 年）576 頁）：「世論のなかには，いっさいの虚偽と真実が含まれているが，そのなかの真実のものを見つけるのが，偉人の仕事である」．
xi) *G. Zagrebelsky*, Il diritto mite. Legge, diritti, giustizia, Einaudi, 1992.

第 8 章

開かれた社会における憲法裁判

Verfassungsgerichtsbarkeit in der offenen Gesellschaft

目　次

序

I　開かれた社会――「内側」と「外側」からの立憲国家の開放性の保障
　1　概　　念
　2　「内側」への開放性保障
　3　「外側」への開放性保障

II　「憲法裁判」
　1　歴史的そして世界的規模で比較する
　2　憲法裁判所に関する選出
　3　権　　限
　4　多元主義法にして参加法としての憲法訴訟法
　5　憲法裁判所の判決の拘束力，「効力」

III　憲法裁判所は開かれた社会の部分であり，固有の社会(の)裁判所であり，立憲的な社会契約の更新の参加者である
　1　1978年の初発のテーゼ〔略―本書第2章II-1参照〕
　2　時間と空間の中で適用が変わりうること

展望と結語

序

　「立憲国家という類型」の今日的発展段階では，本稿で扱うテーマにとって最初から比較によるアプローチのみが実りの多いものである．このアプローチは，特に憲法裁判については 2001 年の連邦憲法裁判所 50 周年記念論文集第一巻 311 頁所収の拙稿「独立の裁判権の手本としての連邦憲法裁判所」において採用された〔本書第 5 章〕．管見の限り，これまで同様の方法で「開かれた社会」を憲法の専門家の間で比較的な観点から論じる研究は存在しない．このことは，以下では特に憲法裁判との関連で検討される．「開かれた社会」と「憲法裁判」という二つのものは，まとめて考察することによってのみ扱うことができる．しかしながら，以下の I ではまず「開かれた社会」が，そして II では，まずは区別して，「憲法裁判」がそれぞれ論じられる．二つのテーマは III においてまとめて検討されるが，このような「大問題」にもかかわらず与えられた紙幅が少ないことにかんがみて，キーワードを挙げる形でしか論じることはできない．

I　開かれた社会──「内側」と「外側」からの立憲国家の開放性の保障

1　概　　念

　「開かれた社会」は，*Platon* や *Hegel* の哲学体系，また全体主義的なファシズムや共産主義に対抗するプログラムとして，*Popper* 卿が 1945 年に構想した理想像である．それは言葉そして概念として類例のない成功史をその背後に有している．それはまずは西洋世界において，1989 年の後は少なくとも憲法テクスト上は東欧でもそうである．開かれた社会は，語のよき意味においてほぼすでに「共有地」となっており，近時の憲法テクストに明文で見られることすらあり（たとえば 1979 年のペルー憲法前文や，東欧では 1992 年のリトアニア憲法前

文：「開かれた，公正で，調和的な市民社会」)，学問上，ほとんど争いのないものとなっている (参照，また連邦憲法裁判所の KPD 判決：E 5, 85, 特に S. 134 ff., 197 ff.)．憲法の専門家の間では，この開かれた社会は，これまで基本的に比較の観点で扱われることがほとんどなかった．その端緒としては「多元主義の憲法」というテーゼ (1980 年) や「多元主義社会」という言葉 (E 52, 223 (252)) があった．新たに前面に出てきたのがいわゆる「市民社会」であり，これは憲法テクストにも見られる (参照，1992 年のチェチェン憲法前文：「市民社会の諸原則」)．市民社会の関心は，市民を強化し，市民を立憲国家あるいはその多元主義的社会の中心とすることである．部分的には，過大な国家権限や「市場」の過剰な支配，そして政党という，あまりに独善的なものとして確立することも少なくないものに対しても，市民を中心にする．市民および市民社会からの思考は，伝統的に確立した「国家からの思考」を限定し，あるいは修正すべきものである．EU 市民であること (EC 法 17 条以下) はこれに寄与する．立憲国家的開放性の保障を比較憲法論の方法および内容によって作り上げるとすれば，次のような像をスケッチすることができる．

2 「内側」への開放性保障

「外部」と「内部」の区別に対して留保が付されるにもかかわらず，開かれた立憲国家を構成する本質的要素として，まず第一に，人間の尊厳から帰結する自由権と平等権が挙げられる．これらの権利は市民からの秩序と政治プロセスの開放性を保障する (K. Hesse の「政治プロセスの自由と開放性」ないし「憲法秩序の開放性」1966 年[i])．同時に，同じことは人間の尊厳に基づく民主制原理によって生じる：自由，平等，秘密，公正で定期的な選挙 (「期限付きの支配」) が社会の開放性の条件である．そのような選挙により，「時間と憲法」の地平の中で社会の変遷が処理される．ここに含まれるのが，政党法の特殊な開放性である (新たな候補者に過度のハードルが課されてはならない：「政党の機会均等」)．たとえば，5 パーセント条項ないし阻止条項に関する規律は具体的な各立憲国家によって異なるが，上限はある．「民主主義と公共性」の関連は繰り返し強調

されているが (G. Heinemann「民主制の酸素としての公共性」), この連関が示唆しているのは,「開かれた社会」は (プライバシーの保護は放棄することができないにもかかわらず) 公共的な社会としてのみそうでありうるということである. 各憲法を比較すると, 特殊の多元主義保障が認められる. 一般的には, 1994年のモルダウ憲法前文では,「最高善」としての政治的多元主義が挙げられる. また1978年のスペイン憲法1条1項も見よ. 同じく特筆すべきは1991年のルーマニア憲法8条1項である. それによれば,「ルーマニアの社会における多元性は, 憲法にかなった民主主義の条件であり, その保障である」. 1994年のウクライナ憲法15条1項は「政治的, 経済的及びイデオロギー的な多様性」と規定している. 1991年の赤道ギニア憲法1条2項では「政治的多元主義」としており, 1996年のチャド憲法前文も同様である. 1990年のベナン憲法前文では「多元的民主主義」を宣言し, 1990年のマリ憲法前文も同様である. 1991年のブルンジ憲法前文は「民主的で多元的な秩序」に基づいている. 1992年のコンゴ憲法前文は「文化的な多様性の中の統一」を企図する. 憲法現実からも得られる特別な例が, とりわけメディアの多様性, 労働組合と使用者の力の均衡, デモの自由や集会の自由といった公共的自由, もちろん情報の自由やプレスの自由, そして経済的自由や学問の自由である. ここから, 公共的プロセスとしての憲法というテーゼ (1969年) が白日のものとなる.

　(これまであまり研究されることのなかった)「平行社会」[ii]ではなく, 市民社会は, 憲法学がこれを枠的に条件づけることを必要とする——この枠条件は (たとえばパリとベルリンでは特に「移民の環境」において)「市民」という古いヨーロッパ的概念に亀裂を生じさせ, 開放性から文字どおりそれ固有の「土台」や根底を奪う. 開放性がそこから考えられ, 実践されうるような「腐植土」, 土台が必要である. このような基準を, 枠条件としてより厳格にあるいは大まかな形であらかじめ与えるのが憲法である.「異質な」宗教団体, たとえばイスラムなどといった多文化的な多元的グループのためにもなる保障は, このような背景に基づいてみることができる. NGOは「早期警告システム」として, 憲法化された社会をよりいっそう開かれたものにするという重要な貢献をなす

が，それはこの社会がイデオロギー的に「硬化」し，「盲目的」となり，または部分的には「閉じて」いるところで起こることが多い．しかし，憲法化された社会は具体的な立憲国家の条件の中に組み込まれなければならない．今日学問上切実に求められているのが，開かれた社会の一般的憲法理論である（一要素を形成するものとして，たとえば「社会での対話」への期待がある．1997年のポーランド憲法前文）．古典的な社会契約論は更新が必要であろう．これまで引用されてきた新たな憲法のテクストは方向を指示しており，また今日的なテクストの発展段階に立つ立憲国家が開かれた社会を新たにそして特に主題化することを支持する傍証である．

　*Popper*の「開かれた社会」を憲法学へと転換しようとする特別の試みの一つが，「憲法解釈者の開かれた社会」のパラダイムであり，これは以前も現在もそうである．1975年に展開し，近時生成途上のヨーロッパ憲法に転用されているのであるが，それは各市民を憲法解釈の中に組み込むものである．そのキーワードとは，「万人のための憲法」そして「万人による憲法」である．憲法規範を生きる者はみな，当の規範をより広く深い意味においてともに解釈している．基本権領域では，たとえば宗教の自由（E 24, 236 (245 ff.) 以来，E 99, 100 (125)），あるいは団結の自由や芸術の自由（参照，また，E 83, 130 (148) ; さらに一般化して，E 54, 14 (155 f.)）のように，基本権の担い手が自ら実践したいわゆる「自己理解」を通じて影響を与え，あるいは「解釈する」が，これだけにとどまらない．憲法異議を提起し，連邦憲法裁判所の前で意見表明する市民もまた，この広義の意味での憲法解釈者である．「憲法解釈者の開かれた社会」（1975年）という言葉は——文化科学的に——プロテスタント的な「万人祭司」と同じく，*Popper*によらずに考えられないものである．ドイツにおいてこの言葉は争いがあるが，よく引用されてもいる（最近では，*Fromme*: 37）．現在とりわけラテンアメリカ，特にブラジルにおいては憲法訴訟法の個別問題にまで（アミカス・ブリーフ）熱烈な承認を受けている．開かれた社会は「憲法化された」社会であって，たとえば基本権の第三者効力において認められる．それは個人の「文化的地位」の表現である；「自然的地位」は——放棄することので

きない——フィクションである.「自然的自由」など存在しない. 存在するのは文化的自由のみである.

そのように理解された「憲法解釈者の開かれた社会」は, 特に全体的に商業主義が蔓延していることにかんがみれば, 文化的な基盤を必要とする. 重要なのは, 立憲国家を憲法化された市民社会としてその「最内奥において」まとめることである (これを第一に行うのが市場でないことは確かである). 言い換えると,「開かれた多元的文化コンセプト」(1979 年) のテーゼが関連することになる.「最終解答」なるものはまだ見つけられない.「憲法パトリオティズム」(D. Sternberger)[iii]や「示導文化」もまた, 開放性と基本コンセンサスを相互に結びつける試みでありうる. 拘束的な「示導文化」としての基本法というのは, 基本法の開放性を強調する場合, 一つのありうる定式である——しかしそれ以上でもない. スロベニア共和国憲法 (1992 年) 1 条 2 項の一節——スロベニア共和国は「いかなるイデオロギー又は宗教にも拘束されない」——は, 立憲国家という類型にとって注目すべきものであり, また代表的なものである.

3 「外側」への開放性保障

内側における社会の開放性は, 今日,「外側」への開放性と一対をなしている. もっともその際, 古典的な主権概念が長らく相対化されており, 内部／外部—図式が限定的な認識価値しかもたないということを念頭に置きたい. キーワードは「開かれた国家性」(K. Vogel, 1964)[iv],「協働的立憲国家」(P. Häberle, 1978) であり, 1975 年のギリシア憲法 28 条 2 項および 1978 年のスペイン憲法前文のような共同作用条項に見てとれる. 助けとなるところ大なのが,「コスモポリタン国家法」(D. Thürer, 2005)[v]という言葉や, さらには国際法全般の「憲法化」の認識である. このような憲法化の駆動者は依然として各立憲国家であり, これら立憲国家は, 国家横断的な共同性を, たんなる平和的な共存から平和を形成する協力へと変化させている. このような開放性の保障の例として, 多くの新たな憲法が明文で行っている普遍的人権の受容の開かれた形での宣言 (例：1978 年のスペイン憲法 10 条 2 項, 1992 年のブランデンブルク憲法 2 条 3 項,

1994 年のモルダウ憲法 4 条, 1991 年の赤道ギニア憲法前文, 1992 年のブルンジ憲法 10 条) がある. またキーワードとして, 「国際法親和性原則」がたとえば基本法についていわれ (E 6, 303 (362); 18, 112 (121); 31, 58 (75 f.); 58, 1 (41); 60, 343 (379 f.); 111, 307 (324)), また市場開放 (「世界市場」), したがって経済領域やインターネットでの開かれた世界共同体などが挙げられる. 中国や北朝鮮などの閉鎖的な国はインターネットから自国を防衛することはできるが, 非常に苦労している. 人権は「立憲国家の内部法」となった (またヨーロッパ人権条約を顧慮した基本法 1 条 2 項を見よ). これに加えて, 1985 年のグアテマラ憲法 151 条のような責任条項, さらに明示的なヨーロッパ条項 (たとえば基本法 23 条) による EU のような地域的な国家結合ないし「憲法結合」の構築もあげられる. アメリカ大陸の国家世界では NAFTA が想起されよう. また高権的権利の移譲の可能性に関する条項 (参照, 基本法 24 条, 1992 年のマリ憲法 117 条, アルバニア憲法 123 条 1 項), 貧困下にある民族のための人道的支援の準備 (1993 年のベルン憲法 54 条 2 項) ならびに「民族和解」といった教育目標 (1919 年のワイマール憲法 148 条) さらには外国人の法的地位改善に関する規範が関連する. 目につくものとして, 1993 年のロシア憲法前文がある. これは国を「世界共同体の一部」と見ている (また 1996 年のニジェール憲法 122 条においてアフリカ統一のために主権放棄を行うと定めているのも見よ). 学問の側からは, 「第五の」解釈方法としての法比較の理論 (1989 年) によって, 立憲国家をその相互の関係において特有の形で解放することになった. ヨーロッパ司法裁判所とヨーロッパ人権裁判所というヨーロッパの二つの憲法裁判所がここでは特に要求される.

II 「憲法裁判」

1 歴史的そして世界的規模で比較する

立憲国家「における」憲法裁判は, 今日, ほぼ世界的規模で大きな成功の歴史を有している. 区別されるべき二つのモデルとして, 1803 年のマーベリー対マディソン事件判決に端を発する合衆国最高裁判所型の「非独立型憲法裁

判」(裁判官の審査権) といわゆる「独立型憲法裁判」があり，後者はオーストリアで初めて，1920 年のいわゆる *Kelsen* 憲法の下で確立した (ワイマール共和国の国事裁判所 (1919) はあまりに弱小なものであった)．二つのモデルは実質的な憲法裁判の類型として等価値である．なぜなら，それらはいずれも「憲法の優位」の要請を実際に実行に移すものであり，あるいは裁判官の審査権を主張するものであるからである．これだけでもただちに，両モデルとも「開かれた社会」を特徴づける，独立の真正の裁判権であるということができる．その際，開放性は，今日アメリカ合衆国において連邦最高裁の裁判官の「終身制」を廃止しようとする論者の論拠となっている．

2　憲法裁判所に関する選出

この点では，「開かれた社会」を顧慮しても欠点は見紛うなきほどはっきりしている．「社会の代表」の要請がみたされないこともしばしばである．というのも，政党が多くの立憲国家でそれぞれの憲法裁判官の選出を独占しているからである．たしかに憲法裁判官は一度選出されれば政党から独立して「多元主義に基づく裁判」を行うことがほとんどであるが，選出は開かれていない．それでも，アメリカ合衆国では裁判官候補者について上院で聴聞が行われ，ブランデンブルク憲法も同じく聴聞を断行することにした (112 条 4 項 4 文)．しかしそれ以外では憲法裁判官の選出は「閉ざされている」．イタリア憲法 135 条 1 項では，大統領が憲法裁判官の 3 分の 1 を任命する (また 1991 年のルーマニア憲法 140 条 2 項；1995 年のグルジア憲法 88 条 2 項 2 文；1995 年のマダガスカル憲法 107 条 2 項)．ブランデンブルク憲法 112 条 4 項 2 文が次のように要求しているところは，手本となろう．「選出にあたり，州の政治的諸力の提案が適切に反映されることが求められる」．

3　権　　限

以下では，「開かれた社会」が憲法裁判所の権限において表面化するものであるか，またそれはいかにしてかを問題にしたい．確実にこれが肯定されるの

は，基本法のように「すべての人」が憲法異議の可能性を有する場合である（残念なことに，イタリアやEUには今なおそのような規定が欠けている）．というのも，アクセスがこのように開かれていることによって，憲法裁判所は最上の「市民（の）裁判所」となる．「開かれた社会」のための新語としての「市民社会」は，多元的グループ（たとえば団体）が憲法裁判所にアクセスする可能性においても実現される．ドイツでも政党の機関訴訟が加わっている（基本法93条1項1号）．権限の中には，憲法裁判所に社会の開放性がきわめて特有の形で託されているものがある：たとえば，立憲国家が専制制に対して「防衛準備を行う」「価値拘束的な」民主制へと決定したところがそれである（違憲政党の禁止（基本法21条），また基本法18条および9条2項も見よ）．開放性にはすべて限界がある．憲法裁判所が開放性を「守る」ことができる．たとえ，よくいわれるように憲法裁判所が「憲法の番人」などではないとしても，そうである．全体として，権限の最大化ではなく最適化が，憲法あるいはその社会の開放性の保障たりえよう．つまり権限の典型的な束として，憲法異議，選挙審査問題，連邦国家または地域国家的争訟，具体的規範統制と場合によっては抽象的規範統制，機関訴訟，大統領訴追と裁判官訴追，ときに鑑定権限が挙げられる．これらすべての背後にあるのは，権限濫用の阻止，基本権および少数者の保護という指導理念，基本コンセンサスへの参画，権力の均衡，社会の多元主義ないし開放性の保障である．

4 多元主義法にして参加法としての憲法訴訟法

　憲法訴訟法，いわば憲法裁判の「基本法」は，詳細に考察すると，すべての開かれた社会にとって根本的なものであることがわかる．憲法訴訟法学は現在，ラテンアメリカ，特にブラジル，ペルー，メキシコにおいて大きな飛躍を遂げている．これは偶然ではない．若き立憲国家は，憲法訴訟法には特有の任務と可能性があることを知っている．管見では，それは多元主義と参加についての特別の可能性をもたらすところにある．審理の公開（スイスではさらに評議の公開）がこれに含まれる．「法的対話」（*A. Arndt*）は憲法裁判所というフォー

ラムを前にして現実のものとなり（え）なければならない．「聴聞」は，連邦憲法裁判所の実践において手本となる形に実施されている（たとえば E 49, 304 (310 ff.)；57, 70 (80 ff.)；62, 117 (137 ff.)；63, 255 (276 ff.)；94, 241 (252 ff.)）が，あらゆる種類の「聴聞」はこの目標に資するものである．ブラジルでは，最高裁判所が各個の判決において近時，「アミカス・ブリーフ」の制度を正当化するために「憲法解釈者の開かれた社会」を明示的に援用している．かくて憲法訴訟法は多元主義と参加の保障となるが，たいていの裁判所の過剰負担となることにかんがみると，これは非常に重荷となることが多いものでもある．しかし開かれた社会に向けて憲法裁判を開放する最も歓迎すべき道具立ては少数意見制である：アメリカ合衆国で発展し，多くの国で実践され（たとえばウクライナ，クロアチア，ドイツ，アルバニア），スペインでは憲法レベルで規範化までされている（1978 年憲法 164 条 1 項）．少数意見制は憲法を「公共的プロセス」にし，社会の憲法裁判所への開放を支え，また反対に後者から前者への開放を支えるのである（『多元主義に基づく裁判』）．そして少数意見制は，立憲的な社会契約に参画する．

5　憲法裁判所の判決の拘束力，「効力」

憲法裁判が開かれた社会と「同調」するのは，判決のさまざまな拘束力や「効力」が多様な形で具体的に形成される中においてである（法 31 条，たとえば E 104, 191 (196 f.) 参照）．連邦憲法裁判所はきめ細かな一連の判決方式を生み出した．それは法律の無効宣言から違憲性のたんなる確認を経て「警告判決」，たんなる傍論に至るまであり，また裁判官には少数意見を表明する可能性がある．管見によれば，憲法裁判所は「権威的な憲法解釈者」ではない．これはいくつかの憲法でいわれているが（たとえば 1998 年のアルバニア憲法 124 条 1 項：「終局的解釈」；1992 年のブルンジ憲法 149 条 1 項：「憲法の解釈者」；ブルガリア憲法 149 条 1 項 1 号：「憲法の拘束的解釈」），そうではない．憲法裁判所は憲法解釈者の開かれた社会の一解釈者にすぎない．ただし特別の資格をもつ解釈者ではあるとはいえる．

III 憲法裁判所は開かれた社会の部分であり，固有の社会(の)裁判所であり，立憲的な社会契約の更新の参加者である

1 1978年の初発のテーゼ〔略——本書第2章II-1参照〕

2 時間と空間の中で適用が変わりうること

相互に比較されるさまざまな憲法裁判所の役割と機能，そして開かれた社会にとってのその任務は，文字どおり「時の移り行きの中で」，空間と時間に応じて発展し，また変化する．それらは歴史的に把握される．国内の憲法裁判所やあるいはヨーロッパ司法裁判所やヨーロッパ人権裁判所などといった（超国家的な）「地域的」憲法裁判所が今日いわば「絶対的に」果たさなければならない役割とは何か．この問題について，立憲国家という抽象的な「類型」が何か発言することを認められるあるいは要求されるということは，これまで一度もない．そのような類型自体，時間と空間に応じてそれ以上小さくすることのできない最低限の権限ないし作用がありうるし，「最大限」また「最適」な権限・作用もありうる．しかし，われわれの問題設定がどれだけ時間と空間の拘束を受けているかはわずかな例からしてもわかる．ワイマール共和国の国事裁判所（1919年）は，その権限がまさにわずかであるにもかかわらず（たとえば憲法異議が認められていなかった！），まったくもって一個の憲法裁判所であった（むしろ典型的な「国事裁判所」であるとしても）．ドイツの連邦憲法裁判所は，世界的規模で比較して見るときわめて多数の権限をもっており，真正の憲法裁判所であるのはもちろんであるが，もしかすると，アメリカ合衆国の合衆国最高裁判所と同じく，それ以上のものですらあるかもしれない．フランス憲法院の発展が称賛すべきものであることにも言及しておこう．専門化があまりに進んでいない場合，たとえばメキシコでは裁判所による選挙審査権を各裁判所がもっているのであるが，そのような場合，疑問がありうるが結局はそれを退ける

ことができる（「特別の憲法裁判所」）．選挙審査権は開かれた社会にとってまさに重要な意義をもつ本質的な権限である．

　歴史的な大変革の状況（「革命」）は特別である——たとえば1989年後の全体主義システムの克服を目指す東欧の改革国家，あるいは軍事政権の崩壊後のラテンアメリカ（2005年の「総括法」を違憲と宣言したアルゼンチンの最高裁判所に対する尊敬）がそうである．そのようなところでは，憲法裁判所には開かれた社会のための部分的な憲法制定の役割が生じ，国内憲法を部分的に，そして実践的に「発見し」，また少なくとも「発展」させなければならないであろう．そして議会，その他の裁判所といった他の憲法機関，また世論は，法典では「憲法の優位」が語られているにもかかわらず，なお憲法解釈という「仕事」を知り，そしてそれをマスターするというものではない．ここで「憲法教育」も重要となる．ハンガリーでは憲法裁判所の「不可視の憲法」が論じられた．「司法積極主義」が求められた．これに対し，文化的・政治的に確立したスイスのような半直接民主制のシステムにおいては，連邦裁判所の実質的意味の憲法裁判がむしろ抑制されうる（それにもかかわらず，連邦裁判所は次第に法務官的に「不文基本権」を展開してきており，のちに新連邦憲法（1999年）もこれを受容した）．言い換えると，他の国家作用をともに考慮に入れた全体的考察によって初めて，開かれた社会においてそれぞれの憲法裁判の役割について何がしかをいうことができる．南アフリカ共和国の憲法裁判所は，1993/96年には，東欧諸国に比肩すべき状況にあったといえよう：まさに「国民形成と憲法形成」という多元的で長期にわたるプロセスにおいてこそ，創造的な憲法裁判が求められたのであるし，現在もまたそうである．周知のとおり，合衆国最高裁判所の「司法積極主義」と「司法的抑制」の間には豊穣なる相互作用がある．裁判所がよりいっそう形成的な活動を行うべき，あるいは抑制的たるべきなのは，それぞれいつ，またどのようにであるかというのは「根源的な難問」であり，結局は「民族精神」ないし「世界精神」に適応させられる！——しかしとりわけ開かれた社会に合わせられるのである．

展望と結語

　全体を考察することが不可欠であることがわかる．「開かれた社会」と「憲法裁判」は今日分かちがたく緊密な関係にある．憲法裁判は今日，ほぼすべての国で開かれた社会を本質的にともに構成しており（例外はギリシアであるが，ヨーロッパ人権裁判所とヨーロッパ司法裁判所というヨーロッパの二つの憲法裁判所が影響を及ぼしている）．憲法裁判はそれ自体，開かれた社会のインパルスや諸力，確信や誤りにも依拠して存在している．「自分」自身だけで存在するのではなく，憲法裁判所が社会と関連をもつというのは明らかである．立憲国家はすべて，新たなチャンスと危機に敏感な態度をとらなければならない．その際，憲法裁判が助けとなりうる．憲法裁判は過剰な開放性を限定し，政治的共同社会を確固たるものにすることもできるが，（ドイツでは放送や政党法で成功したように）開放性（多元主義）を促し，実施しなければならない（「多元主義裁判」）．開かれた社会の一部としての憲法裁判の開放性は，新たな学問パラダイムに開かれていることも意味する．ドイツの連邦憲法裁判所は幾度となくこのような準備を明らかにしてきた．手続保障としての基本権の理論（E 53, 30 (65 f.)，とりわけ同判決の少数意見，S. 69 ff.）や「実践的整合」というキーワード（*K. Hesse*），たとえば E 59, 360 (381)；E 78, 38 における *Henschel* 裁判官の少数意見（S. 54, 56），加えて E 83, 130 (144, 147 f.)；93, 1 (21) がそれである．

〔訳　注〕
- ⅰ） *K. Hesse*, Grundzüge des Verfassungsrechts der Bundesrepublik Deutschland, 1. Aufl. 1966.
- ⅱ） 平行社会については，近藤潤三『移民国としてのドイツ―社会統合と平行社会のゆくえ』（木鐸社，2007 年）参照．
- ⅲ） *D. Sternberger*, Verfassungspatriotismus, 1990.

iv) *K. Vogel*, Die Verfassungsentscheidung des Grundgesetzes für die internationale Zusammenarbeit, 1964, S. 42.
v) *D. Thürer*, Kosmoporitanasches Staatsrecht, 2005.

第9章

試験台に立たされる
連邦憲法裁判所裁判官の候補者？
「公的聴聞」の必要性の肯定論

Bundesverfassungsrichter - Kandidaten auf dem Prüfstand?
Ein Ja zum Erfordernis „öffentlicher Anhörung"

主 な 内 容

1 新たな公的聴聞導入論
2 手本としてのアメリカ合衆国とドイツにおける導入論
3 公的聴聞の効果
4 公的聴聞導入反対論と反論

1. 1991年6月29日の「ドイツ諸州の民主的に構成された連邦のための評議会」の草案94条1項2文によれば,連邦憲法裁判所の構成員は「候補者に対する公開の聴聞の後,連邦議会及び連邦参議院により半数ずつ選出される」[i].このような──連邦ドイツの法伝統にとっては大胆な──提案は,そのまま同意されてしかるべきである.しばしば要求されながらも今まで実現されることのなかった連邦憲法裁判官の選出手続の改革たりうるものである.この提案は,裁判官のポストを充当する際の政党政治の影響や「世襲制」の危険といった批判の多い点を緩和し,「公共性と憲法」の関連の一片を現実に作り出し,そして政治的共同社会の市民に対し,全体として「自分たちの」憲法裁判官へとよりいっそう強く関心をもたせることができるであろう.公聴会は,まさしく不遜な態度をとる「民衆の主人」としての政党の秘密を,われらが民主制の多元的公共性のフォーラムへと一歩開かせ,憲法を「公共的プロセス」にすることができる.憲法は公共的プロセスであるべきであり,それはたとえば1971年に導入された少数意見の公表(法30条2項)という形でまた現実となった.

2. 草案はアメリカ合衆国に手本がある.連邦最高裁判所の候補者は,上院または上院の委員会での公聴会に応じなければならない:そこで適格性が公的に議論される.筆者は現地での観察から,たとえば1971年11月にアメリカ合衆国では,全国民が,小さな地方紙ですら,大統領が提案した「保守的」と目される二人の候補者[ii]の公的審問にどれだけ強い関心を寄せていたかを知っている.候補者は自らの「法哲学」が,専門的知識を有する上院議員,当時はその一人に E. Kennedy がいたが,そのような上院議員により,文字どおり「くまなく照らし出される」のである.

E. Friesenhahn は創設時(1951年)に就任した偉大なドイツの連邦憲法裁判官の一人であるが,彼に敬意を表して1972年にボンで開催されたシンポジウム『連邦憲法裁判所創設20年』(hrsg. von J. Frowein/H. Meyer/P. Schneider, 1973, S. 71 f.)において彼は次のように求めた.裁判官の適格性の認定は「事情によっ

ては公的議論を通じても行われるべきである。アメリカ合衆国では，裁判官は公衆の前で試練に立たされ，人々は，裁判官がどのような人脈をもち，何が彼に期待できるかを知ることになる」。本稿の筆者は，すでに今から20年前の当時のボンでの討議においてただちに強く賛同を示し，さらに「専門的公衆」の関与を訴えた（同書79頁以下）。それはたとえば，裁判官，ドイツ法曹会議，連邦の最上級裁判所，国法学者協会の鑑定意見の表明の形で行うことができる。二つの改革提案は，当時の司法大臣 *G. Jahn*[iii] がボンのシンポジウムに出席していたにもかかわらず，長らく反響がないままである。第11期連邦議会（1987-1990年）において，選出委員会で連邦憲法裁判官の候補者を公的に登場させ議論を行わせる要求が，「緑の党」に初めて留保された。

3．1991年草案94条において今新たに提案された公的聴聞は何をなしうるだろうか？　私見によれば，それは多面的である：そのような聴聞により，国民あるいは各市民一人ひとりが前もって，連邦憲法裁判官として連邦憲法裁判所の広範な権限によって（たとえば憲法異議の際の「市民（の）裁判所」として）憲法生活を重要な形で共同形成する者について，情報を得ることができるであろう。候補者は，自らの「前理解」を明らかにし，これによって，適切なことに憲法解釈の方法論が理論的に要求する合理化作業を，実践的・個人的に行わなければならない。すべての候補者（たとえば裁判官あるいは議会や司法省，弁護士会出身の人物）が公刊された学問的著作によってその能力を示すわけではない。「候補者の範囲が党派的に限定されている」とよく非難されるが，これが一部阻止され，「より中立的な裁判官」（*W. K. Geck*）の要求が実際により容易に実施されるであろう。すべての政党に対する「等距離」とは，*W. Maihofer* が連邦大臣として1970年代に擁護し，ときには（たとえば国法学者の *K. Hesse*（1975年）の際に）実現されたこともあった理念上の原則であるが，この原則はもはやわずかな例外や純粋な「幸運」にとどまるものではなく，広まっていきうるであろう。専門的に（かつ人格的に）最善の候補者を指名する政党相互の競争にすらなるかもしれない。

4．考えうる反対理由は人口に膾炙している．公的聴聞に対しては，次のような反対論がある．公的聴聞はポピュリズム的な候補者に不当な機会を与え，レトリックの巧みな者（「弁舌家」）が有利となり，（連邦憲法裁判所が特に必要とする）「無口な仕事人」が不利となる：公的聴聞は，裁判官による独立した憲法解釈のプロセスに先取り的に介入し，学問的な認識が問題となるにすぎないところで（政治的な）告白を要求する．最後に考えられる論拠は，1991年のドイツの公衆は，（連邦）憲法裁判官候補者の適格性について実質的な議論をするにはまだまったく「成熟」していない，というものである．これについては一言だけ述べておこう：多元的民主主義においては，公衆，国民，すなわち市民を「未成熟」と診断しないよう注意すべきであろう．そうでなければただちに民主制それ自体を疑うことになる．ドイツ国民は，1989年10月に「当時のドイツ民主共和国」において，政治的成熟を示して称賛されたのであり，またドイツ国民の判断はさらに1946/49年以来（連邦レベルでは選挙において，ラントレベルでは加えて住民投票において）40年にわたり要求され，示されてきた．最後に，法比較的にはローザンヌにあるスイスの連邦裁判所が参照される：同裁判所は裁判官による裁判の公開審議までも行っている！[iv] ドイツの公衆がこれから先，連邦憲法裁判所の候補者の公的聴聞がどのように処理され，評価されうるかを徐々に「学習」しうるとすれば，この国の政治文化を拡充する際の新たな方法にとって，このことは民主主義においては決して遅すぎるものではない．ここで問題なのは民主主義である．公的聴聞は断行されるべきであろう（連邦議会の委員会での議会による公聴会もまた，70年代から，まずすべての参加人によって「学習」されなければならなかった）．

　草案94条1項2文の改革理念はチャンスといえる――あるいはまずは連邦憲法裁判所法の改正法の形で通常法律のレベルで行われるかもしれない．これは基本法94条の規定に次のような憲法の追加によって可能となる：「候補者の公的聴聞は，法律によってこれを規定することができる」．モンテスキューはすでに次のような忠告を行っている：「法律を制定する前に一応これを試してみることが，しばしば適切でさえある」（法の精神（1748年）第1部第2編第2章

最終段落)[v].

〔訳　注〕
 i) 同評議会については，Kuratorium für einen demokratisch verfaßten Bund deutscher Länder, Vom Grundgesetz zur deutschen Verfassung, 1991（クラトーリウム編（小林孝輔監訳）『21世紀の憲法』（三省堂，1996））参照．訳出にあたっては，同書の憲法草案の翻訳を参考にした．
 ii) *F. Powell* と *W. Rehnquist* を指す．
 iii) *Gerhard Jahn* は，社会民主党の議員で *H. Ehmke* の後任として連邦司法大臣に就任した（1969-1974）．
 iv) スイス連邦裁判所法59条では，当事者の弁論，評議および評決は，原則として公開するものとされている．
 v) モンテスキュー（野口良之ほか訳）『法の精神(上)』（岩波文庫，1989年）58頁．

第10章

憲法裁判をめぐって

Über die Verfassungsgerichtsbarkeit

主 な 内 容

1 憲法裁判所制度の発展の要因
2 連邦憲法裁判所を支える基本的理念
3 連邦憲法裁判所の危機とよばれる事態に対する評価
4 連邦憲法裁判所の過重負担問題
5 憲法裁判官の選任方法
6 司法の政治化・政治の司法化の評価
7 国家意思形成のプロセスにおける憲法裁判所の役割
8 他の憲法機関との関係
9 従来の判例に対する評価
10 連邦憲法裁判所の個々の手続の評価
11 違憲審査制のアメリカモデルとドイツモデルの長所・短所
12 各国の憲法裁判所制度の評価
13 EUにおける連邦憲法裁判所の位置づけ
14 日本の違憲審査制に対する評価

栗城壽夫教授（以下，栗城）：F. Nietzsche によれば，三つの寓話から一人の人間像を描くことができるといいます．私たちに連邦憲法裁判所について三つの寓話を挙げていただけるとすれば，それは一体どのようなものでありましょうか？

ヘーベルレ教授（以下，ヘーベルレ）：「寓話」に関する F. Nietzsche のテーゼを連邦憲法裁判所について「繰り返す」のはもっともなことだと思います．なぜなら，連邦憲法裁判所では 2 × 8 〔= 16〕人の——無謬の——人間たちが活動しているからです！

　私がこの場で思いついたものは二つの「寓話」のみです．

a) ドイツの歴史において生き残るのは，二つの制度のみである．それはプロイセンの参謀本部と連邦憲法裁判所である（M. Druon）．

b) そのつど期待される判断は，宝くじ，いくつものボールを使った遊び，あるいは剣の舞に等しいものである[1]．

c) あとは本を参照してください．カリカチュアに描かれた連邦憲法裁判所[2]．

栗城：ドイツとオーストリアの憲法裁判が非常に積極的な形で発展したのはどのような理由からであると思われますか？

ヘーベルレ：ドイツの憲法裁判を問題にする場合には常に，〔連邦憲法裁判所に加えて〕15 か所あるラントの憲法裁判所も合わせて考えられます（とりわけミュンヘンにあるバイエルン憲法裁判所は，時間的にも連邦憲法裁判所より以前からすでに，特に示唆に富むものとの印象を与えています．現在，〔東ドイツより加わった〕新たなラントにおいて，憲法裁判所があとに続いて創設されています）．

　連邦憲法裁判所のよき発展の理由については，次のようなものが挙げられましょう．第一に，（E. Friesenhahn, G. Leibholz, W. Geiger といった）「草創期」の偉大なる裁判官たちです．彼らは，部分的には R. Smend や G. Radbruch, H. Heller のようなワイマール期の古典に依拠しつつも，基本権や法治国家，連邦制の問題において今日まで妥当する方針決定を行いました．裁判の内容のクオリティが高いことに加えて，ドイツの連邦の憲法裁判の有用性を実証する理由

としてはさらに，憲法裁判がすぐに「裁判官に」判断を求めるドイツ人の性向にそうものであることが挙げられましょう．さらに連邦憲法裁判所は，垂直的権力分立のシステムの中に巧みに組み込まれており，ドイツ連邦制の「番人」としてその有用性を実証したのです．多元的民主主義においては，最終的にはすべての市民こそが「憲法解釈者の開かれた社会」(1975 年)[3]における「番人」であるにもかかわらずです．最後に，連邦憲法裁判所は「司法積極主義」と「司法の自己抑制」の間の相互作用が非常にうまくいっています．(学問的) 公共圏の批判には，中期的に見れば敏感に対応してきています．〔たとえば〕「安全弁」を生み出したものの一つとして，1970 年に導入された少数意見の制度 (法 30 条) があります[4]．これは「公共的プロセス」としての憲法 (1969 年)[5]を強化し，後には〔連邦憲法裁判所の〕部の多数を獲得することがまれではないような革新を可能なものとするのです (たとえば，基本法 14 条の理解に関する *Rupp-v. Brünneck* の意見があります)[6]．ドイツ再統一の移行期においてもまた，連邦憲法裁判所は総体としては，その有用性を実証してきました——これは *E. G. Mahrenholz* の手による偉大なる判決のおかげなのです[7]．ちなみに彼は，偉大なる裁判官 *K. Hesse* と同じく，ゲッティンゲンの *Smend* ゼミナールの出身者です．

　オーストリアについて一言触れておきましょう．オーストリアの憲法裁判の父の一人は，かの *H. Kelsen* です．*Kelsen* は，彼の方法論 (実証主義) への批判はあるものの，〔憲法裁判については〕評価されてしかるべきです．さらに近年では，オーストリアでも実体的憲法思考が従来より強く志向されるに至っています．オーストリアではヨーロッパ人権条約 (EMRK) が憲法レベルの効力を有するため，ヨーロッパ人権裁判所の判例から好ましい影響を受けています．また，目に見えない形では法比較からも影響を受けています．これは，私が 1989 年以来，「第五の」解釈方法とよんでいるものです[8]．1920 年のオーストリア連邦憲法が「耐用年数を超える」につれて，ウィーンの憲法裁判所に課される任務が増大しているのです．

栗城：非常に根本的な問題なのですが，連邦憲法裁判所はどのような理念と基

本的なコンセプトに基づいているのでしょうか？

ヘーベルレ：その問題について簡潔に述べるなどということすら，身のほど知らずの沙汰でしょう．連邦憲法裁判所の思想のネットワークはきわめて複雑なものだからです．強い影響を受けた思想傾向としては，多くの政党の思想（自由主義，社会民主主義，キリスト教思想）もありますが，偉大な哲学者の影響もまたあるのです（たとえば，KPD 判決〔E 5, 85〕における K. Popper の影響が挙げられます）[9]．連邦憲法裁判所は「多元主義の憲法」(1980 年)[10]においては，単一の「グランドセオリー」に憲法を委ねるべきではありません．しかし一方では，連邦憲法裁判所は明らかに，（常に引用をもってなされるわけではないけれども！）特定の国法学者の思想に依拠しているのです．まずは「憲法解釈の方法」です．連邦憲法裁判所は，H. Ehmke の著名な講演論文の「憲法解釈の諸原理」(1961 年)[11]から憲法解釈の方法について訓練を積んでいるのです――栗城教授，あなたはフライブルクにいた頃から特によくご存知でしょう．戸波教授も P. Lerche の精緻な論文[12]については非常によく知っておられるでしょう．四つの古典的な解釈方法の相互作用は開かれていますから，「最後の手段としての」正義に基づくコントロールによって導かれることもあります．しかし，背景には「憲法の統一性」，連邦憲法裁判所と民主的な立法者との「機能法的な分業」，「実践的整合」(K. Hesse) といった原理がありますし[13]，また徐々にではありますが，「ヨーロッパへの開放」の原理もその背景となりつつあるのです．

　世界的な視野で見ると，連邦憲法裁判所がすぐれた成果を獲得してきたのは，おおよそのところ――学説との相互対話において――発展した基本権ドグマーティク，法治国家，「社会的法治国」(Heller の主張した形態です)，そして連邦制 (Smend の「連邦忠誠」からイタリアやスペインなどの地方主義国家に及ぶ成果を参照) に関してです．民主制原理についても，スイスの半直接民主制ではなく基本法モデル〔の民主制〕から見れば，連邦憲法裁判所はしっかりと留意してきたといえるでしょう．たとえば，連邦政府の広報活動に関する判例において，そして意見表明の自由やプレスの自由，集会の自由に関する（あまりに広すぎる？）解釈に際して（ブロックドルフ決定〔E 69, 315〕）です．プライバシー

の保護が重視されたのは国勢調査判決〔E 65, 1〕が初めてではありませんでした．また，団結の自由は繰り返し強調されてきました（たとえば連邦憲法裁判所判例集 50 巻）[14]．手続による基本権保護の思想（私が 1971 年にした提案として，「手続的能動的地位」というものがあります）[15] も，たしかに「理念」に属します．この思想は，ミュルハイム・ケルリッヒ決定〔E 53, 30〕において確たる具体的な形を獲得しました．非常にドイツ的なものといえる，いわゆる「国家教会法」（私はむしろ「宗教憲法」とよぶべきと思います！）もまた，連邦憲法裁判所の判例において，はっきりとした輪郭を維持してきました．キーワードを挙げるにとどめますが，H. Krüger が主張する「国家の世界観的・宗派的中立性」[16]，さらに実質的同権としての平等，教会の公的地位などが挙げられます．

私の理解では，連邦憲法裁判所は立憲国家という「偉大なる理念」と歩調を合わせてきたものといえると思われます．この理念には，平等原則と「実効的権利保護」の要求も含まれますし（基本法 19 条 4 項），最近では，環境保護もそこに含まれます（基本法 20a 条参照）．あるいは政党法に関する判例には，ある程度の動揺と不確定性が見られるかもしれません．欠点は，いわゆる「地域政治グループ」の不利益的取扱いにおいて明らかです．そのほかについては，個別的に分析することによって初めて，〔手元の質問票にあるような〕批判に関する質問に応じることができるでしょう．

栗城：たとえば 90 年代の中頃には，連邦憲法裁判所の判断が政治家やメディアのみならず学界からも痛烈に批判されました．私がその際に念頭に置いているのが，「兵士は殺人者だ」事件判決〔E 93, 266〕，座り込みデモ事件判決〔E 92, 1〕，キリスト十字架像事件決定〔E 93, 1〕のような判決です．それらへの批判は正当なものと思われますか？ もう一つ補足的な質問をよろしいでしょうか．連邦憲法裁判所の J. Limbach 長官が投げかけた問題として，次のようなものがあります．「われわれ連邦憲法裁判所の裁判官は本当に世論調査に身を委ねるべきなのであろうか？」しかし，「国民の名において」という判決形式が表現しているのは，民主主義国家において裁判所はいずれもその権威を主権者たる国民に求めているということにすぎず，それ以上でもそれ以下でもな

いのではないか，というものです[17]．このような民主的正統性が世論調査によって把握されうるのでしょうか，あるいはそのように把握されるべきなのでしょうか？

ヘーベルレ：実際に，90年代中葉に連邦憲法裁判所を痛烈に批判したのはメディアだけではありませんでした．──常に完全に所属政党の政治的な前提理解から自由であったわけではないでしょうが──同僚たちの中にもまた，批判した者たちがいたのです．私自身は，特に「反キリスト磔刑像決定」に非常に強い疑念をもっております．なぜなら，この決定は消極的な宗教の自由を強調しすぎており，文化的コンテクスト（バイエルンにおける文化的コンテクストだけではありません！）の考慮に欠くところがあるからです．しかし，連邦憲法裁判所がきちんとした批判には事柄に応じて常に真摯に捉えてきたことは明らかでしょう．たとえば，裁判所は，国勢調査判決〔E 65, 1〕において，いくつかの行きすぎを撤回しました．そして近時では，ラントの憲法裁判に従来以上の活動の余地が残されています．世間における「危機」との評は，少なくとも今日では正当なものとはいえないでしょう．連邦憲法裁判所の対外的代表行為において，*Limbach* 長官こそが〔批判に〕手際よく対応したのであり，連邦憲法裁判所を批判から解き放ってきたのです．当時特に議論があったものとして，「五公五民原則」に関する判例〔「統一価格 II 決定：E 93, 121〕が挙げられます[18]．──この事件では，立法者ないし連邦議会が数十年にわたって税制改革に関して機能しなかったという理由から司法積極主義を肯定するのでなければ，連邦憲法裁判所はその機能法的限界を失念するおそれがあります．連邦憲法裁判所はヨーロッパ司法裁判所との関係に関してもまた，長期にわたって自己批判をしなければならないでしょう．言い換えれば，「マーストリヒト判決」〔E 89, 155〕は多くの批判を受けるに値するものですが，外国ではこのことはほとんど理解されません．このことを私はイタリアやスペインの〔大学の〕客員教授であったときに幾度となく経験してきたのです．

「世論調査」に委ねるなとの *Limbach* 長官の勧めは，連邦憲法裁判所だけでなく，議会にも妥当します．「国民の名において」という判決形式は，民主的

責任連関を具象化するものであり,連邦憲法裁判所もまたその下にあって活動しているのです.そして民主的責任連関は,〔直接的には〕選挙によって裁判官が任命されることを通じて媒介されていますし,間接には連邦憲法裁判所が公共圏と関連することによって媒介されているのです.

栗城:いわゆるベンダ委員会では,連邦憲法裁判所の過重負担解消への提案を含む最終報告が提出されました.委員会の結論に対してはどのような立場でいらっしゃいますか? 憲法異議の受理についての判断は将来,連邦憲法裁判所の裁判官の裁量に任されるべきでしょうか? ご自身としては,ドイツの最上級裁判所についてどのような改革に関する提案をおもちですか?

ヘーベルレ:連邦憲法裁判所の過重負担解消の問題について,いわゆる「ベンダ委員会」は1997年に,アメリカ合衆国最高裁判所を範として,憲法異議に関して裁量的受理手続[19]を提案しました.私はこれを断固拒否すべきと考えます.憲法異議があるからこそ,連邦憲法裁判所は「最上の市民(の)裁判所」であり,「固有の社会(の)裁判所」として憲法の基本的コンセンサスに寄与しているのです.これは,私が1979年にある本の中で定式化したものです[20].市民の意識における連邦憲法裁判所の高い受容性はとりわけ憲法異議に基づいています.偉大な指導的判決,たとえば画期的な判決であるリュート判決〔E 7, 198〕は,憲法異議によって出されたものです.憲法異議は,一連の連邦憲法裁判所の管轄の中の「至宝」なのです.現行の拘束的受理手続は十分なものであるといえるでしょう.

むしろ,いわゆる抽象的規範統制の廃止が検討されるべきです.この制度は政治的意思形成・決定手続に深く入り込んでいるのです.この制度の廃止によって,部分的には連邦憲法裁判所は負担を解消することができるでしょう.そのほかに,連邦憲法裁判所の裁判官の増員がぜひとも考えられるべきでしょう(一部につき9名).「第三部」の創設は,常に裁判官の職業イデオロギーで頓挫するでしょうし,ただでさえ例外なく認められているとはいえない裁判の統一性(「損害としての子」の問題参照)がさらに脅かされることになる可能性があるでしょう[21].

栗城：将来の展望についてお伺いします．連邦憲法裁判所は21世紀にどのような任務を果たすべきでしょうか？

ヘーベルレ：連邦憲法裁判所はそれ自体，自らについて予言の才を用いることはできませんし，注解者や批判者，「後期注釈学派」もそのような能力を用いることはできません．注として次のことを指摘するにとどめておきます．連邦憲法裁判所は21世紀においても国内の平和に寄与し，社会契約を「絶えず更新し」，基本権と人権をさらに拡大し，国家の任務の実現を保護しなければなりませんし，正義と公共の福祉を指向するものであるといえます．しかし，とりわけ連邦憲法裁判所の国家の裁判所としての固有の権限と機能が，全般的なヨーロッパ化の過程においてかなり相対化されることもまた，連邦憲法裁判所ははっきりと知らざるを得ないでしょう．ルクセンブルクやストラスブール（ヨーロッパ司法裁判所やヨーロッパ人権裁判所）によってもまた相対化されています．ヨーロッパによる国家主権の相対化に加え，加速度的な国際化（グローバル化）もまた，いわば議事日程に上っているのです．「協動的立憲国家」(1978年)[22]の定式はこのことに応じようとしたものでした．ITの出現によって生じた問題の対策も，連邦憲法裁判所は手つかずのままにしているわけではありません．同じく，憲法司法の「洗練された」装置による（たとえば衡量ないし「公共の福祉裁判」[23]を通した）環境保護の実効化に言及すべきでしょう．

栗城：ドイツにおける連邦憲法裁判所の裁判官の選任手続に関してお尋ねしたいと思います．選任手続は，各裁判官が不可欠な民主的正統性を獲得することができるように構想されているのでしょうか？ アメリカのモデルを範として裁判官候補者の公聴会を導入しようとする制度改革の提案についてはどのようにお考えでしょうか？ 候補者は憲法裁判所の裁判官として選任されうるにはどのような資質と資格を備えていなければならないでしょうか？ さらに法比較的視点を日本に向けていただきたく思います．日本の最高裁判所は15名の裁判官で構成されています．しかしそのうち法律学者は1名にすぎず，しかも憲法学の専攻であることすら要しないのです．このような裁判官の構成が，高権的行為の憲法適合性の内容審査の際に最高裁の自制と消極性をもたらしてい

ると主張する者もおります．このことに対する教授の立場に私は関心があるのですが，いかがでしょうか．

ヘーベルレ：現在カールスルーエについて行われている裁判官の選任手続は，私見では問題があるものと思います．たとえ50年間の〔選出の〕結果は肯定的であるものがほとんどであったとしてもです．というのは，政党が裁判官の座の「支配者」であるかのように振舞っているからです．〔裁判官の選任には〕3分の2の多数が必要であるがゆえに，大政党が一致しなければなりません．小政党に近しい，あるいは関与すらしていない人物にはチャンスがありません．したがって今日まで緑の党に近い立場にある連邦憲法裁判所の裁判官はおりません[24]．同党は連邦レベルでは自由民主党（FDP）よりも大きな政党であるにもかかわらずです．一方，自由民主党には常にそのつどの連立相手の大政党（キリスト教民主同盟／キリスト教社会同盟（CDU/CSU）ないしは社会民主党（SPD））によって裁判官の席が一つ「譲渡」されています．いずれの政党にも加入していない人物が連邦憲法裁判所に着任するのはきわめて異例のことです．わが師 Hesse は，1975年にそのような輝かしき例外となりました[25]．

それにもかかわらず，憲法裁判所の裁判官には連邦議会ないし連邦参議院による選任によって十分に民主的正統性が与えられています．U. Scheuner によって構想された「国民から国家機関への正統性の連鎖」は保障されているといえます．

ボンで行われた1972年の Friesenhahn コロキウムですでに，私は，アメリカ合衆国最高裁判所の候補者〔の選出〕のモデルを参考にすることができると主張しておりました——Friesenhahn もまた同様のことを論じておりました[26]．ブランデンブルク憲法（1992年）は現在，その112条においてラント議会の委員会による聴聞を要求しています[27]．アメリカ滞在時には，上院において候補者の「法哲学」に関してなされた問いかけがどれほどまでに世間一般に注目されているかを，身をもって知りました．また私自身は，法比較的研究において再三にわたってイタリアに注意を向けてきました．イタリアでは大統領が憲法裁判所の裁判官の3分の1を任命しています．そこでは第一線の学

者，たとえばA. BaldassarreやG. Zagrebelskyが憲法裁判官になっています．また改革中の東欧諸国には，「驚異の年」の後に，まさにこのモデルを継受した国家がいくつもあります．

　憲法裁判所の裁判官の資格の問題もまた，法比較的に答えることができます．たとえば，新たに加わった五つのラントの非常に詳細な規範を付け加えることができます．私が勧めるのが，職業裁判官，裁判官の資格をもった構成員（大学教授がこれと同列に置かれます），そして公的生活において経験を積んできた人物（たとえば国会議員）の混成です．再任は禁止されるべきです．少数意見制が認められている場合は特にそうです．在職期間は9年（スペイン！）ないし12年になるでしょう．それを次のように定式化することができるでしょう．代表されるべきは，法律を裁判官ないし弁護士として憲法に基づいて解釈することができる法律家だけではありません．国会議員として法律を作成してきた者も代表されるべきでしょう．年齢制限についても下限（たとえば40歳）と上限を規定することができ，（アメリカのような終身制ではなく）たとえば70歳までという上限を規定することができます．ここで国家の固有の文化が影響を与えることになるのです．「文化科学としての憲法学」[28]の枠内において，たとえば，日本のような国家では，年齢を重ねることによる経験が生活サイクルの早いヨーロッパよりも高く評価されるということが考慮されうるのです．

　日本の最高裁判所については，次のことがいえましょう．たしかに，15名の裁判官の一部は法律学者であるべきです．その場合，憲法学者のみが重要なのではありません．「憲法の優位」によれば，全法領域が憲法という屋根の下にあるのですから，（ドイツのように）私法学者（Limbach）や刑法学者（W. Hassemer）すら，憲法裁判所の裁判官の構成員である場合には，それは利益になるものとみなされるべきでしょう．それは個別の法領域の固有の経験を〔憲法裁判に〕もたらすのです（たとえば，ドイツにおいては本質的にローマ法から与えられた私法の古き英知がそれです）．そのほか，憲法裁判官については，さまざまな出身の混成を最適なものにするために，先に述べたことが参照されます．国家行為の憲法適合性の内容的コントロールの「消極性」は，現在日本の最高

裁判所の構成員のうち法律学者が一人しかいないということによって説明することができます．というのは，法学の国家権力に対する自律性と，部分領域に応じた法学の想像力によって，法学は原則として国家の名であらわれるあらゆる活動に対する批判的な伴奏者となるのです．学問の自由によって制度的に確保されることで（Smend は「ドイツの大学の基本権」について論じています），法律学者はたんに現行法に追従するのではなく，現行法を学問的に解明する任務を有しているのです．それゆえ，法律学者はむしろその職業的倫理と技術的手法のおかげで，私欲を混入することなく国家権力を統制し，憲法の制約の中で国家権力に指示することができることになるのです．

栗城：それでは「法と政治のはざまの憲法裁判」について伺いたいと思います．

ヘーベルレ：その問題の前に，もう1点指摘させていただきたいと思います．1980年に，私は「政治と法学のはざまの憲法裁判」という小さな本を公刊しました[29]．すでにそのタイトルにおいて法学それ自体の大きな役割を表現しています——学問とは永遠の真実探究のプロセスであり（W. v. Humboldt），法学の場合には，「正義をめぐる永遠の格闘」なのです．

栗城：憲法裁判は司法の政治化のみならず政治の司法化をもまたもたらすとの主張がなされることがあります．このテーゼについてどのようにお考えですか？

ヘーベルレ：司法の政治化，そして政治の司法化としての憲法裁判という言葉は，ある古い古典テクストにあります．その古典テクストは，ワイマール期においては論争を引き起こしたものでした[30]．連邦憲法裁判所が置かれている今日的発展段階の立憲国家においては，このテクストは多くのことを意味するものではありません．せいぜいのところ，過度の「司法積極主義」への警鐘にすぎないものです．ドイツにおいては特に，連邦憲法裁判所とラントの憲法裁判所は，自らのなした裁判が継続していることやその事例群の形成，すでに述べた憲法解釈の方法と原理を通じて徐々に定着してきたのであり，その結果，法的なものと政治的なものを切り離すことはもはや何らの意味をもなさないの

です．たしかに，政治的なものの領域を画するのは困難なことです．しかし，憲法は「政治的法」であるという H. Triepel の定式[31]は，連邦憲法裁判所もまたまさしく政治的な全体指導に限定的ながらも参加しているということを示しているのです (Hesse)[32]．

栗城：連邦憲法裁判所は，国家意思形成のプロセスにおいてどのような役割を果たすべきなのでしょうか？

ヘーベルレ：それについては，すでに今お答えしたことの中に示唆されています．連邦憲法裁判所は「国家の意思形成」の彼岸にあるのではありません．裁判所，そして（〔1952年の連邦憲法裁判所の地位に関する〕Leibholz の覚書[33]の意味での）憲法機関として，この開かれたプロセスにおいて作用するのであり，立法者に一定の基準を提示することによって，時に「指針政治」[34]までも営むのです（「警告機能」）．もっとも，カールスルーエのドイツの憲法裁判のように非常に拡張的な憲法裁判が常に意識し続けなければならないこととして，憲法裁判が権力分立の全体構造の中に組み込まれていること，一定の領域について立法者は「評価特権」を有すること，そして執行府も立法府も「独立」していること――これはすでに述べた機能法的な分業に関連するでしょう――が挙げられます．さらに，〔国家と社会を包含する〕全体社会的委託の「基本的コンセンサスの形成への参画」という私の旧来からの観念を指摘しておきます[35]．

栗城：連邦憲法裁判所と他の憲法機関はうまく折り合いがついているのでしょうか？

ヘーベルレ：連邦憲法裁判所と他の国家機関は原則的にうまく折り合いをつけています．議会立法者は連邦憲法裁判所の判断に従うのがほとんどであり，時折，立法による新たな規律の期間をわずかに徒過することはあるものの，長期にわたることはほとんどありません（たとえば1950年代の男女同権がそうです）．連邦憲法裁判所が連邦通常裁判所の判決を退けるのは珍しいことではありません．補足すれば，それは正当にも私法において強く進められています．たとえば基本権の第三者効力，連帯保証事件〔E 89, 214〕です．ベルリンの連邦行政裁判所も「カールスルーエ」に従わなければなりません（最近ではたとえば，

2000年9月19日判決における,内戦難民の利益になるような庇護権の広い解釈の際にそうでした[36]。

時にはラントの憲法裁判所とも争いに至ります.連邦憲法裁判所は近時,ラントの憲法裁判所により広い余地を与えています(16のドイツのラントはそれどころか「憲法の自律」を有しています).全体において,たしかによき分業的協働という言葉が使われているのですが,政治あるいは連邦議会は責任を連邦憲法裁判所へと押しつけがちなのです(原典は Limbach:「政治は連邦憲法裁判所の背後に隠れがちである」).

栗城:連邦憲法裁判所がこれまで提示してきた憲法理論上の成果についてどのようにお考えになるか手短にお尋ねします.あなたの見解によれば,どのような指導的判決が格別な役割を果たしているのでしょうか?

ヘーベルレ:私の考えでは,連邦憲法裁判所は従来,広範に及ぶような憲法理論を展開してきませんでしたし,判決の基礎にはしてきませんでした.それはまたよいものでもありましょう.連邦憲法裁判所は「さまざまな理論要素のプラグマティックな統合」をしようと努力すべきなのであって,いかなる「グランドセオリー」も定めるべきではないのです.——それは,連邦憲法裁判所が「代表して」全政治的共同社会を多元主義の憲法の枠内において安定化しなければならないというテーゼと矛盾するでしょう.——それに役立つものこそが少数意見制なのです!

ほとんど確証されたといわれているのが,連邦憲法裁判所は,自らの,あるいは Leibholz の政党国家理論を判例集20巻において〔第二次政党財政援助判決 E 20, 56〕まさに突然放棄した,というものです[37]。その理論は「あらゆるケースについて」貫徹されるために,あまりに包括的でしかも野心的なものでした[38]。当初から「憲法理論」の一部が実践されている領域が基本権です.そこでは G. Dürig の価値思考の要素が認められ,時に自然法的観念も認められるのです.しかしとりわけ連邦憲法裁判所は幸いなことに「唯一の」(「正しい」)憲法理論に拘束されるのではなく,発展に開かれた形で活動してきたのであり,「理論枠組みにとらわれた思考」から解放されてきたのです.このこ

とは個別の基本権から引き出される多様な次元に示されています（たとえば，防御権，客観的‐制度的視点，「価値決定的原則規範」）。そして6条——婚姻と家族——の場合には6巻以来そうなっています〔「夫婦合算課税違憲決定 E 6, 55」〕。この多元的な基本権理解は，いわゆる「二重の性格」とともに始まり，後に手続的側面によって補強され，さらにドイツの堕胎事件〔「第一次堕胎判決 E 39, 1」〕における保護義務ドクトリンをめぐって〔展開されました〕。特別な成果——また「憲法理論」に基づいて——を表現するのが判例集50巻の共同決定判決〔E 50, 290〕です（担当裁判官はK. Hesseでした）。その判決は調和思考，平和思考，そして共同思考によって導かれたものです。憲法理論的考察が有効な領域として連邦制もあります。そこでは，連邦憲法裁判所はSmendの連邦国家理論によって導かれています——判例集12巻の第一次放送判決〔E 12, 205〕以来（「連邦忠誠」なるキーワード），「自由の憲法」としての基本法の思想によって，数次にわたる放送判決が「内部的多元主義」と「外部的多元主義」を区別することによって一体どれだけ形づくられていることでしょう[39]。人間像に関する裁判（たとえば「第一次良心的兵役拒否事件」〔E 12, 45 (59 f.)〕）が言及されるのは，人間の尊厳や社会に拘束される人格というキーワードとともにです。人間の尊厳に関する裁判は，絶えず事例群の形成によって洗練されているのですが，これは基本権理解のみならず，国家理論，憲法理論一般の支柱なのです。民主制の理解（それは「寛容」ですが，しかしまた「不可侵の基本価値」でもあります。KPD判決〔E 5, 85 (139)〕参照），そして「秩序の開放性」の定式（E 5, 85 (200)）は権力分立を真剣に捉えること（たとえば，E 3, 225 (227)）と同様にこれに属しています。これらすべては憲法の全体において見出されるのです。そのような全体思考はワイマール期の古典にまでさかのぼるのであり，連邦憲法裁判所は巨人そのものとして，その肩の上に立っているのです！

栗城：連邦憲法裁判所は多くの重要な手続を有していますが，どの手続が特に重要だと思われますか？ ここで法比較的パースペクティブからは何か認識を得ることができますか？

ヘーベルレ：このような問題のすべてについて，二重の比較によるアプローチ

が必要です．時間における憲法比較（憲法史）と空間における憲法比較（比較研究）がそれです．——これは文化比較としての憲法比較という1982年に私自身が提起した概念です[40]．絶対的に「最善」の憲法なるものは存在しません．どのような組織的・手続的規律が最善であるかは，国民の具体的な憲法文化に完全に依存するのです．——私の見解では，さまざまな手続の中できわめて重要なのは次のものです．補充性の原理に支配された憲法異議の手続，連邦憲法裁判所に集中した具体的規範統制，連邦制ないし地方主義的構造を有する立憲国家における，垂直的権力分立の確保のための連邦国家的争訟あるいは地方主義国家争訟，いわゆる機関争訟，そして裁判官訴追手続，選挙抗告手続，また大統領訴追手続といったその他の憲法裁判官の権限がそうです．連邦憲法裁判所の権限は法比較の観点から見ると特に広範ですが，このことは非常にドイツ的な根拠を有しているのです．原則的にすべての権限は——ドイツでは——有効性が実証されています．連邦憲法裁判所の手本としての効果はその限りでまた，いくつもの改革中の東欧諸国に影響を与えていたのです．

栗城：憲法裁判が第二次世界大戦後に世界規模で具現化されえたのはなぜだと思われますか？

ヘーベルレ：比較における憲法裁判によって，憲法裁判を推進する大きな力が明らかになります．第二次大戦後，全体主義的なナチ国家あるいはこれに類似した形態（イタリアのファシズム，スペインのフランキズム，ポルトガルの権力主義的体制）に対する防御壁としてこれが生じました．第二次展開期が，「1989年」後に始まりました．このときは，共産主義体制崩壊後の制度改革中の諸国においてでした．憲法裁判を支える原則は，たとえば憲法の優位，権力分立，「法律と法」への拘束，裁判所の無党派性，権利保護などですが，これらは広く実施されました．憲法テクストによれば，ロシアにおいてすらそうです．憲法裁判へのこうした刺激によって，憲法裁判は，立憲国家という類型の要素としてあらわれるのです．たとえそれが現在でも必然的でないとはいえ（たとえばイングランド），今日頻繁に見られるのです．歴史の深さにおいては，たしかにアメリカにおける裁判官の審査権の発展（1803年）は影響を与えているでしょう．

栗城：憲法裁判に関して，アメリカ合衆国の連邦最高裁判所とドイツの連邦憲法裁判所という二つのモデルに区別することができます．前者では憲法裁判権は通常の裁判所にあり，後者では特別の憲法裁判所にあります．両モデルはそれぞれどのような長所と短所があるのでしょうか？

ヘーベルレ：実際に，アメリカモデルとドイツモデル（すなわち，制度的に独立した憲法裁判）で区別することができます．アメリカの最高裁判所の長所は，通常の裁判権の頂点が憲法裁判官の機能と同一である点にあります．独立の憲法裁判権の利点は，裁判所が憲法機関として完全に憲法問題に集中することができる点にあります．〔他方，〕短所は次のような点です．連邦憲法裁判所とドイツの学説は，通常裁判所を「専門裁判所」として論じています．私の理解では，これは〔通常裁判所を〕不当に貶めるものであると思われます．というのも，実質的な意味においては，すべての裁判所が憲法裁判所であるからです．すべての裁判所は，同じ程度において憲法に拘束されているのです．その他の点について言えば，私法はたんなる「専門 (Fach)」ではないのです．

　私自身は，アメリカ合衆国の連邦最高裁判所について，特にその内容に関心があります．私を魅了するものとして，その民主主義的基礎づけ（「最高裁判所は選挙に従う」），それが市民意識に根ざしていること，その権威が法外なほど大きいこと，そして「司法積極主義」と「自己抑制」の間での司法の相互作用がありますし，また人種平等の実施，「国旗焼却事件」や「優越的自由ドクトリン」もまたあります．合衆国が自らに，そして世界に発信したのは，『フェデラリスト』(1787年)だけではありませんでした．付随的憲法裁判もまたそうなのです．キーワードとしてさらには，「常設の憲法制定会議」，あるいは「実質的」憲法制定としての合衆国最高裁判所というものがあります——ドイツの連邦憲法裁判所もまた，たとえば放送法判決に関して隠れた憲法制定をなしたのです[41]．

栗城：管轄や手続の態様，裁判官の選任に目を向けると各国では大きな違いがあります．たとえば，イタリアやスペイン，韓国はいずれも固有の憲法裁判所を有しているのですが大きな違いがあるのです．その違いの理由はどのような

ものなのでしょうか？　あなたは学問的営為においてどの国と深くかかわっていらっしゃいましたか？

ヘーベルレ：管轄や手続，裁判官の選任に目を向けると，実際に各国間には多くの違いがあります．それらは国民の文化史（アメリカにおける各裁判官に対する篤い信望），「傷」と経験（たとえば全体主義国家：スペイン），とりわけ具体的な個人や国内の学者グループ（「継受の媒介者」：たとえば韓国）によって導かれる継受のプロセスにおいて根拠づけられているのです．私の理解によれば，政治文化の多くの要因が何らかの役割を果たしています．ドイツでは，連邦憲法裁判所の権限のすべてが，世論において根を張っており，したがってほとんど一つとして廃止されえないのでした．その他の国でも，継受は常に創造的なものであり，積極的行為によって，受容された法制度をその国の特性，とりわけまたその特別な伝統に，可能な限り慎重に「順応させる」のです．

　私は1981年以来ザンクト・ガレンの教授職についているので，特にスイスについても関心があります．スイスはアメリカのシステムに類似しています．というのは，ローザンヌの連邦裁判所が管轄を有しているからです．しかし連邦裁判所は固有の公法部門を有しています．その限りで，ドイツモデルと一定の平行性があります．2000年1月1日に発効した新たな連邦憲法は，この点につき原則的なものを何も変えていません（189条）．とりわけ，現在もなお，連邦法律は連邦裁判官の統制から排除されています（191条）――ここには「裁判官の支配」に対してかなりの不安が生き続けており，民主的主権者，〔すなわち〕全階級の国民が，スイスのいわゆる「半直接民主制」では重視されているのです．

栗城：協働に開かれた立憲国家にとって，国内の憲法裁判所と超国家的裁判所の関係が大きな役割を果たします．このことをヨーロッパ司法裁判所とヨーロッパ人権裁判所を例にして，そしてドイツにおける法発展への影響を簡単に説明していただけませんか？

ヘーベルレ：ヨーロッパ司法裁判所とヨーロッパ人権裁判所がドイツ法の発展において果たす役割は，決して評価しすぎることはないほど大きなものです．

まず理論レベルに関しては，双方とも国家主権を非常に相対化するものです．私の理解によれば，すでに今日では，EUの枠組みの中では基本法は「部分憲法」にすぎないのです．たしかにナショナル・アイデンティティは，「ヨーロッパの部分憲法のアンサンブル」において保護されていますが（EU条約5条1項），EUの一群の法はドイツ法をさほど抑圧しなかったのであり，このことは実務の分析において示されています．ヨーロッパ人権条約の人権は，ドイツにおいては残念なことに，オーストリアやスイスのように憲法段階で妥当するということはありません[42]．ここに欠点が明らかになります．連邦憲法裁判所はヨーロッパ人権条約を基本権解釈の際にともに援用するにすぎません．理論的には，ヨーロッパ人権裁判所はヨーロッパ司法裁判所と同様，「憲法裁判」の方途であるということが明白にされなければなりません．――なぜなら，ヨーロッパは「生成途上の憲法ゲマインシャフト」であるからです（たとえば，私の論文（P. Häberle, Europa als werdende Verfassungsgemeinschaft, in : DVBl. 2000, S. 840 f.）において，この点について論じております）．また国内の憲法裁判所も，ある意味でヨーロッパの憲法裁判所なのです．なぜなら，国内の憲法裁判所はヨーロッパ法に拘束されているからです．両裁判所，すなわちヨーロッパ司法裁判所とヨーロッパ人権裁判所は，以前から模範的な「全ヨーロッパ的法比較」を営んでいるのです．私の理解によれば，連邦憲法裁判所の場合には，ここになお欠点があると思われるのです．

栗城：日本の最高裁判所は，すでに言及しましたように，その審査権を実効的には行使してきませんでした．その過剰な自己抑制が，いたるところで公然と批判されています．近時，何人もの日本の学者や政治家が，日本国憲法を改正し，連邦憲法裁判所のモデルに基づいて憲法裁判所を創設することを提案しています．この提案をどのように評価されますか？

ヘーベルレ：〔微妙な問題なので〕慎重かつ控えめにしなければならないのでしょうが，1999年10月に日本に招待していただいた「ドイツ憲法判例研究会」への感謝をこめて一言申し上げます．私は（たとえば東京ではなく京都に）独立した憲法裁判の導入をお勧めします．ドイツのシステムは全体をたんに継受さ

れるべきではありません。むしろ Popper 的意味における「漸次的改革」[43]を念頭に置くべきです。憲法異議と具体的規範統制から始めることができるでしょう。またいくつかの補強的制度が、スペインやイタリアから継受されるべきでしょう。「裁判官の出身母体」の構成は――すでに理念型的に推奨したように――「混成的」であるべきです。憲法裁判官の3分の1は天皇（Kaiser）が大学の法学教員の中から選任し、あるいは提案をすることができる方がよいのかもしれません[44]。少数意見制の導入については、世論がそれに慣れてきて初めて考慮されるべきでしょう。ドイツのシステム全体を性急に継受すれば、きわめて多くの批判を誘発する可能性があるでしょう。常に多くのヨーロッパの国家・ラントから比較のための素材が提示されるべきでしょう。ためらわずに韓国と同じ道をとるのも一つの選択肢として考えられるでしょう。いずれにせよ、いつか、「全アジア憲法」を検討する日が来ると思われます。日本はヨーロッパ的なものとアジア的なもののジンテーゼにおいて（またしても）「先駆者」でありうるでしょう。

〔訳　注〕

1) 「いくつものボールを使った遊び」とは、お手玉やジャグリング、あるいは本来一つのボールを用いるゲーム（たとえばサッカー）をする際に二つ以上のボールを用いる場合などのことを指しており、「剣の舞」とは、ドイツ各地に伝わる、剣を使って行う伝統的な舞踊を指している。この寓話の含意は、「宝くじ」ではあたる確率が非常に低いこと、「いくつものボールを使った遊び」では、ボールが一つである場合に比べて格段に複雑になること、「剣の舞」では、たんなる舞踊に比べて剣を使うためにリスクがより高まることなどから、主に判決内容を事前に予測することが困難であるという事態を表現しているものと思われる。
2) ドイツでは、「カリカチュアに描かれた連邦憲法裁判所（das Bundesverfassungsgericht in der Karikatur)」というタイトルの本がいくつか出版されており、そのことを指している。そのような本の例として、Friz Rosenberger (Hrsg.), In guter Verfassung? Das BVerfG in der Karikatur, 1998.
3) Häberle II ⑧.
4) 本書（「解説」）321頁参照。

5) *Häberle* IV ①.
6) E 32, 129 f. (142) 参照．また，E 40, 65；51, 257 (265) 参照．*Häberle* I ⑧：ペーター・ヘーベルレ（井上典之訳）「文化科学としての憲法学（2）」神戸法学雑誌 51 巻 2 号（2001）275 頁以下（注 64）参照．
7) E 82, 316.
8) *Häberle* II ⑲.
9) KPD 判決によれば，基本法か依拠している自由な民主主義の基本的な理念とは，社会的勢力や利益，政治的理念やそれを主張する政党のそれぞれの間の「絶えざる知的論争のみが国家意思の形成のための唯一の正しき方途である」というものであり，このような方法は，常に客観的に正しい結論を提示するという意味ではなく，「試行錯誤のプロセス（a process of trial and error）」であり，絶えざる相互のコントロールと批判によって，国家において有効な政治勢力間の合力と調整として比較的正しい政治方針の最善の保障を与えることができる．もっとも，基本法においては，政党は憲法構造への編入が行われ，憲法機関の作用を政治的意思形成の際の協働によって行うが，そのような政党たりうるのは，21 条 2 項にいうような，自由で民主的な基本秩序に反しない政党のみであるとしている（E 5, 85 (133 ff.))．このような試行錯誤のプロセスを経た漸進主義的アプローチが *Popper* の理論と整合的であると *Häberle* は考えているようである．ポパーの理論については，注 43 参照．
10) *Häberle* I ⑤.
11) H, *Ehmke*, Prinzipien der Verfassungsinterpretation, VVDStRL20 (1963), S. 53 f. なお，ドイツ国法学者大会における *Ehmke* の講演は 1961 年に行われている．
12) P. *Lerche*, Übermaß und Verfassungsrecht, 1961.
13) K. *Hesse*, Grundzüge des Verfassungsrechts der Bundesrepublik Deutschland, 20. Aufl. 1995, Rn. 72（13 版の訳として，阿部照哉ほか訳『西ドイツ憲法綱要』（日本評論社，1983）33 頁．20 版の訳として，初宿正典・赤坂幸一訳『ドイツ憲法の基本的特質』（成文堂，2006）40 頁）．
14) いわゆる共同決定判決（E 50, 290）がそれである．
15) *Häberle* II ④．なお，ドイツ国法学者大会における本講演は 1971 年に行われている．
16) 連邦憲法裁判所は，その判決において，この概念をさまざまな形で表現している．たとえば，「世界観に関して中立的な国家（der weltanschaulich neutrale Staat）」（E 12, 1 (4))，「宗教的および宗派的中立性（religiöse und konfessionale Neutlralität）」（E 18, 385 (386))，「世界観的・宗教的中立性（weltanschaulich-religiöse Neutralität）」（E 19, 206 (216)；24, 236 (246)；52, 223 (231))；108, 282 (289))．

17) Der Spiegel 35/1995, S. 34 1. なお，ユッタ・リンバッハ（青柳幸一・栗城壽夫訳）『国民の名において―裁判官の職務倫理』（風行社，2001）87頁以下参照。
18) 最近，税法上のいわゆる五公五民原則について，統一価格Ⅱ決定からは，「そこで専ら争訟の対象となった租税の種類――財産税――に関係なく妥当性を主張することができ，他の租税の種類――たとえば所得税や営業税――にも転用可能なような負担の上限なるものは何ら引き出されない．判決では「五公五民原則」は専ら財産税固有の負担状況から展開されているのである」とし，所得税・営業税については五公五民原則は憲法的地位を有しないとする連邦憲法裁判所の決定が出された．決定ではさらに，統一価格Ⅱ決定における五公五民原則についての論旨は主文にも判決を支える理由にもあたらないことから，連邦憲法裁判所法31条1項に基づく拘束力を有していないとされた（E 115, 97）。
19) 連邦憲法裁判所は，その創設以来，恒常的に過重負担が問題となっており，現在，その主たる原因である憲法異議には，その弊害に対処すべく，受理手続（Annahmeverfahren）が採用されており，数次にわたり改正されている（基本法94条2項2文，法93a条‑93d条）．しかしながら，過重負担は解消せず，96年にはいわゆる「過重負担解消策検討委員会（Entlastungskommission）」，通称ベンダ委員会が設置され，翌年には裁量受理（Annahme nach Ermessen）制度を採用すべきとする報告書を提出したが，法案化されなかった．この問題については，小野寺邦広［ドイツの憲法裁判］44頁以下参照。
20) Häberle I ④：436 f.
21) 連邦憲法裁判所では，一方の部が他方の部の見解と異なった見解をとろうとする場合には，連邦憲法裁判所の判例の統一性を担保するため，合同部が当該法問題について決定する権限が付与されている（法16条1項）．しかし，実際には合同部が開かれずに変更されることがある．連邦憲法裁判所第一部で下された「損害としての子」事件決定では，不妊手術の失敗などによる望まれない子の出産によって生じる扶養義務を損害とみなすことができるかが争点となった．この点について，この事件以前に第二部で下されていた第二次堕胎判決（E 88, 203）では，子の扶養義務を損害とみなすことが人間の尊厳に反するとの判断をしていたため問題となった．第一部は，判決を支える理由にあたらない傍論中の見解にすぎないと判断し，合同部を開かずに，扶養義務を損害とみなしても人間の尊厳には抵触しないと判示した（E 96, 375）．この点については，さらに，小野寺邦広［ドイツの憲法裁判］117頁以下，嶋崎健太郎［ドイツの憲法裁判］264頁以下参照。
22) Häberle Ⅱ ⑯．
23) 裁判において公共の福祉の理念や形態がよく使用されていることを指摘するために用いられている概念．Häberle は，公共の福祉裁判という概念を用いることにより，公共の福祉という概念をそれがもつさまざまな「毒性（Virulenz）」から

開放し，憲法ドグマーティクの体系の中に適切に位置づけようとしている．P. ヘーベルレ（井上典之訳）『憲法解釈の方法と原理：問題カタログ』同（井上典之・畑尻剛編訳）『文化科学の観点から見た立憲国家』（尚学社，2002）97 頁（107 頁以下），Häberle II ②および Häberle II ③参照．

24) このインタビューの後，1998 年に社会民主党と緑の党の連立政権が成立したことに伴い，2001 年に連邦憲法裁判所第一部の裁判官として緑の党推薦枠で B.–O. Bryde が選任された．渡辺康行「概観：ドイツ連邦憲法裁判所とドイツの憲法政治」「憲法判例」8 頁参照．

25) Hesse は，1975 年 11 月 7 日から 1987 年 7 月 16 日まで連邦憲法裁判所第一部で裁判官を務めていた．Hesse は 2005 年に亡くなったが，Häberle は師である Hesse の追悼論文を著している（Häberle VI ③）．

26) Die Bedeutung der Legitimation des Bundesverfassungsgerichts, insbesondere die Wahl der Richter, in : J. A. Frowein/ H. Meyer/ P. Schneider (Hrsg.), Bundesverfassungsgericht im dritten Jahrzehnt, Symposion zu Ehren von E. Friesenhahn, 1973, Häberle の見解は，79 頁以下，Friesenhahn の見解については，71 頁以下をそれぞれ参照．

27) ブランデンブルク憲法 112 条 4 項 4 文「〔憲法裁判官の〕選任の前にはラント議会によって定められる委員会において聴聞が行われる」．なお，1999 年に 112 条は一部改正されたが，当該規定は改正されていない．

28) Häberle I ⑧．

29) Häberle I ⑥．

30) C. Schmitt が「憲法の番人」論争において憲法裁判所に対して行った定式化を指している．参照，C. Schmitt, Der Hüter der Verfassung, 1931 ; ders, Der Reichsgericht als Hüter der Verlassung, in : ders., Verfassungsrechtliche Aufsätze, 1958, S. 979.

31) H. Triep, Wesen und Entwicklung der Staatsgerichtsbarkeit, in : VVDStRL 5 (1929), S. 2 (8).

32) K. Hesse. Anm. 13, Rn. 566, 669（阿部ほか訳（注 13）279．331 頁，初宿・赤坂訳（注 13）357．412 頁）．

33) G. Leibholz, Bericht des Berichterstatters an das Plenum des Bundesverfassungsgerichts zur „Statlus-Frage", in : JöR N. F. 6 (1957), S. 120 f.（auch in : Häberle II ⑬：224 ff.）参照．憲法機関性をめぐる問題については，光田督良「『憲法機関』概念の意義と基準」駒沢女子短期大学研究紀要 23 号（1990）2 頁以下，光田督良〔ドイツの憲法裁判〕87 頁以下参照．

34) 連邦憲法裁判所は「法的」に活動しているが，そうしながらも同時に「政治的な力（politische Kraft）」として「政治的」に活動している．その活動は，立法部

に統制を加え，さまざまな指針を与えるといった形で行われる．*Häberle* は，このような指針を与える形で行われる活動を「指針政治 Richtlinienpolitik」と称している．もちろん，指針政治は連邦憲法裁判所のみにあてはまるというわけではなく．「政治」である以上，他の政治部門も行っている．「指針政治」については，さしあたり，*Häberle* II ⑰ : 442, 448 参照．

35) P. ヘーベルレ（畑尻剛訳）「立憲国家における制度化された憲法裁判」*Häberle* I ⑬ : 翻訳 172 頁．*Häberle* II ⑱ : 168 参照．

36) E 112, 80.

37) この判決に対する *Häberle* 自身の評釈として，*Häberle* II ② : 64 ff. なお，この判決は，当時 *Leibholz* が在籍していた第二部の判決であるが，彼はドイツ国法学者大会の報告等から予断を抱いているとされ，忌避されている．

38) *Leibholz* は，政党国家的民主制を提唱し，政党の憲法上の地位に関していわゆる「国家機関」説を採用している．そしてそれを前提にして，政党による公的資金の利用の可能性が存在することが「当然の帰結」であるとされている．また，*Leibholz* 自身も加わった連邦憲法裁判所の第一次政党財政援助判決（1958 年）においても，「国家機関」説から政党のための国家による財政資金の補助が許容されていた（E 8, 51）．しかし，第二次政党財政援助判決（1966 年）において，政党への一般的国庫補助を否定し，選挙運動費用補助のみを認めた（E 20, 56）．もっともこの後，第六次政党財政援助判決（1992 年）により，再度一般的国庫補助が許容されるに至った（E 85, 264）．ただし，*Leibholz* の主張するような「国家機関」説からではない．*Leibholz* の政党国家論については，さしあたり，ライプホルツ（阿部照哉ほか訳）『現代民主主義の構造問題』（木鐸社，1974），同（清水望ほか訳）『現代政党国家』（早稲田大学出版部，1977），ライプホルツ・ラートブルフ・マッツ・ルンプ（竹内重年訳）『20 世紀における民主制の構造変化』（木鐸社，1983）参照．とりわけ「1967 年の政党法について」竹内前掲書 101 頁以下では，同判決に対する批判がなされている．

39) 「内部的多元主義」とは，意見の多様性を放送の内部組織の形成によって確保する方式であり，市場における自由競争によって確保する方式を「外部的多元主義」とよぶ．放送が公共放送のみによって担われていた時代には，放送には内部的多元主義，プレスには外部的多元主義がそれぞれ妥当するものとされていたが，公共放送と民間放送の二元的放送制度の確立に伴い，このような図式は変容している．これについては，鈴木秀美『放送の自由』（信山社，2000）43 頁，155 頁参照．

40) *Häberle* I ⑧．

41) 基本法 5 条 1 項 2 文では，「放送……の自由は保障される」と規定されているのみであるが，連邦憲法裁判所は，この規定から放送法制のあり方についてさま

ざまな憲法上の要請を導出してきたことを意味している．たとえば，*Häberle* の師である *Hesse* が連邦憲法裁判所の裁判官時代に創出したとされている「基本的供給」概念により，公共放送と民間放送の二元的放送制度における公共放送の役割が示され，そのための立法については広い形成余地が認められている．この点については，鈴木（注39）127頁以下参照．

42) ドイツでは，ヨーロッパ人権条約は基本法59条に基づく変型を通じてのみ効力を有するものであり，条約自体は基本法の一部ではないことから，条約自体に関して連邦憲法裁判所の管轄は認められず，条約上の人権は憲法異議の手続を通じて実現されるものではない．そしてヨーロッパ人権条約は，連邦憲法裁判所の基本法上の原則の枠組みにおいて間接的な基準として適用されるにとどまり，あるいは人権に関する法律の解釈上の補助手段として援用されるにすぎないものとなっている．福王守［ドイツの憲法裁判］69頁以下参照．

43) 社会科学の方法として，*Popper* は「漸次的社会工学〔ピースミール社会工学〕」を推奨している．そこでは，「批判的分析と結びつけられた『つぎはぎの繕い』(piecemeal tinkering)」によって，自然科学だけでなく社会科学も発展するという確信からとられる態度が念頭に置かれている．そしてここから得られた結果を実践的に適用して社会制度の創設や改善・運営をする漸次的社会技術者は，理想の樹立よりもむしろ具体的な悪との闘争を，「小さいさまざまな調整や再調整——常に改善してゆくことが可能な調整——によって」達成しようとする．これを「漸次的改革（Stückwerkreform; piecemeal reform）」という．カール・R. ポパー（久野収・市井三郎訳）『歴史主義の貧困』（中央公論社，1979）93頁以下，カール・R. ポパー（内田詔夫・小河原試訳）『開かれた社会とその敵』（未来社，1980）特に第9章（第1部157頁以下），第17章（第2部112頁以下）参照．

44) 本文でも述べていたが，*Häberle* は，裁判官の選出につき，イタリアモデルが検討に値すると考えている．イタリア憲法によれば，憲法裁判官の選出は，大統領，国会，通常の最上級裁判所ならびに行政裁判所の裁判官によって，それぞれ3分の1ずつなされるとされている．そして大統領の参加が政党の枠組みから独立したものであり，イタリアではその有効性が実証されているとしている．*Häberle* は，天皇（Kaiser）という語がもつ含意のみから，大統領と天皇を等価なものと考え，本文の言明をなしているものと思われる．この点については，P. ヘーベルレ（畑尻剛訳）（注35）：翻訳174頁以下参照．

解　説

ペーター・ヘーベルレの憲法裁判論[1]

畑尻　剛

目　　次

1　多元主義的憲法論における憲法裁判論
　(1)　憲法裁判論と憲法原理論・憲法解釈方法論との交錯
　(2)　多元主義的憲法

2　具体化された憲法としての憲法訴訟法
　(1)　具体化された憲法としての憲法訴訟法
　(2)　憲法の諸原理と憲法訴訟法
　(3)　憲法訴訟法と憲法解釈方法論との相互関係
　(4)　憲法訴訟法の独自性と連邦憲法裁判所の手続の自律性

3　「国家と社会の法的基本秩序としての憲法」とその展開
　(1)　固有（広義）の「社会（の）裁判所」としての憲法裁判所
　(2)　社会契約としての憲法を具体化する憲法裁判

4　連邦憲法裁判所の「全体配慮責任」とその帰結

5　連邦憲法裁判所の諸権限とその評価

6　開かれた憲法解釈と憲法の公共性（圏）のあらわれとしての少数意見制

7　憲法裁判官の多元的かつ開かれた選出過程
　(1)　連邦憲法裁判所裁判官の選出
　(2)　多元的な選出
　(3)　開かれた選出過程

8　憲法裁判の世界共同体
　(1)　立憲国家の世界共同体
　(2)　第五の解釈方法（論）としての憲法テクストの「法比較」
　(3)　政 治 文 化

1 多元主義的憲法論における憲法裁判論

(1) 憲法裁判論と憲法原理論・憲法解釈方法論との交錯

ペーター・ヘーベルレの多様かつ広範な憲法論においては，①憲法原理論（憲法前提理解，憲法の諸原理），②憲法解釈方法論，③憲法裁判論の三者が相互に密接に結びつき，これが全体として，彼の「多元主義の憲法論」を形成している．つまり，ヘーベルレの①憲法前提理解，具体的には憲法概念（国家と社会の法的基本秩序としての憲法，社会契約としての憲法）は，憲法解釈方法論（広義の憲法解釈（者）概念，第五の憲法解釈方法論としての憲法テクストの法比較）および憲法裁判論にその根拠と具体的帰結を提供し，また，憲法の諸原理（広義の権力分立＝多元主義的権力分立，多元的民主主義，制度的基本権理解）はそれぞれ，憲法解釈方法論および憲法裁判論にその根拠と具体的帰結を提供する．また同様に，②憲法解釈方法論は，憲法原理論，憲法裁判論にその根拠と具体的帰結を提供し，さらに，③憲法裁判論は，憲法原理論，憲法解釈方法論にその根拠と具体的帰結を提供する．このように，三者それぞれの内容が相互に密接に結びついているのがヘーベルレの多元主義的憲法論である[2]．

したがって，ヘーベルレの憲法裁判論も，それ自体独立したものではなく，彼の多様な憲法原理論（憲法前提理解，憲法の諸原理）と憲法解釈方法論との強い結びつき（関係）の中で展開されることになる．

(2) 多元主義的憲法

1) ヘーベルレによれば，憲法は，公共性（圏）の法的基本秩序である．社会に存在するさまざまな理念と利益の多様性を前提にした公共性（圏）（「多元的公共性（圏）」）は，多様な理念と利益の競合としての多元的政治プロセスの中で実現され，妥協による合意（コンセンサス）を通じて不断に具体化される．このような公共性（圏）の具体化は，先験的原理・実質的公正さとの合致によってではなく，具体的プロセスとしての合意の形成手続の正しさ——手続的公

正さによって正当化される．憲法の実現とは，多数意見と少数意見の種々のレベルでの調整のうえに国民のコンセンサスが形成されることであり，憲法の役割はその枠を設定することにある（「公共的プロセスとしての憲法」）．

2）ここでは，憲法は，多元的公正手続を通じて行われる公共性（圏）の具体化過程の規範化，あるいは，政治過程をそのようなものとして秩序づける規範にほかならない（「多元的枠秩序としての憲法」）．このような多元主義的憲法理論において，憲法は，「国家と社会の法的基本秩序」として，多元的な社会の基本構造を包括する．

3）そして，このような憲法は常に時間的にも空間的にも開かれたものでなければならない（「開かれた公共的プロセスとしての憲法」）．憲法は時間的に開かれたものでなければならない（「時と憲法」）．また憲法は空間的にも開かれたものである．「立憲国家という類型」が，世界的な広がりで展開している．国際的な受容・継受のダイナミズムによる世界的規模の立憲国家の新たな形成は，「憲法テクストの法比較」によって明らかにされる．

4）さらに，憲法を一つの契約とみなす（「社会契約としての憲法」）ならば，その契約自体が時間的に拡大され「世代間契約としての憲法」となり，空間的に拡大され，「世界契約」となる．

5）このように考えれば，憲法は文化であり（「文化としての憲法」），憲法学は文化的業績としての立憲民主主義憲法・民主的立憲国家を対象とする（「文化科学としての憲法理論」）[3]．

2　具体化された憲法としての憲法訴訟法

(1)　具体化された憲法としての憲法訴訟法

　ヘーベルレの憲法裁判論の第一にあげられるべきは，「憲法訴訟法は憲法を具体化するものである」という主張である．すなわち，憲法訴訟法は，――それ自体具体化された憲法であり，また連邦憲法裁判所が基本法を具体化するのに資するという――二重の意味において基本法の具体化である［第3章：84頁］．これによってヘーベルレは，「憲法訴訟法の実体的理解と憲法の手続法的理解」という，憲法と憲法訴訟法の相互乗り入れを強調するとともに，憲法解釈方法論と憲法訴訟法との相互関係についても明らかにする［第1章：24頁；第3章：84頁］．

　ここでの憲法訴訟法とは，申立てから判決という具体的な憲法裁判の開始から終了に至るまでの諸規定（「狭義の憲法訴訟法」）ばかりでなく，憲法裁判官の選出に関する規定，憲法裁判官の資格・在職期間・員数および裁判官の活動以外の職業活動に関する規定など，具体的な憲法裁判に先立つ諸規範をも意味する（「広義の憲法訴訟法」）．そしてこの意味での憲法訴訟法は，実体憲法との全体的関連において解釈されなければならない［第1章：25頁］．

　そしてこのように理解された憲法訴訟法は手続法ではあるが，実体的に実定憲法によって，その前提理解，その原理（たとえば多元主義，少数者保護，権利分立，公共性（圏）・公開性）によって，そして憲法の解釈方法（たとえば，現実および結果を考慮した開かれた方法）によって解釈し説明されなければならない．憲法の諸原理は，憲法訴訟法の諸原理にあらわれている．このことが方法論に反映し，憲法訴訟法は「手続的な憲法解釈」の意味での参加法として，そして「多元主義法律」として理解される［第1章：25頁］．

(2)　憲法の諸原理と憲法訴訟法

　多元主義，少数者保護，権力分立そして公共性（圏）・公開性といった憲法

の諸原理は，憲法訴訟法とその諸原理に具体化されており，逆に，憲法訴訟法の諸原理が実体的な実定憲法としての性格をもつ［第1章：27頁］．

1）多元主義に関していえば，基本権と民主主義論によって根拠づけられる基本法の多元主義的原理は，憲法解釈に関与するすべての者に対するよりよい情報提供や情報交換の可能性を作り出すという意味において，「参加に適した憲法訴訟法」を要請する（「多元主義法にして参加法としての憲法訴訟法」）．たとえば，団体のような非国家的なものへの意見聴取，鑑定人の意見聴取の改善，「関係人」の拡大などにより，憲法訴訟法は，多元主義にいっそう適切にすることができる．つまり，憲法訴訟法は「多元主義法律」として，「広義の憲法解釈（者）」に役立つ［第1章：27頁；第2章：62頁；第7章：247頁；第6章：185頁］．

2）また，多元主義のあらわれの一つで，民主主義と基本権的自由の標識であり憲法裁判の本来の任務である少数者保護は，裁判官の選出過程における3分の2の特別多数および抽象的規範統制の提訴に要求される3分の1において憲法訴訟上具体化されている［第1章：30頁］．

3）そして，権力分立についていえば，手続開始の通知，裁判所に対する報告の要請，意見表明権そして訴訟参加の形式など他の憲法機関が憲法裁判へ関与することに関する憲法訴訟法上の諸制度は，技術的というよりも，むしろ実体的かつ機能的に理解されなければならない．連邦憲法裁判所はここにおいて他の憲法機関のパートナーであり，他の憲法機関を自らの「認識手続」のなかに組み入れる．ここにおいて，憲法訴訟法における「分業的権力分立」が明らかとなる．憲法解釈が創造的契機を獲得するために，憲法裁判は，他の憲法機関をその法の継続的形成過程の中に組み込むための可能性を用いなければならない［第1章：38頁；第3章：105頁］．

4）さらに，憲法の公共性（圏）・公開性は，たとえば，証人・鑑定人の所属する上級機関による証人・鑑定人に対する陳述の承認の拒否を3分の2の多数で排除すること（法28条2項）や文書の提出要請を国家の安全を理由に中止する場合の決定には3分の2の多数を必要とすること（法26条2項）など，個々の訴訟制度の中に具体化されている［第1章：31頁］．また，後に述べるように少数意見制においても具体化されている．

(3) 憲法訴訟法と憲法解釈方法論との相互関係

「憲法訴訟法は憲法を具体化するものである」という主張は，実体憲法と憲法解釈方法論および憲法訴訟法との相互関係についても明らかにする．

1）憲法を絶えず形成していくことは，拡大された憲法裁判を有する社会においては，主として憲法裁判官とその解釈方法論を通して行われる［第1章：17頁；第2章：70頁］．

2）しかし同時に，憲法の開放性は憲法解釈の開放性を導く．時間的，空間的に「開かれた憲法解釈」は従来の憲法解釈方法論の統合を要求する．そして，それは解釈主体に関しては「開かれた憲法解釈者」を要請する．すなわち，憲法解釈は，従来，法律家，特に裁判所の任務であると考えられていたが，国家機関，特に議会，政府および一般の裁判所も憲法解釈を行い，さらには，政治社会に積極的，消極的に参加するすべてのものが憲法解釈者でなければならない（「広義の憲法解釈（者）」「憲法解釈者の開かれた社会」）［第1章：17頁；第10章：286頁］．ここにおいて憲法裁判所は，実際上ある種の指導的地位を獲得はするものの，決してそれを独占するわけではない［第1章：17頁］．

これに関連して，「憲法裁判所が憲法の番人である」という有名なテーゼが，「番人イデオロギー」として批判される．なぜなら，市民・国家機関すべてが等しく「番人」であり，また，憲法は「公共的プロセス」であって，憲法を保護するということはすでに存在するものの維持に尽きるものではないからであ

る［第2章：77頁；第6章：174頁；第8章：270頁］．

3）このことは，連邦憲法裁判所における憲法解釈に，①解釈のできる限りの多元的な公開性を実現すること，そして，②現実を考慮に入れ結果に配慮した憲法解釈（方法）というものを要請することになる．

前者については，広義の憲法解釈者を「多元的に」組み込むために，他の憲法機関，多元的集団および公共性（圏）が手続に参加することを拡大し，情報収集能力を拡大し，そして関係人の範囲を拡大することが重要となる［第1章：27頁］．また，後者については次のことを意味する．すなわち，憲法裁判による「現実を考慮に入れ結果に配慮した憲法解釈」は，その他の憲法機関，多元的集団および公共性（圏）を裁判所の意思形成および決定過程に組み込むための手続上の手段を利用しなければならない．なぜなら，憲法裁判官による裁判のもたらす結果は，連邦憲法裁判所がこの結果に責任を負うものであるにせよ，ただ連邦憲法裁判所のみがその結果を引き受けることができるものではないからである．したがって，手続への参加者の数が拡大することによって，判決が政治体制の中で獲得することが期待しうるコンセンサスの基盤がますます広がることが重要となる［第1章：40頁］．

(4) 憲法訴訟法の独自性と連邦憲法裁判所の手続の自律性

以上のようにヘーベルレは，「憲法訴訟法は憲法を具体化するものである」という主張から，他の訴訟法と比べて訴訟手続というよりも憲法に近いものとしての憲法訴訟法の独自性を強調している［第3章：90頁；第6章：184頁］．言い換えれば，憲法訴訟法はその他の訴訟法やその一般的手続原理，それらの特殊な規定に対して自立しているのである［第4章：129頁］．この憲法訴訟法の独自性は，対象たる憲法の特性に由来し，紛争の調停，利害の調整，多元的な権力分立にとって有用である．憲法を国家と社会に対するする開かれた秩序とみなす規範的，手続的憲法理解は，憲法訴訟法を紛争に関する「ルール作り」のための，そしてコンセンサスの獲得のための政治的法と考える．このよ

うな政治的理解は，憲法訴訟法について立法上および解釈上の諸帰結をもたらすが，逆にいえば，憲法訴訟法の個々の規範からこのような政治的理解のための示唆が明らかとなる．憲法訴訟法は，実定憲法を現実化するための手続的な道具である［第1章：26頁］．

また，憲法訴訟法の基本原理が憲法の地位を有することによって，連邦憲法裁判所の手続の自律性が強調される．すなわち，憲法訴訟法の発展が可能で，発展させる必要のある諸原理を「憲法レベルの問題として扱うこと」が重要である．「連邦憲法裁判所は，連邦憲法裁判所法が詳細な手続規定を欠いている場合には，憲法裁判所の手続を発展させる任務を負っている」という形で，連邦憲法裁判所の手続の自律性が導き出されるのである［第1章：34頁］[4)5)]．

3 「国家と社会の法的基本秩序としての憲法」とその展開

(1) 固有（広義）の「社会（の）裁判所」としての憲法裁判所

1）ヘーベルレによれば，憲法とは，国家と社会の法的基本秩序であり，国家と社会集団そして集団と市民の関係等の多元的な社会の基本構造を包括するものである．したがって，憲法裁判所が「憲法」の裁判所である以上，憲法裁判所は国家の裁判所であると同時に，固有（広義）の「社会（の）裁判所」でもある．憲法裁判所は，国家と社会の分離，国家の裁判所と社会の裁判所の分離の彼岸にある［第2章：59頁］．

2）「憲法裁判所は国家と社会を包摂したレス・プブリカ，多元的公共性（圏）の裁判所である」という主張は，憲法裁判所の制度とその運用においてさまざまな形で展開される．すなわち，連邦憲法裁判所はレス・プブリカとの強い関連性において考えられなければならない．具体的には，連邦憲法裁判所はさまざまな形での意見聴取や参加を通じて多元的集団・組織から情報を手に入れる．これによって連邦憲法裁判所は社会の領域に深く踏み込み，そこから

理念や利害を取り入れ，耳を傾け，そしてその開かれた憲法解釈の方法において社会を形成する．憲法訴訟法は「憲法解釈者の開かれた社会」に対して開かれており，その媒体となる．連邦憲法裁判所はその基本権の第三者効力あるいは客観化についての判決によって次第に社会を制御し，このようなやり方によって社会を構成して，社会を一つの「憲法化された社会」にする．まさにこのような社会との関連性ゆえに，その手続法において社会をそのフォーラムに参加させることが求められる［第2章：59頁；第4章：137頁］．

(2) 社会契約としての憲法を具体化する憲法裁判

ヘーベルレの「開かれたプロセスとしての憲法」からすれば，憲法は空間的に開かれていると同時に時間に対しても開かれたものである．そして，「開かれた憲法」が「社会契約としての憲法」であるならば，社会契約というモデルは，空間軸（共時的）にも時間軸（通時的）にも拡大される．そして憲法裁判所は，社会契約としての憲法を保障し，発展させることに特別の全体的な責任を負っている［第2章：62頁；第7章：246頁］．

共時的にみれば，社会契約ないしは憲法契約に参加する者の範囲は，開かれた社会を包摂するものでなければならない．すなわち，マージナル・グループ，障害者，組織化できないかそれが困難な集団（たとえば高齢者）は，宗教的少数者と同様に視野に加えられなければならない［第2章：67頁］．

また，社会契約を通時的にみれば，「世代間契約」として考えることができる．つまり，社会契約のいう「国民」というのは当初から現在と過去を統合する「世代の総体」として把握されている．それゆえ，憲法は今日生きている世代に対してだけではなく，将来の世代に対する要求も規定または実施するものなのである．このように，「社会契約としての憲法」は，時間という観点を加えた「世代間契約としての憲法」によって，憲法の問題意識を人的・空間的だけではなく，歴史的・時間的にも拡大するのである[6]．

そして，これによって憲法裁判所にも，少数者保護という共時的要請だけではなく，次世代に対する責任を自覚した通時的な判断が求められるのである．

つまり，憲法裁判もまた憲法の社会契約を前進させる継続的なプロセスの中に位置づけられるがゆえに，憲法裁判所は，立法者と並んで機能法的にみて，憲法上の社会契約，特に「世代間契約としての憲法」を考慮する責任を負っているのである［第 2 章：65 頁］．

4　連邦憲法裁判所の「全体配慮責任」とその帰結

1）憲法裁判所は，憲法解釈を独占するわけではなく，他の国家機関，特に立法府，政府および一般の裁判所も，憲法解釈を行い，さらに憲法生活に参加するすべての者が憲法解釈者である（「広義の憲法解釈（者）」）．しかし憲法の継続的形成は，拡大された憲法裁判権を有する社会においては，主として憲法裁判官とその解釈方法を通じて行われる．そして，連邦憲法裁判所も，他の国家機能と同様に，その指導的地位に基づいて特別の全体配慮責任を負うことになる．連邦憲法裁判所を念頭において作られた「憲法機関」という概念も，基本法（憲法）に対して憲法裁判官のもつ全体配慮責任を表現している（憲法裁判所の「全体配慮責任」）［第 1 章：18 頁］．

2）そして，この全体配慮責任は，憲法解釈方法論としては，「現実を考慮に入れ結果に配慮した憲法解釈」を要請することになる．同時にこのような憲法解釈は，法律の当初無効，将来無効，たんなる違憲宣言，違憲警告判決，合憲解釈など「現実を考慮に入れ結果に配慮した」さまざまな判決形式と判決の執行方法という道具を駆使して憲法違反に対処することが求められる［第 6 章：218 頁；第 1 章：19 頁］．また，さらに，「現実を考慮に入れ結果に配慮した憲法解釈」にとって「事実」は非常に重要である．「法律適用」と並んで，あるいは「法律適用」にとって非常に重要なのは，憲法裁判官による事実の解明である．憲法裁判官の予測を含めた事実認定は，憲法解釈の重要な構成要素である．それゆえ，連邦憲法裁判所は立法者による事実認定および予測に拘束されてはならない（「事実審としての連邦憲法裁判所」）［第 1 章：41 頁］[7]．

5　連邦憲法裁判所の諸権限とその評価

1）連邦憲法裁判所の権限は憲法（基本法），法律（連邦憲法裁判所法）および規則（連邦憲法裁判所規則）において定められている．その権限は，規範統制を中心に，機関争訟，連邦国家的争訟のほか，憲法保障手続（大統領訴追・裁判官弾劾・基本権喪失手続・政党禁止手続）および選挙訴訟など非常に広範かつ多様なものである[8]．ヘーベルレによれば，連邦憲法裁判所は最大限の管轄権そして最適の管轄権を有しており［第5章：151頁］，これら現行の権限のアンサンブルは幸運なめぐり合わせである［第5章：158頁］．これらの権限の多くが他の国々に「手本」とされている．特に，憲法異議，具体的規範統制，連邦国家争訟，あるいは連邦主義的国家争訟，機関争訟，裁判官訴追手続，選挙抗告手続，また大統領訴追手続が重要である［第10章：298頁］．そして，これら権限の背後にあるのが，権限濫用の阻止，基本権および少数者の保護という指導理念，基本的コンセンサスへの参画，権力の均衡〔バランス〕，社会の多元主義ないし開放性の保障である［第8章：270頁］．

2）非常に深く市民の意識に根ざし［第6章：179頁］，一連の連邦憲法裁判所の権限の中の「至宝（Juwel）」［第10章：290頁］，「真珠（perle）」［第5章：165頁］とされているのが憲法異議である．これによって連邦憲法裁判所は「最上の市民（の）裁判所（Bürgergericht per excellence）」として，また，「固有の社会（の）裁判所」として憲法の基本的コンセンサスに貢献し，市民の意識における連邦憲法裁判所の高い受容性を支えている［第2章：60頁；第5章：165頁；第10章：290頁］．さらには，ヘーベルレの多元主義的人権理解によれば，基本権には手続的な参加権という側面があり，これをG.イエリネックの地位論にならって「手続的能動的地位（Status activius Processualis）」と表現するが[9]，憲法異議はこの手続的能動的地位の中心にある［第2章：69頁］．このような憲法異議は法治国家的民主制としてのドイツ連邦共和国の自己理解

の不可欠の構成要素である［第6章：226頁］．憲法異議における勝訴率の低さは決して手続の重要性を損なうものではない［第6章：198頁；第2章：53頁］．したがって，モデル的性格が積極的に認められる［第5章：166頁］．

これに対して，連邦憲法裁判所の過重負担解消策の一つとして提案されている裁量的受理手続については[10]，一貫して批判的で［第5章：166頁；第10章：290頁；第7章：256頁］，アメリカ合衆国にはあまり接近させてはならないとされる［第6章：226頁］．

3）具体的規範統制においてヘーベルレが特に注目するのが，この手続を通して，憲法裁判所以外の裁判所——特に，第一審など下級裁判所——が憲法判例の形成に重要な役割を果たすことである［第6章：180頁；第2章：53頁］．

4）抽象的規範統制に関しては，その意義を十分に評価しながら［第1章：9頁；第2章：53頁；第6章：180頁］，他方では過重負担解消策の一つとしてその廃止の検討が要請されている［第10章：290頁］．また，政治的プロセスへの深い介入ゆえに若い民主主義国家にとっては構築されるべき憲法裁判所の権威を脅かす可能性があるので，その採用には慎重であるべきであるとする［第5章：165頁］．

6　開かれた憲法解釈と憲法の公共性（圏）のあらわれとしての少数意見制

1）法30条は，2項において，「裁判官は，評議において，判決又はその理由に関して［他の裁判官と］異なる意見を主張した場合，これを少数意見として記すことができる．少数意見は，判決書に付記しなければならない．各部は，その判決書において，評決の割合を示すことができる．」としている．このような制度を，少数意見制（Sondervotum）という．連邦憲法裁判所には当初この制度はなかったが，1970年の法改正によって，30条に新たに2項が付加

され導入された[11].

へーベルレによれば，少数意見制は，今日の発展段階にある立憲国家における憲法裁判の最高のものである．なぜなら，少数意見は，憲法が公共的なものであること，憲法が開かれていることそしてその解釈者が開かれていること，さらには，「憲法の多元主義」が憲法裁判と憲法訴訟法において具体的にあらわれたものであるからである［第1章：34頁；第7章：254頁］[12].

2) 少数意見制は，憲法裁判所内部と公共性（圏）＝政治的共同社会双方において重要な機能を果たす．

第一に，少数意見制が部における多数派形成，多数派と少数派の間の相互作用など合議体における意見形成プロセスに与える実際上の影響がある．少数意見は，部の内部の法的対話を促進しそして将来のために開かれたものにする．これによって部における多数派と少数派の間の，場合によっては部相互の法的対話は，憲法裁判による憲法の継続的形成のための重要な要素となる［第7章：255頁］．

第二に，裁判所の内部以上に重要なのが，政治的共同社会全体における法的対話を促進するという，少数意見制の公共性（圏）において果たす役割である．憲法解釈の開放性と憲法の公共性（圏）は少数意見制に対する憲法理論上の正当化事由である［第1章：32頁］．少数意見は，レス・プブリカの全体状況や公共的プロセスの中に組み込まれそして裁判を批判に対して開かれたものとする限りにおいて，裁判の民主化の一部である．

第三に，少数意見は今日の少数意見が明日には多数意見となりうるような特別な「時間の窓」を作る［第7章：255頁；第10章：286頁］．すなわち，少数意見制は，「変遷と進歩のための道具」の一つである［第2章：77頁］．つまり，少数意見の公表は将来の議論を喚起，ある理論がある少数意見によって拾い上げられて，公共的対話を通じて学界に広範な議論を喚起し，そしてこれが最終的には部の多数意見によって支持される．少数派裁判官もまた多数派になる機会が与えられる［第6章：178頁；第10章：286頁］．また，敗訴した

当事者は，その目的や論拠がより高いレベルで取り上げられ，たとえ少数意見であるとはいえ，少なくとも連邦憲法裁判所の判例集の中に再度自らを見いだすことになる［第6章：178頁；第7章：255頁］．

7　憲法裁判官の多元的かつ開かれた選出過程

(1)　連邦憲法裁判所裁判官の選出

連邦憲法裁判所の二つの部の16名の裁判官（12年の任期・定年は68歳）は，半数ずつ，連邦議会および連邦参議院によって選ばれる（基本法94条1項2段，法4条・5条1項）．連邦参議院では裁判官は総会で選ばれるのに対して，連邦議会では，比例代表選挙の原則に基づいて連邦議会の総会で選ばれた12名からなる選出委員会によって選出される（6条2項）．裁判官の選出にはいずれの場合も，3分の2の多数が必要である（6条5項・7条）．3分の2の多数という要件によって，議会少数派が少なくとも3分の1を有する限り，議会多数派と少数派との間には対等関係が成立し，多数派が少数派と妥協せざるを得ないことになる．これによって，議会多数派の政治的意思のみが直接，連邦憲法裁判所に反映されることを防止することが期待された[13]．

裁判官の選出手続を含む広義の憲法訴訟法が憲法の具体化であると主張するヘーベルレによれば，このような選出手続も憲法によって根拠づけられる．すなわち，憲法裁判官の選出には多元性と公開性が求められることになる．

(2)　多元的な選出

憲法の多元主義のあらわれである少数者保護は，広義の憲法訴訟法においては連邦議会の選出委員会および連邦参議院の総会による憲法裁判官の選出の際に3分の2の特別多数を要するという形で具体化され［第1章：24頁；第2章：59頁；第6章：177頁］，逆にいえば，憲法裁判官選出のための3分の2の特別多数は，反対派を保護し，そして多数者と少数者の妥協を必要とするという観点から見ると，実体憲法である［第1章：27頁］．

憲法裁判官の選出をめぐる基本的視点として，本来政党色のない裁判官を選出することによる非党派性かさまざまな政党色を通しての超党派性かという問題がある．ヘーベルレのように，憲法裁判もまた政治過程全体の部分手続として政治的機能を有すると考えれば，裁判官の選出によって達成されるべきは憲法裁判所における社会的（多元的）代表の確保である．政党国家においては，憲法裁判所の裁判官の任用に政党を関与させることなしには，連邦憲法裁判所のいかなる「民主主義的正統性」も存在しない［第5章：149頁］．それゆえ，政党への所属が法18条2項による除斥事由でないことも，その当然の帰結なのである．したがって，裁判官の独立とは政治過程または政党に関与しないことではなく，政治過程または政党から自由であるということなのである［第1章：31頁］[14]．

実際に連邦憲法裁判所の裁判官の選出システムは政治的に中立的立場にある裁判官を個々に選出するという方向にではなく，与野党対等な裁判官ポストの配分によって憲法裁判所内部における政党政治的意味での均衡を確保し，これによって裁判所全体としての中立化を図るという方向で運用されている．つまり，裁判官の席は多くが二つの大政党に配分され，選出手続は，裁判官の退職にあたりその席を補充する形で進められる[15]．この点で，政党の影響があまりにも強く，多元性という観点から問題がある［第6章：177頁；第10章：292頁］．したがって，連邦憲法裁判所の裁判官選出手続とその実際の運用は手本とはならない［第5章：160頁］．

(3) 開かれた選出過程

ヘーベルレにとって裁判官の選出過程において問題なのは，その不透明性である．裁判官が議会によって選出されるといっても，実際には，慣行上正式の選出手続に先立って，連邦議会の選出委員会，連邦参議院および連邦政府の代表からなる非公式の協議委員会が開かれて，そこで選出対象者が実質的に決定される仕組みになっており，選出委員会および連邦参議院は，いわばその決定を受けてそのまま選出するだけの一種のセレモニーの場と化している．そして

そこでの討論は非公開で，関係者には守秘義務が課されている（法6条4項）。このように，国民の目の届かない密室で裁判官が実質的に決められてしまうということに対しては批判が多い．すなわち，裁判官の選出が個々の裁判官の人物，思想傾向，個性によって決まるのではなく，政党政治のさまざまな駆け引きの中で決定されることによって，国民の意識とは乖離した裁判官を生んでしまうという批判が生まれている．

そこで，このような不透明な密室における裁判官の選出にかわって公の聴聞の手続を行うべきであるという提案もなされ，ヘーベルレもこれに対して積極的である．特に，ドイツの市民は憲法裁判官の適正を議論する能力がいまだ十分ではないとする消極論に対しては，多元的民主主義においては市民を「未成熟」と判断してはならないと強く反対する［第9章：281頁；第7章：254頁；第6章：188頁］．しかし，最近では，「ブランデンブルク州憲法の大胆な試み」（「ラント議会によって設置された委員会における選出前の聴聞」（22条4項））に注目しながらも［第6章：189頁；第8章：269頁］，アメリカ合衆国の議会における聴聞を具体例に引いて慎重である．

したがって，まずさしあたりは現行制度の下で，できるだけその公開性を確保することが求められる．そして，たとえば，連邦議会の議事の公開を定める基本法42条に基づいて，連邦議会の選出委員会の会議の公開を求め，法6条4項の守秘義務規定の削除が提唱される［第1章：32頁注(120)］．

8　憲法裁判の世界共同体

(1)　立憲国家の世界共同体

以上のように，ヘーベルレは，従来から憲法原理論と憲法解釈方法論との相互作用という観点から憲法裁判論を具体的に展開しているが，近年はそこに，「憲法裁判の世界共同体」という観点が加わった．そして，その基礎には，憲法原理（論），憲法解釈（方法論），憲法裁判（論）の三和音によって形成される「立憲国家」という類型が世界規模で生産され受容されているという主張があ

る．1776 年から 1789 年までのいくつもの人権宣言から 1966 年の国際人権規約に至る，人間の尊厳と多元的民主主義を核とする西欧型の立憲国家の開かれた社会は，さまざまな形の生産と受容の相互プロセスを通じて一つのファミリーへと共同して成長し続けているのである［第 6 章：173 頁；第 7 章：244 頁；第 8 章：267 頁］．

すなわち，立憲国家の発展は，今日ではヨーロッパ，そして世界を視野に入れた場合にのみ理解されうる．以前から，われわれは立憲国家の問題で多くの空間ないしは大陸を越えた生産および受容過程を観察することができたが，とりわけ 1989 年以来，世界的な，東欧およびアジアの一部を含めた生産および受容共同体が具体化した．憲法のテクスト，学問的なパラダイム，判例，そして憲法現実さえもが，グローバル化のプロセスに組み入れられ，交換され，変形されている．立憲国家の「工場」は，部分的には新たな分裂によって相殺されているとはいえ，空間的にどんどんグローバル化してきている．そのため，それに伴って「製品」も幅広い視野を確保しなければならない．より深い意味においては，すべての立憲国家は「発展途上国」である[16]．

ヘーベルレは，このような観点から，「常に未完のプロジェクトとして，未来に向けた『生成途上の』人間の作品としての立憲国家」を検討することを提唱している．そしてここでの重要な観点は，このような立憲国家の世界共同体（立憲国家の世界的な生産および受容共同体）の進展が「進んだ国」から「遅れた国」へという形で直線的一方的に行われるのではないということである[17]．

そして，憲法裁判が立憲国家という類型の輝きの一つをなしている［第 10 章：298 頁］ならば，「立憲国家の世界共同体」は，「憲法裁判の世界共同体」を含むものであるといえる．したがって，立憲国家の世界規模の生産と受容のプロセスの第一の要素として憲法裁判があり［第 5 章：158 頁］，そして，今日の世界的な憲法裁判の隆盛において，多様な形で受容され，発展し，また変化し日々新たに試されている．そして，そこでアメリカ合衆国の最高裁判所と並んで手本となっているのがドイツの連邦憲法裁判所である［第 5 章：143 頁；第 10 章：299 頁］．

(2) 第五の解釈方法（論）としての憲法テクストの「法比較」

時間的・空間的に開かれた憲法解釈はさらに，憲法解釈のための方法論としては，文理解釈，歴史解釈，体系解釈，目的解釈という従来の四つの方法に加えて「第五の方法としての憲法テクストの法比較」を要求する［第8章：268頁；第5章：145頁；第10章：286頁；第6章：175頁；第7章：248頁］．

草案を含めて憲法テクストの中には時代の諸理念が凝結している．そして，近時の憲法制定者は，外国の憲法判例，学説，具体的な憲法運用など立憲国家の憲法現実をも条文化し，概念化している．したがって，憲法テクストの法比較は立憲国家における生産・受容の過程が今日全世界に及んでいることを明らかにする．そして，この法比較の対象である，憲法テクストは，狭義の憲法テクスト（憲法条文・判例）に限定されることなく，偉大な思想家の古典テクスト，詩人の言葉などを含んだ広義の憲法テクストに拡大される［第7章：245頁］．

(3) 政治文化

1）憲法裁判の生産・受容・変化という一連のプロセスにおいて重要な役割を果たすのが，その国の「政治文化」である．「政治文化」とは，経験的であるとともに規範的概念であり，諸制度に関する市民の主観的なイメージ，経験および希望を包括するものである（その意味では，政治文化は国民の「内なる憲法」といえる）［第2章：75頁］．

ヘーベルレによれば，憲法裁判は，連邦主義と並んでアメリカ合衆国の「政治文化」であり，基本法の自由で民主的な基本秩序と同様に，ドイツの「政治文化」である［第2章：76頁］．

たとえば，最近の世論調査でも75パーセントが連邦憲法裁判所を「非常に信頼する・相当程度信頼する」と答えており，また，国家・社会の諸組織・制度のうち「非常に（強く）信頼する」と回答した割合の最も高いのが基本法（78パーセント）であり，連邦憲法裁判所（75パーセント）がこれに続いている[18]．

このような連邦憲法裁判所に対する国民の信頼の高さは基本法に対する信頼の高さに由来するものである．すなわち，憲法裁判所に対する国民の信頼と受容は，その判決に対する国民の信頼と受容に依拠し，判決に対する国民の信頼と受容は，判決で基準となる憲法に対する国民の信頼と受容に依拠するからである（また逆に，憲法裁判所の判決に対する国民の信頼と受容は，基本法に対する国民の信頼と受容を高める）．憲法が現実の政治，経済，社会問題を判断するうえで一つの基準として機能し，国家行為を常に憲法を基準として判断するという行動様式が国民によっても国家機関によっても承認され，その番人である憲法裁判所に対する信頼も高い．これが，ドイツの政治文化の特徴の一つである[19]．

2）たしかに，憲法裁判所に対する信頼の高さがドイツの政治文化であるとしても，ヘーベルレの多元主義的憲法学においては，連邦憲法裁判所が他の国家機関，公共圏から突出したものであってはならない．

多元主義は憲法裁判制度のうちにあってはその諸制度・諸手続に反映するとともに，国家構造における憲法裁判所と他の国家機関と多元的な位置づけの重要性を示す．したがって，憲法の具体化においては民主的立法者とのバランスのとれた協同関係（機能法的役割分担）が重要である．つまり，憲法裁判（官）に対する信頼の高さが，その裏返しとして，利益多元主義や開かれた民主主義的，政治的プロセスの固有の働きを消極的に評価することになってはならないし，これを無視するようなことになってはならない［第2章：77頁］．

また，連邦憲法裁判所に対する国民の信頼の高さを背景とする憲法学のあり方にも注意が必要である．憲法がテクストと学説と判例の三和音の中で展開すべきものであると考えるヘーベルレにとって，連邦憲法裁判所の圧倒的な影響のもとにおける憲法学のあり方には問題がある．連邦憲法裁判所の特色の一つが，連邦憲法裁判所と国法学の人的交流も含めた密接な関係である[20]．しかし，一部の学者は判決すべてを聖書のテクストのように受け止め，「ドイツ国法学が『カールスルーエ』の『注釈学派』あるいは『後期注釈学派 (Postglossator)』となっている」［第5章：166頁］．憲法学の役割は憲法裁判の

偉大な成果の注釈に尽きるものではなく，判例にないが裁判官が採用する余地のある理論的な提案を行い，新たなパラダイムを「発見」しなければならない．それによって初めて，憲法裁判所は「さまざまな理論要素のプラグマティックな統合」において活動し，「多元主義の憲法」によって中道を追い求めることができるのである[21]．

3）たしかに，憲法裁判は制度としては現代の立憲国家においては普遍的なものである．しかし，「モデル」ないしテクストを単純に受容することができないことは明らかである．その国の個々の政治文化はすべて，「個別」に生成したものであり，したがって，自律的なものとして尊重されなければならない．したがって，ある制度が受容することができるかどうかは，それぞれの政治文化に左右され，ここではあらゆる憲法的テクストのコンテクスト依存性が明らかである［第5章：156頁］．憲法裁判という制度は，これを採用する国々の政治文化の違いによってさまざまな形相を帯びることになる．したがって，それぞれの国の政治文化を無視して，制度や理論を導入することはできない［第10章：300頁］．しかし，逆にいえば，その政治文化の自律性を前提とするということは，それぞれの憲法裁判制度の個別性・特殊性を強調するだけに終わってはならない[22]．

1) 本稿は，畑尻剛「ペーター・ヘーベルレの憲法裁判論─憲法裁判論と憲法原理論・憲法解釈方法論との交錯─」樋口陽一・上村貞美・戸波江二編『日独憲法学の創造力上巻─栗城壽夫先生古稀記念─』（信山社，2003）231頁以下を基礎とし，これに大幅な加筆を行ったものである．
2) 畑尻剛「P・ヘーベルレの憲法論とその批判」DAS研究会編『ドイツ公法理論の受容と展開─山下威士先生還暦記念』（尚学社，2004）143頁以下参照．
3) 畑尻前掲（注2）147頁以下参照．
4) このような憲法訴訟法の他の訴訟に対する「独自性」と連邦憲法裁判所の手続の「自律性」を強調する主張に対しては批判も多い［第4章：127；第6章：185］．これについては，畑尻剛［ドイツの憲法裁判］138頁以下参照．

5) ヘーベルレの「憲法訴訟の自律性」,「憲法の具体化としての憲法訴訟法」というテーゼは,独自の憲法訴訟法をもたないわが国における憲法訴訟法を考えるうえで非常に有益である.すなわち,わが国では,憲法訴訟のための特別の訴訟法も手続も存在しない.裁判所による憲法適合性審査は,民事・刑事・行政訴訟の枠内で,それぞれの訴訟要件の下で行われている.そこでは,それぞれの訴訟制度本来の趣旨・目的が強調される場合もあれば,憲法訴訟であるがゆえにそれぞれの訴訟制度本来の趣旨・目的が拡大され,またそれぞれの訴訟要件が緩和される場合もある.このような憲法裁判の実務を「実質的意味の憲法訴訟法」という観点から総合的にかつ体系的に把握するために,これらのテーゼはさまざまな示唆を与えてくれる.
6) 「世代間契約としての憲法」の詳細は,畑尻剛「「憲法問題としての『次世代に対する責任』—『世代間契約としての憲法』をめぐって—」ドイツ憲法判例研究会編『未来志向の憲法論』(信山社,2001) 21 頁以下および同「財政に対する憲法原理としての『世代間の公平』」北野弘久先生古稀記念論文集刊行会編『納税者権利論の展開』(勁草書房,2001) 125 頁以下参照.
7) ヘーベルレの「全体配慮責任」を参考に,わが国の最高裁判所の役割を論じたものとして,畑尻剛「司法裁判所型違憲審査制における最高裁判所の役割—近時の最高裁判例の諸傾向に関連して—」ドイツ憲法判例研究会編(戸波江二・畑尻剛編集代表)『講座 憲法の規範力第 2 巻 憲法の規範力と憲法裁判』(信山社,2013) 335 頁以下参照.
8) 各権限の具体的内容については,[ドイツの憲法裁判] 277 頁以下参照.
9) 畑尻前掲(注 2) 149 頁以下参照.
10) 小野寺邦広「連邦憲法裁判所の改革の試み」[ドイツの憲法裁判] 144 頁以下参照.
11) 連邦憲法裁判所の少数意見制度については,畑尻剛[ドイツの憲法裁判] 174 頁以下参照.
12) ヘーベルレのように,憲法裁判もまた政治過程全体の部分手続として政治的機能を有すると考えれば,憲法裁判所においても社会的(多元的)諸利益が反映されなければならない.その点で,少数意見制は,個々の憲法裁判官もまた政治的共同社会のスペクトルを表示するという要請を具体化する一つの形式なのである(Vgl. P. Häberle, Recht aus Rezensionen, Rechtsprechungsrezensionen als Faktoren des Rechtsbildungsprozesses, in: Kommentierte Verfassungsrechtsprechung, 1979, S. 24).
13) 連邦憲法裁判所裁判官に関して,川又伸彦[ドイツの憲法裁判] 102 頁以下参照.
14) しかし,他方では,連邦憲法裁判所が政治を継続する機関でも全国民の政治的動向を代表する機関でもなく裁判所である以上,党派的に均衡のとれた人事によって連邦憲法裁判所を議会の鏡像とすることは妥当ではなく,あくまで個々の裁判官が

非党派的でなければならないという見解も有力である．これについて，川又前掲（注 13）108 頁以下参照．
15) *K. Schlaich/S. Korioth*, Das Bundesverfassungsgericht, 9 Aufl. 2012 Rdnr. 40ff.
16) *P. Häberle*, Der Verfassungsstaat in kulturwissenschaftlicher Sicht, Aufsatzsammlung (Japan 1999), Tokio 2002　井上典之・畑尻剛編訳『文化科学の観点から見た立憲国家』（尚学社，2002）（毛利透訳「発展史的パースペクティブにおける立憲国家」21 頁以下）参照．
17)　毛利前掲（注 16）23 頁．たとえば，「ヘーベルレは，東欧の変動を西欧立憲主義の遅れた受容とみなすのではない．それはさまざまな速度で進行する立憲国家への発展の多様な非同時性のあらわれであり，その多様性が小国や発展途上国を含めた立憲主義の世界的な生産と受容の過程を形成するものとして意義づけられる．すなわち，東欧の変動は，西欧の政治文化を模範として受容しつつ，そこに national なもの，あるいは，regional なものとしての固有の文化的アイデンティティを付け加え，立憲国家の類型を創造的に発展させ，その創造性が将来的に西欧に受容されるべき資質を有するものとみなされるのである」（西浦公「P・ヘーベルレの最近の理論動向―東欧の憲法変動を中心に―」岡山商大法学論叢 1 号（1993）122 頁以下．また，畑尻剛「ドイツ統一と公法学者― P・ヘーベルレの場合―」杉原泰雄・清水睦編集代表『憲法の歴史と比較』（日本評論社，1998）104 頁以下参照）．
18)　Vgl. Das Bollwerk, Eine Dokumentation des Beitrags von Prof. Dr. Renate Köcher in der FAZ. Nr. 195 vom 22. August 2012. なお，このような世論調査に示される連邦憲法裁判所に対する高い国民の信頼に対しては，一般的には積極的な評価が多いが，消極的評価もある．たとえば，*C. Möllers*, Legalität, Legitimität und Legitimation des Bundesverfassungsgerichts, in : *C. Möllers/M. Jestaedt/C. Schönberger/O. Lepsius*, Das entgrenzte Gericht : Eine kritische Bilanz nach sechzig Jahren Bundesverfassungsgericht, 2011, S. 297 f. 参照．
19)　ヴァールは，このようなドイツの独自性を，「憲法を援用するドイツの日常」，「政治プロセスにおける憲法の高度の常在性」というタイトルで表現している（ライナー・ヴァール（石塚壮太郎訳）「憲法の規範性と実効性」憲法裁判研究会編（古野豊秋・三宅雄彦編集代表）『講座憲法の規範力　第 1 巻　規範力の観念と条件』（信山社，2013）230 頁以下参照）．
20)　トーマス・ヴュルテンベルガー（高橋雅人訳）「憲法の規範力」ドイツ憲法判例研究会編（古野豊秋・三宅雄彦編集代表）『講座憲法の規範力　第 1 巻　規範力の観念と条件』（信山社，2013）246 頁参照．
21)　このような主張は，「批判の憲法学」と「後期注釈学派」との間で揺れている最近のわが国における憲法学のあり方にも一定の示唆を与えるように思われる．
22)　わが国の憲法裁判の現状に対してはさまざまな議論がある．従来の制度を前提と

してその運用の改善を図るにせよ制度改革を主張するにせよ，憲法裁判に関するヘーベルレの主張はさまざまな示唆を与えてくれる．そしてその中でも，政治文化の自律性を前提としながら，自国の憲法裁判制度とその運用を「憲法裁判の世界共同体」の中にどのように位置づけるのかという問題意識が重要である．わが国の憲法裁判制度を憲法裁判の世界共同体の中に位置づけるということは，遅れた日本が進んだ国の制度を一方的に導入することでも，わが国の個別性・特殊性を強調して漫然と現状を放置し追認することでもない．今最も求められているのは，憲法裁判の生産・受容・変化の世界共同体に貢献するために，すなわち，憲法裁判の類型を創造的に発展させ，その創造性が将来的に世界に受容されるべき資質を有するものとするために何が必要であるかを考えることである．そのためには，わが国の憲法裁判とその理論をそれ自体独立したものとしてではなく，憲法原理論および憲法解釈方法論との強い内的関連性の中で再検討することが必要であろう．

訳者あとがき

1 掲載論文

本書は，P. ヘーベルレの膨大な著作[1]のうち，憲法裁判に関して重要であると思われるものを選択して訳出したものである[2].

第1章 憲法裁判の基本問題
Grundprobleme der Verfassungsgerichtsbarkeit, P. Häberle (Hrsg.), Verfassungsgerichtsbarkeit, Darmstadt, 1976, S. 1-45.

本稿は，ドイツのブッククラブ（Wissenschaftliche Buchgesellschaft）の Wege der Forschung シリーズの一つである「憲法裁判」に収められたものである．本書には，P. ヘーベルレが選択したワイマール憲法時代から 1970 年代初頭までの憲法裁判に関する重要かつ著名な論稿（H. Triepel；H. Kelsen；C. Schmitt；W. Simons；E. Kaufmann；M. Drath；U. Scheuner；J. M. Wintrich；G. Leibholz；R. Thoma；E. Forsthoff；O. Bachof；H. Ehmke；R. Marcic；R. Smend；H. Krüger；E. Friesenhahn；K. Hesse；W. Steffani；G. Müller；O. Massing；H. Riddex；W. Geiger）が集められている．本稿は選択された各論稿の前に掲載されてはいるが，これとは別に「序文（Vorwort）」で掲載論文の選択理由の説明と位置づけが行われており，したがって，本稿は内容的には独立した論文となっている．本稿は，質・量ともにヘーベルレの憲法裁判に関する最も重要かつ基本的な研究であるといえる．

なお，本翻訳は，ペーター・ヘーベルレ（畑尻剛・土屋武訳）「憲法裁判の基本問題」比較法雑誌 45 巻 4 号（2012）75-139 頁を基に改稿したものである．

第2章 政治的力としての憲法裁判
Verfassungsgerichtsbarkeit als politische Kraft, in：J. Becker (Hrsg.), Dreißig Jahre Bundesrepublik–Tradition und Wandel, Verlag Ernst Vögel, Stamsried,

1979, S. 53-76.

本稿は学際的講演シリーズ「ドイツ連邦共和国の30年——伝統と変革」の一つとして1978年12月7日にアウグスブルク市庁舎で行われた講演である．

本稿は，連邦憲法裁判所が政治過程に深く介入したと批判された時期に発表されたものである．連邦憲法裁判所は1970年代に入ってから重要な法律について積極的に憲法判断を下した（大学改革判決（1973. 5. 29：E35, 79），基本条約（1973. 7. 31：E36. 1），第一次堕胎罪判決（1975. 2. 25：E39, 1）兵役義務法判決（1976. 4. 13：E48, 127）——ちなみに，大学改革判決以外はすべて抽象的規範統制による——なお，共同決定判決（1979. 3. 1：E50, 290）参照）．これに対してさまざまな議論が展開された．本稿では，これをきっかけに，ヘーベルレの憲法裁判に関する重要なテーゼである，「固有の意味の社会（の）裁判所である連邦憲法裁判所」，「社会契約（世代契約）としての憲法と憲法裁判所の役割」が具体的に展開されている．

第3章　連邦憲法裁判所の判例に照らした具体化された憲法としての憲法訴訟法

Verfassungsprozeßrecht als konkretisiertes Verfassungsrecht im Spiegel der Judikatur des BVerfG, in: JZ 1976, S. 377-384; auch in: ders., Verfassung als öffentlicher Prozeß, Mohr Siebeck, Tübingen, 1, Aufl. 1978, 3. Aufl. 1998, 631-655 (mit Nachtrag).

本稿は，連邦憲法裁判所25周年を契機に執筆されたものであり，第1章の「基本問題」論文とほぼ同時期のものである．「基本問題」論文では，古典テクストとの格闘を中心としながら，憲法裁判の理論を構築するところに重点が置かれるが，本稿は憲法訴訟法が連邦憲法裁判所の判例を通じて展開されているところに注目し，基本問題でも示されていたような理論的なパースペクティブを実際の判例の中に位置づけ，また検証していく．ヘーベルレは後年では判例を憲法テクストの一部であることを明言しているが，すでに当時から憲法判例を重視していることがわかる．本稿はまさに理論と実践を縦横無尽に展開して

いくものである．

　本稿では，憲法訴訟法が憲法具体化法であることから，その規定は憲法（基本法）に照らして解釈され，しかもその内容が憲法へとフィードバックされるという点が主張される．また，憲法裁判所の情報獲得という観点から多元的な情報・参加手段の必要が主張され，それが多元主義的参加法律としての連邦憲法裁判所法というフレーズにまとめられる．多元的な情報・参加手段の側面は，「憲法解釈者の開かれた社会」というヘーベルレのキーワードとも結びつく，きわめて重要な点である．

第 4 章　憲法訴訟法の独自性

Die Eigenständigkeit des Verfassungsprozeßrechts. Zum Beschluß des BVerfG vom 29. 5. 1973, in : JZ 1973, S. 451-455 ; auch in : ders., Kommentierte Verfassungsrechtsprechung, Mohr Siebeck, Tübingen, 1979, S. 405-423 (mit Nachtrag und Originalbeitrag).

　本稿の前半部分（Ⅰ）は本書所収の論稿の中では最も古い 1973 年のものであり，「憲法訴訟法の独自性」というテーゼを展開したものである．このテーゼはその後，ドイツの憲法裁判論において大きな論争を巻き起こした．基本条約の仮命令に関する判決の評釈という形ではあるが，本稿の重要性から訳出することにした．また追記では，裁判官の忌避に関するロットマン決定について比較的詳細なコメントが付されている．いずれの論述からも，判例評釈を通じて理論的な彫琢を行い，また同時に判例に対して影響を与えようとするヘーベルレの姿勢がうかがわれよう．

　本稿の後半（Ⅱ）は，論文集に前半の論稿を所収する際に新たに書かれたものであり，第 3 章を補完するものである．

第 5 章　独立の憲法裁判の手本としての連邦憲法裁判所

Das Bundesverfassungsgericht als Muster einer selbständigen Verfassungsgerichtsbarkeit, in : P. Badura/H. Dreier (Hrsg.), 50 Jahre Bundesverfassungsgericht, Bd. I, Mohr Siebeck, Tübingen, 2001, S. 311-331.

　本稿は，連邦憲法裁判所の50周年を記念した論文集のために執筆されたものである．この論文は，1970年代後半以降，ヘーベルレが展開していくことになった文化科学としての憲法学，法比較としての憲法比較，憲法テクスト比較といった観点を憲法裁判論に導入した点に特徴がある．この点で，後期のヘーベルレの憲法裁判論の中心的な論文の一つといえる．

　ヘーベルレは，以上のような観点から，立憲国家における憲法裁判は，各国ごとの文化に応じて差異があると同時に，立憲国家という類型に属するがゆえに「家族的類似」ともいえる類同性があることを指摘し，それが時間的パースペクティブからは動態性としてあらわれることを示す．また，本稿では連邦憲法裁判所のモデル的性格，手本としての性格について語っている．各国ごとに制度が異なりうるのであってまた発展段階も異なることから，連邦憲法裁判所がモデル的性格を常に果たせるわけではないことも示し，裁判官選出などに関してはむしろ諸国を参照すべきとも指摘する．

第6章　ドイツの憲法裁判システムにおける憲法異議
Die Verfassungsbeschwerde im System der bundesdeutschen Verfassungsgerichtsbarkeit, in : JöR 45 (1997), S. 89-135.

　本稿は，もともとは『ラテンアメリカの憲法裁判』(Domingo G. Belaunde / Francisco Fernández Segado (coord.), La Jurisdiccion Constitucional en Iberoamerica, 1997, S. 225-282) のために執筆されたものであるが，これをヘーベルレが自ら編集する「公法年報」(Jahrbuch des öffentlichen Rechts) で公表したものである．本論文の特徴は，非ドイツ語圏の読者にドイツの憲法裁判システム，特に憲法異議を紹介する意図をもって書かれたものであることから，ヘーベルレの論稿としては教科書的・概説的な記述も多く含まれていることである．もちろん，ヘーベルレの憲法裁判理論についても充実した展開をされており，ヘーベルレによる憲法裁判の総論的議論が各論，個別的議論においてどのような形で反映されているか，またどのような各論的背景に基づいて総論的な理論が展開され

ているかを検討することができる．本稿は比較的スタンダードな概説とヘーベルレ独自の理論が織り交ぜられている点で，まさに，ヘーベルレが語る「ドイツの憲法裁判概論」といえよう．

第 7 章　立憲国家の今日の発展段階における憲法裁判

Die Verfassungsgerichtsbarkeit auf der heutigen Entwicklungsstufe des Verfassungsstaates, EuGRZ 2004, S. 117-125.

　本稿は，2003 年 5 月 30 日にイタリア憲法裁判所の研究大会でイタリアの Ciampi 大統領臨席の中で行った記念講演である．そのため，全体として講演スタイルで書かれているが，訳出においては「序」と「展望と結語」の部分のみ口語調，本論は文語というスタイルに変更した．

　その内容は，法比較，文化科学としての憲法学を憲法裁判分野に応用したものであって，その点では第 5 章と同じ系列に属するものといえる．もっとも，「手本」論文は連邦憲法裁判所のモデル的性格の検討が中心であるのに対し，本論文はイタリアでの報告であることも意識して，法比較と文化をより前面に押し出し，また「ヨーロッパ」という枠組みも重視しながら議論を展開しているところがユニークである．その点で，近時のヘーベルレ憲法裁判論の展開のエッセンスが示されている．

第 8 章　開かれた社会における憲法裁判

Verfassungsgerichtsbarkeit in der offenen Gesellschaft, in : R.C. von Ooyen/ M.H.W. Möllers (Hrsg.), Das Bundesverfassungsgericht im politischen System, Springer, Wiesbaden, 2006, S. 35-6.

　本稿は 2006 年に公刊されたものであり，本書所収の論文の中では最も新しい．この論文では，ヘーベルレの比較法的アプローチから憲法裁判論と「開かれた社会」が関連づけて論じられる．

第9章 試験台に立たされる連邦憲法裁判所裁判官の候補者？——「公的聴聞」の必要性の肯定論

Bundesverfassungsrichter - Kandidaten auf dem Prüfstand? Ein Ja zum Erfordernis „öffentlicher Anhörung", in : Bernd Guggenberger / Andreas Meier (Hrsg.), Der Souverän auf der Nebenbühne, VS Verlag für Sozialwissenschaften, Wiesbaden, 1994, S. 131-133.

　本稿は，ヘーベルレの年来の主張である憲法裁判所裁判官の選出における公的聴聞の導入論について，比較的まとまった形で書かれたものである．小論ではあるが訳出した．

第10章 憲法裁判をめぐって

Über die Verfassungsgerichtsbarkeit : Interview mit Professor H. Kuriki (Nagoya-shi) (2000), in: Kleine Schriften. Beiträge zur Staatsrechtslehre und Verfassungskultur (hrsg. v. W. Graf Vitzthum), Duncker & Humblot, Berlin, 2002, S. 374-386.

　本稿は，2000年9月1日にバイロイトにおいて栗城壽夫教授（名城大学・当時）によって行われたインタビューに基づくものである．原文にはインタビューの性格上注はないが，内容を説明するための注を付した．

　このインタビューでは，比較法的視点から，①憲法裁判所制度の発展の要因から始まり，②連邦憲法裁判所を支える基本的理念，③連邦憲法裁判所の危機とよばれる事態に対する評価，④連邦憲法裁判所の過重負担問題，⑤憲法裁判官の選任方法，⑥司法の政治化・政治の司法化の評価，⑦国家意思形成のプロセスにおける憲法裁判所の役割，⑧他の憲法機関との関係，⑨従来の判例に対する評価，⑩連邦憲法裁判所の個々の手続の評価，⑪違憲審査制のアメリカモデルとドイツモデルの長所・短所，⑫各国の憲法裁判所制度の評価，⑬EUにおける連邦憲法裁判所の位置づけ，そして最後は，⑭日本の違憲審査制に対する評価に至るまで，憲法裁判の理論と実際をめぐる多様な論点について，本書掲載の多数の研究論文によって形成されたP. ヘーベルレ積

年の憲法裁判論が具体的かつ明快に展開されている．

なお，本翻訳は，ペーター・ヘーベルレ（畑尻剛・土屋武訳）「憲法裁判をめぐって」比較法雑誌 40 巻 3 号（2006）49-77 頁を基に改稿したものである．

2 経　　歴

ペーター・ヘーベルレ（Peter Häberle）は，1934 年 5 月 13 日に，現在のバーデン＝ヴュルテンベルク州の，鉄道模型のメルクリンで有名なゲッピンゲン（Göppingen）に生まれた．テュービンゲン大学，ボン大学，フライブルク大学（ブライスガウ），フランスのモンペリエ（Montpellier）大学で法律学を学んだ後，1961 年にフライブルク大学のコンラート・ヘッセ（Konrad Hesse）の下で法学博士号（Die Wesensgehaltgarantie des Art. 19 Abs. 2 Grundgesetz）を取得した．1961 年から 68 年まではフライブルク大学の研究助手，バーデン＝ヴュルテンベルク州で司法修習を経て，1969 年にフライブルク大学に対して教授就任資格論文（Öffentliches Interesse als juristisches Problem）を提出した．1969 年には，マンハイム大学およびマールブルク大学より，1973 年にはボッフム大学より招聘を受ける．1969 年から 1976 年までマールブルク大学の公法および教会法の正教授，1974 年から 75 年には同大学の法学部長をつとめる．1976 年にはアウグスブルク大学，1980 年にはスイスのザンクト・ガーレン（St. Gallen）大学，1981 年にはバイロイト大学より招聘を受ける．

長くバイロイト大学の公法，法哲学および教会法講座正教授，ザンクト・ガーレン大学の法哲学の客員教授（2001 年には同大学の名誉評議員（Ehrensenator）に選ばれている）を務めたが，現在は，1998 年に受賞した国際交流に関するマックスプランク研究賞（Max-Planck-Forschungspreis für Internationale Kooperation）を基金として設立された，ヨーロッパ憲法研究所：バイロイトヨーロッパ法・法文化研究所（Forschungsstelle für Europäisches Verfassungsrecht; Bayreuther Institut für Europäisches Recht und Rechtskultur）の所長（Geschäftsführender Direktor）として，ここを拠点にゼミナールを通しての後進の指導と国際交流，そして執筆に力を注いでいる．

主な経歴としては，ミュンヘンの政治学大学（Hochschule für Politik）の教授団構成員の他，ザルツブルクのヨーロッパ科学・芸術アカデミー会員（Mitglied der Academia Scientiarum et Artium Europaea in Salzburg），ハイデルベルク科学アカデミー協力会員（Korrespondierendes Mitglied der Heidelberger Akademie der Wissenschaften），バイエルン科学アカデミーの会員，ベルリン科学研究所の客員研究員（Fellow am Wissenschftskollege zu Berlin）がある．このほか，スペイン，アルゼンチン，ブラジル，ペルー，アメリカ合衆国各国の学会・研究所等の（名誉）会員も務めている

1996年には，イタリア国法論に対する学問的な貢献が認められ，イタリア共和国大統領よりイタリア功労勲章（Großoffizier des Verdienstordens der Republik Italien）が授与された．外国人の叙勲は非常にまれとのこと，ローマ大学およびトリノ大学客員教授やミラノ，ナポリなど各地での講演会ならびにイタリア憲法についての諸論稿を通じての活動が評価されたものである（Nordbayerischer Kurier, 11, Oktober 1996, S. 15）．また，2010年には，オーストリア一等科学文化名誉十字章（Ehrenkreuz Österreichs für Wissenschaft und Kunst I. Klasse）が授与されているほか，1990年代以降，ほぼ毎年のように，ギリシア，スペイン，イタリア，ペルー，ブラジル，ポルトガル，グルジアなど各国の大学（学部），裁判所の名誉博士（Ehrendoktor），名誉顕彰メダル（Ehrenmedaille），名誉顕彰板（Ehrentafel）が贈られている．

巻末の憲法裁判関係の業績一覧をみても，その主要なものが世界各国で翻訳，出版されていることがわかる（全体では18か国語に翻訳されているという）．

ヘーベルレは立憲国家の世界共同体における生産・受容のプロセスを強調するが，このような業績，経歴をみれば，そのようなヘーベルレの理論自体が世界共同体を形成していることがわかる．

3　最　後　に

最後に，本書の企画と翻訳を快く承諾されたヘーベルレ先生にあらためて感謝したい．先生のご希望にそった翻訳となったか否かは心もとないが，本書で

は，収録論文を発表形式，発表時期，検討方法の違いなどさまざまな視点から厳選した．また索引（事項索引，判例索引，人名索引，各国憲法・国際条約等索引，基本法・連邦憲法裁判所法条文索引）と参照文献一覧，関連業績一覧を設けて，レファレンス機能を充実させた．これらによって本書は，読者のさまざまな問題関心に従いヘーベルレの憲法裁判論という小宇宙に「多元的に」アプローチすることができるが，これこそが，「多元主義の憲法裁判論」であると自負している．

　本書が比較法研究所翻訳叢書の一つとして出版されるにあたっては日本比較法研究所の只木誠所長はじめ所員の皆様に大変お世話になった．特に加藤裕子事務長と関口夏絵副課長には，畑尻剛・工藤達朗編『ドイツの憲法裁判──連邦憲法裁判所の組織・手続・権限──〔第二版〕』（中央大学出版部，2013）と同様に今回もまた，多大のご尽力をいただいた．企画の段階から印刷，公刊に至るまでのお二人のご助力は本書の成立に不可欠のものである．また，出版部の柴﨑郁子さんには，限られた時間の中で多くの難題を処理していただいた．

　今回本書に翻訳が掲載された論文の多くは，中央大学大学院法学研究科の授業において取り上げたものである．その際の質疑応答と議論が本翻訳に反映されていることはいうまでもない．江口慎伍，太田航平，牧野力也，松井智之さんには名前を記して感謝したい．

　ヘーベルレ先生は，今回，共同翻訳者として土屋武という次世代の研究者が参加したことを大変喜んでおられた．本書が，ヘーベルレ理論の日本への架橋だけではなく，次世代への架橋の一助になれば，翻訳者の一人としてこれにすぎたる喜びはない．

---

1) ヘーベルレの経歴・活動・業績などは，ヨーロッパ憲法研究所（Forschungsstelle für Europäisches Verfassungsrecht）のHP上で詳しく掲載されている．
　　なお，経歴・活動・業績に関する邦語文献として，ベルント・ネニンガー・西浦公訳「多様な法学的文献ジャンルの総合としての憲法論──10個のテーゼ」ジュリスト976号（1991）66頁の栗城壽夫教授の解説，日笠完治編著『現代ドイツ公法学

人名辞典』(信山社, 1991) 134 頁以下, 井上典之編訳『基本権論』180 頁以下,「資料：P. ヘーベルレ著作一覧及びヘーベルレ関連文献 [改訂版]」城西大学研究年報 22・23 号 (1999) 55 頁以下参照.

2) 本書に掲載の翻訳対象論文は, それぞれの時代の空気を色濃く反映している. 発表年も 1973 年から 2006 年と大きな開きがある. したがって, 各論文中の制度や憲法・法律の説明は現在の状況と異なるものもあるが, 制度・憲法・法律の説明の修正は必要最小限にとどめた. なぜなら, ヘーベルレのこれらに関する説明はあくまで彼の主張を具体的に展開するための素材であり, たんなる情報提供ではないからである.

制度についての最新の「情報」は, 畑尻剛・工藤達朗編『ドイツの憲法裁判―連邦憲法裁判所の組織・手続・権限―（第二版）』(中央大学出版部, 2013) を, 判例 (理論) については, ドイツ憲法判例研究会編『ドイツの憲法判例（第二版）』(信山社, 2004),『ドイツの憲法判例 II（第二版）』(信山社, 2006),『ドイツの憲法判例 III』(信山社, 2008) を参照されたい.

また, 掲載論文の内容も重複している箇所が少なからずあるが, これも, 彼の主張がモザイクのように組み合わされる結果, 同じ断片でも組み合わせによって異なった色彩（意味）をもつものであり, ヘーベルレ自身そのことを十分に認識しながらあえて重複していると思われる. 本書の「参照」指示に従い読み進んでいただければ幸いである.

参照文献一覧

以下は，本書で翻訳された各論稿において参照された文献をまとめたものである。
参照されている文献を記したうえで，参照されている箇所の章と注番号を記した。
章は § で注番号はカッコ書きとした（例：第3章注124 → §3(124)）。

Achterberg, N.
- Bundesverfassungsgericht und Zurückhaltungsgebote – Judicial, political, processual, theoretical self-restraints, in: DÖV 1977, S. 649 ff. *§3(124)*

Ackermann, B.
- Beyond Caroline Products, in: 98 Harv. L. Rev. 713 (1985) *§7(37)*

Adamowich, L./Huppmann, E.
- Die Judikatur des Verfassungsgerichtshofes, 1975-1995, in: Österreichische Parlamentarische Gesellschaft (Hrsg.), 75 Jahre Bundesverfassung, Festschrift 1995, S. 503 ff. *§5(12)*

Alen, A./Peters, P./Pas, W.
- „Bundestreue" im belgischen Verfassungsrecht, in: JöR 42 (1994), S. 439 ff. *§7(32)*

Alexander, G.
- „Takings" Jurisprudence in the U. S. Supreme Court: The Past 10 Years, in: ZaöRV 56 (1996), S. 857 ff. *§5(16)*

Almond, G. A./Verba, S.
- The Civic Culture, 1963 *§2(69)*

Ambos, K.
- Der neue Internationale Strafgerichtshof – ein Überblick, in: NJW 1998, S. 3743 ff., 3746 *§7(22)*
- "Verbrechenselemente" sowie Verfahrens-Beweisregeln des Internationalen Strafgerichtshofs, in: NJW 2001, S. 405 ff. *§7(22)*

Anzon, A.
- La Bundestreue e il sistema federale tedesco: un modello per la riforma del regionalismo in Italia?, 1995 *§7(26)*
- I poteri delle Regioni: dopo la Riforma Costituzionale, 2002 *§7(26)*

Arnim, H. H. v.

– Gemeinwohl und Gruppeninteressen, 1977, *§4(43)*

Arndt, C.
– Der Begriff der Partei im Organstreitverfahren vor dem Bundesverfassungsgericht, in: AöR 87 (1962), S. 197 ff. *§1(55)*

Arnold, R.
– Die europäischen Verfassungsgerichte und ihre Integrationskonzepte in vergleichender Sicht, in: Schäffer, H./Berka, W./Stolzlechner, H./Werndl, J. (Hrsg.), Festschrift anläßlich des 65. Geburtstages von F. Koja, 1998, S. 3 ff. *§8L*

Azzaritti, G.
– Die Stellung des Verfassungsgerichtshof in der italienischen Staatsordnung, in: JöR 8 (1959), S. 13 ff. *§7(2)*

Bachof, O.
– Der Verfassungsrichter zwischen Recht und Politik, in: Summumius summa iniuria, Ringvorlesung, 1963 S. 41 ff. *§1(74)*

Badura, P.
– Grundprobleme des Wirtschaftsverfassungsrechts, in: JuS 1976, S. 205 ff. *§2 (24)*
– Das Kreuz im Schulzimmer, in: BayVBl. 1996, S. 71 ff. *§5(51)*
– Verfassung, Staat und Gesellschaft aus der Sicht des BVerfG, in: Badura, P./Dreier, H. (Hrsg.), Festschrift 50 Jahre Bundesverfassungsgerichts, Bd. II 2001, S. 897 ff. *§7(38)*

Badura, P./Dreier, H. (Hrsg.)
– Festschrift 50 Jahre Bundesverfassungsgerichts, 2 Bde. 2001, *§8L*

Bälz, K.
– Islamisches Recht, Staatliche Rechtssetzung und verfassungsgerichtliche Kontrolle, in: ZaöRV 57 (1997), S. 229 ff. *§5(25)*

Balaguer Callejón, F. (coord.)
– Derecho Constitucional, Vol. I 1999, S. 211 ff. *§5(15)*

Baum, M.
– Rights Brought Home, in: EuGRZ 2000, S. 281 ff. *§5(43)*

Baumann, H./Ebert, M. (Hrsg.)
– Die Verfassungen der frankophonen und lusophonen Staaten des subsaharischen Afrikas, 1997 *§5(4)*

Belaunde, D. G.
– Derecho Procesal Constitucional, 1998 *§7(43)*

- Latin American Habeas Corpus, in: JöR 49 (2001), S. 513 ff. *§5(24), §7(19)*

Benda, E.
- Sind Richter klüger als die Regierung?, in: Der Spiegel Nr. 26 v. 25. 6. 1973 *§4(18)*
- Das Bundesverfassungsgericht im Spannungsfeld von Recht und Politik, in: ZRP 1977, S. 1 ff. *§3(128)*
- Frieden und Verfassung, in: AöR 109 (1984), S. 1 ff. *§8(50)*

Benda, E/Klein, E.
- Lehrbuch des Verfassungsprozessrechts, 1991, 1. Aufl. *§5(72)(49), §6(4(8)(23)(25), §6L.* 2. Aufl. 2001 *§(7)(45)*

die *Benda-Kommission*
- Bundesministerium der Justiz (Hrsg.), Entlastung des Bundesverfassungsgerichts, Bericht der vom Bundesminister der Justiz eingesetzten Kommission, 1998 *§5(74)(79)*

Berg-Schlosser, D.
- Politische Kultur, 1972. *§2(69)*

Bernhardt, R.
- Europäische Menschenrechtsgerichtsbarkeit, in: P. -C. Müller Graf/H. Roth (Hrsg.), Die Praxis des Richterberuf, 1999, S. 119 ff. *§5(62)*

Bettermann, K. A.
- Das Gerichtsverfassungsrecht in der Rechtsprechung des Bundesverfassungsgerichts, in: AöR 92 (1967), 496 ff. *§4(3)*, in: NJW 1978, S. 823 ff. *§3(127)*

Beyme, K. v.
- „Politische Kultur" und „Politischer Stil", in: Festschrift für G. J. Friedrich, 1971, S. 352 ff. *§2 (69)*

Bickel, A.
- The Least Dangerous Branch – The Supreme Court at the Bar of Politics, 1962 *§7(37)*, 2. Aufl. 1986 *§5(16)*

Billing, W.
- Das Problem der Richterwahl zum Bundesverfassungsgericht, 1969 *§1(8)(20)(22)(33)(49)(109)(111)(112)(125)*

Blankenagel, A.
- Constructing and Defending one's self: Some Thoughts concerning the Institutional Identity of Constitutional Courts, in: Tel Aviv University Studies in Law, Vol. 15 (2000), S. 23 ff. *§5(2)*

Böckenförde, C.

- Die sogenannte Nichtigkeit verfassungswidriger Gesetze. Eine Untersuchung über Inhalt und Folgen der Rechtssatzkontrollentscheidungen des Bundesverfassungsgericht, 1966 *§1(79), §3(15)*
- Verfassungsinterpretation oder fiskalische Rücksicht?, in: DÖV 1967, S. 157 ff. *§3(15)*

Böckenförde, E. -W.
- Verfassungsgerichtsbarkeit: Strukturfragen, Organisation, Legitimation, in: NJW 1999, S. 9 ff. (auch in: ders., Staat, Nation, Europa, 1999, S. 157) (E. -W. ベッケンフェルデ（古野豊秋訳）「憲法裁判権の構造問題・組織・正当性」同（初宿正典監訳）『現代国家と憲法・自由・民主制』（風行社，1999）186 頁 *§5(79)*

Bogdandy, A. v.
- Die europäische Option. Eine interdisziplinäre Analyse über Herkunft, Stand und Entwicklung der europäischen Integration, 1993; jetzt ders., Supranationaler Föderalismus als Wirklichkeit und Idee einer neuen Herrschaftsform. Zur Gestalt der europäischen Union nach Amsterdam, 1999, S. 13 ff. *§5(63)*

Bogs, H.
- Verfassungskonforme Auslegung von Gesetzen, 1966 *§1(47)*

Brinckmann, H.
- Das entscheidungserhebliche Gesetze. Eine Untersuchung zur Normenkontrolle gemäß Art. 100 I GG, 1970 *§1 (33)*

Bröstl, A.
- Zur Spruchpraxis des Verfassungsgerichts der Slowakischen Republik im Verfahren der Normenkontrolle (1993-1997), in: ZaöRV 59 (1999), S. 109 ff. *§5(19)*

Brox, H.
- Zur Zulässigkeit der erneuten Überprüfung einer Norm durch das Bundesverfassungsgericht, in: Festschrift für W. Geiger, 1974 S. 809 ff. *§1(12)*

Brugger, W.
- Grundrechte und Verfassungsgerichtsbarkeit in den Vereinigten Staaten von Amerika, 1987 *§5(16)*
- Einführung in das öffentliche Recht der USA, 1993 *§7(8)*
- Verfassungsinterpretation in den Vereinigten Staaten von Amerika, in: JöR 42 (1994), S. 571 ff. *§5(16)*

Brugger, W./Huster, St. (Hrsg.)
- Der Streit um das Kreuz in der Schule, 1998 *§5(51)*

Brünneck, A. v.

- Verfassungsgerichtsbarkeit in den westlichen Demokratien, 1992 §5(27), §7(15)

Brunner, G.
- Zweieinhalb Jahre ungarische Verfassungsgerichtsbarkeit, in: Der Staat 32 (1993), S. 287 ff. (1993a) §5(20)
- Die neue Verfassungsgerichtsbarkeit in Osteuropa, in: ZaöRV 53 (1993), S. 819 ff. (1993b) §5(21)
- Grundrechtsschutz durch Verfassungsgerichtsbarkeit in Osteuropa, in: Festschrift für K. Stern, 1997, S. 1041 ff. *§5(21), §7(16)*
- Der Zugang des Einzelnen zur Verfassungsgerichtsbarkeit im europäischen Raum, in: JöR 50 (2002), S. 191 ff. *§7(49)*

Brunner G./Sóloyom, L.
- Verfassungsgerichtsbarkeit in Ungarn, 1995 *§5(20)*

Bruns, R.
- Methoden des Prozeßrechts, in: Enzyklopädie der geisteswissenschaftlichen Arbeitsmethoden, 1972 *§1(154)*

Büdenbender, M.
- Das Verhältnis des Europäischen Gerichtshofs zum Bundesverfassungsgericht, 2005 *§8L.*

Bryde, B. -O.
- Die Rolle der Verfassungsgerichtsbarkeit in Umbruchsituationen, in: Schuppert, G. F./ Harm, K. (Hrsg.), Verfassungsrecht und Verfassungspolitik im Umbruchsituationen, 1999, S. 197 ff. *§5(48)*

Cappelletti, M.
- Il controllo giudiziario di constituzionalità nel diritto comparato, 1968 *§7(7)*

Chen, L. -C.
- An Introduction to Contemporary International Law, 1989 *§7(23)*

Chryssogonos, K.
- Verfassungsgerichtsbarkeit und Gesetzgebung, 1987 *§6L.*

Cieslaar, E./Hampel, J./Zeitler, F. -C.
- Streit um der Grundvertrag: eine Dokumentation, 1973 *§1(1)*

Cruz Villalón, P.
- La formacion del sistema europeo de control de constitucioalidad (1919-1939), 1987 *§7(7)*

- Weitere zehn Jahre spanische Verfassung, in: JöR 48 (2000), S. 311 ff. *§5(46)*

Dannecker, G.
- Strafrecht in der Europäischen Gemeinschaft, in: JZ 1996, S. 809 ff. *§7(22)*

D'Atena, A.
- l'Italia verso il federalismo, 2002 *§7(26)*

Delbrück, J.
- Quo vadis Bundesverfassungsgericht? - Zur verfassungsrechtlichen und verfassungsfunktionalen Stellung des Bundesverfassungsgerichts, in: Festschrift für E. Menzel, 1975, S. 83 ff. *§3(49)*

Denninger, E.
- Verfassungsstreue und Schutz der Verfassung, in: VVDStRL 37 (1979), S. 7 ff. *§2(42)*

Depenheuer, O.
- Auf dem Weg in die Unfehlbarkeit?, in: Festschrift für M. Kriele, 1997, S. 485 ff. *§5(7)*

Dias, P. V.
- Der Begriff „Politische Kultur" in der Politikwissenschaft, in: Oberndorfer, D., Systemtheorie, Systemanalyse und Entwicklungsländerforschung, 1961, S. 409 ff. *§2(69)*

Dietrich, M.
- Der italienische Verfassungsgerichtshof, 1995 *§5(78), §7(4)*

Doehring, K.
- Der »pouvoir neutre« und das Grundgesetz, in: Der Staat 3 (1964), S. 211 ff. *§1(136)*

Dolle, H
- Juristische Entdeckungen, in: Verh. 42. DJT, 1959, Bd. II, B I ff. *§2(57)*

Dolzer, R.
- Die staatstheoretische und staatsrechtliche Stellung des Bundesverfassungsgerichts, 1972 *§1(8)(106)(142)*

Drath, M.
- Die Grenzen der Verfassungsgerichtsbarkeit, in: VVDStRL 9 (1952), S. 17 ff. *§1(113) (130)(133)(134)*

Dreier, R./Schwegmann, F. (Hrsg.)
- Probleme der Verfassungsinterpretation, 1976 *§6(3)*

Dürig, G.
- Aussprache (Prinzipien der Verfassungsinterpretation) in: VVDStRL 20 (1963) S. 115 *§1(74)(130)*

- Art. 1 GG Abs. 1, in: Maunz, T./Dürig, G./Herzog, R./Scholz, R. (Hrsg.), Grundgesetz Kommentar *§2(53)*

Ebsen, I.
- Das Bundesverfassungsgericht als Element gesellschaftlicher Selbstregulierung, 1985 *§5(82), §6L*

Ehmke, H.
- Grenzen der Verfassungsänderung, 1953 *§1(103)*
- Wirtschaft und Verfassung. die Verfassungsrechtsprechung des Supreme Court zur Wirtschaftsregulierung, 1961 *§1(106)*
- Prinzipien der Verfassungsinterpretation, in: VVDStRL 20 (1963), S. 53 ff. (auch in: ders., Beiträge zur Verfassungstheorie und Verfassungspolitik, 1981, S. 329 ff.) *§1(35)(46) (87)(150), §2(67), §5(36)*
- Aussprache, in: VVDStRL 20 (1963), S. 121f. *§7(8)*

Eichborn, J. F. v.
- Die Bestimmungen über die Wahl der Bundesverfassungsgericht als Verfassungsproblem, 1969 *§1(111)(120)*

Emmerich-Fritsche, A.
- Der Grundsatz der Verhältnismäßigkeit als Direktive und Schranke der EG-Rechtsetzung, 2000 *§7(14)*

Engelmann, K.
- Prozeßgrundsätze im Verfassungsprozeßrecht, 1977 *§3(123), §6(8)*

Eser, A.
- Gesellschaftsgerichte in der Strafrechtspflege, 1970 *§2(37a)*

Esser, J.
- Vorverständnis und Methodenwahl, 2. Aufl. 1972 *§2(54)*

Estreicher, S./Sexton, J.
- Redefining the Supreme Court's Role. A Theory of Managing the Federal Judicial Process, 1986 *§5(16)*

Eyermann, E./Fröhler, L.
- Verwaltungsgerichtsordnung: Kommentar, 6. Aufl., 1974 *§1(34b)*

Faller, H. J.
- Zur Entwicklung der nationalen Verfassungsgerichte in Europa, in: EuGRZ 1986, S. 42 ff.

§5(28)
- Gerhard Leibholz und der freie Status des Bundesverfassungsgerichts, in: EuGRZ 2002, S. 307 f. *§7(28)*

Fassbender, B.
- The United Nations Charter as Constitution of the International Community, in: Columbia Journal of Transnational Law 36 (1998), S. 529 ff. *§7(23)*

Fastenrath, U.
- Der Internationale Strafgerichtshof, in: JuS 1999, S. 632 ff. *§7(22)*

Favoreu, L.
- Les cours constitutionnelles, 3. Aufl. 1996（L. ファヴォルー（山元一訳）『憲法裁判所』（敬文堂，1999）*§7(15)*

Federer, J.
- Aufbau, Zuständigkeit und Verfahren des Bundesverfassungsgerichts, in: Das Bundesverfassungsgericht 1951 – 1971, 2. Aufl., 1971, S. 59 ff. *§1(104)*

Ferrer Mac-Gregor, E.
- Los tribunals constitucionales en Iberoamérica, 2002 (2002a) *§7(19)*
- La Acción Constitucional de Amparo en México y Espāna, 2002 (2002b) *§7(20)*

Ferrer Mac-Gregor, E./ Vega Hernández, R. (coord.)
- Justicia Constitucional Local, 2003 *§7(20)*

Fink, U.
- Art. 26, in: von Mangoldt, H/Klein, F./Starck, C. (Hrsg.), Das Bonner Grundgesetz, Bd. II, 4. Aufl. 2001 *§7(50)*

Forsthoff, E.
- Zur Problematik der Verfassungsauslegung, 1961 *§1(37)*
- Der Staat der Industriegesellschaft, 1971 *§1(4)(26)(33)(37)(44)*
- Die Umbildung des Verfassungsgesetzes, in: Rechtsstaat im Wandel, Verfassungsrechtliche Abhandlungen, 1950 – 1964, 2. Aufl. 1976, S. 130 ff. *§1(37)*

Friesenhahn, E.
- Die Staatsgerichtsbarkeit, in: Anschütz, G./Thoma, R. (Hrsg), Handbuch des Deutschen Staatsrechts (HdbStR), Bd. II, 1932, S. 523 ff. *§1(124)*
- Über Begriff und Arten der Rechtsprechung unter besonderer Berücksichtigung der Staatsgerichtsbarkeit nach dem Grundgesetz und den westdeutschen Landesverfassungen, in: Festschrift für R. Thoma, 1950, S. 21 ff. *§1(23)*
- Die Verfassungsgerichtsbarkeit in der Bundesrepublik Deutschland, in: Mosler, H.

(Hrsg.) Verfasssungsgerichtsbarkeit in der Gegenwart, Länderberichte und Rechtsvergleichung, 1962（E. フリーゼンハーン（廣田健次訳）『西ドイツ憲法裁判論』（有信堂, 1972）*§1 (49) (55)*, *§5(57)*
- Aussprache (Prinzipien der Verfassungsinterpretation), VVDStRL 20 (1963), S. 121f. *§7(8)*, *§8(8)*
- Anmerkung (BVerfG Beschluß von 22. 3. 1968), in: JZ 1966, S. 522 *§3(38)*
- Anmerkung (BVerfG Beschluß von 25. 3. 1966; Beschluß von 3. 3. 1966), in: JZ 1966, S. 704 (1966b) *§3(6)*, *§4(2) (5) (16) (19)*
- Hüter der Verfassung?, in: ZRP 1973, S. 188 *§3(6)*
- Zur Zuständigkeitsabgrenzung zwischen Bundesverfassungsgerichtsbarkeit und Landesverfassungsgerichtsbarkeit, in: C. Starck (Hrsg.), Bundesverfassungsgericht und Grundgesetz, Festgabe aus Anlaß des 25jährigen Bestehens der Bundesverfassungsgerichts, Band I, 1976, S 748 ff. *§6(9)*

Fromme, F.
- FAZ vom 13. Oktober 2005, S. 37

Fromont, M.
- La justice constitutionnelle dans le monde, 1996 *§5(28)*
- La protection des droits de l'homme par le Conseil Constitutionnel, in: Festschrift für K. Stern 1997, S. 1085 ff. *§5(17)*
- Das Bundesverfassungsgericht aus französischer Sicht, in: DÖV 1999, S. 493 ff. *§5(1)*

Frowein, J. A.
- Das Maastricht-Urteil und die Grenzen der Verfassungsgerichtsbarkeit, in: ZaöRV 54 (1994), S. 1 ff. *§5(70)*

Frowein, J. A./Marauhn, T. (Hrsg.)
- Grundfragen der Verfassungsgerichtsbarkeit in Mittel- und Osteuropa, 1998 *§5(18)*, *§7(121)*, *§8L.*

Frowein, J. A./Meyer, H./Schneider, P. (Hrsg.)
- Das Bundesverfassungsgericht im dritten Jahrzehnt, 1973 *§1(42) (60) (120)*, *§3(6)*

Frowein, J. A./Peukert, W.
- Europäische Menschenrechtskonvention, 2. Aufl. 1996 *§5(62)*, *§7(12)*

García Belaunde, D.
- De la Jurisdiccionconstitucional al derecho procesal Constitucional, 2000 *§5(28)*

García Belaunde, D./Fernandez Segado, F. (coord.)

- La Jurisdiccion Constitucional en Iberoamerica, 1997 *§5(24)(28)*
Garcia Ramírez, S. (coord.)
- La jurisprudencia de la Corte Interamericana de Derechos Humanos, 2001 *§7(21)*
Garlicki, L.
- Vier Jahre der Verfassungsgerichtsbarkeit in Polen (1985-1989), in: JöR 39 (1990), S. 285 ff. *§5(3)*
Geck, W. K.
- Wahl und Amtsrecht der Bundesverfassungsrichter, 1986 *§6L.*
- Wahl und Status der Bundesverfassungsrichter, in: Isensee, J./Kirchhof, P. (Hrsg), Handbuch des Deutschen Staatsrechts (HdbStR), Bd. II, 1987, S. 697 ff. *§5(58)*
Geiger, W.
- Grundwertentscheidungen und Grundgesetz, in: BayVBL. 1974, S. 297 ff. *§1(18)*
- Abweichende Meinungen zu Entscheidungen des Bundesverfassungsgerichts, 1988 *§7(48)*
Giegerich, T.
- Verfassungsrichterliche Kontrolle der auswärtigen Gewalt im europäisch-atlantischen Verfassungsstaat, in: ZaöRV 57 (1997), S. 404 ff. *§5(18)*
Glendon, M. A.
- Rights Talk. The Impoverishment of Political Discourse, 1991 *§5(69)*
Goerich, H.
- Erfordernisse rationaler Gesetzgebung nach Maßstäben des BVerfG, in: JR, 1977, S. 89 ff. *§3(128)*
Gomes Canotilho, J. J.
- Direito Constitucional, 1998 *§5(14)*
Gören, Z.
- Die einstweilige Anordnung in der Rechtsprechung des türkischen Verfassungsgerichts, in: EuGRZ 1994, S. 597 ff. *§5(22)*
Grimm, D.
- Verfassungsgerichtsbarkeit im demokratischen System, JZ 1976, S. 697 ff. *§3(128)*
- Verfassungsgerichtsbarkeit, Funktion und Funktionsgrenzen im demokratischen Staat, in: Hoffmann-Riem, W. (Hrsg.), Sozialwissenschaften im Studium des Rechts, Bd. 2, 1977, S. 83 ff.
- Die Meinungsfreiheit in der Rechtsprechung des Bundesverfassungsgerichts, in: JNJW 1995, S. 1698 ff. (1995a)（D. グリム（上村都訳）「連邦憲法裁判所判決における意見表

明の自由」名城法学 49 巻 4 号（2000）159 頁）*§5(51)*
- Braucht Europa eine Verfassung ?, in: JZ 1995, S. 581 ff. (1995b) *§5(63)*
- Politikdistanz als Voraussetzung der Politikkontrolle, in: EuGRZ 2000, S. 1 ff. (2000a) *§5(80)*
- Nicht den Parteien, sondern der Verfassung dienstbar, in: FAZ vom 19 Febr. 2000, S. 11 (2000b) *§5(30)*

Groppi, T.
- Federalismo e costituzione, 2001 *§7(26)*

Grote, R.
- Das Rechtsstaatsprinzip in der mittel- und osteuropäischen Verfassungsgerichtspraxis, in: Frowein, J. A./Marauhn, T. (Hrsg.), Grundfragen der Verfassungsgerichtsbarkeit in Mittel- und Osteuropa, 1998, S. 3 ff. *§5(34)*

Guggenberger, B./Würtenberger, T. (Hrsg.)
- Hüter der Verfassung oder Lenker der Politik?. Das Bundesverfassungsgericht im Widerstreit, 1998 *§5(7)*

Gusy, C.
- Verfassungsbeschwerde. Voraussetzungen und Verfahren, 1988 *§6L*
- Die Verfassungsbeschwerde, in: Badura, P./Dreier, H. (Hrsg.), Festschrift 50 Jahre Bundesverfassungsgerichts, Bd. I 2001, S. 641 ff. *§7(49)*

Habermas, J.
- Strukturwandel der Öffentlichkeit, 9. Aufl. 1978（1990 年新版の翻訳として，J. ハーバーマス（細谷貞雄・山田正行訳）『公共性の構造転換』（未來社，1994），*§2(55)*

Haller, W.
- Supreme Court und Politik in den USA, 1972 *§1(148)(167)(170), §2 (48)(66), §3(82) (88), §5(16), §7(8)*

Haltern, U. R.
- Integration als Mythos, in: JöR 45 (1997), S. 31 ff. *§5(82), §7(30)*
- Verfassungsgerichtsbarkeit, Demokratie und Misstrauen, 1998 *§5(82)*

Hartwig, M.
- Die Rechtsprechung des italienischen Verfassungsgerichts zur Hörfunk- und Fernsehordnung, in: ZaöRV 47 (1987), S. 697 ff. *§7(2)*
- Verfassungsgerichtsbarkeit in Rußland, in: EuGRZ 1996, S. 177 ff. *§5(2)*

Häußler, R.

- Konflikt zwischen Bundesverfassungsgericht und politischer Führung, 1994 *§5(80)*

Hecker, J.
- Die europäische Integration vor dem Bundesverfassungsgericht und dem Conseil Constitutionnel, in: AöR 123 (1998), S. 577 ff. *§5(17)*

Henckel, W.
- Prozeßrecht und materielles Recht, Göttingen 1970 *§1(154)*

Hertel, W.
- Supranationalität als Verfassungsprinzip, 1999 *§5(63)*

Hesse, K.
- Grundzüge des Verfassungsrechts der Bundesrepublik Deutschland, 6. Aufl. 1973 *§4(5) (7)*, 8. Aufl. 1975, *§1(8) (20) (21) (26) (34) (46) (53) (62) (77) (87) (141)*, 20. Aufl. 1995 (Neudruck 1999), *§5(33) (36), §6(18) (19/22), §6L., §8L.*（13版の翻訳として，K.ヘッセ（阿部照哉，初宿正典，井口文男，永田秀樹，武永淳訳）『西ドイツ憲法綱要』（日本評論社，1983），20版の翻訳として，K.ヘッセ（初宿正典，赤坂幸一訳）『ドイツ憲法の基本的特質』（成文堂，2006））
- Funktionelle Grenzen der Verfassungsgerichtsbarkeit, in: Festschrift für H. Huber, 1981, S. 263 ff. (auch in: ders., Ausgewählte Schriften, 1984, S. 311 ff.) *§3(13), §5(36), §6L.*
- Die verfassungsgerichtliche Kontrolle der Wahrnehmung grundrechtlicher Schutzpflichten des Gesetzgebers, Festschrift für E. G. Mahrenholz, 1994, S. 541 ff. *§6L.*
- Verfassungsrechtsprechung im geschichtlichen Wandel, in: JZ 1995, S. 265 ff. (1995) *§5(57), §6(7) (18) (19) (24)*
- Stufen der Entwicklung der deutschen Verfassungsgerichtsbarkeit, in: JöR 46 (1998), S. 1 ff. *§5(38), §7(7)*

Heusinger, B.
- Rechtsfindung und Rechtsfortbildung im Spiegel richterlicher Erfahrung, 1975 *§3(7)*

Heyde, W.
- Hans Kutscher. Ein Grandseigneur der Robe, in: JöR 48 (2000), S. 169 ff. *§5(84)*

Heydt, V.
- Mehr Äußerungsmöglichkeiten vor dem BVerfG für Nichtbeteiligte !, in: ZRP 1972, S. 278 ff. *§1(102)*
- Reform des Verfahrens vor dem BVerfG, in: ZRP 1974, S. 24 ff. *§1(120)*

Heydte, F. A. F. v.
- Judicial self-restraint eines Verfassungsgerichts im freiheitlichen Rechtsstaat, in: Festschrift für W. Geiger, 1974, S. 909 ff. *§1(10)*

Hirsch, E. E.
- Die Verfassung der Türkischen Republik vom 9. November 1982, in: JöR 32 (1983), S. 507 ff. (mit Textanhängen) *§5(22)*

Hirsch, G.
- Europäischer Gerichtshof und Bundesverfassungsgericht – Kooperation oder Konfrontation?, in: NJW 1996, S. 2457 ff. *§5(70)*

Hirsch, M.
- Zum Problem der „Grenzüberschreitungen des Bundesverfassungsgerichts", in: DRiZ 1977, S. 225 ff. *§3(128)*

Höffe, O.
- Wieviel Politik ist dem Verfassungsgericht erlaubt?, in: Der Staat 38 (1999), S. 171 ff. *§5(80)*

Hoffmann-Riem, W.
- Beharrung oder Innovation – Zur Bindungswirkung verfassungsgerichtlicher Entscheidungen, in: Der Staat 13 (1974), S. 335 ff. (auch in: ders., Offene Rechtswissenschaft, 2010, S. 311 ff.) *§1(12)(72), §3(3)*

Hollerbach, A.
- Das Staatskirchenrecht in der Rechtsprechung des Bundesverfassungsgerichts, in: AöR 92 (1967), S. 99 ff. *§2(21)*

Holoubek, M.
- Überblick über einige Grundpositionen des Grundrechtsschutzes in der jüngeren Rechtsprechung des österreichischen Verfassungsgerichtshofes, in: JöR 43 (1995), S. 573 ff. *§5(12)*

Horn, H. -R.
- 80 Jahre mexikanische Bundesverfassung – was folgt?, in; JöR 47 (1999), S. 399 ff. *§5(77)*,
- Generationen von Grundrechten im kooperativen Verfassungsstaat – Iberoamerikanische Beiträge zum Konstitutionalismus, in: JöR 51 (2003), S. 663 ff. *§7(18)*

Horn, H. -R./Weber, A. (Hrsg.)
- Richterliche Verfassungskontrolle in Lateinamerika, Spanien und Portugal, 1989 *§5(24) §6(2)*

Ipsen, H. P.
- Anstelle eines Festschrift-Beitrages, in: Der Staat 17 (1978), S. 96 ff. *§3(125)*

Isensee, J.
- Verfassungsgarantie ethischer Grundrechte und gesellschaftlicher Konsens, NJW 1977, S. 545 ff. *§2(40)*
- Verfassungsgerichtsbarkeit in Deutschland, in: Colloquium für R. Novak: Wieser, B./ Stolz, A. (Hrsg.), Verfassungsrecht und Verfassungsgerichtsbarkeit an der Schwelle zum 21. Jahrhundert, 2000, S. 15 ff. *§5(7)*

Isensee, J./Kirchhof, P. (Hrsg.),
- Handbuch des Staatsrechts, Bd. V, Allgemeine Grundrechtslehren, 1994 *§6(19)*

Jekewitz, J.
- Die Kostenlast beim Verfassungsprozeß, in: JZ 1978, S. 667 ff. *§4(22)*

Jellinek, G.
- Ein Verfassungsgerichtshof für Österreich, 1885 *§5(12)*

Junker, J.
- Die Konstitutionalisierung des Asylrechts durch den französischen Verfassungsrat, 2002 *§7(10)*

Jenks, C. W.
- The Common Law of Mankind, 1958 *§7(23)*

Kägi, W.
- Die Verfassung als rechtliche Grundordnung des Staates, Zürich 1945 *§1(17)*

Kaiser, J. H.
- Die Repräsentation organisierter Interessen, 1953 *§1(106)*

Kaufmann, E.
- Untersuchungsausschuß und Staatsgerichtshof, Berlin, 1920, jetzt in: Gesammelte Schriften zum achtzigsten Geburtstag am 21. September Bd. I, Autorität und Freiheit, 1960 *§1(126)*
- Die Grenzen der Verfassungsgerichtsbarkeit, in: VVDStRL 9(1952), S. 1 ff. *§1(5)(106), §6L.*

Kelsen, H.
- Wesen und Entwicklung der Staatsgerichtbarkeit, in: VVDStRL 5(1929), S. 30 ff. *§1(3) (32)(35)(98)(110)(113)(118)(135), §5(12), §6(13), §7(28)*

Kern, E./Roxin, C.
- Strafverfahrensrecht, 14. Aufl. 1976 *§3(126)*

Kimminich, O.
- Das Urteil über die Grundlagen der staatsrechtlichen Konstruktion der Bundesrepublik Deutschland, in: DVBL. 1973, 657 ff. *§1(1)*

Kirchheimer, O.
- Aussprache (Recht und Verfassung), in: Mosler, H. (Hrsg.) Verfassungsgerichtsbarkeit in der Gegenwart, Länderberichte und Rechtsvergleichung, 1962 *§1(106)*

Kirchberg, C.
- Was wird aus dem Bericht der Benda-Kommission?, in: NVwZ 1999, S. 375 ff. *§5(75)*

Klein, E.
- Verfassungsprozeßrecht – Versuch einer Systematik an Hand der Rechtsprechung des Bundesverfassungsgerichts, AöR 108 (1983), S. 410 ff., 561 ff.
- Verfahrensgestaltung durch Gesetz und Richterspruch: Das „Prozessrecht" des BVerfG, in: Badura, P./Dreier, H. (Hrsg.) Festschrift 50 Jahre Bundesverfassungsgerichts, Bd. I 2001, S. 508 ff. *§7(42)*

Klein, F.
- Die Dritte Novelle zum Bundesverfassungsgerichtsgesetz von 3. August 1963, in: DVBl. 1964, S. 89 ff. *§1(60)*
- Bundesverfassungsgericht und richterliche Beurteilung politischer Fragen, 1966 *§1(6) (97)*

Klein, H. H.
- Bundesverfassungsgericht und Staatsräson, 1968 *§1(81)*
- Probleme der Bindung des „einfachen Richters" an Entscheidungen des BVerfG, in: NJW 1977, S. 697 ff. *§3(127)*
- Gedanken zur Verfassungsgerichtsbarkeit, in: Festschrift für K. Stern, 1997, S. 1135 ff. *§5(7)*
- Überlegungen zu einer Entlastung des Bundesverfassungsgerichts, in: Festgabe Graßhof, 1998, S. 367 ff. *§5(75)*

Kloepfer, M.
- Die Mangel des „Mangelberichts", in: ZRP 1978, S. 121 ff. *§2(60)*
- Vom Zustand des Verfassungsrechts, in: JZ 2003, S. 481 ff.（吉田栄司訳「M. クレプファーによる『ドイツ憲法典の現況』」, 吉田栄司『憲法的責任追及制論Ⅱ』（関西大学出版部，2010 年）36 頁以下）*§7(5)*

Knies, W.
- Auf dem Weg in den „verfassungsgerichtlichen Jurisdiktionsstaat"?, in: Festschrift für K.

Stern, 1997, S. 1155 ff. *§5(7)*

Knitel, H. G.
- Der neue Verfassungsrat in Algerien und die Anfänge seiner Rechtsprechung, in: EuGRZ 1990, S. 201 ff. *§5(17)*

Koch, O.
- Der Grundsatz der Verhältnismäßigkeit im der Rechtsprechung des Gerichtshofs der Europäischen Gemeinschaften, 2003 *§7(14)*

Kommers, D. P.
- Can German Constitutionalism Serve as a Model for the United States?, in: ZaöRV 58 (1998), S. 787 ff. *§5(1)*

Kopp, F. O.
- Verwaltungsgerichtsordnung, 2. Aufl. 1976 *§1(34b)*

Korinek, K./Müller, J. P./Schlaich, K.
- Die Verfassungsgerichtsbarkeit in Gefüge der Staatsfunktionen, in: VVDStRL 39 (1981), S. 7 ff. *§5(27), §6L.*

Kotzur, M.
- Theorieelemente des Internationalen Menschenrechtsschutzes, 2001 (2001a) *§5(66)*
- Die Wirkungsweise von Klassikertexten im Völkerrecht, in: JöR 49 (2001), S. 329 ff. (2001b) *§7(27)*
- Weltrecht ohne Weltstaat, in: DÖV 2002, S. 195 ff. *§7(24)*
- Weltrechtliche Bezüge in nationalen Verfassungstexten, in: Schulte, M. (Hrsg.), Weltrecht, 2003, S. 191 ff. *§7(25)*

Krasney, O. E.
- Zur Neuregelung der Rücknahme rechtswidriger Leistungsbescheide der Sozialversicherung im Sozialgesetzbuch, in: Festschrift für K. Brackmann, 1977, S. 311 *§3(123)*

Kremp, W. (Hrsg.)
- 24. Februar 1803. Die Erfindung der Verfassungsgerichtsbarkeit und ihre Folgen, 2003 *§8L.*

Krey, V.
- Das Bundesverfassungsgericht in Karlsruhe – ein Gericht läuft aus dem Ruder, in: JR 1995, S. 221 ff. *§5(51)*

Kriele, M.
- Anmerkung zum Urteil v. 25. 2. 1975 – 1 BvF 1 – 6/74, in: JZ 1975, S. 205 ff. *§1(1)*
- Recht und Politik in der Verfassungsrechtsprechung, in: NJW 1976, S. 777 ff. *§3(49)*

Kristan, I.
- Verfassungsentwicklung in Slowenien, in: JöR 42 (1994), S. 59 ff. *§5(4)*

Krüger, H.
- Allgemeine Staatslehre, 2. Aufl. 1966 *§1(28)*

Kucko-Stadlmayer, G.
- Die Rechtsprechung des österreichischen Verfassungsgerichtshofs auf dem Gebiet der Glaubensfreiheit, in: EuGRZ 1999, S. 505 ff. *§5(12)*

Kuriki, H.
- Die Verfassungsgerichtsbarkeit als Erhalter des Grundkonsenses des Volkes, in: Weiler, R./Mizunami, A. (Hrsg.), Gerechtigkeit in der sozialen Ordnung, 1999, S. 121 ff *§5(42)*

Kutscher, H.
- Die Kompetenzen des Bundesverfassungsgerichts 1951 bis 1969 Änderungen und Änderungsvorschläge, in: Festschrift für G. Müller, 1970, 161 ff. *§1(20) (124)*.

Lamprecht, R.
- Richter kontra Richter, 1992 *§6(5)*

Lanchester, F.
- Livio Paladin, in: JöR 49 (2001), S. 349 ff. *§7(1)*

Landa Arroyo, C.
- Tribunal Constitucional y Estado Democrático, 1999 *§5(28)*
- Teoria del Derecho Procesal Constitucional, 2003 *§7(43)*

Lange, K.
- Bindungswirkungen und Gesetzeskraft der Entscheidungen des Bundesverfassungsgerichts, in: JuS 1978, S. 1 ff. *§3(127)*

Larenz, K.
- Kennzeichen geglückter richterlicher Rechtsfortbildungen, 1965 *§2(57)*

Laufer, H.
- Verfassungsgerichtsbarkeit und politischer Prozeß, 1968 *§1(14) (111) (126), §6L.*

Lechner, H.
- Bundesverfassungsgerichtsgesetz, 3 Aufl. 1973 *§1(34c)*

Leibholz, G.
- Der Status des Bundesverfassungsgerichts, in: JöR 6(1957), S. 109 ff. (auch in: Häberle, P. (Hrsg.), Verfassungsgerichtsbarkeit, 1976, S. 224 ff.) *§1(6), §5(13), §6(4), §6L., §7(28)*

- Aussprache (Prinzipien der Verfassungsinterpretation), in: VVDStRL 20(1963), S. 118f. *§1(70)*
- Der Status des Bundesverfassungsgerichts, in: Das Bundesverfassungsgericht 1951-1971, 1971, 31 ff. *§1(97)(116)(130)*

Leibholz, G./Rupprecht, R.
- Bundesverfassungsgerichtsgesetz – Rechtssprechungskommentar –, 1 Aufl. 1968, 2. Aufl. 1971

Leisner, W.
- Die klassischen Freiheitsrechte in der italienischen Verfassungsrechtsprechung, in: JöR 10 (1961), S. 243 ff. *§7(2)*
- Landesverfassungsgerichtbarkeit als Wesenselement des Föderalismus, in: Verfassung und Verfassungsrechtsprechung, Festschrift zum 25 jährigen Bestehen des Bayer. Verfassungsgerichtshof, 1972 S. 183 ff. *§1(109)*

Lerche, P.
- Zum „Anspruch auf rechtliches Gehör", in: ZZP 78(1965), S. 1 ff. (1965a) *§1(66)*
- Das Bundesverfassungsgericht und Verfassungsdirektiven, in: AöR 90 (1965), S. 341 ff. (1965b) *§5(80)*
- Zur Verfassungsgerichtlichen Deutung der Meinungsfreiheit (insbesondere im Bereiche der Boykotts), in: Festschrift für G. Müller, 1970, S. 197 ff. *§1(43)*
- Stiller Verfassungswandel als aktuelles Politikum, in: Vogel, K. (Hrsg.), Grundrechtsverständnis und Normenkontrolle. Kolloquium aus Anlaß des 65. Geb. von H. Spanner, 1979, S. 285 ff. *§4(18)*
- Die Verfassung in der Hand der Verfassungsgerichtsbarkeit?, in: BayVBl. 1997, S. 17 ff. (auch in: ders., Ausgewählte Abhandlungen, 2004, S. 522 ff.) *§5(5)*
- Verfassungsgerichtsbarkeit in besonderen Situationen, 2001 *§8L.*

Limbach, J.
- Die Schmerzgrenze bei der Richterkritik, in: ZRP 1996, S. 414 ff. *§5(6)*
- Die Ausstrahlung des Grundgesetzes auf das Privatrecht, in: Hadding, W. (Hrsg.), Festgabe Zivilrechtslehrer 1934/35, 1999, S. 383 ff. *§5(79)*
- Die Politik versteckt sich gern hinter dem BverfG, in: ZRP 2000, S. 351 ff., *§5(56)*

Link, C. (Hrsg.)
- Der Gleichheitssatz im modernen Verfassungsstaat, 1982, *§6(1)*

Lipphardt, H. –R.
- Die Gleichheit der politischen Parteien vor der öffentlichen Gewalt, 1975 *§1(139)*,

§3(16)(29)(70)

López Guerra, L./Aguiar, L. (ed.)
- Las Constituciones de Iberoamerica 2. Aufl. 1998 *§5(4)*

Lorenz, D.
- Der Organstreit vor dem BVerfG, in: Starck, C. (Hrsg.), Bundesverfassungsgericht und Grundgesetz. Festgabe aus Anlaß des 25jährigen Bestehens des Bundesverfassungsgerichts, 1. Band 1976, S. 225 ff. *§6(6)*

Lösing, N.
- Die Verfassungsgerichtsbarkeit in Lateinamerica, 2001 *§7(19)*

Löwer, W.
- Zuständigkeit und Verfahren des Bundesverfassungsgerichts, in: Isensee, J./Kirchhof, P. (Hrsg.), Handbuch des Staatsrechts, Bd. II, 1. Aufl. 1987, S. 737 ff. *§5(82), §6(14), §6L.*

Luchaire, F.
- Le Conseil Constitutionnel, in: JöR 38 (1989), S. 173 ff. *§5(17)*

Luhmann, N.
- Das Recht der Gesellschaft, 1993（N. ルーマン（馬場靖雄ほか訳）『社会の法1・2』（法政大学出版会, 2003）*§7(24)*

Luther, J.
- Die italienische Verfassungsgerichtsbarkeit, 1990 *§5(78), §7(4), §8L.*
- Die italienische Verfassung im letzten Jahrzehnt, in: JöR 43 (1995), S. 475 ff. *§5(78)*
- La giustizia costituzionale tedesca nel biennio 1997-98, in: Giurisprudenza Costituzionale, 1999, S. 3411 ff. *§5(80)*
- Die Verfassung in Zeiten des „Übergangs": Italienische Betrachtungen, in: JöR 50 (2002), S. 331 ff. (2002a) *§7(2)*
- Vorstufen europäischer Verfassungsberichtsbarkeit um 1900, in: Kirsch, M./Schiera, P./Kosfeld, A., Der Verfassungsstaat vor der Herausforderung der Massengesellschaft, 2002, S. 279 ff. (2002b) *§7(7)*

Luther, J. et al.
- Esperienze di Giustizia Costituzionale, 2000, S. 159 ff. *§5(1)*

Lundmark, T.
- Stare decisis vor dem Bundesverfassungsgericht, in: Rechtstheorie 28 (1997), S. 315 ff. *§5(8)*

Maaßen, B.

- Der US-Supreme Court im gewaltenteilenden amerikanischen Rechtssystem (1787-1972), 1977 *§5(16)*

Maassen, H.
- Probleme der Selbstbindung des Bundesverfassungsgerichts in: NJW 1975, S. 1343 ff. *§1(12), §3(6)*

Mahrenholz, E. G.
- Verfassungsinterpretation aus praktischer Sicht, in: Verfassungsrecht zwischen Wissenschaft und Richterkunst, K. Hesse zum 70. Geburtstag, 1990, S. 53 ff. *§6(1)*
- Zur Funktionsfähigkeit des BVerfG, in: ZRP 1997, S. 129 ff. *§5(75)*
- Europäische Verfassungsgerichte, in: JöR 49 (2001), S. 15 ff. *§(36)*

Malinowski, B.
- Eine wissenschaftliche Theorie der Kultur (1941), 1975（B. マリノフスキー（姫岡勉・上子武次訳）『文化の科学的理論』（岩波書店, 1958））*§5(10)*

Massing, O.
- Recht als Korrelat der Macht ? in: Der CDU - Staat, Bd. 1, 1969, S. 211 ff. *§1(7)(21)(33)(97)(109)(133)*
- Politik als Recht – Recht als Politik. Studien zu einer Theorie der Verfassungsgerichtsbarkeit, 2005

Mattarella, S.
- Das Zweikammersystem in Italien, in: AöR 108 (1983), S. 370 ff. *§7(47)*

Maunz, T.
- Art. 90, in: Maunz, T./Sigloch, H./Schmidt-Bleibtreu, B./Klein, F. (Hrsg.), Bundesverfassungsgerichtsgesetz, *§1(65)*

Maurer, H.
- Zur Verfassungswidrigerklärung von Gesetzen, in: Festschrift für W. Weber, 1974, S. 345 ff. *§1(31)(80)*

Mayer, F. C.
- Kompetenzüberschreitung und Letztentscheidung, 2000 *§5(70)*

Meder, T.
- Handkommentar zur Verfassung des Freistaates Bayern, 1971 *§1(59)*

Menger,
- Zur Kontrollbefugnis des BVerfG bei Verfassungsbeschwerden gegen Rechtsnormen – zum Diäten-Urteil des BVerfG, VerwArch 67 (1976), S. 303 ff. *§3(127)*

Meyer, J. (Hrsg.)

- Kommentar zur Charta der Grundrechte der Europäischen Union, 2003 §7(35)

Michael, L.
- Der allgemeine Gleichheitssatz als Methodennorm komparativer Systeme, 1997 §5(29)

Milacic, S.
- La démocracie constitutionnelle en Europe central et orientale, 1998 §5(18)

Miller, A. S.
- The Supreme Court. Myth and Reality, 1978 §5(16)

Millgramm, K. -H.
- Seperate Opinion und Sondervotum in der Rechtsprechung des Supreme Court of the United States und des Bundesverfassungsgerichts, 1985 §5(16)

Moench, C.
- Verfassungswidriges Gesetz und Normenkontrolle, 1977 §2(65), §3(127), §4(37)

Mosler, H.
- The International Society as a Legal Community, 1980 §7(23)

Mosler, H. (Hrsg.)
- Verfassungsgerichtsbarkeit der Gegenwart, Länderberichte und Rechtsvergleichung, 1962 §1(20), §5(27)

Mutius A. v.
- Allgemeine Bindungswirkung verfassungskomformer Gesetzinterpretation durch das Bundesverfassungsgerichts ?, in: VerwArch 67(1976), S. 403 §3(123)

Nettesheim, M.
- Das kommunitäre Völkerrecht, in: JZ 2002, S. 569 ff. §7(23)

Nocilla, D.
- Crisaffulli – ein Staatsrechtslehrerleben in Italien, in: JöR 44 (1995), S. 255 ff. §7(29)

Nolte, A.
- Das Kreuz mit dem Kreuz, in: JöR 48 (2000), S. 87 ff. §5(51)

Noelle-Neumann, E.
- Welche Rolle spielt die öffentliche Meinung für die Entscheidung der Richter ?, in: Festschrift für M. Kriele zum 65. Geburtstag, 1997, S. 507 ff. §7(40)

Nussberger, A.
- Die Grundrechte in der Rechtsprechung des russischen Verfassungsgerichts, in: EuGRZ 1998, S. 105 ff. §5(2)

Oelkers, F.
- Die Gleichheitsrechtsprechung des Südafrikanischen Verfassungsgerichts, in: ZaöRV 57 (1997), S. 899 ff. *§5(23)*

Oellers-Frahm, K.
- Demokratieverständnis und Verfassungsgerichtsbarkeit in der Bundesrepublik und in Frankreich, in: Festschrift für K. Doehring, 1989, S. 691 ff. *§7(10)*

Onuf, N.
- The Constitution of International Society, in: EJIL 5 (1994), S. 1 ff. *§7(23)*

Oppermann, T.
- Praktische Konsequenzen der Entscheidung des Bundesverfassungsgerichts zur Wissenschaftsfreiheit, in: JZ 1973, S. 433 ff. (1973a) *§1(1)*
- Anmerkung zum Urteil des BVerfG v. 31. 7. 1973 – 2 BvF 1/73 – Bayern/Grundvertrag in: JZ 1973, S. 594 ff. (1973b) *§1(1)*
- Das Bundesverfassungsgericht und Staatsrechtslehre, in: Badura, P./Dreier, H. (Hrsg.) Festschrift 50 Jahre Bundesverfassungsgerichts, Bd. I, 2001, S. 421 ff. （トーマス・オッパーマン（赤坂正浩訳）「連邦憲法裁判所と国法学」立教法学 87 号（2013）166 頁 *§7(46)*

Ossenbühl, T.
- Verfassungsgerichtsbarkeit und Fachgerichtsbarkeit, in: Stödter, R./Thieme, W. (Hrsg.), Festschrift für H. P. Ipsen, 1977, 129 ff.

Otto, H.
- Meinungsfreiheit contra Beleidigung der Bundeswehr und einzelner Soldaten, in: NStZ 1996, S. 127 ff. *§5(51)*

Pajor-Bytomski, M.
- Einführung in die ungarische Verfassungsgerichtsbarkeit, in: EuGRZ 1993, S. 220 ff. *§5(20)*

Pernice, I.
- Art. 26, in: Dreier, H. (Hrsg.), Grundgesetz : Kommentar, Bd. 2: 1998 *§7(50)*
- Eine Grundrechte - Charta für die Europäische Union, in: DVBl. 2000, S. 847 ff. *§5(63)*

Pestalozza, C.
- Die Geltung verfassungswidriger Gesetze. Anmerkungen zur Normenkontrolle anläßlich des Entwurfs eines Vierten Gesetzes zur Änderung des Gesetzes über das Bundesverfassungsgericht, in: AöR 96 (1971), S. 27 ff. *§1(80)*

- Verfassungsprozessuale Probleme in der öffentliche-rechtlichen Arbeit, 1976 §3(127)
- „Noch verfassungsmäßige" und „bloß verfassungswidrige" Rechtslage, in: Starck. C. (Hrsg.), Bundesverfassungsgericht und Grundgesetz. Festgabe aus Anlaß des 25jährigen Bestehens des Bundesverfassungsgerichts, Bd. I, 1976, S. 519 ff. §2(65)
- Verfassungsprozessrecht, 3. Aufl. 1991 §5(49), §6(9)(31), §6L., §7(7)
- Das Bundesverfassungsgericht: Bonner Reform-Allerlei '98, in: JZ 1998, S. 1039 ff. §5(73)

Peters, H.
- Aussprache(Die Grenzen der Verfassungsgerichtsbarkeit), in: VVDStRL 9 (1952), S. 117 §1(109)(149)(151)

Phillipi, K. J.
- Tatsachenfeststellung des Bundesverfassungsgerichts. Ein Beitrag zur rational-empirischen Fundierung verfassungsgerichtlicher Entscheidungen, 1971 §1(129)(152)(153)(155)(157), §3(6)

Piazolo, M.
- Verfassungsgerichtsbarkeit und Politische Fragen, 1994 §7(8), §8L.

Piazolo, M. (Hrsg.)
- Verfassungsgerichtsbarkeit, 1995 §7(13)

Pieper, St. U.
- Verfassungsrichterwahlen, 1998 §7(45)

Pierandrei, F.
- Prinzipien der Verfassungsinterpretation in Italien, in: JöR 12 (1963), S. 201 ff. §7(2)

Pieroth, B.
- Die Missachtung gesetzter Materpretation das Maßstäbegesetz, in: NJW 2000, S. 1086 ff. § 5(5)

Pye, L. W./Verba, S.
- Political Culture and Political Development, 1965 §2(69)

Rausch, H. (Hrsg.)
- Zur heutigen Problematik der Gewaltentrennung, 1968 §1(45)

Redeker, K. /Oertzen, H. J. v.
- Verwaltungsgerichtsordnung, 5. Aufl. 1975 §1(34b)

Rehnquist, W. H.
- The Supreme Court, 1987 §5(16)

- Verfassungsgerichte – vergleichende Bemerkungen, in: Kirchhof, P./Kommers, D.P. (Hrsg.), Deutschland und sein Grundgesetz, 1993, S. 454 ff. *§5(69)*

Renck, L.
- Zur Bindung der Gerichte an verfassungsgerichtliche Entscheidungen, in: BayVBl. 1978, S. 80 ff. und 145 ff. *§3(127)*

Richter, S.
- Die Entwicklung der konkreten Normenkontrolle in Portugal, in: JöR 41 (1993), S. 319 ff. *§5(14)*

Riecken, J.
- Verfassungsgerichtsbarkeit in der Demokratie, 2003 *§7(41), §8L.*

Ridder, H.
- In Sachen Opposition: Adolf Arndt und Bundesverfassungsgericht, in: Festschrift für C. Arndt, 1969, S. 32 ff. *§1(48)*
- Operation Verfassungsbeschwerde, in: NJW 1972, S. 1689 ff. *§1(120), §3(117)*

Rinck, H. J.
- Richterbild über G. Leibholz, in: JöR 35 (1986), S. 133 ff. *§6(1)*

Rinken, A.
- Vorbemerkung zu Art. 93 und 94, in: Denninger, E. (Hrsg.), Kommentar zum Grundgesetz für die Bundesrepublik Deutschland (Reihe Alternativekommentare), Band 2, 2. Aufl. 1989 (1989a) *§5(23/20), §5(72)(82), §6(12)(14)(20)(27), §6L., §7(7)*
- Art. 93, in: Denninger, E. (Hrsg.), Kommentar zum Grundgesetz für die Bundesrepublik Deutschland (Reihe Alternativekommentare), Band 2, 2. Aufl. 1989 (1989b) *§6(23)*

Ritterspach, T.
- Hermann Höpker Aschoff – Der erste Präsident des Bundesverfassungsgerichts 1883-1954, in: JöR 2 (1983), S. 55 ff. *§5(84)*
- Rechtsprechungsübersicht, in: EuGRZ 1988, S. 41 ff.; 70 ff. 106 ff.; S. 159 ff.; 559 ff.; 1989, S. 40 ff., 202 ff., 227 ff., 331 ff.; 1990, S. 25 ff., 74 ff., 211 ff., 423 ff.; 1991, S. 30 ff., 376 ff.; 1992, S. 77 ff., 105 ff., 414 ff. *§7(4)*

Roellecke, G.
- Aufgaben und Stellung des Bundesverfassungsgerichts im Verfassungsgefüge, in: Isensee, J./Kirchhof, P. (Hrsg), Handbuch des Staatsrechts, Bd. II, 1987, S. 665 ff. *§5(82), §6L.*
- Sondervoten, in: Badura, P./Dreier, H. (Hrsg.), Festschrift 50 Jahre Bundesverfassungsgerichts, Bd. I 2001, S. 363 ff. *§7(48)*

Röhl, U. F. H.
- Die Funktion der Verfassungsbeschwerde für die Verwirklichung der Grundrechte, in: KritV 1998, S. 156 ff. *§5(75)*

Rosenbaum, W. A.
- Political Culture, 1975 *§2(69)*

Ross, A.
- The Constitution of the United Nations, 1950 *§7(23)*

Rossano, C.
- Der Gleichheitssatz und seine Bedeutung für die italienische Verfassung, in: JöR 18 (1969), S. 201 ff. *§7(2)*

Roth, W.
- Die Überprüfung fachgerichtlicher Urteile durch das Bundesverfassungsgericht und die Entscheidung über die Annahme einer Verfassungsbeschwerde, in: AöR 121 (1996), S. 544 ff., *§6L.*

Rousseau, D.
- La justice constitutionnelle en Europe, 2. Aufl. 1996 *§5(18)*

Rumpf, C.
- Das türkische Verfassungsgericht und die Grundzüge seiner Rechtsprechung, in: EuGRZ 1990, S. 129 ff. *§5(22)*

Rüpke, G.
- Schwangerschaftsabbruch und Grundgesetz, Eine Antwort auf das in der Entscheidungdes BVerfG vom 25. 2. 1975 ungelöste Verfassungsproblem, 1975 *§1(1)*

Rupp, H. H.
- Vom Wandel der Grundrechte, Otto Bachof in Dankbarkeit und Verehrung zum 62. Geburtstag, in: AöR 101 (1976), S. 16 ff. *§1(63)*
- Länderfinanzausgleich, in: JZ 2000, S. 269 ff. *§5(55)*

Rupp-von Brünneck, W.
- Darf das Bundesverfassungsgericht an den Gesetzgeber appellieren, in: Festschrift für G. Müller, 1970, S. 355 ff. *§1(13)(121)(123)(140)*
- Verfassungsgerichtsbarkeit und gesetzgebende Gewalt, in: AöR 102 (1977), S. 1 ff. *§3(128)*
- Verfassung und Verantwortung, Gesammelte Schriften und Sondervoten, hrsg. von H. -P. Schneider, 1983 *§6(5)*

Sachs, M.
- Die Bindung des Verfassungsgerichts an seine Entscheidungen, 1977 *§3(127)*

Saladin, P.
- Das Verfassungsprinzip der Fairness, in: Erhaltung und Entfaltung des Rechts in der Rechtsprechung des Schweizerischen Bundesgericht: Festgabe der schweizerischen Rechtsfakultäten zur Hundertjahrfeier des Bundesgerichts, Herausgeber des Werkes: Juristische Fakultät der Universität Basel usw., 1975, S. 307 ff. *§1(154)*

Saladin, P./Papier, H. -J.
- Unternehmen und Unternehmer in der verfassungsrechtlichen Ordnung der Wirtschaft, in: VVDStRL 35 (1977), S. 1 ff. *§2(24)*

Sarcevic, E.
- Verfassunggebung und „konstituves Volk": Bosnien-Hrzegowina zwischen Natur-und Rechtszustand, in: JöR 50 (2002), S. 493 ff. *§7(17)*

Sarstedt, W.
- Anmerkung (BVerfG Beschluß von 3. 3. 1966), in: JZ 1966, 314 ff. *§3(6), §4(9)*

Saz, W.
- Grundsätze der Strafrechtspflege, in: Bettermann/Nipperdey/Scheuner, Die Grundrechte, 1959, 3. Bd., 2. Halbbd., S. 909 ff. *§3(126)*

Scharpf, F. W.
- Grenzen der richterlichen Verantwortung, 1965 *§1(158)*

Schefold, D./Leske, K-R.
- Hochschulvorschaltgesetz: verfassungswidrig – aber nicht nichtig, in: NJW 1973, S. 1297 ff. *§1(1)*

Schellenberg, M.
- Pluralismus: Zu einem medienrechtlichen Leitmotiv in Deutschland, Frankreich und Italien, in: AöR 119 (1994), S. 427 ff. *§7(34)*

Schenke, W. -R.
- Verfassungsorgantreue, 1977 *§3(123)*
- Verfassungsgerichtsbarkeit und Fachgerichtsbarkeit, 1987 *§6(16)*

Scherzberg, A.
- Wertkonflikte vor dem Bundesverfassungsgericht – zur Bewältigung politisch-moralischer Streitfragen im Verfassungsprozess, in: DVBl 1999, S. 356 ff. *§5(80)*

Scheuner, U.
- Der Bereich der Regierung, in: Festschrift für R. Smend, 1952, S. 253 ff. *§1(26)*

- Aussprache (Die Bindung des Richters an Gesetz und Verfassung), in: VVDStRL34 (1976), S. 99 (1976a) *§1(30)*
- Konsens und Pluralismus als verfassungsrechtliches Problem, in: Jakobs, G. (Hrsg.), Rechtsgeltung und Konsens, 1976, S. 33 ff. (1976b) *§1(103), §2(40)*
- Die Überlieferung der deutschen Staatsgerichtsbarkeit im 19. und 20. Jahrhundert, in: Starck, C. (Hrsg.), Bundesverfassungsgericht und Grundgesetz. Festgabe aus Anläß des 25 jährigen Bestehens des Bundesverfassungsgerichts, Bd. I 1976, S. 1 ff. (1976c) *§2(50), §5(38)*
- Die Überlieferung der deutschen Staatsgerichtsbarkeit, in: JöR 46 (1998), S. 1 ff. *§7(7)*

Schlaich, K.

- Neutralität als verfassungsrechtliches Prinzip, vornehmlich im Kulturverfassungs und Staatskirchenrecht, 1972 *§1(136)*
- Das Bundesverfassungsgericht, 3. Aufl. 1994, 4. Aufl., 1997 （旧版の翻訳として，名雪健二訳「ドイツ連邦憲法裁判所論(1)～(10)」比較法27号（1990）96頁，東洋法学34巻1号（1990）101頁，比較法30号（1993）67頁，東洋法学37巻2号（1994）237頁，比較法31号（1994）135頁，東洋法学38巻1号（1994）309頁，東洋法学39巻1号（1995）135頁，東洋法学39巻2号（1996）189頁，比較法34号（1996）147頁，東洋法学40巻2号（1997）83頁）*§5(82), §6(8)(21)(23)(25)(29), §6L., §7(48)*

Schlink, B.

- Die Entthronung der Staatsrechtswissenschaft durch die Verfassungsgerichtsbarkeit, in: Der Staat 28 (1989), S. 161 ff. *§5(83)*

Schlsky, H.

- Systemüberwindung, Demokratisierung und Gewaltenteilung, 1973 *§1(52)*

Schmitt, C.

- Der Hüter der Verfassung, 1931（C. シュミット（川北洋太郎訳）『憲法の番人』（第一法規出版，1983）*§1(105)(106)*, 2. Aufl. 1969 *§1(4)(33)(35)*
- Das Reichsgericht als Hüter der Verfassung (1929), in: ders., Verfassungsrechtliche Aufsätze aus Jahren 1924-1954, 2. Aufl. 1973, S. 63 ff. *§1(4), §6(13)*

Schmidt, W.

- Die Programmierung von Verwaltungsentscheidungen, in: AöR 96 (1971), S. 321 ff.
- Rechtswissenschaft und Verwaltungswissenschaft, in: Grimm, D. (Hrsg.), Rechtswissenschaft und Nachbarwissenschaften 1, 2. Aufl. 1976, S. 89 ff. *§2(54)*

Schmitt Glaeser, W.

- Mißbrauch und Verwirkung von Grundrechten im politischen Meinungskampf, 1968 *§1*

(125), §4(1)
- Partizipation an Verwaltungsentscheidungen, in: VVDStRL 31 (1973), S. 179 ff. *§2(55)*
- Meinungsfreiheit, Ehrenschutz und Toleranzgebot, in: NJW 1996, S. 873 ff. *§5(51)*

Schmidt-Preuß, M.
- Verfassungsrechtliche Zentralfragen staatlicher Lohn- und Preisdirigismen, 1977, S. 82 ff. *§2(24)*

Schneider, H. -P.
- Die parlamentarische Opposition im Verfassungsrecht der Bundesrepublik Deutschland I, 1974, S. 225 ff. *§2(16)*
- Verfassungsgerichtsbarkeit und Gewaltenteilung, in: NJW 1980, S. 2103 ff. *§5(36)*
- Richter oder Schlichter?, Das Bundesverfassungsgericht als Integrationsfaktor, in: Festschrift für W. Zeidler, 1987, S. 293 ff., *§6L*
- Acht an der Macht! Das BVerfG als „Reparaturbetrieb" des Parlamentarismus?, in: NJW 1999, S. 1303 ff. *§5(54)*

Schöbener, B.
- Menschliche Existenz als Schaden?, in: ZfP 1998, S. 326 ff. *§5(53)*

Scholz, R.
- Kartellrechtliche Preiskontrolle als Verfassungsfrage, in: ZHR 141 (1977), S. 520 ff. *§2(24)*
- Karlsruhe im Zwielicht – Anmerkungen zu den wacksenden Zweifeln am Bundeverfassungsgericht, in: Verfassungsstaatlichkeit. Festschrift für K. Stern zum 65. Geburtstag, 1997, S. 1201 ff. *§7(38)*

Schulze-Fielitz, H.
- Das Bundesverfassungsgericht in der Krise des Zeitgeistes, in: AöR 122 (1997), S. 1 ff. *§7(30), §8L.*
- Die deutsche Wiedereinigung und das Grundgesetz, in: Schuppert, G. F./Harm, K. (Hrsg.), Verfassungsrecht und Verfassungspolitik im Umbruchsituationen, 1999 S. 65 ff. *§5(48)*
- Das Bundesverfassungsgericht und die öffentliche Meinung, in: Schuppert, G. F./Bumke, C. (Hrsg.), Bundesverfassungsgericht und gesellschaftlicher Grundkonsens, 2000 S. 111 ff. *§5(32)*

Schumann, E.
- Einheit der Prozeßordnung oder Befreiung des Verfassungsprozeßrechts vom prozessualen Denken ?, in: JZ 1973, S. 484 ff. *§1(1), §3(2)*

Schuppert, F.
- Die verfassungsgerichtliche Kontrolle der Auswärtigen Gewalt, 1973 *§1(8)(11)(86)*, *§3(6)(49)*

Schuppert, G. F.
- Funktionellrechtliche Grenzen der Verfassungsinterpretation, 1980 *§5(36)*

Schuppert, G. F./Bumke, C. (Hrsg.)
- Bundesverfassungsgericht und gesellschaftlicher Grundkonsens, 2000 *§7(30)*

Schuppert, G. F./Harm, K. (Hrsg.)
- Verfassungsrecht und Verfassungspolitik im Umbruchsituationen, 1999 *§5(48)*

Schwarze, J.
- Der Europäische Gerichtshof als Verfassungsgericht und Rechtsschutzinstanz, 1983 *§5(61)*
- Europapolitik unter deutschen Verfassungsvorbehalt, in: Neue Justiz 1994, S. 1 ff. *§5(70)*

Schwarze, J. (Hrsg.)
- Verfassungsrecht und Verfassungsgerichtsbarkeit im Zeichen Europas, 1998, *§8L.*
- Die Entstehung einer europäischen Verfassungsordnung, 2000 *§5(63)*

Schweisfurth, T.
- Der Start der Verfassungsgerichtsbarkeit in Rußland, in: EuGRZ 1992, S. 281 ff. *§5(2)*

Schweizer, R. J./Sutter, P.
- Das Institut der abweichenden oder zustimmenden Richtermeinung im System der EMRK, in: Festschrift für S. Trechsel, 2002, S. 107 ff. *§7(48)*

Seuffert, W.
- Die Abgrenzung der Tätigkeit des Bundesverfassungsgerichts gegenüber der Gesetzgebung und der Rechtsprechung, in: NJW 1969, S. 1369 ff. *§1(42)*

Simon, H.
- Verfassungsgerichtsbarkeit, in: Benda, E./Maihofer, W./Vogel, H. -J. (Hrsg.), Handbuch des Verfassungsrechts der Bundesrepublik Deutschland, (HdBVerfR), 2. Aufl., 1994, S. 1637 ff. *§5(82), §6L.*

Smend, R.
- Festvortrag zur Feier des zehnjährigen Bestehens des Bundesverfassungsgerichts, in: Bundesverfassungsgericht (Hrsg.), Das Bundesverfassungsgericht 1951-1971, 2. Aufl. 1971, S. (wieder abgedruckt in Häberle, P. (Hrsg.), Verfassungsgerichtsbarkeit, 1976, S. 329 ff.) *§1(36), §5(57), §7(28)*

Söhn, H.

- Anwendungspflicht oder Aussetzungspflicht bei festgestellter Verfassungswidrigkeit von Gesetzen?, 1974 *§1(31)*

Sóloyom, L.
- Diskussion, in: Frowein, J. A./Marauhn, T. (Hrsg.) Grundfragen der Verfassungsgerichtsbarkeit in Mittel- und Osteuropa, 1998, S. 554 ff. *§5(34), §7(16)*

Sonnevend, P.
- Der verfassungsmäßige Schutz sozialrechtlicher Ansprüche in der jüngeren Rechtsprechung des ungarischen Verfassungsgerichts, in: ZaöRV 56 (1996), S. 977 ff. *§5(20)*

Spanner, H.
- Verfassungsprozeß und Rechtsschutzbedürfnis, in: Festschrift für H. Jahrreiß, 1964, S. 411 ff. *§1(55)(58)*
- Zur Verfassungskontrolle wirtschaftspolitischer Gesetze in: DÖV 1972, S. 217 ff. *§2(24)*

Spuller, G.
- Das Verfassungsgericht der Republik Ungarn, 1998 *§5(20)*

Staff, I.
- Verfassungstheoretische Probleme in der demokratischen Republik Italien, in: Der Staat 35 (1996), S. 271 ff. *§7(1)*

Stahn, C.
- Zwischen Weltfrieden und materieller Gerechtigkeit: Die Gerichtsbarkeit des Ständigen Internationalen Strafgerichtshofs (IntStGH), in: EuGRZ 1998, S. 577 ff. *§8(22)*

Starck, C.
- Das BVerfG im politischen Prozeß der Bundesrepublik, 1976 (1976a) *§3(128)*
- Die Bindung des Richters an Gesetz und Verfassung, in: VVDStRL 34 (1976), S. 43 ff. (1976b) *§1(27)(30)(144)*
- Die Auskiesungsurteile des Bundesgerichtshofes vor dem Bundesverfassungsgericht BVerfG NJW 1977, 1960, in: JuS 1977, S. 732 ff. *§3(127)*
- Der Schutz der Grundrechte durch den Verfassungsrat in Frankreich, in: AöR 113 (1988), S. 632 ff. *§5(17)*
- Eine Verfassung für das Vereinigte Königreich?, in: AöR 119 (1994), S. 627 ff. *§5(43)*

Starck, C. (Hrsg.)
- Bundesverfassungsgericht und Grundgesetz. Festgabe aus Anlaß des 25jährigen Bestehens des Bundesverfassungsgerichts, 1976 *§5(5), §6L.*
- Grundgesetz und deutsche Verfassungsrechtsprechung im Spiegel ausländischer Verfassungsentwicklung, 1990 *§6(9)*

Starck, C./Stern, C. (Hrsg.)
- Landesverfassungsgerichtsbarkeit, Teilband, 1983 *§6(9), §6L.*

Starck, C./Weber, A. (Hrsg.)
- Verfassungsgerichtsbarkeit in Westeuropa, 1986 *§5(27), §6L.*

Steinberger, H.
- Konzeption und Grenzen freiheitlicher Demokratie, 1974 *§5(16)*

Steiner, U.
- Was Karlsruhe wirklich entscheidet, in: Colloquia für D. Schwab zum 65. Geburtstag, 2000, S. 95 ff. *§5(80)*

Steinwedel, U.
- „Spezifisches Verfassungsrecht" und „einfaches Recht" – Der Prüfungsumfang des Bundesverfassungsgerichts bei Verfassungsbeschwerden gegen Gerichtsentscheidungen, 1976 *3(127)*

Stern, K.
- Das Staatsrecht der Bundesrepublik Deutschland, Bd. I, 1977, *§2(8)*, Bd II, 1980, *§5(38) (39)(47)(82), §6L.*, Bd. III/2, 1994 *§6(19)* (1巻および2巻の抄訳として，赤坂正浩ほか編訳『シュテルン ドイツ憲法 I 総論・統治編』(信山社, 2009), 3巻1・2分冊の抄訳として，井上典之ほか編訳『シュテルン ドイツ憲法 II 基本権編』(信山社, 2009))
- Verfahrensrechtliche Probleme der Grundrechtsverwirkung und des Parteiverbots, in: Starck, C. (Hrsg.), Bundesverfassungsgericht und Grundgesetz, Festgabe aus Anlaß des 25 jährigen Bestehens der Bundesverfassungsgerichts, Band I, 1976, S. 194 ff. *§3(123)*

Stichweh, R.
- Zur Theorie der Weltgesellschaft, in: soziale Systeme 1 (1995), S. 29 ff. *§7(25)*

Stock, M.
- Die Abschaffung der Verfassungsbeschwerde, in: JuS, 1975, S. 451 ff. *§1(34a)*

Stolleis, M.
- Geschichte des öffentlichen Rechts in Deutschland, Bd. I, 1988, S. 134 ff. *§6(10)*

Streinz, R.
- Art. 26, in: Sachs, M. (Hrsg.), Grundgesetz Kommentar, 3. Aufl. 2002 *§7(50)*

Sturm, G.
- Art. 93 und 94, in: Sachs, M. (Hrsg.), Grundgesetz Kommentar, 2. Aufl., 1999 *§5(82)*

Stüwe, K.
- Die Opposition im Bundestag und das Bundesverfassungsgericht, 1997 *§5(80)*

Suetens, L. -P.
- Die Verfassungsrechtsprechung in Belgien – Der Schiedsgerichtshof, in: JöR 36 (1987), S. 135 ff. *§5(26)*

Suhr, D.
- Staat–Gesellschaft–Verfassung von Hegel bis heute, in: Der Staat 17 (1978), S. 369 ff. (1978a) *§2(29)*
- Diskussion (Der Verfassungsstaat im Geflecht der internationalen Beziehungen), in: VVDStRL 36 (1978), S. 164 (1978b) *§2(45)*

Suhr, E.
- Bewußtseinsverfassung und Gesellschaftsverfassung, 1975 *§1(78)*

Szcekalla, P.
- Die sog. Grundrechtlichen Schutzpflichten im deutschen und europäischen Recht, 2002 *§7 (14)*

Tettinger, P.
- Die Ehre – ein ungeschütztes Verfassungsgut, 1995 *§5(51)*

Teubner, G.
- Privatregimes = Neo-spontanes Recht und duale Sozialverfassung in der Weltgemeinschaft, in: Liber amicorum S. Simitis, 2000, S. 437 ff. *§7(25)*

Thoma, R.
- § 71 Grundbegriffe und Grundsätze in: Anschütz, G./Thoma, R. (Hrsg.), Handbuch des Deutschen Staatsrechts, Bd. II, 1932 *§1(25)*

Thürer, D./Aubert, J. -F./Müller, J. P. (Hrsg.)
- Verfassungsrecht der Schweiz, 2001 *§7(11)*

Tietje, C.
- Stärkung der Verfassungsgerichtsbarkeit im föderale System Deutschlands in der jüngeren Rechtsprechung des BVerfG, in: AöR 124 (1999), S. 237 ff. *§5(50)*

Tomuschat, C.
- Auswärtige Gewalt und verfassungsgerichtliche Kontrolle. Einige Bemerkungen zum Verfahren über den Grundvertrag, in: DÖV 1973, S. 801 ff. *§1(1)*
- Der Verfassungsstaat im Geflecht der internationalen Beziehungen, in: VVDStRL 36 (1978), S. 7 ff. (1978a) *§7(23)*
- Die Bundesrepublik Deutschland und die Menschenrechtspakte der Vereinten Nationen, in: VN 1978, S. 1 ff. (1978b) *§7(23)*

- Das Statut von Rom für den internationalen Strafgerichtshof, Friedens-Warte 73 (1998), S. 335 ff. *§7(22)*
- Das BVerfG im Kreise anderer nationaler Verfassungsgerichte, in: Badura, P/Dreier, H. (Hrsg.), Festschrift 50 Jahre Bundesverfassungsgerichts, Bd. I, 2001, S. 245 ff. *§7(41)*

Tribe, L.
- Constitutional Choices, 1985 *§5(16)*

Triepel, H.
- Streitigkeiten zwischen Reich und Ländern. Beiträge zur Auslegung des Artikels 19 der Weimarer Reichsverfassung, in: Festgabe der Berliner Juristischen Fakultät für Wilhelm Kahl zum Doktorjubiläum am 19. April 1923, Beitrag II, S. 1 ff *§1(106)(108)(109)(122)*
- Wesen und Entwicklung der Staatsgerichtbarkeit in: VVDStRL 5(1929), S. 2 ff. *§1(2)(3) (97)(109)(136)(177)(178)*, *§5(38)*, *§6(13)*, *§6L*

Tsatsos, D.
- Die europäische Unionsgrundordnung, in: EuGRZ 1995, S. 287 ff. *§5(63)*

Tschira, O./Schmitt Glaeser, W.
- Verwaltungsprozeßrecht, 2. Aufl. 1975 *§1(34b)*

Tushnet, M.
- Taking the Constitution away from the Courts, 1999 (1999a) *§5(16)*
- The Possibilities of Comparative Constitutional Law, in: Yale Law Journal, Vol. 108 (1999), S. 1225 ff. (1999b) *§5(69)*

Ule, C. H.
- Verwaltungsprozeßrecht, 6. Aufl. 1975 *§1(34b)*

Umbach, D. C./Clemens, T. (Hrsg.)
- Bundesverfassungsgerichtsgesetz. Mitarbeiterkommentar und Handbuch, 1992, *§6L*

Verdross, A.
- Die Einheit des rechtlichen Weltbildes auf Grundlage der Völkerrechtsverfassung, 1923 *§7(23)*
- Die Verfassung der Völkerrechtsgemeinschaft, 1926 *§7(23)*

Verdross, A./Simma, B.
- Universelles Völkerrecht, 3. Aufl. 1984 *§7(23)*

Verdussen, M. (coord.)
- La justice constitutionnelle en Europe central, 1997 *§5(18)*

Vitzthum, W. Graf (Hrsg.)
- Europäischer Föderalismus, 2000 *§7(17)*

Vitzthum, W. Graf/Mack, M.
- Multiethnischer Föderalismus in Bosnien-Herzegowina, in: Graf Vitzthum, W. (Hrsg.), Europäischer Föderalismus, 2000, S. 81 ff. *§5(40)§7(17)*

Vogel, H. J.
- Rechtskraft und Gesetzeskraft der Entscheidungen des Bundesverfassungsgerichts, in: Starck, C. (Hrsg.) Bundesverfassungsgericht und GG, BVerfG 25 Jährige I 1976, S. 568 ff. *§3(123)*
- Videant judices ! Zur aktuellen Kritik am Bundesverfassungsgericht, in: DÖV 1978, S. 665 ff. *§2(6)*

Voigt, A. (Hrsg.)
- Der Herrschaftsvertrag, 1965 *§2(40)*

Vollkommer, M.
- Anmerkung, in: Der Deutsche Rechtspfleger 84 (1976), S. 393 ff. *§3(127)*

Vomerkun, A.
- Der Grundsatz der Verfassungsorgantreue und Kritik am BVerfG, in: NJW 1997, S. 2216 ff. *§5(6)*

Voßkuhle, A.
- Art. 93, in: v. Mangoldt, H/Klein, F./Starck, C. (Hrsg.), Das Bonner Grundgesetz, Bd III, 2001 (2001a) *§7(7)*
- Art. 94, in: v. Mangoldt, H/Klein, F./Starck, C. (Hrsg.), Das Bonner Grundgesetz, Bd III, 2001 (2001b) *§7(7)(45)*

Wahl, R.
- Verfassungsvergleichung als Kulturvergleichung, in: Festschrift für H. Quaritsch, 2000, S. 163 ff. *§5(11)*
- Die Reformfragen, in: Badura, P./Dreier, H. (Hrsg.), Festschrift 50 Jahre Bundesverfassungsgerichts, Bd. I, 2001, S. 461 *§7(45)*

Walter, C.
- Hüter oder Wandler der Verfassung? Zur Rolle des Bundesverfassungsgerichts im Prozeß des Verfassungswandels, in: AöR 125 (2000), S. 517 ff. *§7(30)*

Watts, A.
- The International Rule of Law, in: German Yearbook of International Law 36 (1993), S. 15

ff. *§7(23)*

Weber, A.
- Die Verfassungsgerichtsbarkeit in Spanien, in: AöR 34 (1985), S. 245 ff. *§5(46)*
- Verfassungsgerichte in anderen Ländern, in: Piazolo, M. (Hrsg.), Das Bundesverfassungsgericht. Ein Gericht im Schnittpunkt von Recht und Politik, 1995, S. 61 ff. *§5(28)*
- Eine einmalige Chance für eine europäische Verfassunggebung, in: FAZ vom 26. August 2000, S. 6 ff *§5(63)*

Weber, H.
- Die Rechtsprechung des Bundesverfassungsgerichts auf dem Prüfstand – Eine Festschrift zum 25 jährigen Bestehen des Gerichte, in: NJW 1976, S. 2108 ff. *§3(125)*

Weidmann, K. W.
- Der Europäische Gerichtshof für Menschenrechte auf dem Weg zu einem europäischen Verfassungsgerichtshof, 1985 *§5(61)*

Weiler, J. H. H.
- Der Staat „über alles", in: JöR 44 (1996), S. 91 ff. *§5(70), §6(30)*

Wertenbruch, W.
- Zur Abgrenzung der Zulässigkeit des Rechtsweges vor den Zivilgerichten bei Klage auf Einhaltung einer Vereinbarung in der Koalition, in: DÖV 1959, S. 506 ff. *§1(34b)*

Wiegandt, M. H.
- Norm und Wirklichkeit: G. Leibholz (1901-1982), Leben, Werkund Richteramt 1995 *§6(1)*

Wieland, J.
- Das Bundesverfassungsgericht am Scheideweg, in: KritV 1998, S. 171 ff. *§5(75)*

Wilke, D./Koch, G. H.
- Außenpolitik nach Anweisung des Bundesverfassungsgerichts? Bemerkungen zur Bindungswirkung des Grundvertragsurteils, in: JZ 1975, S. 233 ff. *§1(1)(72)*

Wilburg, W.
- Entwicklung eines beweglichen Systems im bürgerlichen Recht, 1951 *§5(29)*

Wilms, H.
- Die Vorbildfunktion des United States Supreme Court für das BVerfG, in: NJW 1999, S. 1527 ff. *§5(1)*

Woelk, J.
- Konfliktregelung und Kompetenzen im italienischen und deutschen Verfassungsstaat, 1999 *§7(26)*

Wolff, H. J./Bachof, O.
- Verwaltungsrecht I, 9. Aufl. 1974 *§1(24)*

Wolff, H. A.
- Der Grundsatz „nulla poena sine culpa" als Verfassungsrechtssatz, in: AöR 124 (1999), S. 55 ff. *§5(80)*

Würkner, J.
- Das Bundesverfassungsgericht und Freiheit der Kunst, 1994, *§6L.*

Zacher, H. F.
- Pluralität der Gesellschaft als Rechtspolitische Aufgabe, in: Der Staat 9 (1970), S. 161 ff. *§1(103)*
- Aussprache (Die Bindung des Richters an Gesetz und Verfassung) in: VVDStRL 34 (1976) S. 384 *§1(69)*

Zagrebelsky, G.
- La guistizia costituzionale, 2. Aufl. 1988. *§5(28)*
- L'idea di giustizia e l' esperienza dell' ingiustizia, in: Martini, C.M./Zagrebelsky, G. (Hrsg.), La domanda di giustizia, 2003, S. 3 ff. *§7(51)*

Zagrebelsky, G. (Hrsg.)
- Diritti e Constituzione nell' Unione Euroea, 2003 *§7(35)*

Zakrzewska, J.
- L'Etat de Droit et Tribunal Constitutionnel en Pologne, in: JöR 41 (1993), S. 15 ff. *§5(3)*

Zeitler, F-C
- Verfassungsgericht und völkerrechtlicher Vertrag, 1974 *§1(8) (10) (37) (47) (72) (86), §3(6) (49)*

Zeitler, F. C.
- Judicial Review und Judicial Restraint gegenüber der auswärtigen Gewalt – Eine verfassungsvergleiche Studie, in: JöR 25 (1976), S. 621 ff. *§3(123)*

Zembsch, G.
- Verfahrensautonomie der BVerfG, 1971 *§3(6)*

Zimmermann, A.
- Die Schaffung eines ständigen internationalen Strafgerichtshofs, in: ZaöRV 58 (1998), S. 47 ff. *§7(22)*

Zuck, R.
- Der Tod des Beschwerdeführers im Verfassungsbeschwerdeverfahren vor dem Bundes-

verfassungsgericht, in: DÖV 1965, S. 836 ff. *§1(60)*
- Political Question Doktrin, Judicial self-restraint und das Bundesverfassungsgericht, in: JZ 1974, S. 361 ff. *§1(10)(86), §3(6)*
- Die Selbstbindung des Bundesverfassungsgerichts, in: NJW 1975, S. 907 ff. (1975a) *§1(12), §3(6)(123)*
- Anmerkung zum Urteil des BVerfG v. 12. 3. 1975 - 1 BvL 15/71 u. a., in: NJW1975, S. 922 (1975b) *§1(41)*
- Anmerkung zum Beschluß des BVerfG v. 3. 12. 1975 - 2 BvL 7/74 - Kein Ausschuß der Wiederwahl früherer Bundesverfassungsrichter, in: NJW 1976, S. 285 *§1(54), §3(6)*
- Das Recht der Verfassungsbeschwerde, 2. Aufl. 1988, *§6L*
- Die Entlastung des Bundesverfassungsgerichts, in: ZRP 1997, S. 95 ff. *§5(75)*

Zwirner, H
- Parteifinanzierung, in: AöR 93 (1968), S. 81 ff. *§3(2), §4(16)*
- Zum Grundrecht der Wissenschaftsfreiheit, in: AöR 98 (1973), S. 313 ff. *§1(1)*

P. ヘーベルレ憲法裁判関係業績・参照業績一覧

P. ヘーベルレ憲法裁判関係業績・参照業績一覧

以下は，本書で翻訳された各論稿において参照されたヘーベルレ自身の業績をまとめたものである。参照されている各論稿を記したうえで，参照されている箇所の章と注番号を記した。章は§で注番号はカッコ書きとした（例：第1章注63 → *§1(63)*）。本書で訳出されたものには，＊を付した。各論文が転載された論文集については，その論文集自体を参照するもののみを記した。

I. Selbständige Arbeiten（著書）

① Die Wesensgehaltgarantie des Art. 19 Abs. 2 Grundgesetz, 1962, 2. Aufl. 1972, 3., stark erweiterte Aufl. 1983 (Freiburger Dissertation); in italienischer Übersetzung: Le libertà fondamentali nello Stato costituzionale, 1993; in spanischer Übersetzung: La Libertad Fundamental en el Estado Constitucional, Lima 1997; Neue Übersetzung: La Garantía del Contenido Esencial de los Derechos Fundamentales, Madrid 2003 *§1(63), §3(13), §5(68), §6(19)*

② Öffentliches Interesse als juristisches Problem, 1970 (Freiburger Habilitationsschrift); 2. Aufl. 2006 *§1(119), §2(35), §3(9), §4(12)(16), §10(23)*

③ Verfassung als öffentlicher Prozeß. Materialien zu einer Verfassungstheorie der offenen Gesellschaft, 1978, 2. erw. Aufl. 1996, 3. Aufl. 1998 *§2(22)(26)(34)(38)(46)(49)(55)(62), §4(29)(56)(60)(63)(64)(65), §5(9)*

④ Kommentierte Verfassungsrechtsprechung, 1979 *§2(12), §4(26), §7(6)(48), §10(20)*

⑤ Die Verfassung des Pluralismus. Studien zur Verfassungstheorie der offenen Gesellschaft, 1980 *§10(10)*

⑥ Verfassungsgerichtsbarkeit zwischen Politik und Rechtswissenschaft. Zwei Studien, 1980 (Auszug aus: Kommentierte Verfassungsrechtsprechung, 1979, S. 1 ff. und 427 ff.); auch in: Revista de Estudios Politicos, Madrid, Juli-September 2004, S. 9 – 37 *§7(30)*

⑦ Klassikertexte im Verfassungsleben, 1981; portugiesische Übersetzung, i.V. Erziehungsziele und Orientierungswerte im Verfassungsstaat, 1981 (auch in: Wertepluralismus und Wertewandel heute, Josef Becker u.a. (Hrsg.), 1982, S. 75 ff.) *§7(27)*

⑧ Verfassungslehre als Kulturwissenschaft, 1982; 2. stark erweiterte Aufl. 1998; in spanischer Teilübersetzung der 2. Aufl.: Teoría de la Constitutión como ciencia de la cultura, 2000; in italienischer Übersetzung: Per una dottrina della costituzione come scienza della cultura, 2001;（井上典之訳「文化科学としての憲法学（一）（二）」神戸法学雑誌50巻4号（2001

年) 89-113 頁. 51 巻 2 号 (2001 年) 253-287 頁以下) *§5(8)*, *§7(52)*, *§10(6) (28) (40)*

⑨ Rechtsvergleichung im Kraftfeld des Verfassungsstaates. Methoden und Inhalte, Kleinstaaten und Entwicklungsländer, 1992 *§5(9)*

⑩ Gibt es eine europäische Öffentlichkeit?, 2000; in griechischer Übersetzung, Athen, 1999 (s. auch unselbst. Arbeiten) *§5(64)*

⑪ Europäische Verfassungslehre in Einzelstudien, 1999 *§5(63)*

⑫ Europäische Verfassungslehre, 2001/2002; 2. Aufl. 2004; 3. Aufl. 2005; 4. Aufl. 2006; 5. Aufl. 2007, 6. erw. Aufl. 2009, 7. erw. Aufl. 2011 *§7(52)*

⑬ Der Verfassungsstaat in kulturwissenschaftlicher Sicht, Aufsatzsammlung (Japan 1999), Tokio 2002 (井上典之・畑尻剛編訳「文化科学の観点から見た立憲国家」(尚学社, 2002) *§10(35) (44)*

⑭ Häberle, P./Kotzur, M., De La soberania al derecho constitucional común: para un diálogo europeo-latinoamericano, Mexiko 2003, S. 1 – 122; Teilübersetzung auch in: Diálogo cientifico, Bd. 12, 2003, S. 23 – 39 *§7(18)*

⑮ Cultura dei diritti e diritti delle cultura nello spazio costitutionale europeo, Milano 2003 *§7(44)*

II. Aufsätze (論文)

① Berufsgerichte als „staatliche" Gerichte. Gedanken zum Beschluß des BVerfG vom 24.11.1964, in: DÖV 1965, S. 369 – 374 (auch in: Kommentierte Verfassungsrechtsprechung, 1979, S. 347 ff.) *§2(27)*

② Unmittelbare staatliche Parteifinanzierung unter dem Grundgesetz– BVerfGE 20, 56, in: JuS 1967, S. 64 – 74 (auch in: Kommentierte Verfassungsrechtsprechung, 1979, S. 173 ff.) *§1(14) (114)*, *§10(37)*

③ „Gemeinwohljudikatur" und Bundesverfassungsgericht, in: AöR 95 (1970), S. 86 – 125 und S. 260 – 298 (auch in: Kommentierte Verfassungsrechtsprechung, 1979, S. 235 ff. mit Nachtrag, S. 308 – 329) *§1 (19) (76) (101) (107)*, *§3(15) (36) (100)*, *§4(7) (13)*, *§10(23)*

④ Grundrechte im Leistungsstaat, in: VVDStRL 30 (1972), S. 43 – 141 in koreanischer Übersetzung, in: Dong-A Law Review Vol. 26, Pusan (Korea), 1999, S. 231 – 338; auch in: Hyo-Jeon Kim (Hrsg.), Zum Verständnis der deutschen Grundrechtstheorien, Seoul 2004, S. 181 ff. I THEORIA „TON BADMIDON EKSELIKSIS TON KEIMENON", in: TETRADIA SYNTAGMATIKOY DIKAIOY (Eine Theorie der Stufenentwicklungen der Texte, Verfassungsrechtshefte), Ant. N. Sakkoyla (Hrsg.), Heft 19, Athen, 1992 (auch in: Die Verfassung des Pluralismus, 1980, S. 163 ff.; Teilabdruck der Leitsätze u.a. in: Karl-Andreas Hernekamp (Hrsg.),

Soziale Grundrechte, Aktuelle Dokumente, 1979; (井上典之ほか訳「給付国家における基本権」井上典之編訳「基本権論」(信山社, 1993年) 1-160頁) *§1(64)*, *§2(20)(29)*, *§4(43a)*, *§6(19)((22)(24)*, *§10(15)*

⑤ Das Bundesverfassungsgericht im Leistungsstaat. Die Numerus-clausus-Entscheidung vom 18.7.1972, in: DÖV 1972, S. 729 – 740 (auch in: Kommentierte Verfassungsrechtsprechung, 1979, S. 57 ff.) *§4(7)*

⑥ Zeit und Verfassung, in: ZfP 21 (1974), S. 111 – 137, wiederabgedruckt in: Dreier, R./ Schwegmann F. (Hrsg.), Probleme der Verfassungsinterpretation, 1976, S. 293 ff. (auch in: Verfassung als öffentlicher Prozeß, 1978/1996/1998) *§1(38)(92)*, *§2(62)*, *§3(3)*, *§4(22)*

⑦ Verfassungstheorie ohne Naturrecht, in: AöR 99 (1974), S. 437 – 463, wiederabgedruckt in: Friedrich, M. (Hrsg.), Verfassung, 1978, S. 418 ff. (auch in: Verfassung als öffentlicher Prozeß, 1978/1996/1998) *§1(78)(107)*, *§3(100)*

⑧ Die offene Gesellschaft der Verfassungsinterpreten, in: JZ 1975, S. 297 – 305; in koreanischer Übersetzung, in: Hee-Yol Kay (Hrsg.), Verfassungsinterpretation. Ausgewählte Schriften, 1992, S. 217 – 251; in polnischer Übersetzung, in: Samorząd Terytorialny 10/1992, S. 41 – 53 und in: Konstytucja: Transformacja, Piotr Kaczanowski (Hrsg.), Warszawa 1995, S. 27 – 49; in spanischer Übersetzung in: Academia, Año 6 – numero 11, 2008, S. 29 – 62 (Buenos Aires); in portugiesischer Übersetzung als selbständiger Band (s. I.) (auch in: Verfassung als öffentlicher Prozeß, 1978/1996/1998; sowie in: Die Verfassung des Pluralismus, 1980, S. 79 ff.); in russischer Übersetzung, in: Konstitucionne pravo, 2003, S. 21 ff.; im Internet in spanischer Sprache *§1(9)(16)(40)(46)(50)(68)(73)(85)(88)(91)(144)*, *§2(9)*, *§3(3)(57)(88)(99)(132)*, *§10(3)*

⑨ „Staatskirchenrecht" als Religionsrecht der verfaßten Gesellschaft, in: DÖV 1976, S. 73 – 80, wiederabgedruckt in: Mikat, P. (Hrsg.), Kirche und Staat in der neueren Entwicklung, 1980, S. 452 ff. (auch in: Verfassung als öffentlicher Prozeß, 1978/1996/1998) *§2(21)*, *§3(88)*, *§4(44)*

⑩ Freiheit, Gleichheit und Öffentlichkeit des Abgeordnetenstatus, in: NJW 1976, S. 537 – 543 (auch in: Kommentierte Verfassungsrechtsprechung, 1979, S. 215 ff.) *§1(52)*, *§3(76)(88)(106)*, *§5(81)*

⑪* Verfassungsprozeßrecht als konkretisiertes Verfassungsrecht, in: JZ 1976, S. 377 – 384 (auch in: Verfassung als öffentlicher Prozeß, 1978/1996/1998); in spanischer Übersetzung, in: Pensamiento Constitucional, Año VIII N.°8, Peru 2001, S. 25 – 59, auch in: Revista Iberoamericana de Derecho Procesal Constitucional, Nr. 1/2004, S. 15 – 44 *§1(15)(89)(117)(132)(138)(166)(176)*, *§2(32)*, *§4(10)(42)*, *§5(11)*, *§6(8)*, *§7(42)*

⑫* Grundprobleme der Verfassungsgerichtsbarkeit, in: Häberle, P. (Hrsg.), Verfassungsgerichtsbarkeit, 1976, S. 1 - 45（土屋武 / 畑尻剛訳「憲法裁判の基本問題」比較法雑誌 45 巻 4 号（2012）75-139 頁 ）*§2(8)(28), §3(123), §4(21)(29)(48), §5(27), §6(12)(26), §7 (28)*

⑬ Öffentlichkeitsarbeit der Regierung zwischen Parteien- und Bürgerdemokratie, in: JZ 1977, S. 361 - 371 (auch in: Verfassung als öffentlicher Prozeß, 1978/1996, 1998) *§2(11)(64)*

⑭ Verfassungsinterpretation und Verfassunggebung, in: ZSR 97 (1978), S. 1 - 49 (auch in: Verfassung als öffentlicher Prozeß, 1978/1996, 1998) *§2(47)*

⑮ Der kooperative Verfassungsstaat, in: Kaalbach, F./Krawietz, W. (Hrsg.), Recht und Gesellschaft, FS für Helmut Schelsky, 1978, S. 141 - 177 (auch in: Verfassung als öffentlicher Prozeß, 1978/1996/1998, sowie in: Die Verfassung des Pluralismus, 1980, S. 287 ff.) *§10(22)*

⑯ Recht aus Rezensionen, Rechtsprechungsrezensionen als Faktoren des Rechtsbildungsprozesses, in Kommentierte Verfassungsrchtsprechung, 1979 S. 1 ff. *§4(72)*

⑰* Verfassungsgerichtsbarkeit als politische Kraft, in: Becker, J. (Hrsg.), Dreißig Jahre Bundesrepublik- Tradition und Wandel, 1979, S. 53 - 76 (auch in: Kommentierte Verfassungsrechtsprechung, 1979, S. 427 ff., sowie in: Verfassungsgerichtsbarkeit zwischen Politik und Rechtswissenschaft, 1980, S. 55 ff.); portugiesische Übersetzung, in: Justiça Constitucional, (coord. A.R. Tavares), 2007, S. 57 - 81 *§5(41), §10(34)*

⑱ Die verfassunggebende Gewalt des Volkes im Verfassungsstaat - eine vergleichende Textstufenanalyse, in: AöR 112 (1987), S. 54 - 92 (auch in: Rechtsvergleichung im Kraftfeld des Verfassungsstaates, 1992, S. 139 ff.) *§10(35)*

⑲ Grundrechtsgeltung und Grundrechtsinterpretation im Verfassungsstaat - Zugleich zur Rechtsvergleichung als "fünfter" Auslegungsmethode, in: JZ 1989, S. 913 - 919; auch in: Antonio López Pina (Hrsg.), La garantia constitucional de los derechos fundamentales, 1991 („Efectividad de los derechos fundamentales en el Estado constitucional"), S. 260 - 277; auch in: Il federalismo e la democrazia europea, a cura di Gustavo Zagrebelsky, 1994, S. 141 - 187 (auch in: Rechtsvergleichung im Kraftfeld des Verfassungsstaates, S. 27 ff.) *§5(67), §7(31), §10(8)*

⑳ Gemeineuropäisches Verfassungsrecht, in: EuGRZ 1991, S. 261 - 274; jetzt auch in: Jürgen Schwarze (Hrsg.), Verfassungsrecht und Verfassungsgerichtsbarkeit im Zeichen Europas, 1998, S. 11 - 44; gekürzt auch in: Universitas 1992, S. 960 - 970 und in spanischer Übersetzung, in: Revista de Estudios Politicos (Nueva Epoca) 79 (1993), S. 7 - 46 sowie in: Derechos Humanos Y Constitucionalismo Ante El Tercer Milenio, Antonio-Enrique Pérez Luño (coordinador), 1996, S. 187 - 223; sowie in: Apuntes de Derecho, Lima, 1997, año II, num 1, S. 9 – 37; stark erweiterte Fassung in: Bieber, R./ Widmer, P. (Hrsg.), Der europäische Verfassungsraum, 1995, S. 361 – 398 (auch in: Rechtsvergleichung im Kraftfeld des Verfassungsstaates, 1992, S. 71 – 104; sowie auch in: Europäische Rechtskultur, 1994/TB 1997, S. 33 ff.) *§6(28)*

㉑ Föderalismus, Regionalismus, Kleinstaaten – in Europa, in: Die Verwaltung 25 (1992), S. 1 – 19; italienische Übersetzung, in: Il federalismo e la democrazia europea, a cura di Gustavo Zagrebelsky, 1994, S. 67 – 88 (auch in: Europäische Rechtskultur, 1994/TB 1997, S. 257 ff.) *§7(26)*

㉒* Bundesverfassungsrichter – Kandidaten auf dem Prüfstand? Ein Ja zum Erfordernis „öffentlicher Anhörung", in: Guggenberger, B. / Meier, A. (Hrsg.), Der Souverän auf der Nebenbühne, 1994, S. 131 – 133 (auch in: Verfassung als öffentlicher Prozeß, 1996/1998) *§5(31)*

㉓ Ein „Zwischenruf" zum Diskussionsstand in der deutschen Staatsrechtslehre. Geburtstagsblatt für Hans Maier, in: FS für Hans Maier, 1996, S. 327 – 339 *§5(83)*

㉔* Die Verfassungsbeschwerde im System der bundesdeutschen Verfassungsgerichtsbarkeit, in: JöR 45 (1997), S. 89 – 135; in spanischer Übersetzung, in: Domingo G. Belaunde/ Francisco Fernández Segado (coord.), La Jurisdiccion Constitucional en Iberoamerica, Madrid 1997, S. 225 – 282, und in: Revista Jurídica de Macau, N.° Especial, O Direito de Amparo em Macau e em Direito Comparado, 1999, S. 175 – 236; in koreanischer Übersetzung, in: Jahrbuch des koreanischen Verfassungsgerichtes, Seoul (Korea), 2000, S. 481 – 568; in erweiterter Fassung in italienischer Übersetzung als selbständiger Band; in portugiesischer Übersetzung, in: Direito Público 2/2003, S. 83 – 137; in revidierter Fassung in Spanisch: H. Fix-Zamudio u.a. (coord.), El Derecho de Amparo en el Mundo, Mexiko, 2006, S. 695 – 760 *§5(76), §7(49)*

㉕ Das „Weltbild" des Verfassungsstaates – eine Textstufenanalyse zur Menschheit als verfassungsstaatlichem Grundwert und „letztem" Geltungsgrund des Völkerrechts, in: Ziemske, B./ Langheid, T./ Wilms, H./ Haverkate, G. (Hrsg.), Staatsphilosophie und Rechtspolitik, FS für Martin Kriele, 1997, S. 1277 – 1306 *§7(25)*

㉖ Allgemeine Probleme des Verfassungsrechts und der Verfassungsgerichtsbarkeit – auf der Grundlage des deutschen "Modells" und im Blick auf die Ukraine, in: JöR 48 (2000), S. 399 – 419; auch in ukrainischer Übersetzung in: ВІСНИК КОНСТИТУЦІЙНОГО СУДУ УКРАЇНИ 6/2001, S. 59 – 72 *§5(44)*

㉗ Europa als werdende Verfassungsgemeinschaft, in: DVBl. 2000, S. 840 – 847; in slowenischer Übersetzung, in: Pravnik (Revija za Pravno Teorijo in prakso), Ljubljana, let. 56 (2001),

S. 321 – 336; in ungarischer Übersetzung: Európa mint formálódó alkotmányos közösség, in: Jogtudományi Közlöny, 10/2001, S. 431 ff., auch in: Deutsche Stiftung für Internationale rechtliche Zusammenarbeit (Hrsg.), Budapester Forum für Europa Bonn, 2002, S. 107 – 145 mit englischer Zusammenfassung *§5(63)*

㉘ Das nationale Steuerverfassungsrecht im Textstufenvergleich, in: Staaten und Steuern, FS für Klaus Vogel zum 70. Geburtstag, 2000, S. 139 – 155 *§7(39)*

㉙ Die Verfassung im Kontext, in: Thürer, D./Aubert, J.-F./Müller, J.P. (Hrsg.), Verfassungsrecht der Schweiz, Zürich 2001, S. 17 – 33; in italienischer Übersetzung i. E.; in spanischer Übersetzung: La Constitución en el Contexto, in: Anuario Iberoamericano de Justicia Constitutional, Núm. 7, 2003, S. 223 – 245 *§5(45)*

㉚* Das Bundesverfassungsgericht als Muster einer selbständigen Verfassungsgerichtsbarkeit, in: FS 50 Jahre Bundesverfassungsgericht, 2001, S. 311 – 331; spanische Übersetzung, El Tribunal Constitucional Federal como Modelo de una Jurisdicción Constitucional Autónoma, in: Anuario Iberoamericano de Justicia Constitucional 9, Madrid, 2005, S. 113 bis 151 *§7(9)*

㉛* Die Verfassungsgerichtsbarkeit auf der heutigen Entwicklungsstufe des Verfassungsstaates, EuGRZ 2004, S. 117 – 125, auch in: Pensiamento Constitucional, Lima, Año X N.° 10, 2004, S. 17 – 42, auch in: Direito Público, Porto Alegre, Ano III – N° 11, 2006, S. 73 – 96; auch in: Revista internacional de Derecho Constitucional III, 2009, S. 56 – 79

㉜* Funktion und Bedeutung der Verfassungsgerichte in vergleichender Perspektive, EuGRZ 2005, S. 685 – 688, in englischer Übersetzung, in: I. Pernice u.a. (eds.), The Future of the European Judicial System in a Comparative Perspective, 2006, S. 65 – 75, in spanischer Übersetzung: Justicia Constitucional, Ano II, Nr. 3, Lima 2006, S. 269 – 281

III. Rechtsprechungsanmerkungen （判例評釈）

* Die Eigenständigkeit des Verfassungsprozeßrechts. Zum Beschluß des BVerfG vom 29.5.1973, in: JZ 1973, S. 451 – 455 (auch in: Kommentierte Verfassungsrechtsprechung, 1979, S. 405 ff.) *§1(1)(82)(114), §2(30), §3(2)(14)(123), §5(49), §6(8)*

IV. Besprechungsaufsätze （書評論文）

① Öffentlichkeit und Verfassung, Bemerkungen zur 3. Auflage von Jürgen Habermas, Strukturwandel der Öffentlichkeit, 1968, in: ZfP 16 (1969), S. 273 – 287 (auch in: Verfassung als öffentlicher Prozeß, 1978/1996, 1998) *§1(39), §2(55), §4(12), §10(5)*

② Retrospektive Staats(rechts)lehre oder realistische „Gesellschaftslehre"? Zu Ernst Forsthoff, Der Staat der Industriegesellschaft, 1971, in: ZHR 136 (1972), S. 425 – 446 (auch in: Verfassung als öffentlicher Prozeß, 1978/1996/1998) *§1(4)(37)*

③ Allgemeine Staatslehre, demokratische Verfassungslehre oder Staatsrechtslehre? Zu Roman Herzog, Allgemeine Staatslehre, 1971, in: AöR 98 (1973), S. 119 – 134 (auch in: Verfassung als öffentlicher Prozeß, 1978/1996, 1998) *§1(90), §3(112), §4(1)(4)(13)*

④ Verfassungstheorie zwischen Dialektik und kritischem Rationalismus. Zu Dieter Suhr, Bewußtseinsverfassung und Gesellschaftsverfassung, 1975, in: Rechtstheorie 7 (1976), S. 77 – 93 (auch in: Verfassung als öffentlicher Prozeß, 1978/1996, 1998) *§1(78)*

V. Buchbesprechungen und Buchanzeigen（書評）

① Besprechung von: Walter Leisner, Von der Verfassungsmäßigkeit der Gesetze zur Gesetzmäßigkeit der Verfassung, 1964, in: AöR 90 (1965), S. 117 – 122 *§3(13)*

② Besprechung von: Niklas Luhmann, Grundrechte als Institution, 1965, in: JZ 1966, S. 454 f. *§2(54)*

③ Besprechung von: Christoph Böckenförde, Die sogenannte Nichtigkeit verfassungswidriger Gesetze, 1966, in: DÖV 1966, S. 660 – 662 *§1(11)(15)(79), §3(15), §4(1)*

④ Besprechung von: Hans H. Klein, Bundesverfassungsgericht und Staatsräson, Über Grenzen normativer Gebundenheit des Bundesverfassungsgerichts, 1968, in: DÖV 1969, S. 150 f. *§1(19)(75)(81), §4(1)(16)*

⑤ Besprechung von: Walter Haller, Supreme Court und Politik in den USA, Fragen der Justiziabilität in der höchstrichterlichen Rechtsprechung, 1972, in: DVBl. 1973, S. 388 f. *§1(148)2(48)(66), §4(11)(16)*

⑥ Besprechung von: Helmut Schelsky, Systemüberwindung, Demokratisierung, Gewaltenteilung, 1973, in: AöR 100 (1975), S. 645 – 651 (auch in: Verfassung als öffentlicher Prozeß, 1978/1996/1998) *§1(52), §3(57)*

⑦ Besprechung von: Ulrich Steinwedel, „Spezifisches Verfassungsrecht" und „einfaches Recht", 1976, in: DÖV 1977, S. 454 f. *§3(127)*

⑧ Besprechung von: Christoph Moench, Verfassungswidriges Gesetz und Normenkontrolle, 1977, in: DVBl. 1978, S. 653 *§2(65), §3(127), §4N(18)*

⑨ Besprechung von: Tradition und Fortschritt im Recht. FS zum 500-jährigen Bestehen der Tübinger Juristenfakultät, in: BayVBl. 1978, S. 581 f. *§2(51)*

VI. Sonstiges（その他）

① Diskussionsbeiträge in: VVDStRL 37 (1979), S. 126 – 128, 288 f. *§2(41);* 39 (1981), S. 159

f., 202 f., 405 f. *§6(10)*

② Diskussionsbeitrag, in: Vogel, K. (Hrsg.), Grundrechtsverständnis und Normenkontrolle. Kolloquium ftir Hans Spanner, 1979, S. 63 – 66.

③ Nachruf zum Tode von Konrad Hesse (1919 bis 2005), in: AöR 130 (2005), S. 289 – 293 (chinesische Übersetzung, in: K. Hesse, Grundzüge, 20. Aufl. China, S. 4 – 7; auch in: Revista de Derecho Constitu-cional Europeo, Numero 3 (2005), S. 293 – 297; auch in ZÖR 60 (2005), S. 279 – 280; weitere Nachrufe in ZevKR 50 (2005), S. 569 – 574 und im Jahrbuch der Bayerischen Akademie der Wissenschaften (2005), S. 339 – 343; chinesische Übersetzung, 2007（井上典之（監訳）「偉大な憲法学者への追想―コンラート・ヘッセ（1919～2005年）―」神戸法学雑誌 55 巻 4 号（2006）61-74 頁）*§10(25)*

④ Interview mit Professor H. Kuriki (Nagoya-shi), Über die Verfassungsgerichtsbarkeit, in: Kleine Schriften. Beiträge zur Staatsrechtslehre und Verfassungskultur (hrsg. v. W. Graf Vitzthum), 2002, S374 – 386（畑尻剛・土屋武訳「憲法裁判をめぐって」比較法雑誌 40 巻 3 号（2006）49-77 頁）

索 引

事項索引

あ 行

アミカス・キュリイ　45
アメリカモデル　284, 299
アンパーロ手続　165, 198, 242
違憲警告判決　6, 319
違憲宣言　20, 218, 319
意見聴取　27, 38, 314, 317
一般的公共性　32
受け皿的基本権　207

か 行

解釈に対する憲法異議　215
外部的多元主義　297, 306
学問　61, 70, 71, 72, 96, 109, 127, 137, 138, 139, 153, 159, 186, 199, 236, 237, 250, 253, 257, 265, 268, 274, 294
学問的公共圏　150, 178, 199, 229, 251
影の主権者　179
過重負担　44, 215, 284, 290, 304, 321
仮の権利保護　206
関係人　16, 21, 24, 25, 27, 28, 35, 37, 63, 81, 88, 103, 107, 118, 134, 195, 196, 314, 316
鑑定人　27, 31, 314, 315
寛容　54, 100, 182, 297
機関争訟　15, 30, 37, 54, 81, 88, 89, 152, 155, 171, 180, 187, 188, 191, 193, 194, 196, 197, 205, 217, 298, 320
機能法的な　6, 35, 159, 287, 295
基本権　7, 14, 15, 16, 21, 22, 23, 27, 51, 53, 56, 60, 61, 62, 69, 76, 85, 87, 128, 136, 137, 143, 153, 154, 156, 161, 162, 178, 179, 181, 182, 183, 187, 188, 189, 192, 193, 198, 199, 200, 201, 202, 203, 204, 205, 206, 207, 208, 209, 210, 211, 212, 213, 214, 215, 216, 222, 224, 225, 226, 228, 229, 236, 237, 241, 266, 270, 274, 285, 288, 291, 294, 295, 296, 297, 301, 311, 314, 318, 320
基本権学　199
基本権国家　198
基本権史　198
基本権社会　198
基本権ドグマーティク　287
基本権の第三者効力　137, 266, 295, 318
基本権類似の権利　53, 179, 189, 192, 204, 206, 213
基本的価値決定　7, 21
客観化傾向　19, 23, 99
客観法的価値決定　201
共同社会　12, 17, 18, 20, 28, 29, 50, 58, 64, 74, 96, 104, 105, 126, 150, 154, 199, 203, 210, 237, 274, 279, 296, 322, 330
共同責任　66
協動的立憲国家　291
具体化された憲法としての憲法訴訟法　23, 90, 108, 115, 127, 128, 133, 313
具体的規範統制　53, 152, 161, 180, 187, 188, 194, 196, 217, 222, 270, 298, 302, 320, 321
警告　32, 46, 218, 265, 295
警告判決　38, 70, 218, 219, 271, 319
継受の媒介者　300
形成自由　22
結果に配慮した憲法解釈　20, 40, 316, 319
結果配慮責任　19
権威主義　240, 243
兼職　25, 176

事項索引　393

原則判決　38, 56, 70, 74, 81, 128, 130, 138, 247
憲法異議　6, 10, 15, 16, 22, 31, 37, 44, 45, 52, 53, 54, 69, 77, 86, 87, 88, 90, 91, 92, 93, 94, 98, 99, 100, 101, 102, 103, 104, 111, 132, 133, 152, 156, 165, 166, 175, 179, 182, 187, 188, 189, 191, 192, 193, 195, 197, 198, 199, 200, 201, 202, 203, 204, 205, 206, 207, 208, 209, 210, 211, 212, 213, 214, 215, 216, 217, 222, 223, 224, 225, 226, 250, 256, 266, 270, 272, 280, 290, 298, 302, 304, 307, 320, 321
憲法異議の補充性　39, 45, 92, 95, 98, 104, 112, 130, 131, 171, 209
憲法委託　32
憲法解釈による政治　5, 21
憲法解釈の開放性　315, 322
憲法解釈者の開かれた社会　50, 61, 62, 112, 137, 168, 185, 221, 247, 266, 267, 271, 286, 315, 318
憲法学　115, 144, 167, 174, 176, 186, 237, 265, 266, 291, 293, 303, 312, 328, 329, 331
憲法化された政治的共同社会　12
憲法機関　18, 37, 38, 39, 40, 42, 44, 51, 77, 95, 96, 105, 108, 117, 118, 120, 122, 134, 138, 146, 149, 154, 159, 173, 176, 186, 191, 194, 195, 196, 197, 217, 220, 221, 235, 247, 257, 273, 284, 295, 299, 303, 305, 314, 316, 319
憲法教育　77, 158, 273
憲法契約　63, 64, 67, 68, 318
憲法ゲマインシャフト　167, 301
憲法裁判官の資格　25, 313
憲法裁判官の員数　224
憲法裁判官の忌避（回避）　20, 128
憲法裁判官の選出　6, 7, 14, 20, 25, 30, 60, 160, 234, 253, 269, 279, 307, 310, 313, 323, 324

憲法裁判官の独立　39
憲法裁判官法　70, 72
憲法裁判による憲法解釈　3, 16, 21, 23, 32, 35
憲法裁判の公開性　43
憲法裁判の世界共同体　310, 325, 326, 332
憲法史　142, 145, 146, 160, 174, 181, 198, 257, 298
憲法司法　291
憲法上の争訟　10, 11, 181
憲法制定者と憲法解釈者の開かれた社会　247
憲法訴訟　11, 21, 25, 26, 34, 35, 37, 38, 39, 40, 43, 69, 82, 83, 84, 88, 90, 91, 96, 98, 105, 106, 107, 108, 110, 117, 118, 119, 120, 121, 122, 124, 129, 130, 134, 195, 330
憲法訴訟法の独自性　25, 34, 80, 90, 113, 114, 127, 129, 185, 310, 316
憲法テクストの法比較　311, 312, 327
憲法手続的能動的地位　69
憲法（の）裁判所　48, 59, 62, 170
憲法の実現　32, 312
憲法の「主人」　52
憲法の統一性　151, 287
憲法の番人　77, 148, 174, 220, 223, 250, 270, 305, 315
憲法の優位　18, 153, 154, 155, 157, 192, 269, 273, 293, 298
憲法擁護　54, 181
憲法論　58, 237, 264, 310, 311, 329, 330
権利保護　3, 15, 16, 45, 87, 99, 100, 101, 107, 131, 132, 166, 171, 203, 206, 207, 208, 209, 210, 226, 229, 256, 288, 298
権力分立　3, 13, 14, 15, 17, 22, 23, 25, 27, 31, 36, 38, 51, 54, 80, 94, 96, 98, 105, 109, 132, 145, 155, 156, 173, 175, 182, 197, 244, 245, 286, 295, 297, 298, 311, 313, 314, 316

垂直的権力分立　　　155, 156, 197,
　　　　　　　　　　245, 286, 298
水平的権力分立　　　　155, 244
後期注釈学派　　142, 166, 291, 328, 331
広義の憲法解釈（者）　311, 314, 315, 319
広義の憲法訴訟法　　25, 39, 44, 313, 323
広義の「社会（の）裁判所」　　　60
公共圏　14, 18, 21, 22, 27, 32, 37, 40, 42, 60,
　　　82, 96, 104, 107, 124, 150, 159, 178,
　　　199, 229, 236, 249, 251, 286, 290, 328
公共性　　24, 27, 31, 32, 34, 41, 72, 77, 105,
　　　　109, 111, 119, 150, 161, 245, 249,
　　　　250, 264, 265, 279, 310, 311, 312,
　　　　313, 315, 316, 317, 321, 322
公共的な機能　　　　　　　　　　8, 12
公共的な憲法理解　　　　　　　　　21
公共的な正義　　　　　　　　　　　63
公共的な全体配慮責任　　　　　　　21
公共的なもの　　　　　　　61, 205, 322
公共的プロセスとしての憲法　12, 21, 63,
　　　74, 185, 186, 195, 221, 247, 254, 265, 312
公共の福祉　　8, 18, 28, 32, 70, 105, 111,
　　　　　　130, 131, 134, 157, 219,
　　　　　　250, 251, 252, 291, 304
公共の福祉裁判　　28, 105, 134, 291, 304
合憲解釈　　　　　　　14, 22, 32, 75, 132,
　　　　　　　　　　195, 219, 225, 319
拘束力　　　　9, 12, 22, 26, 35, 75, 81, 132,
　　　　　　　172, 200, 218, 220, 221,
　　　　　　　222, 228, 262, 271, 304
公的聴聞　　　　177, 277, 278, 280, 281
口頭弁論　　　　31, 60, 84, 103, 104, 107,
　　　　　　　　109, 184, 212, 225
衡量に対する憲法異議　　　　　　216
国際刑事裁判所　　　　　　　243, 244
国事裁判　　　　　　7, 11, 28, 69, 190
国事裁判所　　　　151, 181, 187, 190,
　　　　　　　　　191, 239, 269, 272
五公五民原則　　　　　　　　289, 304

国家教会法　　　　　54, 56, 182, 288
国家と社会の分離　　　　　　69, 317
国家と社会の法的基本秩序としての憲法
　　　　　　　　　151, 310, 311, 317
国家と社会を包摂したレス・プブリカ　317
古典テクスト　　145, 155, 173, 234, 239,
　　　　　　　　245, 246, 248, 294, 327
コンセンサス　26, 30, 40, 63, 64, 78, 154,
　　　　　　167, 228, 247, 267, 270, 290,
　　　　　　295, 311, 312, 316, 320

さ 行

サーシオレーライ　　　　　　　　44
再審　　　　25, 26, 150, 218, 228, 229
裁判官訴追手続　　　　　　　298, 320
裁判官の移送　　　　　　　　　　193
裁判官の訴え　　　　　　　　53, 180
裁判官排除規定　　　　　　　25, 81, 90
裁判官法　70, 72, 174, 207, 209, 215, 245
裁判所による通常法律の解釈　　　　23
裁判所の無党派性　　　　　　　　298
裁量規定　　　　　　　　　　20, 106
裁量的受理手続　　　　　　　290, 321
参加手段　　　6, 21, 44, 59, 61, 80, 95, 102,
　　　　　　103, 104, 105, 106, 108, 114,
　　　　　　133, 134, 135, 136, 185
参加法　21, 24, 43, 69, 74, 195, 270, 313, 314
参加法律　　　　　　　　　　35, 108
三人委員会　　　　　　　　　　　31
事件の関係人　　　　　　　37, 81, 103
自己拘束　　　　　　　　　　　　12
自己制限　　　　　　　　　　18, 20
自己抑制　　　6, 22, 44, 80, 94, 95, 96, 107,
　　　　　　114, 124, 130, 154, 234,
　　　　　　250, 256, 286, 299, 301
自己理解　　22, 38, 40, 62, 82, 98, 121, 122,
　　　　　138, 166, 175, 186, 226, 238, 266, 320
事実　　　4, 9, 12, 13, 30, 34, 39, 40, 41, 42,

事項索引　395

	45, 66, 74, 95, 96, 97, 104, 109, 125, 184, 186, 208, 221, 319
事実調査	35
事実認定	6, 41, 46, 82, 319
事実の解明	40, 41, 42, 319
指針決定	6
指針政治	68, 75, 295, 306
実効的権利保護	288
実質的意味の裁判	9
実践的調和	201
司法消極主義	51, 68
司法積極主義	44, 51, 68, 80, 94, 114, 130, 131, 158, 234, 238, 250, 273, 286, 289, 294, 299
司法の自己抑制	22, 44, 114, 130, 286
司法の政治化	284, 294
市民（の）裁判所	52, 165, 171, 198, 200, 226, 247, 256, 270, 280, 290, 320
社会契約	51, 58, 62, 63, 64, 65, 66, 67, 68, 173, 184, 246, 247, 266, 271, 272, 291, 311, 312, 318, 319
社会契約としての憲法	48, 62, 170, 310, 311, 312, 318
社会国家原理	66, 71, 90
社会的市場経済	57
社会的法治国家	154
社会（の）裁判所	48, 59, 60, 62, 64, 69, 137, 170, 184, 262, 272, 290, 310, 317, 320
出訴の途	53, 74, 132, 179, 193, 197, 203, 209, 210
出訴の途国家	165, 203
峻別思考	5
照射効	85, 201, 248
少数者保護	19, 24, 25, 27, 30, 31, 53, 54, 68, 157, 180, 182, 192, 200, 236, 313, 314, 318, 323
少数派	153, 247, 255, 322, 323
常設の憲法制定会議	299

証人	19, 31, 54, 68, 133, 182, 315
情報	40, 41, 42, 45, 59, 61, 83, 95, 102, 104, 105, 108, 109, 133, 134, 135, 136, 137, 145, 196, 201, 265, 280, 317
情報および参加手段	20
情報手段	44, 106
将来無効	20, 319
真実	27, 40, 42, 104, 136, 167, 184, 186, 196, 237, 251, 259, 294
進歩	48, 69, 70, 71, 72, 73, 74, 128, 170, 257, 322
すべての人の権利	195, 200, 203
正義	63, 70, 99, 157, 163, 173, 204, 215, 217, 235, 237, 248, 250, 251, 257, 291, 294
正義に基づくコントロール	150, 287
政治的共同社会	12, 20, 50, 104, 154, 274, 279, 296, 322, 330
政治的なもの	4, 39, 55, 56, 76, 183, 294, 295
政治の司法化	284, 294
政治文化	48, 51, 56, 57, 58, 75, 76, 77, 156, 170, 174, 251, 256, 281, 300, 327, 328, 329, 331, 332
政治・法論争	23
政治問題	40, 239
政党	27, 30, 31, 33, 37, 39, 56, 60, 81, 82, 85, 86, 88, 89, 102, 104, 116, 120, 124, 126, 149, 160, 177, 180, 182, 194, 225, 252, 253, 254, 264, 269, 270, 279, 280, 287, 289, 292, 296, 303, 306, 307, 324
政党禁止	37, 54, 152, 154, 182, 320
政党国家	31, 296, 306, 324
世界契約	66, 312
世界社会	66
世代間契約	52, 64, 65, 66, 247, 318
世代間契約としての憲法	312, 318, 319, 330
世代間契約としての社会契約	58, 184
世代問題	51
世論調査	76, 288, 289, 327, 331

全アジア憲法	302	多元的共同社会	28, 29
選挙抗告	298, 320	多元的権力分立	14, 25
漸次的改革	302, 307	多元的集団	40, 57, 61, 64, 69, 133, 134, 135, 137, 316, 317
漸次的技術	71		
全政治的共同社会	296	多元的な基本権理解	297
全体社会	60, 68, 295	多元的な公共の利益	21, 134
全体主義	67, 188, 192, 199, 201, 240, 243, 263, 273, 298, 300	多元的な参加法	74
		多元的な情報・参加手段	59
全体的解釈	90, 91, 93, 98, 106, 108, 117, 125, 130	多元的な情報法	69
		多元的民主主義	57, 192, 241, 244, 250, 265, 281, 286, 311, 325, 326
全体配慮責任	16, 18, 19, 20, 21, 22, 23, 26, 28, 310, 319, 330		
		段階的な参加の形式	27
前提理解	3, 18, 35, 42, 117, 289, 311, 313	単独責任	18, 66
専門裁判所	131, 157, 171, 194, 195, 208, 209, 210, 214, 215, 216, 225, 299	地域政治グループ	288
		力の平行四辺形	74
全レス・プブリカ	55, 56, 59, 183	秩序の開放性	264, 297
訴訟参加	27, 314	地方主義国家	287, 298
		地方主義国家争訟	298
た　行		抽象的規範統制	9, 15, 30, 33, 37, 51, 53, 54, 142, 152, 158, 164, 165, 180, 181, 188, 193, 195, 196, 217, 221, 222, 225, 252, 270, 290, 314, 321
第一権	52, 68, 179		
大統領訴追手続	298, 320		
第四権	52, 179	超事実審	171, 214
妥協の必然性	30	超上告審	94, 171, 193, 214
多元主義	24, 27, 28, 30, 31, 40, 54, 55, 57, 60, 68, 71, 76, 77, 108, 109, 133, 135, 150, 153, 177, 180, 181, 183, 201, 248, 264, 265, 269, 270, 271, 274, 296, 297, 306, 311, 313, 314, 320, 322, 323, 328	通常裁判所	157, 176, 203, 253, 295, 299
		帝国宮廷法院	190
		帝室裁判所	190
		手続的能動的地位	69, 128, 135, 178, 224, 288, 320
多元主義原理	27, 34, 62	手続能力	171, 205
多元主義的憲法	311, 328	手続の関係人	37
多元主義的憲法解釈	57	デュー・プロセス	134, 241, 244
多元主義的憲法理論	312	伝統	3, 48, 51, 56, 58, 62, 68, 69, 70, 72, 74, 75, 81, 82, 90, 108, 132, 144, 161, 163, 164, 170, 251, 255, 264, 279, 300, 302
多元主義的判決	67		
多元主義の憲法	167, 178, 184, 185, 189, 224, 225, 264, 287, 296, 311, 329		
		ドイツ人の権利	204
多元主義の三和音	51	当事者	35, 88, 103, 107, 118, 119, 120, 123, 171, 194, 206, 210, 220, 255, 282, 322
多元主義法律	24, 28, 35, 43, 313, 314		
多元主義モデル	58, 59	当初無効宣言	20

事項索引　397

ドイツモデル　284, 299, 300
党派性　39, 115, 118, 119, 121, 125, 298, 324
独立型憲法裁判　239, 240, 268, 269

な 行

内部的多元主義　297, 306
人間の尊厳　67, 70, 71, 78, 154, 157, 173, 198, 199, 201, 204, 206, 224, 242, 244, 264, 297, 304, 326
年金契約　65

は 行

配分参加　21
判決に対する憲法異議　171, 192, 193, 208, 210, 213, 214, 217
判決の拘束力　6, 22, 75, 172, 220, 228, 262, 271
判決の執行　20, 25, 26, 319
反対派　7, 14, 24, 27, 54, 55, 182, 183, 323
半直接民主制　174, 244, 273, 287, 300
評価特権　295
開かれた憲法　318
開かれた憲法解釈　61, 121, 134, 135, 137, 310, 315, 318, 321, 327
開かれた憲法理解　21, 22, 23
開かれた社会　12, 22, 50, 58, 60, 61, 62, 67, 112, 137, 145, 168, 185, 221, 245, 247, 261, 262, 263, 264, 265, 266, 267, 269, 270, 271, 272, 273, 274, 286, 315, 318, 326
開かれたプロセスとしての憲法　318
比例原則　201, 207, 223, 236, 241
部　20, 68, 75, 123, 139, 176, 188, 206, 211, 212, 286, 304, 322, 323
部会　171, 210, 211, 212
付随的憲法裁判　299
負担調整　65

文化国家　77, 154
文化としての憲法　312
分業　17, 19, 20, 39, 43, 56, 94, 96, 98, 107, 122, 132, 183, 214, 287, 295
分業的権力分立　38, 314
弁護士強制　52, 69, 179, 198, 203
変遷　16, 48, 51, 56, 58, 68, 69, 70, 72, 74, 75, 170, 221, 245, 255, 264, 322
ベンダ委員会　290, 304
法か政治　3, 5, 6
法規に対する憲法異議　210
法治国家　30, 49, 54, 71, 76, 143, 153, 154, 182, 201, 203, 207, 213, 215, 226, 241, 244, 285, 287, 320
法的審問請求権　205, 214
法と政治　3, 5, 19, 23, 50, 56, 68, 183, 294
法比較　91, 142, 143, 144, 145, 150, 151, 156, 157, 162, 163, 167, 173, 174, 175, 178, 226, 227, 234, 236, 237, 238, 241, 248, 254, 268, 281, 286, 291, 292, 293, 297, 298, 301, 310, 311, 312, 327
方法多元主義　248
法律と法への拘束　249
法律のたんなる違憲宣言　20
傍論　32, 37, 70, 74, 167, 238, 271, 304
保護義務ドクトリン　297
本質内容　200, 241

ま 行

マージナル・グループ　21, 318
民衆訴訟　132, 158, 187, 207, 208, 241, 247
民主主義　23, 30, 70, 150, 182, 188, 199, 237, 264, 265, 281, 303, 314
民主主義理論　27, 54
民主的正統化　31
民主的立憲国家　56, 183, 240, 312
民主的立法者　4, 13, 20, 22, 23, 56, 64, 66, 68, 76, 138, 183, 328

無効宣言　　　10, 20, 85, 196, 218, 221, 271
申立権　　7, 15, 25, 28, 35, 37, 86, 95, 98, 99,
　　　　　107, 118, 119, 171, 197, 204, 205
申立人　　　　35, 37, 125, 134, 189, 196,
　　　　　197, 205, 206, 207, 208, 209,
　　　　　　　　210, 211, 213, 217, 229

や 行

優越的自由の原理　　　　　　　　239
ヨーロッパ化した立憲国家　　　　244
ヨーロッパ憲法　　　146, 155, 164, 226,
　　　　　　　　　244, 249, 250, 266
ヨーロッパ憲法裁判所　226, 234, 240, 249
ヨーロッパ公共圏　　　　　　236, 249
ヨーロッパ司法裁判所　142, 153, 160, 161,
　　162, 164, 172, 226, 227, 228, 240, 254,
　　　　268, 272, 274, 289, 291, 300, 301
ヨーロッパ社会契約　　　　　　　247
ヨーロッパ宗教憲法　　　　　　　252
ヨーロッパ人権裁判所　142, 160, 161, 164,
　　　　172, 226, 227, 229, 240, 254, 268,
　　　　　272, 274, 286, 291, 300, 301
ヨーロッパ的公共の福祉　　　　　252
予測　　　　　　　　41, 46, 74, 302, 319
予備審査委員会　　　　　　　　　210

ら 行

ラテンアメリカ立憲主義　　　　　242
立憲国家　　　　143, 144, 145, 146, 147,
　　148, 151, 155, 156, 157, 158, 160, 164,
　　165, 173, 174, 178, 183, 184, 190, 198,
　　224, 226, 229, 230, 237, 242, 243, 244,
　　　246, 248, 252, 255, 257, 263, 264, 266,

267, 268, 269, 270, 272, 274, 288,
294, 298, 300, 305, 306, 312,
322, 325, 326, 327, 329, 331
立憲国家という類型　　157, 174, 234, 242,
　　　　　　　244, 263, 267, 298, 312, 326
立憲国家の世界共同体　　　310, 325, 326
立法予測（プログノーゼ）　　　　　74
レス・プブリカ　　8, 28, 50, 55, 56, 59, 61,
　　　　71, 122, 126, 136, 183, 245, 317, 322
列挙主義　　　　　　　　　　　35, 100
連邦議会　　　　7, 15, 30, 38, 39, 41, 46, 53,
　　　　87, 117, 120, 149, 160, 177, 180, 182,
　　　　193, 194, 195, 196, 253, 279, 280,
　　　　281, 289, 292, 296, 323, 324, 325
連邦憲法裁判所と民主的な立法者との「機
　　能法的な分業　　　　　　　　287
連邦憲法裁判所の過重負担解消　290, 321
連邦憲法裁判所の手続の自律性　310, 316,
　　　　　　　　　　　　　　　317
連邦国家的争訟　　　　54, 181, 191, 194,
　　　　　　　　　217, 247, 298, 320
連邦参議院　　　7, 14, 30, 39, 117, 120, 160,
　　177, 194, 196, 239, 253, 279, 292, 323, 324
連邦主義　　51, 55, 71, 76, 77, 143, 152, 156,
　　　　　181, 188, 189, 245, 320, 327
連邦大統領　　　　　　181, 194, 196, 253
連邦仲裁裁判所　　　　　　　　　190
連邦忠誠　　　　73, 77, 181, 248, 287, 297
労働力の価値　　　　　　　　　　67

わ 行

ワイマール　　　　　3, 7, 28, 56, 151, 182,
　　　　191, 192, 223, 235, 239, 258,
　　　　268, 269, 272, 285, 294, 297

判 例 索 引

BVerfGE 1, 4	90	BVerfGE 2, 307	15, 16, 82, 84, 102
BVerfGE 1, 5	90	BVerfGE 2, 341	97, 100
BVerfGE 1, 12	108	BVerfGE 2, 347	87
BVerfGE 1, 14	89, 92, 93, 99, 199, 202	BVerfGE 2, 372	87
BVerfGE 1, 66	83, 89, 97, 102, 123	BVerfGE 3, 19	82, 83
BVerfGE 1, 69	97	BVerfGE 3, 45	87, 109
BVerfGE 1, 87	43, 85, 90	BVerfGE 3, 52	95
BVerfGE 1, 97	44, 95, 97	BVerfGE 3, 58	45, 99
BVerfGE 1, 108	91	BVerfGE 3, 225	53, 93, 180, 297
BVerfGE 1, 109	82, 90, 93	BVerfGE 3, 261	97
BVerfGE 1, 115	81	BVerfGE 3, 267	81
BVerfGE 1, 167	98	BVerfGE 3, 368	100
BVerfGE 1, 184	83, 92	BVerfGE 3, 383	99, 205
BVerfGE 1, 208	11, 81, 82, 86, 87, 92	BVerfGE 4, 1	216
BVerfGE 1, 264	99	BVerfGE 4, 7	57, 65, 86
BVerfGE 1, 281	95	BVerfGE 4, 14	17
BVerfGE 1, 351	81, 83, 89, 87, 93	BVerfGE 4, 27	81, 88, 205
BVerfGE 1, 372	99, 180	BVerfGE 4, 30	88
BVerfGE 1, 396	15, 34, 39, 90, 93, 100, 185	BVerfGE 4, 31	17, 34, 44, 81, 89, 93, 108
BVerfGE 1, 415	82, 91, 97	BVerfGE 4, 60	65
BVerfGE 1, 418	94, 214	BVerfGE 4, 115	99
BVerfGE 1, 430	90	BVerfGE 4, 143	123
BVerfGE 2, 1	54, 86, 182	BVerfGE 4, 144	44, 86, 89, 92, 93, 97
BVerfGE 2, 79	15, 33, 43, 44, 82, 86, 87, 91, 92, 97, 99, 107, 185	BVerfGE 4, 157	219
		BVerfGE 4, 190	95
BVerfGE 2, 124	83, 195	BVerfGE 4, 193	95, 97, 98, 101
BVerfGE 2, 139	86	BVerfGE 4, 250	81, 97
BVerfGE 2, 143	81, 82, 87, 89, 94, 95, 107	BVerfGE 4, 309	97, 108
BVerfGE 2, 144	86	BVerfGE 4, 358	87, 92, 97, 102
BVerfGE 2, 213	45, 84, 93, 97, 102, 103	BVerfGE 4, 370	45, 103, 105
BVerfGE 2, 266	84, 195, 219	BVerfGE 4, 375	86
BVerfGE 2, 292	94	BVerfGE 5, 85	86, 108, 182, 264, 287, 297, 303
BVerfGE 2, 295	44, 82, 92, 117		
BVerfGE 2, 296	123	BVerfGE 6, 7	101
BVerfGE 2, 300	82, 93	BVerfGE 6, 32	99, 199, 207, 213

BVerfGE 6, 55	84, 199, 202, 297	BVerfGE 8, 210	84
BVerfGE 6, 104	97	BVerfGE 8, 222	39, 45, 92, 93, 95, 97, 104
BVerfGE 6, 257	96, 97, 107	BVerfGE 8, 252	44
BVerfGE 6, 290	65	BVerfGE 8, 256	45
BVerfGE 6, 300	12, 86, 220	BVerfGE 8, 274	84, 103
BVerfGE 6, 303	268	BVerfGE 8, 332	84
BVerfGE 6, 309	89, 181	BVerfGE 9, 1	101
BVerfGE 6, 386	97	BVerfGE 9, 3	45, 98, 99, 104, 209
BVerfGE 6, 389	93, 97	BVerfGE 9, 20	84
BVerfGE 6, 445	86, 89, 109	BVerfGE 9, 89	43, 86, 92, 93, 210
BVerfGE 7, 29	84	BVerfGE 9, 109	44, 83
BVerfGE 7, 45	84	BVerfGE 9, 120	97, 101
BVerfGE 7, 63	103	BVerfGE 9, 124	24, 90
BVerfGE 7, 89	45, 84, 102, 105	BVerfGE 9, 174	103
BVerfGE 7, 99	103, 106	BVerfGE 9, 268	86
BVerfGE 7, 111	99	BVerfGE 9, 305	65
BVerfGE 7, 144	112	BVerfGE 9, 334	87, 97
BVerfGE 7, 171	95	BVerfGE 10, 1	84, 95
BVerfGE 7, 183	84	BVerfGE 10, 4	54, 86, 89, 180
BVerfGE 7, 194	94	BVerfGE 10, 20	102
BVerfGE 7, 198	52, 53, 54, 69, 104, 165, 179, 182, 199, 201, 214, 216, 290	BVerfGE 10, 55	84
		BVerfGE 10, 59	45, 102, 106
BVerfGE 7, 282	103	BVerfGE 10, 118	87, 100
BVerfGE 7, 305	99, 100	BVerfGE 10, 177	45, 105
BVerfGE 7, 327	101	BVerfGE 10, 185	82, 106, 109
BVerfGE 7, 367	44	BVerfGE 10, 234	84
BVerfGE 7, 377	53, 69, 179	BVerfGE 10, 262	108
BVerfGE 8, 1	86, 109	BVerfGE 10, 302	44, 97, 206
BVerfGE 8, 28	84, 99	BVerfGE 10, 332	84
BVerfGE 8, 38	97	BVerfGE 10, 372	102
BVerfGE 8, 42	88, 96, 103	BVerfGE 11, 1	92, 123, 124
BVerfGE 8, 51	74, 102, 306	BVerfGE 11, 6	98
BVerfGE 8, 71	84	BVerfGE 11, 23	102
BVerfGE 8, 92	93, 108	BVerfGE 11, 50	65
BVerfGE 8, 104	45, 105	BVerfGE 11, 64	65
BVerfGE 8, 122	88, 93, 103, 181	BVerfGE 11, 77	84
BVerfGE 8, 155	84	BVerfGE 11, 89	84
BVerfGE 8, 183	34, 90	BVerfGE 11, 105	102
BVerfGE 8, 186	97, 100	BVerfGE 11, 126	84

判例索引　401

BVerfGE 11, 139	102	BVerfGE 13, 284	97, 108
BVerfGE 11, 150	106	BVerfGE 14, 121	99, 103
BVerfGE 11, 192	103	BVerfGE 14, 154	93
BVerfGE 11, 244	44, 97	BVerfGE 14, 192	39, 95, 97
BVerfGE 11, 245	84	BVerfGE 14, 260	92
BVerfGE 11, 255	108	BVerfGE 15, 25	16, 93, 103
BVerfGE 11, 263	82, 97	BVerfGE 15, 126	65, 92, 103
BVerfGE 11, 266	103	BVerfGE 15, 219	39
BVerfGE 11, 283	84	BVerfGE 15, 256	86, 205
BVerfGE 11, 310	84	BVerfGE 15, 288	97
BVerfGE 11, 330	86	BVerfGE 15, 303	106
BVerfGE 11, 336	102	BVerfGE 15, 309	97
BVerfGE 11, 339	102	BVerfGE 15, 328	65
BVerfGE 11, 343	44, 124	BVerfGE 16, 1	98
BVerfGE 11, 351	103	BVerfGE 16, 27	103
BVerfGE 12, 1	57, 303	BVerfGE 16, 130	85, 219
BVerfGE 12, 6	103	BVerfGE 16, 236	99
BVerfGE 12, 36	44, 88, 95, 96, 100	BVerfGE 16, 254	102
BVerfGE 12, 45	74, 297	BVerfGE 16, 305	102
BVerfGE 12, 67	102	BVerfGE 16, 306	102
BVerfGE 12, 73	103	BVerfGE 17, 67	65
BVerfGE 12, 144	106	BVerfGE 17, 135	95, 97, 107
BVerfGE 12, 151	106	BVerfGE 17, 155	102
BVerfGE 12, 180	65, 106	BVerfGE 18, 1	98
BVerfGE 12, 205	54, 68, 73, 77, 81, 82, 92, 93, 109, 181, 182, 201, 248, 297	BVerfGE 18, 37	123
		BVerfGE 18, 85	94, 100, 214
BVerfGE 12, 251	65	BVerfGE 18, 112	268
BVerfGE 12, 276	99, 220	BVerfGE 18, 133	91
BVerfGE 12, 281	106	BVerfGE 18, 186	95, 107
BVerfGE 12, 295	100	BVerfGE 18, 192	97
BVerfGE 12, 308	97, 102	BVerfGE 18, 241	59
BVerfGE 12, 319	97	BVerfGE 18, 288	84, 100
BVerfGE 12, 338	93	BVerfGE 18, 315	39, 200
BVerfGE 13, 1	99	BVerfGE 18, 385	206, 303
BVerfGE 13, 54	11, 43, 81, 82, 85, 86, 88, 89, 99, 100, 103, 106, 185	BVerfGE 18, 440	97, 98
		BVerfGE 18, 441	65
BVerfGE 13, 127	101	BVerfGE 19, 64	101
BVerfGE 13, 132	15, 88	BVerfGE 19, 88	98
BVerfGE 13, 174	86, 100	BVerfGE 19, 93	43, 85, 90, 101

BVerfGE 19, 148	101	BVerfGE 22, 277	87, 109
BVerfGE 19, 166	65, 104, 106	BVerfGE 22, 287	92, 98
BVerfGE 19, 206	303	BVerfGE 22, 293	100, 206
BVerfGE 19, 323	101	BVerfGE 22, 311	102
BVerfGE 19, 342	95, 201	BVerfGE 22, 349	92, 97, 98, 99
BVerfGE 19, 354	65, 99	BVerfGE 22, 387	102, 106
BVerfGE 19, 370	65	BVerfGE 23, 33	81, 95, 103
BVerfGE 19, 377	17, 95	BVerfGE 23, 42	88, 95, 103
BVerfGE 20, 1	116, 120, 124	BVerfGE 23, 85	95
BVerfGE 20, 9	93, 116, 120, 124	BVerfGE 23, 127	55, 182, 183
BVerfGE 20, 18	89, 91, 92, 100, 104	BVerfGE 23, 127, 191	54
BVerfGE 20, 26	89, 93	BVerfGE 23, 146	95, 99
BVerfGE 20, 56	6, 17, 13, 33, 53, 55, 74, 86, 88, 89, 92, 93, 180, 296, 306	BVerfGE 23, 153	65, 97
		BVerfGE 23, 191	55, 92, 182
BVerfGE 20, 119	88, 93	BVerfGE 23, 208	106
BVerfGE 20, 134	86, 88, 93	BVerfGE 23, 242	99
BVerfGE 20, 162	83	BVerfGE 23, 265	99
BVerfGE 20, 230	65, 92	BVerfGE 23, 276	95
BVerfGE 20, 271	106	BVerfGE 23, 288	65, 81, 86, 91, 99, 103
BVerfGE 20, 276	101	BVerfGE 23, 321	95
BVerfGE 20, 283	106	BVerfGE 23, 327	65
BVerfGE 20, 336	93	BVerfGE 23, 353	104
BVerfGE 20, 350	93, 103	BVerfGE 24, 33	87, 91, 92, 97, 100
BVerfGE 20, 379	100	BVerfGE 24, 68	99
BVerfGE 21, 12	85	BVerfGE 24, 75	97, 100
BVerfGE 21, 52	39, 86, 87, 93, 95, 97, 108	BVerfGE 24, 112	84
BVerfGE 21, 132	97	BVerfGE 24, 119	97, 98
BVerfGE 21, 139	125	BVerfGE 24, 220	87
BVerfGE 21, 160	45, 102	BVerfGE 24, 236	91, 266, 303
BVerfGE 21, 191	99	BVerfGE 24, 252	100, 108
BVerfGE 21, 200	45, 103	BVerfGE 24, 260	86, 102
BVerfGE 21, 209	95	BVerfGE 24, 289	94
BVerfGE 21, 359	91, 97	BVerfGE 24, 299	90, 99
BVerfGE 21, 362	87, 205	BVerfGE 24, 300	74, 93, 205
BVerfGE 22, 42	59	BVerfGE 24, 362	92
BVerfGE 22, 93	95	BVerfGE 24, 367	95, 202
BVerfGE 22, 134	95	BVerfGE 25, 30	97
BVerfGE 22, 175	45, 104	BVerfGE 25, 88	86
BVerfGE 22, 221	98, 101	BVerfGE 25, 158	84

BVerfGE 25, 167	73	BVerfGE 31, 38	91
BVerfGE 25, 213	45, 104	BVerfGE 31, 58	227, 268
BVerfGE 25, 256	54, 182, 201	BVerfGE 31, 87	81, 83, 86, 93, 103
BVerfGE 25, 308	34, 90	BVerfGE 31, 137	101
BVerfGE 26, 79	99	BVerfGE 31, 314	73, 205
BVerfGE 26, 172	98	BVerfGE 31, 364	39, 92, 95
BVerfGE 26, 186	59	BVerfGE 32, 54	163
BVerfGE 26, 228	98, 99	BVerfGE 32, 98	55, 183, 201
BVerfGE 26, 281	100	BVerfGE 32, 111	65
BVerfGE 27, 1	201	BVerfGE 32, 129	109, 178, 255, 303
BVerfGE 27, 10	81, 86	BVerfGE 32, 157	99
BVerfGE 27, 44	43, 86, 97, 99	BVerfGE 32, 189	218
BVerfGE 27, 57	90, 92	BVerfGE 32, 249	65
BVerfGE 27, 71	92, 100	BVerfGE 32, 279	102
BVerfGE 27, 88	86	BVerfGE 32, 288	90, 91, 111, 112, 116, 117, 129
BVerfGE 27, 104	100		
BVerfGE 27, 231	101	BVerfGE 32, 305	93, 101
BVerfGE 27, 240	11, 81, 86, 103	BVerfGE 32, 333	95
BVerfGE 27, 253	92	BVerfGE 32, 345	44, 93, 97, 103
BVerfGE 27, 297	106	BVerfGE 32, 373	215
BVerfGE 28, 1	102	BVerfGE 32, 387	97
BVerfGE 28, 119	87, 92, 93	BVerfGE 33, 1	53, 179, 202
BVerfGE 28, 151	95	BVerfGE 33, 23	55, 183
BVerfGE 28, 243	85, 90, 205	BVerfGE 33, 171	13
BVerfGE 28, 324	44, 97	BVerfGE 33, 192	39, 95
BVerfGE 29, 1	100	BVerfGE 33, 199	13, 97, 220
BVerfGE 29, 11	95	BVerfGE 33, 247	16, 39, 81, 90, 91, 93, 95, 97, 98, 99, 102, 111, 166, 200
BVerfGE 29, 51	102		
BVerfGE 29, 57	106	BVerfGE 33, 257	99
BVerfGE 29, 83	97	BVerfGE 33, 303	10, 13, 53, 179, 218
BVerfGE 29, 221	92	BVerfGE 34, 9	10
BVerfGE 29, 277	44, 92	BVerfGE 34, 71	102
BVerfGE 29, 283	100	BVerfGE 34, 81	102, 104
BVerfGE 29, 312	86	BVerfGE 34, 138	101
BVerfGE 30, 1	55, 71, 208	BVerfGE 34, 216	101
BVerfGE 30, 103	101	BVerfGE 34, 269	215
BVerfGE 30, 112	97	BVerfGE 34, 320	95, 107
BVerfGE 30, 173	55, 57, 107, 183, 216	BVerfGE 34, 325	99
BVerfGE 30, 415	56	BVerfGE 34, 384	100

BVerfGE 35, 12	*93, 97, 103*	BVerfGE 37, 324	*220*
BVerfGE 35, 34	*104*	BVerfGE 37, 363	*14, 55, 181*
BVerfGE 35, 65	*106*	BVerfGE 37, 402	*14*
BVerfGE 35, 79	*17, 39, 95, 102, 199*	BVerfGE 38, 52	*86*
BVerfGE 35, 171	*20, 44, 59, 81, 90,*	BVerfGE 38, 105	*201*
	111, 115, 124, 129	BVerfGE 38, 121	*100*
BVerfGE 35, 175	*118*	BVerfGE 38, 175	*97*
BVerfGE 35, 179	*101*	BVerfGE 38, 206	*101*
BVerfGE 35, 185	*101*	BVerfGE 38, 326	*14, 88, 102, 109*
BVerfGE 35, 193	*77, 122, 123*	BVerfGE 38, 341	*14*
BVerfGE 35, 202	*53, 73, 179, 216*	BVerfGE 38, 348	*106*
BVerfGE 35, 246	*123*	BVerfGE 39, 1	*63, 67, 86, 102, 163,*
BVerfGE 35, 255	*123*		*164, 201, 220, 297*
BVerfGE 35, 257	*6, 123*	BVerfGE 39, 68	*13*
BVerfGE 35, 300	*101*	BVerfGE 39, 169	*13*
BVerfGE 35, 311	*94*	BVerfGE 39, 238	*101*
BVerfGE 35, 366	*55, 183*	BVerfGE 39, 334	*37, 63*
BVerfGE 35, 382	*86*	BVerfGE 40, 11	*45, 105*
BVerfGE 36, 1	*6, 17, 55, 75, 77*	BVerfGE 40, 42	*45, 105*
BVerfGE 36, 41	*101*	BVerfGE 40, 52	*101*
BVerfGE 36, 66	*101*	BVerfGE 40, 65	*109, 255, 303*
BVerfGE 36, 89	*16, 101*	BVerfGE 40, 88	*83, 109, 221*
BVerfGE 36, 101	*93, 103*	BVerfGE 40, 95	*40*
BVerfGE 36, 126	*14*	BVerfGE 40, 141	*20, 84, 94, 109*
BVerfGE 36, 137	*103*	BVerfGE 40, 182	*105*
BVerfGE 36, 139	*101*	BVerfGE 40, 196	*29, 44, 105, 106*
BVerfGE 36, 218	*10*	BVerfGE 40, 296	*14, 49, 54, 99, 107, 109*
BVerfGE 36, 281	*102*	BVerfGE 40, 356	*9*
BVerfGE 36, 321	*13*	BVerfGE 41, 29	*56, 132*
BVerfGE 36, 342	*185, 186*	BVerfGE 41, 65	*54, 182*
BVerfGE 37, 1	*105*	BVerfGE 41, 88	*54, 139, 182, 204*
BVerfGE 37, 84	*101*	BVerfGE 41, 126	*138*
BVerfGE 37, 132	*105*	BVerfGE 41, 231	*132*
BVerfGE 37, 150	*101*	BVerfGE 40, 237	*44*
BVerfGE 37, 186	*100*	BVerfGE 41, 291	*132, 134*
BVerfGE 37, 217	*97, 105*	BVerfGE 41, 314	*132*
BVerfGE 37, 271	*34, 71, 91, 228*	BVerfGE 42, 20	*207*
BVerfGE 37, 291	*100*	BVerfGE 42, 42	*130*
BVerfGE 37, 305	*101*	BVerfGE 42, 64	*45, 110, 128, 216*

BVerfGE 42, 90	*134*	BVerfGE 45, 360	*128*
BVerfGE 42, 103	*11, 132*	BVerfGE 45, 400	*111, 138*
BVerfGE 42, 133	*111*	BVerfGE 46, 1	*132*
BVerfGE 42, 143	*130, 131*	BVerfGE 46, 14	*129*
BVerfGE 42, 243	*128, 130, 131, 138*	BVerfGE 46, 20	*128*
BVerfGE 42, 252	*130, 132*	BVerfGE 46, 34	*129, 130*
BVerfGE 42, 258	*128, 134*	BVerfGE 46, 43	*134*
BVerfGE 42, 263	*131*	BVerfGE 46, 160	*111, 133, 138*
BVerfGE 42, 312	*56, 57, 62, 111, 132, 138*	BVerfGE 46, 166	*74, 128*
BVerfGE 42, 345	*132*	BVerfGE 46, 185	*130, 138*
BVerfGE 42, 364	*214*	BVerfGE 46, 202	*54, 182*
BVerfGE 43, 27	*130*	BVerfGE 46, 246	*133*
BVerfGE 43, 34	*133*	BVerfGE 46, 321	*112, 128, 129, 131*
BVerfGE 43, 58	*133*	BVerfGE 46, 325	*53, 54, 61, 128, 179, 182*
BVerfGE 43, 75	*128, 134*	BVerfGE 46, 404	*128*
BVerfGE 43, 79	*111, 132, 133*	BVerfGE 47, 1	*111*
BVerfGE 43, 101	*132*	BVerfGE 47, 46	*54, 71, 131, 182*
BVerfGE 43, 126	*111, 129*	BVerfGE 47, 102	*131*
BVerfGE 43, 130	*131*	BVerfGE 47, 105	*112, 129, 130*
BVerfGE 43, 139	*131*	BVerfGE 47, 130	*130, 134*
BVerfGE 43, 142	*132*	BVerfGE 47, 144	*131*
BVerfGE 43, 177	*131*	BVerfGE 47, 146	*53, 111, 112, 128,*
BVerfGE 43, 213	*111, 133*		*129, 130, 131, 180*
BVerfGE 43, 242	*111, 132*	BVerfGE 47, 182	*53, 179*
BVerfGE 43, 291	*65, 132, 133*	BVerfGE 47, 191	*111*
BVerfGE 44, 1	*73*	BVerfGE 47, 198	*112, 131*
BVerfGE 44, 37	*55, 56, 111, 133, 183*	BVerfGE 47, 239	*131*
BVerfGE 44, 125	*51, 54, 180*	BVerfGE 47, 253	*134*
BVerfGE 44, 197	*55, 58, 183*	BVerfGE 47, 285	*133*
BVerfGE 44, 216	*111*	BVerfGE 47, 327	*62, 75, 132, 137, 138*
BVerfGE 44, 297	*130*	BVerfGE 48, 40	*195*
BVerfGE 44, 322	*111, 133*	BVerfGE 48, 48	*134*
BVerfGE 44, 353	*132*	BVerfGE 48, 64	*134, 139*
BVerfGE 45, 1	*54, 67, 77, 111, 180*	BVerfGE 48, 127	*49, 63, 74, 220*
BVerfGE 45, 63	*111, 132*	BVerfGE 48, 246	*134*
BVerfGE 45, 83	*153*	BVerfGE 48, 300	*59*
BVerfGE 45, 142	*228*	BVerfGE 48, 306	*133*
BVerfGE 45, 187	*53, 111, 201*	BVerfGE 48, 346	*133*
BVerfGE 45, 272	*111*	BVerfGE 48, 367	*134*

BVerfGE 48, 376	*133*	BVerfGE 63, 255	*271*
BVerfGE 48, 403	*132*	BVerfGE 64, 1	*207*
BVerfGE 49, 24	*210*	BVerfGE 64, 135	*164, 229*
BVerfGE 49, 89	*53, 180, 201*	BVerfGE 64, 224	*214*
BVerfGE 49, 252	*215*	BVerfGE 64, 229	*219*
BVerfGE 49, 304	*271*	BVerfGE 64, 256	*205*
BVerfGE 50, 50	*222*	BVerfGE 64, 301	*112, 205*
BVerfGE 50, 254	*112*	BVerfGE 65, 1	*199, 201, 208, 219, 288, 289*
BVerfGE 50, 290	*297*	BVerfGE 65, 182	*215*
BVerfGE 51, 115	*202*	BVerfGE 65, 196	*207*
BVerfGE 51, 257	*303*	BVerfGE 65, 317	*206*
BVerfGE 51, 386	*207*	BVerfGE 65, 325	*206*
BVerfGE 51, 405	*112*	BVerfGE 66, 311	*182*
BVerfGE 52, 63	*112, 164*	BVerfGE 66, 313	*215*
BVerfGE 52, 223	*264, 303*	BVerfGE 67, 26	*112*
BVerfGE 52, 369	*218*	BVerfGE 67, 64	*220*
BVerfGE 53, 30	*165, 207, 274, 288*	BVerfGE 68, 1	*180*
BVerfGE 53, 69	*178, 224*	BVerfGE 68, 155	*218*
BVerfGE 53, 257	*178*	BVerfGE 68, 193	*205*
BVerfGE 53, 366	*208*	BVerfGE 68, 319	*208*
BVerfGE 54, 14	*266*	BVerfGE 68, 361	*214*
BVerfGE 56, 298	*222*	BVerfGE 68, 376	*209*
BVerfGE 57, 70	*271*	BVerfGE 69, 1	*225*
BVerfGE 58, 1	*206, 268*	BVerfGE 69, 112	*221*
BVerfGE 58, 81	*208*	BVerfGE 69, 122	*210*
BVerfGE 59, 216	*222*	BVerfGE 69, 257	*210*
BVerfGE 59, 360	*274*	BVerfGE 69, 315	*199, 210, 287*
BVerfGE 60, 175	*186*	BVerfGE 70, 35	*112*
BVerfGE 60, 343	*268*	BVerfGE 70, 93	*216*
BVerfGE 60, 360	*207, 208*	BVerfGE 70, 126	*195*
BVerfGE 60, 374	*180*	BVerfGE 70, 138	*213*
BVerfGE 61, 82	*205*	BVerfGE 70, 180	*209*
BVerfGE 61, 260	*208*	BVerfGE 71, 206	*227*
BVerfGE 62, 1	*180, 194*	BVerfGE 71, 305	*112*
BVerfGE 62, 117	*206, 271*	BVerfGE 72, 1	*208*
BVerfGE 62, 230	*216*	BVerfGE 72, 39	*208*
BVerfGE 63, 45	*215*	BVerfGE 72, 122	*205*
BVerfGE 63, 197	*204*	BVerfGE 73, 1	*180*
BVerfGE 63, 230	*209*	BVerfGE 73, 40	*218*

BVerfGE 73, 118	164	BVerfGE 83, 119	162
BVerfGE 73, 261	201	BVerfGE 83, 130	216, 218, 266, 274
BVerfGE 73, 339	228	BVerfGE 84, 90	206
BVerfGE 74, 44	180	BVerfGE 84, 133	153
BVerfGE 74, 102	164, 229	BVerfGE 84, 372	199
BVerfGE 74, 297	219	BVerfGE 85, 1	216
BVerfGE 74, 358	162, 164, 227, 229	BVerfGE 85, 109	200
BVerfGE 75, 1	163	BVerfGE 85, 148	182
BVerfGE 75, 223	228	BVerfGE 85, 264	180, 306
BVerfGE 76, 1	162, 207, 210, 216	BVerfGE 85, 360	208
BVerfGE 76, 256	199, 202	BVerfGE 86, 148	225
BVerfGE 77, 84	221	BVerfGE 86, 369	218
BVerfGE 77, 170	206	BVerfGE 87, 48	214
BVerfGE 77, 240	199	BVerfGE 87, 181	165
BVerfGE 77, 381	209	BVerfGE 87, 234	202
BVerfGE 78, 38	274	BVerfGE 87, 270	112
BVerfGE 78, 123	201	BVerfGE 87, 348	219
BVerfGE 78, 350	202	BVerfGE 88, 103	162
BVerfGE 79, 47	182	BVerfGE 88, 203	162, 164, 304
BVerfGE 79, 69	206	BVerfGE 88, 384	153
BVerfGE 79, 127	163	BVerfGE 89, 155	164, 165, 202, 228, 289
BVerfGE 79, 161	202	BVerfGE 89, 157	180
BVerfGE 79, 174	201	BVerfGE 89, 214	295
BVerfGE 79, 256	218	BVerfGE 89, 313	112
BVerfGE 80, 81	202	BVerfGE 90, 22	211
BVerfGE 80, 137	207	BVerfGE 90, 27	201
BVerfGE 80, 153	207	BVerfGE 90, 40	112
BVerfGE 80, 164	207	BVerfGE 90, 60	201
BVerfGE 80, 188	251	BVerfGE 90, 145	163, 201
BVerfGE 81, 123	215	BVerfGE 90, 268	112
BVerfGE 81, 310	77	BVerfGE 90, 286	186, 239
BVerfGE 81, 347	207	BVerfGE 91, 1	196
BVerfGE 82, 6	215	BVerfGE 91, 70	220
BVerfGE 82, 54	220	BVerfGE 91, 93	202
BVerfGE 82, 106	162	BVerfGE 91, 125	201
BVerfGE 82, 159	228	BVerfGE 91, 176	201
BVerfGE 82, 198	221	BVerfGE 91, 228	222
BVerfGE 82, 316	303	BVerfGE 91, 294	202
BVerfGE 82, 322	153	BVerfGE 92, 1	159, 288

BVerfGE 92, 26	*153*	BVerfGE 99, 246	*159*
BVerfGE 93, 1	*159, 217, 257, 274, 288*	BVerfGE 99, 268	*159*
BVerfGE 93, 121	*159, 289*	BVerfGE 99, 273	*159*
BVerfGE 93, 266	*159, 288*	BVerfGE 100, 1	*153*
BVerfGE 94, 1	*157*	BVerfGE 101, 158	*157, 159, 248*
BVerfGE 94, 241	*271*	BVerfGE 104, 191	*271*
BVerfGE 96, 152	*162*	BVerfGE 108, 34	*239*
BVerfGE 96, 375	*159, 304*	BVerfGE 108, 282	*303*
BVerfGE 97, 350	*165*	BVerfGE 111, 307	*268*
BVerfGE 98, 218	*166*	BVerfGE 112, 80	*306*
BVerfGE 99, 100	*266*	BVerfGE 115, 97	*304*
BVerfGE 99, 216	*159*		

人名索引

Adenauer, Konrad (1876-1967) 　　49
Aristoteles (BC384-BC322) 　　145, 173, 248
D'Atena, Antonio (1942-) 　　254
Baldassarre, Antonio (1940-) 　　160, 255, 293
Benda, Ernst (1925-2009) 　　49, 112, 177
Bismarck, Otto von (1815-1898) 　　157
Böhmer, Werner (1915-) 　　200
Brecht, Bertort (1898-1956) 　　246
Breyer, Steven (1938-) 　　163
Bryde, Brun-Otto (1943-) 　　253, 305
Casavola, Francesco, Palo (1931-) 　　255
Celsus, Publius Iuventius (67-130) 　　248
Chieppa, Riccardo (1926-) 　　253
Ciampi, Carlo Azeglio (1920-) 　　337
Cicero, Marcus Tullius (BC106-BC43) 　　235, 245
Constant, Benjamin (1767-1830) 　　157
Corasanitti, Aldo (1922-2011) 　　255
Crisafulli, Vezio (1910-1986) 　　246
Delacroix, Eugène (1798-1863) 　　174
Ebsen, Ingwer (1943-) 　　78
Elia, Leopoldo (1925-2008) 　　255
Esser, Josef (1910-1999) 　　184
Finkenschtaedt, Thomas (1930-) 　　000
Fix Zamudio, Héctor (1924-) 　　256
Forsthoff, Ernst (1902-1974) 　　11
Friesenhahn, Ernst (1901-1984) 　　8, 46, 174, 194, 253, 279, 285, 292, 305
Gaius (130?-180?) 　　235
Geiger, Willi (1909-1994) 　　49, 82, 134, 178, 255, 285
Giscard d'Estaing, Valéry Marie René Georges (1926-) 　　46, 49, 178, 255, 285
Forster, Karl (1928-1981) 　　56
Friedrich II (1712-1786) 　　258

Grimm, Dieter (1937-) 　　207
Hassemer, Winfried (1940-2014) 　　293
Hegel, Georg Wilhelm Friedrich (1770-1831) 　　178, 201, 242, 251, 259, 263
Heinemann, Gustav (1899-1976) 　　265
Herzog, Roman (1934-) 　　249
Hesse, Konrad (1919-2005) 　　9, 174, 177, 181, 201, 253, 264, 274, 280, 286, 287, 292, 295, 297, 303, 305, 307
Hirsch, Martin (1913-1992) 　　49, 123
Höpker-Aschoff, Hermann (1883-1954) 　　167
Humboldt, Wilhelm von (1767-1835) 　　237, 294
Jefferson, Thomas (1743-1826) 　　157
Johannes Paul II (1920-2005) 　　257
Jonas, Hans (1903-1993) 　　155, 173, 244, 259
Kant, Immanuel (1724-1804) 　　63, 71, 145, 173, 201, 244, 246, 247
Kaufmann, Erich (1880-1972) 　　4
Kelsen, Hans (1881-1973) 　　4, 11, 146, 191, 239, 246, 269, 286
Koopmann, Helmut (1933-) 　　57
Krüger, Herbert (1905-1989) 　　288
Kutscher, Hans (1911-1993) 　　167
Leibholz, Gerhard (1901-1982) 　　4, 46, 146, 174, 246, 253, 285, 295, 296, 305, 306
Limbach, Jutta (1934-) 　　159, 288, 289, 293, 296
Locke, John (1632-1704) 　　63, 155, 173, 246
Luther, Jörg (1959-) 　　237
Mahrenholz Ernst Gottfried (1929-) 　　212, 231, 286
Malinowski, Bronisław Kasper (1884-1942) 　　145
Mann, Thomas (1875-1955) 　　168

Massing, Otwin (1934-) *4, 8*
Mirabelli, Cesare (1942-) *252*
Montesquieu, Charles-Louis de (1689-1755)
145, 155, 173, 244, 246
Mortati, Costantino (1891-1985) *235*
Müller, Gebhard (1900-1990) *177*
Muschg, Adolf (1934-) *57*
O'Conner, Sandra Day (1930-) *163*
Paladin, Livio (1933-2000) *235*
Popper, Karl Raimund (1902-1994) *58, 71,
190, 245, 246, 263, 266,
287, 302, 303, 307*
Rawls, John (1921-2002) *173, 244, 246, 248*
Rehnquist, William Hubbs (1924-2005) *282*
Ridola, Paolo (1949-) *236*
Rinken, Alfred Heinrich (1935-) *207*
Ritterspach, Theodor (1904-1999) *237*
Roellecke, Gerd (1927-2011) *110*
Ruperto, Cesare (1925-) *257*
Rupp, Hans Georg (1907-1989) *46, 123*
Rupp-v. Brünneck, Wiltraut (1912-1977)
53, 179, 219, 231, 255, 286
Sandulli, Aldo (1915-1984) *235*
Savigny, Fridrich Carl von (1779-1861)
175, 248

Scheuner, Ulrich (1903-1981) *149, 237,
247, 292*
Schiller, Johann Christoph Friedrich von
(1759-1805) *174*
Schlaich, Klaus (1937-2005) *112, 193*
Schmidt, Helmut (1918-) *49, 50*
Schmitt, Carl (1888-1985) *4, 28, 191, 305*
Simon, Helmut (1922-2013) *178, 230, 255*
Smend, Rudolf (1882-1975) *73, 159, 191,
244, 247, 248, 259, 285,
286, 287, 294, 297*
Stammen, Theo (1933-) *56*
Starck, Christian (1937-) *46, 110*
Sternberger, Dolf (1907-1989) *267, 274*
Triepel, Heinrich (1868-1946) *4, 46,
191, 295*
Thoma, Richard (1874-1957) *9*
Verdross, Alfred (1890-1980) *243*
Waldmann, Peter (1937-) *57*
Wolff, Hans Julius (1898-1976) *8*
Zacher, Hans F. (1928-) *110*
Zagrebelsky, Gustavo (1943-) *160, 255,
259, 293*
Zeidler, Wolfgang (1924-1987) *50, 51*

各国憲法・国際条約等索引

アルバニア憲法（1998 年）　　*148, 268, 271*
アムステルダム条約（1997 年）　　*249*
アメリカ独立宣言（1766 年）　　*230*
アンゴラ憲法（1992 年）　　*152*
イギリス権利章典（1689 年）　　*230*
イタリア憲法（1947 年）　　*160, 236, 245,*
　　　　　　253, 257, 258, 269, 307
ウクライナ憲法（1996 年）　　*148, 265*
オーストリア連邦憲法（1920/67 年）　　*286*
ギリシア憲法（1957/75 年）　　*267*
グアテマラ憲法（1985 年）　　*268*
グルジア憲法（1995 年）　　*152, 269*
クロアチア憲法（1991 年）　　*156, 241, 271*
国連憲章（1945 年）　　*66, 204, 257*
国際人権規約（1966 年）　　*230*
コロンビア憲法（1990 年）　　*158*
コンゴ憲法（1992 年）　　*265*
ザクセン・アンハルト憲法（1992 年）*188,*
　　　　　　　　　　　　　　189, 224
ザクセン憲法（1992 年）　　*188*
スイス連邦憲法（2000 年）　　*282*
スペイン憲法（1978 年）　　*152, 190, 245,*
　　　　　　　　249, 254, 265, 267
スロバキア憲法（1992 年）　　*152*
スロベニア憲法（1991 年）　　*152, 257*
世界人権宣言（1948 年）　　*230*
赤道ギニア憲法（1982 年）　　*265, 268*
チェチェン憲法（1992 年）　　*152, 264*
チャド憲法（1996 年）　　*152, 265*
チューリンゲン憲法（1993 年）　　*189, 198*
トルコ憲法（1961/73 年）　　*152*
ナミビア憲法（1990 年）　　*148*
ニジェール憲法（1996 年）　　*268*
ニース条約（2001 年）　　*249*
ノルトライン・ヴェストファーレン憲法

（1952 年）　　*187*
バイエルン憲法（1946 年）　　*72, 158, 187,*
　　　　　　　　　　　　197, 285
ハンガリー憲法（1990/97 年・2012 年）
　　　　　　　　　　　　　　158, 257
ビスマルク憲法（1871 年）　　*191, 239*
フランクフルト憲法（1849 年）　　*191, 197,*
　　　　　　　　　　　222, 230, 239
フランス人権宣言（人および市民の権利宣
　　言）（1789 年）　　*230*
ブランデンブルク憲法（1992 年）　　*150,*
　　　　　188, 189, 254, 267, 269, 292
ブルガリア憲法（1991 年）　　*254, 271*
ブルンジ憲法（1991 年）　　*148, 265, 268, 271*
ブレーメン憲法（1947 年）　　*30*
米州人権条約（1969 年）　　*162, 242*
ベナン憲法（1990 年）　　*265*
ベラルーシ憲法（1994 年）　　*152*
ペルー憲法（1979/93 年）　　*152, 263*
ベルン憲法（1993 年）　　*268*
ボスニア憲法（1995 年）　　*152*
ポーランド憲法（1997 年）　　*152, 257, 266*
ポルトガル憲法（1976/89 年）　　*151, 152,*
　　　　　　　　　　　　　　　190
マーストリヒト条約（1992 年）　　*227*
マダガスカル憲法（1995 年）　　*153, 269*
マリ憲法（1990 年）　　*265, 268*
南アフリカ憲法（1961 年），暫定憲法（1993
　　年），確定憲法（1996 年）　　*152*
メクレンブルク・フォーアポメルン憲法
　　（1993 年）　　*188*
ヨーロッパ人権条約（1950 年）（EMRK）
　　　153, 162, 164, 204, 226, 227, 229,
　　　240, 249, 259, 268, 286, 301, 307
リトアニア憲法（1992 年）　　*152, 153,*

412

	257, 263		*191, 223, 239, 258, 268*
ルーマニア憲法（1991年）	*253, 265, 269*	EC条約	*161, 204, 228*
ロシア憲法（1993年）	*268*	EU条約	*161, 228, 259, 301*
ローマ条約（1957年）	*235*	EU基本権憲章（2000年）	*249, 259*
ワイマール憲法（1919年）	*3, 7, 28, 56,*		

基本法・連邦憲法裁判所法条文索引

基本法 Grundgesetz für die Bundesrepublik Deutschland

第1条	194, 198, 199, 200, 201, 204, 205, 206	第61条	181
		第72条	165
第1-17条	206	第79条	10
第2条	99, 199, 204, 207, 213	第80a条	223
第3条	128, 199, 202, 216, 224	第84条	197
第4条	159, 225	第91条	223
第5条	53, 128, 159, 199, 201, 205, 306	第92条	9
第6条	73, 199, 202, 207, 297	第93条	9, 15, 30, 33, 39, 43, 52, 53, 54, 86, 87, 93, 95, 98, 103, 108, 109, 152, 164, 165, 171, 179, 180, 181, 192, 193, 194, 195, 196, 197, 198, 203, 204, 205, 213, 222, 224, 225, 252, 270
第8条	199		
第9条	86, 199, 270		
第11条	204		
第12条	204		
第14条	199, 202, 205, 286	第93a-93d条	304
第16a条	204	第94条	14, 87, 130, 176, 209, 281, 304, 323
第17条	205	第95条	203
第18条	54, 86, 87, 181, 270	第98条	181
第19条	74, 86, 87, 109, 192, 193, 199, 203, 204, 288	第99条	87
		第100条	53, 81, 86, 87, 93, 95, 97, 103, 107, 109, 111, 130, 180, 193, 194, 195, 196, 221, 222, 228
第20条	31, 42, 194, 198, 199, 206		
第20a条	155, 224, 288		
第21条	31, 37, 54, 85, 88, 89, 152, 182, 205, 270	第101条	125, 198, 205, 206, 214, 228
		第101-104条	54, 182
第25条	81, 86	第103条	45, 74, 105, 198, 205, 206, 214
第28条	222	第104条	198, 199, 206, 207
第33条	89, 198, 206	第107条	225
第35条	223	第111条	67
第38条	85, 89, 107, 198, 202, 206	第115a条	223
第41条	87, 93, 109, 182	第115g条	39, 223
第42条	32	第116条	204
第44条	87	第126条	87
第53a条	223	第140条	56

連邦憲法裁判所法　Gesetz über das Bundesverfassungsgericht

第1条	9	第32条	81, 86, 88, 90, 91, 95, 99,
第2条	176		102, 105, 108, 171, 219
第3条	176	第33条	26, 106
旧第3条2項	25	第34条	92, 106, 129
第4条	25, 176, 323	第35条	20, 86, 171, 219, 220
第5条	14, 177, 323	第38条	106, 109
第6条	7, 30, 32, 109, 117, 119,	第39条	33, 86, 104, 106, 115
	121, 149, 177, 253, 323, 325	第40条	25
第7条	7, 14, 30, 117, 119,	第41条	97
	121, 177, 253, 323	第43条	25, 37
第8条	38, 106	第46条	106
第9条	177	第47条	92, 97
第13条	15, 37, 83, 93, 99, 180,	第48条	87, 91, 109, 182
	181, 182, 196, 197, 222	第53条	106
第14条	87	第56条	106
第15条	83	第61条	45
第15a条	211	第63条	15, 86, 89, 92, 180, 196, 197
第16条	92, 304	第64条	87, 197
第18条	31, 83, 91, 92, 116, 119,	第65条	38, 89, 102, 197
	121, 124, 125, 130	第66条	92, 106
第19条	91, 92, 93, 102, 115, 116, 118,	第67条	86, 87, 217
	119, 121, 124, 125, 126, 127	第68条	181, 197
第21条	106	第69条	92, 102, 106, 217
第22条	92, 205	第71条	92
第23条	91, 100	第72条	87, 92, 106
第24条	87, 101, 102, 106	第73条	86, 87, 92
第25条	32, 83, 84, 88, 102,	第74条	87
	103, 105, 107, 109	第75条	92
第26条	31, 35, 40, 41, 42, 97,	第76条	15, 164, 196
	104, 106, 184, 196, 315	第77条	16, 37, 38, 45, 86, 102, 103, 196
第26a条	35, 41, 46	第78条	10, 92, 99, 100, 106, 196, 217
第27条	102	第79条	33, 83, 92, 93, 97, 109, 115
第28条	31, 315	旧第79条2項	85
第30条	21, 34, 42, 75, 83, 106, 109,	第80条	45, 83, 87, 102, 103, 108
	156, 178, 224, 286, 321	第82条	38, 45, 83, 86, 92, 93, 100, 102,
第31条	17, 83, 92, 95, 98, 172, 200,		103, 104, 106, 134, 196, 217
	218, 220, 221, 271, 304	第83条	16, 38, 45, 81, 86, 93, 103

第 84 条	38, 45, 92, 103	第 93a 条	16, 32, 44, 90, 98, 101, 106, 211, 212, 224
第 85 条	45		
第 86 条	87, 92	第 93b 条	212
第 88 条	38, 45, 92	第 93c 条	212
第 89 条	92	第 93d 条	211, 212, 224
第 90 条	15, 39, 44, 85, 86, 89, 90, 92, 94, 95, 98, 101, 106, 108, 111, 130, 132, 165, 204, 206, 209, 210, 211	第 94 条	27, 33, 37, 38, 44, 45, 83, 91, 92, 93, 102, 103, 105, 106, 107, 138
		第 95 条	39, 92, 95, 98, 106, 213, 217
第 91 条	87, 92, 98, 99, 109, 222	第 96 条	92, 97
第 91a 条	101	旧第 97 条	224
旧第 91a 条	45, 101	第 98 条	176
第 93 条	83, 91, 209		

連邦憲法裁判所規則　Geschäftsordnung des Bundesverfassungsgerichts

第 22 条	45, 102	第 60 条	211
第 40 条	45, 102	第 62 条	211
第 56 条	178		

編訳者紹介

畑　尻　　　剛（Tsuyoshi Hatajiri）

中央大学法学部教授（憲法）．1950 年生まれ．中央大学大学院法学研究科博士課程単位取得後退学．『憲法裁判研究序説』（尚学社，1988 年）により博士号（法学，中央大学）取得．主著：『憲法』（共著，不磨書房，2004 年，〔第5 版〕2014 年），『ドイツの憲法裁判〔第 2 版〕』（共編著，中央大学出版部，2013 年），『講座　憲法の規範力第 2 巻　憲法の規範力と憲法裁判』（共編著，信山社，2013 年），『ペーター・ヘーベルレ：文化科学の観点からみた立憲国家』（共編訳，尚学社，2002 年），Ein Versuch zum richterlichen Prüfungssystem unter rechtsvergleichenden Gesichtspunkten – Reformvorschläge in Japan, in: JöR Bd. 51, 2003, S. 711 ff., Die Verfassungsgerichtsbarkeit als gemeinsames Werk von Gericht, Regierung und dem Parlament in Japan, in: JöR Bd. 52, 2004, S. 115 ff., Eine Studie über die Verfassungslehre von P. Häberle und ihre Rezeption in Japan, in: A. Blankenagel, I. Pernice, und H. Schulze-Fielitz (Hrsg.), Verfassung im Diskurs der Welt – Liber Amicorum für Peter Häberle zum siebzigsten Geburtstag, 2004, Tübingen, S. 517 ff., Die Realisierung der Verfassungsgerichtsbarkeit durch das Verfassungsprozeßrecht oder das sonstige Prozessrecht: C. Starck (Hrsg.) Fortschritte der Verfassungsgerichtsbarkeit in der Welt – Teil 1, Baden-Baden, 2004, S. 145 ff.

土　屋　　　武（Takeshi Tsuchiya）

新潟大学法学部准教授（憲法）．1982 年生まれ．中央大学大学院法学研究科博士課程単位取得後退学．主著：『ドイツの憲法裁判〔第 2 版〕』（共著，中央大学出版部，2013 年），『講座　憲法の規範力第 2 巻　憲法の規範力と憲法裁判』（共著，信山社，2013 年），『新・スタンダード憲法〔第 4 版〕』（共著，尚学社，2013 年），『判例から考える憲法』（共編著，法学書院，2014 年），訳書：ハンス・D. ヤラス『現代ドイツ・ヨーロッパ基本権論』（共訳，中央大学出版部，2011 年）．

多元主義における憲法裁判
P. ヘーベルレの憲法裁判論

日本比較法研究所翻訳叢書 (69)

2014 年 8 月 30 日　初版第 1 刷発行

　　編 訳 者　　畑　尻　　　剛
　　　　　　　　土　屋　　　武
　　発 行 者　　神　﨑　茂　治

発行所　中央大学出版部
〒192-0393　東京都八王子市東中野742-1
電話 042(674) 2351　FAX 042(674) 2354
http://www.2.chuo-u.ac.jp/up/

© 2014　　　ISBN 978-4-8057-0370-0　　　株式会社千秋社

日本比較法研究所翻訳叢書

0	杉山直治郎訳	仏 蘭 西 法 諺	B6判 (品切)
1	F. H. ローソン 小堀憲助他訳	イギリス法の合理性	A5判 1200円
2	B. N. カドーゾ 守屋善輝訳	法 の 成 長	B5判 (品切)
3	B. N. カドーゾ 守屋善輝訳	司法過程の性質	B6判
4	B. N. カドーゾ 守屋善輝訳	法律学上の矛盾対立	B6判 700円
5	P. ヴィノグラドフ 矢田一男他訳	中世ヨーロッパにおけるローマ法	A5判 (品切)
6	R. E. メガリ 金子文六他訳	イギリスの弁護士・裁判官	A5判 1200円
7	K. ラーレンツ 神田博司他訳	行為基礎と契約の履行	A5判 (品切)
8	F. H. ローソン 小堀憲助他訳	英米法とヨーロッパ大陸法	A5判 (品切)
9	I. ジュニングス 柳沢義男他訳	イギリス地方行政法原理	A5判 (品切)
10	守屋善輝編	英 米 法 諺	B6判 3000円
11	G. ボーリー他 新井正男他訳	〔新版〕消 費 者 保 護	A5判 2800円
12	A. Z. ヤマニー 真田芳憲訳	イスラーム法と現代の諸問題	B6判 900円
13	ワインスタイン 小島武司編訳	裁判所規則制定過程の改革	A5判 1500円
14	カペレッティ編 小島武司編訳	裁判・紛争処理の比較研究(上)	A5判 2200円
15	カペレッティ 小島武司他訳	手続保障の比較法的研究	A5判 1600円
16	J. M. ホールデン 高窪利一監訳	英国流通証券法史論	A5判 4500円
17	ゴールドシュテイン 渥美東洋監訳	控えめな裁判所	A5判 1200円

日本比較法研究所翻訳叢書

18	カペレッティ編 小島 武司編訳	裁判・紛争処理の比較研究(下)	A5判 2600円
19	ドゥローブニク他編 真田 芳憲他訳	法社会学と比較法	A5判 3000円
20	カペレッティ編 小島・谷口編訳	正義へのアクセスと福祉国家	A5判 4500円
21	P. アーレンス編 小島 武司編訳	西独民事訴訟法の現在	A5判 2900円
22	D. ヘーンリッヒ編 桑田 三郎編訳	西ドイツ比較法学の諸問題	A5判 4800円
23	P. ギレス編 小島 武司編訳	西独訴訟制度の課題	A5判 4200円
24	M. アサド 真田 芳憲訳	イスラームの国家と統治の原則	A5判 1942円
25	A.M. プラット 藤本・河合訳	児童救済運動	A5判 2427円
26	M. ローゼンバーグ 小島・大村編訳	民事司法の展望	A5判 2233円
27	B. グロスフェルト 山内 惟介訳	国際企業法の諸相	A5判 4000円
28	H.U. エーリヒゼン 中西又三編訳	西ドイツにおける自治団体	A5判 (品切)
29	P. シュロッサー 小島 武司編訳	国際民事訴訟の法理	A5判 (品切)
30	P. シュロッサー他 小島 武司編訳	各国仲裁の法とプラクティス	A5判 1500円
31	P. シュロッサー 小島 武司編訳	国際仲裁の法理	A5判 1400円
32	張 晋藩 真田 芳憲監修	中国法制史(上)	A5判 (品切)
33	W.M. フライエンフェルス 田村 五郎編訳	ドイツ現代家族法	A5判 (品切)
34	K.F. クロイツァー 山内 惟介監修	国際私法・比較法論集	A5判 3500円
35	張 晋藩 真田 芳憲監修	中国法制史(下)	A5判 3900円

日本比較法研究所翻訳叢書

36	G. レジエ 他 / 山野目章夫 他訳	フランス私法講演集	A5判 1500円
37	G. C. ハザード 他 / 小島武司 編訳	民事司法の国際動向	A5判 1800円
38	オトー・ザンドロック / 丸山秀平 編訳	国際契約法の諸問題	A5判 1400円
39	E. シャーマン / 大村雅彦 編訳	ADRと民事訴訟	A5判 1300円
40	ルイ・ファボルー 他 / 植野妙実子 編訳	フランス公法講演集	A5判 3000円
41	S. ウォーカー / 藤本哲也 監訳	民衆司法──アメリカ刑事司法の歴史	A5判 4000円
42	ウルリッヒ・フーバー 他 / 吉田 豊・勢子 訳	ドイツ不法行為法論文集	A5判 7300円
43	スティーヴン・L. ペパー / 住吉 博 編訳	道徳を超えたところにある法律家の役割	A5判 4000円
44	W. マイケル・リースマン 他 / 宮野洋一 他訳	国家の非公然活動と国際法	A5判 3600円
45	ハインツ・D. アスマン / 丸山秀平 編訳	ドイツ資本市場法の諸問題	A5判 1900円
46	デイヴィド・ルーバン / 住吉 博 編訳	法律家倫理と良き判断力	A5判 6000円
47	D. H. ショイイング / 石川敏行 監訳	ヨーロッパ法への道	A5判 3000円
48	ヴェルナー・F. エブケ / 山内惟介 編訳	経済統合・国際企業法・法の調整	A5判 2700円
49	トビアス・ヘルムス / 野沢・遠藤 訳	生物学的出自と親子法	A5判 3700円
50	ハインリッヒ・デルナー / 野沢・山内 編訳	ドイツ民法・国際私法論集	A5判 2300円
51	フリッツ・シュルツ / 眞田芳憲・森 光 訳	ローマ法の原理	A5判 (品切)
52	シュテファン・カーデルバッハ / 山内惟介 編訳	国際法・ヨーロッパ公法の現状と課題	A5判 1900円
53	ペーター・ギレス / 小島武司 編	民事司法システムの将来	A5判 2600円

日本比較法研究所翻訳叢書

54	インゴ・ゼンガー 古積・山内編訳	ドイツ・ヨーロッパ民事法の今日的諸問題	A5判 2400円
55	ディルク・エーラース 山内・石川・工藤編訳	ヨーロッパ・ドイツ行政法の諸問題	A5判 2500円
56	コルデュラ・シュトゥンプ 楢﨑・山内編訳	変革期ドイツ私法の基盤的枠組み	A5判 3200円
57	ルードフ・V.イエーリング 眞田・矢澤訳	法学における冗談と真面目	A5判 5400円
58	ハロルド・J.バーマン 宮島直機訳	法 と 革 命 Ⅱ	A5判 7500円
59	ロバート・J.ケリー 藤本哲也監訳	アメリカ合衆国における組織犯罪百科事典	A5判 7400円
60	ハロルド・J.バーマン 宮島直機訳	法 と 革 命 Ⅰ	A5判 8800円
61	ハンヅ・D.ヤラス 松原光宏編	現代ドイツ・ヨーロッパ基本権論	A5判 2500円
62	ヘルムート・ハインリッヒス他 森 勇訳	ユダヤ出自のドイツ法律家	A5判 13000円
63	ヴィンフリート・ハッセマー 堀内捷三監訳	刑罰はなぜ必要か 最終弁論	A5判 3400円
64	ウィリアム・M.サリバン他 柏木昇他訳	アメリカの法曹教育	A5判 3600円
65	インゴ・ゼンガー 山内・鈴木編訳	ドイツ・ヨーロッパ・国際経済法論集	A5判 2400円
66	マジード・ハッドゥーリー 眞田芳憲訳	イスラーム国際法 シャイバーニーのスィヤル	A5判 5900円
67	ルドルフ・シュトラインツ 新井誠訳	ドイツ法秩序の欧州化	A5判 4400円
68	ソーニャ・ロートエルメル 只木誠監訳	承諾, 拒否権, 共同決定	A5判 4800円

＊価格は本体価格です。別途消費税が必要です